行政書士試験過去問集

2019～2023年度

伊藤 真 監修・伊藤塾 編

日本評論社

はじめに

本書をご利用くださり、ありがとうございます。

行政書士試験合格を志すことを私たちは素晴らしいと考えています。

これまでも、遺言や相続を中心とする家庭の民事法務、許認可申請を中心とする中小企業等の行政手続、あるいは、外国人の在留資格の各種申請、行政書士は市民から、また行政側から必要とされてきました。

2020年から猛威を奮っている新型コロナウイルスは、行政書士が社会から必要とされる場面を更に増やしました。

多くの中小企業が補助金なく経営を継続していくことは困難となり、その申請で行政書士が活躍をしています。また、事業規模の縮小、移転、業態変更は、許認可に大きな影響を及ぼします。帰国することができず、日本国内に在留し続けなければならない外国人が在留資格を変更しなければならないケースも数多くあります。

社会が大変な状況だからこそ、行政書士の資格が必要とされる、そのように表現しても間違いではないでしょう。

この大変な状況が徐々に落ち着いていくことを願いますが、それでも当面は続くでしょうから、新型コロナウイルス感染拡大の前と後では、個人、企業、社会の様々な側面が変化していることでしょう。

時代は今、より多くの優秀な行政書士を必要としています。できる限り早く行政書士試験に合格し、活躍し、社会に役立っていただきたいと心から願います。

なお、法律は社会に則して改正されますが、本書は、過去問題であっても最新の法令に沿った内容としているので安心して利用してください。

ところで、行政書士試験は決して易しい試験ではありません。それなりに時間を掛けて、正しい方法論をもって、しっかりと学ぶことによって合格することができます。

正しい勉強法にはいくつかありますが、そのうちの1つが問題演習、特に過去問題を重視することです。

1 本書の特長

本書には、大きな特長が2点あります。

1つ目は、掲載している過去問題の選択肢ごとに解答率を掲載していることです。この解答率は、伊藤塾が毎年本試験直後に行っている受験生の解答調査の統計です。問題を解いた後、採点、復習をする際に役立ててください。もし、（正解を除く）選択肢のうち、解答率の低いものを選んでしまっていた場合には、そこが他の受験生と比較して自分が足りていない部分だと判断できます。なお、解答率は、小数点2桁以下を切り捨てて表示してあります。

2つ目は、各問題にランクが掲載されていることです。このランクは、伊藤塾行政書士試験科の講師陣が、自分自身も問題を解いたうえで、各自の感覚と前述の解答率を資料として、ミーティングを行い、全員合意のもとで決定しています。

Aランクは落としてはならない問題、

Bランクは合否を分ける（ここの取りこぼしが多いと合格できなくなる）問題、

Cランクは合否に影響のない、できなくても構わない問題です。

問題の中には、解答率だけでは重要度が判断できないものもあります。正確な知識がなくてもなんとなく受験生の多くができるものなどは、正答率が高くても重要度が下がります。一方、本当はきちんと解けなければいけないのに正答率がイマイチの問題（講師目線では、この問題はもっと正答率が高くなければいけないだろうと考えるような問題）もあります。このような問題は、正答率が低くても重要度が上がります。

2 問題演習はなぜ必要か？

どんなにしっかりテキストを読み、知識を得たとしても、問題を解く段階でその知識を使いこなすことができなければ、「宝の持ち腐れ」となってしまいます。

知識は、問題を解くときに使いこなすものであることを忘れてはなりません。

(1) 問題はどのように作られているのか

法律知識は、個々に独立したものではなく、様々なものが密接に関係しています。例えば、Aというテーマについて、甲・乙・丙という知識があったとします。また、これに関連するBというテーマについて、$\alpha \cdot \beta$という知識があったとします。そして、試験問題では、問題文の柱書で状況設定としてAを提示しつつ、

甲・乙・丙・α・βという形で5の選択肢を作ることがあります。

このとき、訓練を積んでいない受験生は、Aという状況設定がなされているため、α・βという知識を持っていたとしても、問題を解いているときにはそれを思い出すことができず、結局、その問題を解くことができなくなってしまいます。

そこで、このような問題を解けるようになるためには、日ごろから訓練を積み、「そうか、αやβはAというテーマ設定でも出題されることもあるんだ」と覚えていく必要があります。

したがって、ある知識を覚えるときには、**法律全体の中でどこに位置づけられるのか＝つまり体系**を意識しながら覚えることはもちろん重要なことですが、それとともに、**実際にその知識が問題ではどのような形で問われるのか＝つまり出題のパターン**をも意識していかなければなりません。

(2) 出題パターンを知るために必要な訓練

出題のパターンは、ただ知識を理解し覚えていくというインプットの訓練だけでは身に付けることができず、問題を解くというアウトプットをすることによって初めて身に付けることができます。

"資格試験の学習において、インプットとアウトプットは車の両輪"と説明されることがありますが、その理由がここにあります。

だから、1つのテーマについて学習したときには、必ずその復習としてそれに関連する問題を解いていきましょう。もちろん、まだ勉強したての知識だから覚え切れていなくても、それでも問題を解いていく必要があります。

むしろ、"その知識を出題パターンに応じて記憶していくための作業"が問題演習と捉えて、なるべく早い段階から問題演習に取り組んでいきましょう。

3 出題形式に応じた記憶を意識する

(1) 出題形式による難易度の違い

例えば、歴史などの社会科のテストを思い出してみると、択一式（選択式）のものもあれば、一定の文字数の文章を書かせる記述式のもの、場合によっては小論文を書かされたこともあるかと思います。

これらを簡単な順に並べてみると、①選択式、②記述式、③小論文、と感じるのではないでしょうか。

このように、問われている知識内容が違うのではなく、**出題の形式**に応じて、対象を難しく感じたり、易しく感じたりします。

(2) 出題形式によって難易度に違いが出る理由

ではなぜ、出題形式によってこうも難易度が変わるのでしょうか。それは結局、求められている知識が問題文に表されているかどうかにかかっています。

択一式の場合、問題文に知識の内容が表れているので、解く側は基本的にそこに書かれている内容について、自分の持っている知識と照合して、〇か×をつければよいこととなります（受動的）。

一方で、記述式などの場合は、問題文に知識の内容が表れていないため、自分から積極的に知識を思い出し、文章として構成していかなければならないことになります（能動的）。

この差が小さいようで、実は非常に大きいのです。だからこそ、一般的に、択一式よりも記述式などのほうが難しく感じるのです。

(3) 出題形式による出題範囲・記憶の程度の違い

さて、そこで、記憶のあり方としても、こういった出題形式に応じた記憶が必要になってきます。

すなわち、択一式に要求されるレベルは、記述されているものに対して〇か×をつけられる程度の知識であり、一方で、記述式に要求されるレベルは、自ら能動的に思い出し、記述できる程度の知識になります。

また、択一式の場合、1問にかける時間が短くて済む分、より多くの問題を出題することができます。

一方で、記述式の場合、1問にかける時間が比較的長く必要になるため、その分、問題数としてはそれ程出題できないことになります。例えば、行政書士試験を見ると、全60問中57題が択一式で、3題が記述式です。

すると、一般的に、択一式の場合はたくさん出題できる分、より広い範囲の知識が問われるのに対し、記述式の場合は出題問題数が限られるため、より重要な知識が問われることになります。

さて、このように考えていくと、記述式まで出題されるような（必然的に択一式でも出題される可能性はある）重要知識・基礎知識は、能動的に自分で表現できる程度まで勉強をしておかなければならないのに対して、択一式でしか問われ

ないような知識については、受動的に記述されているものに対して正誤をつけられる程度に勉強をしておけば十分ということになります。

　このように出題形式に応じて、要求される知識のレベルが異なることから、勉強をするときに、どの程度の記憶のレベルが要求されるのかを考えながら進めていくとよいでしょう。

4　問題演習を役立てる方法

(1)　問題演習を通じて成長を実感

　さて、問題演習の重要性について述べ、なるべく早いうちから問題演習に取り組むべきことを薦めました。

　ここでは、別の視点から再度、問題演習の重要性について触れておきたいと思います。

　合格体験記などを読むと、合格者が示唆してくれる合格の秘訣として、よく問題演習の重要性が挙げられています。

　一方で、不合格だった人の失敗事例を追っていくと、問題演習の不足を列挙できます。そして、問題演習に積極的に取り組まなかった人からは、「まだ覚えていないから演習には取り掛かれない」ということをよく聞きます。

　確かに、覚えていなければ問題を解くことは難しいだろうし、解けない自分を見たくない気持ちは誰にでもあるものでしょう。せっかくならば、バンバン問題を解けて高得点ばかりの自分を見たいものです。

　しかし、ここに重要な見落としがあります。

　問題演習は、できる自分を確認するためにあるわけではありません。

　そもそも問題演習も記憶作業も、ともに受験勉強の一環です。受験勉強であれば、ある一定の作業を通じて成長していなければなりません。

　問題演習を行い、間違い、間違ったところをしっかりと復習し、覚えなおすべきことを覚えなおすことに成長はあります。

　だから、仮に100点満点の問題演習をして40点しか取れなくても「40点しか取れなかった」と嘆く必要はありません。むしろ、「60点分もノビシロがあるゾ。しっかり復習すれば、ここは一気に成長できる」と前向きに考えていきましょう。

(2) 問題演習が記憶に及ぼす効果

　記憶は**意味記憶**と**エピソード記憶**の２種類に分けることができます。

　前者は、算数の九九や円周率の3.14、あるいは歴史の年号など、抽象的な知識を得る記憶で、いわゆる丸暗記で覚える方法がこれにあたります。一方、後者は、感情や時間、場所など自分の何らかの経験と結びつけた記憶法を意味します。

　そして、知識を経験に結びつける方法として有効な手段が実は問題演習なのです。問題演習をして間違えたという経験は鮮明に記憶に残り易く、これと結びつけて記憶した知識はそう簡単には忘れません。

　このように考えると、問題演習で間違え、復習の過程で覚えていった知識は、漫然とテキストなどを読んで覚えるよりもずっと効果的で、記憶に残り易く、また覚え続けていることができます。

　だから、間違えることを恐れる必要はありません。むしろ、間違えることは成長することができるチャンスと捉え、積極的に問題演習に取り組んでいきましょう。真剣に問題演習に向き合い、間違え、真剣に復習し、効率よく成長し、充実した受験生活を送っていただきたいと思います。

(3) 問題演習に関する合格者からのメッセージ

　伊藤塾の合格体験記ばかりでなく、一般に眼にする合格体験記等には、問題演習の重要性に触れているものが度々あります。そのメッセージを何点か抜粋して掲載します。

　○　「問題を解くことについてですが、私は最初、暗記さえしていれば問題は何とか解けるだろうと思っていました。しかし、実際に講座で問題を解いてみて、アウトプットの重要性を認識させられました。実際には理解が不充分なのに大丈夫だと過信していたところや知識の再確認、出題傾向の把握など問題を解くことによって勉強の方針が明確になりました。」

　○　「教材は、行政書士試験の過去問題が最適でしょう。本試験レベルの問題に普段から慣れておくことは重要です。問題演習を通じて解けなかった問題は、自分の用いるテキストで確認します。間違えたことにより、問題意識をもってテキストを読めるようになるはずです。」

　○　「答案練習では、『問題を解きながら新しい知識を学ぶもの』、『自分の知らない知識を問われた時でも答えを導き出すための練習』と考え、得点が伸び

　なくても、気にしないで新しい知識をテキストに追加し、記憶することに専
　念しました。」
　いかがですか。多くの合格者に倣い、アウトプットを重ねてください。
　本書には、行政書士試験で使用する答案用紙に酷似したものを付けています。
ここをA4判に拡大コピーし、実際の本試験さながらに問題を解く訓練をしま
しょう。

5　各科目の得点目標

　最後に、科目別にどのくらい正解すれば合格できるのか、目標を示します。

	出題形式、出題数	5肢択一式得点目標
基礎法学	5肢択一式　2題	1題
憲　　法	5肢択一式　5題	3題〜4題
	多肢選択式　1題	
行　政　法	5肢択一式　19題	15題
	多肢選択式　2題	
	記述式　1題	
民　　法	5肢択一式　9題	5題〜6題
	記述式　2題	
商　　法	5肢択一式　5題	2題〜3題
一般知識等	5肢択一式　14題	7題

　法令等科目の5肢択一式は全40題ですが、ここを25題以上得点することを目標
にしていきましょう。
　試験の難易度は年度によって異なるため、例外もありますが、基本的に合格者
はここで25題（100点）以上を得点しています。

　本書の特長を上手に活用し、一日も早く合格を手にされることを願っていま
す。

伊藤塾　行政書士試験科　講師

もくじ

2020(令和2)年度

2019(令和元)年度

※法改正により、一部問題文を修正しています。

本書掲載の本試験問題文のうち、著作権者に掲載の許諾を得なければならない問題文については掲載に際して許諾を得ております。

しかし、許諾を得ることのできなかった問題文は出典の表記のみとしております。ご了解ください。

2023(令和5)～2019(平成31)年度試験答案用紙

▶注意事項

1 問題は60問あり，時間は3時間です。

2 解答は，別紙の答案用紙に記入してください。

3 答案用紙への記入およびマークは，次のようにしてください。

Ⓐ 択一式（5肢択一式）問題は，1から5までの答えのうち正しいと思われるものを一つ選び，マークしてください。二つ以上の解答をしたもの，判読が困難なものは誤りとなります。

〈択一式（5肢択一式）問題の解答の記入例〉

問題1 日本の首都は，次のうちどれか。

　　　　1　札幌

　　　　2　東京　　　　（正解）　　　——→

　　　　3　名古屋

　　　　4　京都

　　　　5　大阪

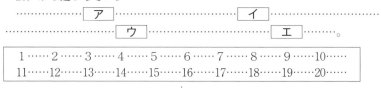

Ⓑ 択一式（多肢選択式）問題は，枠内（1～20）の選択肢から空欄 ア ～ エ に当てはまる語句を選び，マークしてください。二つ以上の解答をしたもの，判読が困難なものは誤りとなります。

〈択一式（多肢選択式）問題の解答の記入例〉

問題41 次の文章の空欄 ア ～ エ に当てはまる語句を，枠内の選択肢（1～20）から選びなさい。

　……………………… ア …………………………… イ ……………………
　……………………… ウ …………………………… エ ………………。

　　1……2……3……4……5……6……7……8……9……10……
　　11……12……13……14……15……16……17……18……19……20……

↓

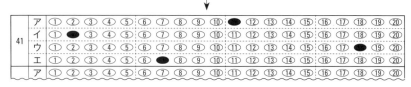

Ⓒ 記述式問題は，答案用紙の解答欄（マス目）に記述してください。

2023（令和５）年度・答案用紙

1	① ② ③ ④ ⑤	11	① ② ③ ④ ⑤	21	① ② ③ ④ ⑤	31	① ② ③ ④ ⑤
2	① ② ③ ④ ⑤	12	① ② ③ ④ ⑤	22	① ② ③ ④ ⑤	32	① ② ③ ④ ⑤
3	① ② ③ ④ ⑤	13	① ② ③ ④ ⑤	23	① ② ③ ④ ⑤	33	① ② ③ ④ ⑤
4	① ② ③ ④ ⑤	14	① ② ③ ④ ⑤	24	① ② ③ ④ ⑤	34	① ② ③ ④ ⑤
5	① ② ③ ④ ⑤	15	① ② ③ ④ ⑤	25	① ② ③ ④ ⑤	35	① ② ③ ④ ⑤
6	① ② ③ ④ ⑤	16	① ② ③ ④ ⑤	26	① ② ③ ④ ⑤	36	① ② ③ ④ ⑤
7	① ② ③ ④ ⑤	17	① ② ③ ④ ⑤	27	① ② ③ ④ ⑤	37	① ② ③ ④ ⑤
8	① ② ③ ④ ⑤	18	① ② ③ ④ ⑤	28	① ② ③ ④ ⑤	38	① ② ③ ④ ⑤
9	① ② ③ ④ ⑤	19	① ② ③ ④ ⑤	29	① ② ③ ④ ⑤	39	① ② ③ ④ ⑤
10	① ② ③ ④ ⑤	20	① ② ③ ④ ⑤	30	① ② ③ ④ ⑤	40	① ② ③ ④ ⑤

41	ア	① ② ③ ④ ⑤ ⑥ ⑦ ⑧ ⑨ ⑩ ⑪ ⑫ ⑬ ⑭ ⑮ ⑯ ⑰ ⑱ ⑲ ⑳
	イ	① ② ③ ④ ⑤ ⑥ ⑦ ⑧ ⑨ ⑩ ⑪ ⑫ ⑬ ⑭ ⑮ ⑯ ⑰ ⑱ ⑲ ⑳
	ウ	① ② ③ ④ ⑤ ⑥ ⑦ ⑧ ⑨ ⑩ ⑪ ⑫ ⑬ ⑭ ⑮ ⑯ ⑰ ⑱ ⑲ ⑳
	エ	① ② ③ ④ ⑤ ⑥ ⑦ ⑧ ⑨ ⑩ ⑪ ⑫ ⑬ ⑭ ⑮ ⑯ ⑰ ⑱ ⑲ ⑳
42	ア	① ② ③ ④ ⑤ ⑥ ⑦ ⑧ ⑨ ⑩ ⑪ ⑫ ⑬ ⑭ ⑮ ⑯ ⑰ ⑱ ⑲ ⑳
	イ	① ② ③ ④ ⑤ ⑥ ⑦ ⑧ ⑨ ⑩ ⑪ ⑫ ⑬ ⑭ ⑮ ⑯ ⑰ ⑱ ⑲ ⑳
	ウ	① ② ③ ④ ⑤ ⑥ ⑦ ⑧ ⑨ ⑩ ⑪ ⑫ ⑬ ⑭ ⑮ ⑯ ⑰ ⑱ ⑲ ⑳
	エ	① ② ③ ④ ⑤ ⑥ ⑦ ⑧ ⑨ ⑩ ⑪ ⑫ ⑬ ⑭ ⑮ ⑯ ⑰ ⑱ ⑲ ⑳
43	ア	① ② ③ ④ ⑤ ⑥ ⑦ ⑧ ⑨ ⑩ ⑪ ⑫ ⑬ ⑭ ⑮ ⑯ ⑰ ⑱ ⑲ ⑳
	イ	① ② ③ ④ ⑤ ⑥ ⑦ ⑧ ⑨ ⑩ ⑪ ⑫ ⑬ ⑭ ⑮ ⑯ ⑰ ⑱ ⑲ ⑳
	ウ	① ② ③ ④ ⑤ ⑥ ⑦ ⑧ ⑨ ⑩ ⑪ ⑫ ⑬ ⑭ ⑮ ⑯ ⑰ ⑱ ⑲ ⑳
	エ	① ② ③ ④ ⑤ ⑥ ⑦ ⑧ ⑨ ⑩ ⑪ ⑫ ⑬ ⑭ ⑮ ⑯ ⑰ ⑱ ⑲ ⑳

問題44

問題45

問題46

47	① ② ③ ④ ⑤	51	① ② ③ ④ ⑤	55	① ② ③ ④ ⑤	59	① ② ③ ④ ⑤
48	① ② ③ ④ ⑤	52	① ② ③ ④ ⑤	56	① ② ③ ④ ⑤	60	① ② ③ ④ ⑤
49	① ② ③ ④ ⑤	53	① ② ③ ④ ⑤	57	① ② ③ ④ ⑤		
50	① ② ③ ④ ⑤	54	① ② ③ ④ ⑤	58	① ② ③ ④ ⑤		

2022(令和4)年度・答案用紙

1	① ② ③ ④ ⑤	11	① ② ③ ④ ⑤	21	① ② ③ ④ ⑤	31	① ② ③ ④ ⑤
2	① ② ③ ④ ⑤	12	① ② ③ ④ ⑤	22	① ② ③ ④ ⑤	32	① ② ③ ④ ⑤
3	① ② ③ ④ ⑤	13	① ② ③ ④ ⑤	23	① ② ③ ④ ⑤	33	① ② ③ ④ ⑤
4	① ② ③ ④ ⑤	14	① ② ③ ④ ⑤	24	① ② ③ ④ ⑤	34	① ② ③ ④ ⑤
5	① ② ③ ④ ⑤	15	① ② ③ ④ ⑤	25	① ② ③ ④ ⑤	35	① ② ③ ④ ⑤
6	① ② ③ ④ ⑤	16	① ② ③ ④ ⑤	26	① ② ③ ④ ⑤	36	① ② ③ ④ ⑤
7	① ② ③ ④ ⑤	17	① ② ③ ④ ⑤	27	① ② ③ ④ ⑤	37	① ② ③ ④ ⑤
8	① ② ③ ④ ⑤	18	① ② ③ ④ ⑤	28	① ② ③ ④ ⑤	38	① ② ③ ④ ⑤
9	① ② ③ ④ ⑤	19	① ② ③ ④ ⑤	29	① ② ③ ④ ⑤	39	① ② ③ ④ ⑤
10	① ② ③ ④ ⑤	20	① ② ③ ④ ⑤	30	① ② ③ ④ ⑤	40	① ② ③ ④ ⑤

41	ア	① ② ③ ④ ⑤ ⑥ ⑦ ⑧ ⑨ ⑩ ⑪ ⑫ ⑬ ⑭ ⑮ ⑯ ⑰ ⑱ ⑲ ⑳
	イ	① ② ③ ④ ⑤ ⑥ ⑦ ⑧ ⑨ ⑩ ⑪ ⑫ ⑬ ⑭ ⑮ ⑯ ⑰ ⑱ ⑲ ⑳
	ウ	① ② ③ ④ ⑤ ⑥ ⑦ ⑧ ⑨ ⑩ ⑪ ⑫ ⑬ ⑭ ⑮ ⑯ ⑰ ⑱ ⑲ ⑳
	エ	① ② ③ ④ ⑤ ⑥ ⑦ ⑧ ⑨ ⑩ ⑪ ⑫ ⑬ ⑭ ⑮ ⑯ ⑰ ⑱ ⑲ ⑳
42	ア	① ② ③ ④ ⑤ ⑥ ⑦ ⑧ ⑨ ⑩ ⑪ ⑫ ⑬ ⑭ ⑮ ⑯ ⑰ ⑱ ⑲ ⑳
	イ	① ② ③ ④ ⑤ ⑥ ⑦ ⑧ ⑨ ⑩ ⑪ ⑫ ⑬ ⑭ ⑮ ⑯ ⑰ ⑱ ⑲ ⑳
	ウ	① ② ③ ④ ⑤ ⑥ ⑦ ⑧ ⑨ ⑩ ⑪ ⑫ ⑬ ⑭ ⑮ ⑯ ⑰ ⑱ ⑲ ⑳
	エ	① ② ③ ④ ⑤ ⑥ ⑦ ⑧ ⑨ ⑩ ⑪ ⑫ ⑬ ⑭ ⑮ ⑯ ⑰ ⑱ ⑲ ⑳
43	ア	① ② ③ ④ ⑤ ⑥ ⑦ ⑧ ⑨ ⑩ ⑪ ⑫ ⑬ ⑭ ⑮ ⑯ ⑰ ⑱ ⑲ ⑳
	イ	① ② ③ ④ ⑤ ⑥ ⑦ ⑧ ⑨ ⑩ ⑪ ⑫ ⑬ ⑭ ⑮ ⑯ ⑰ ⑱ ⑲ ⑳
	ウ	① ② ③ ④ ⑤ ⑥ ⑦ ⑧ ⑨ ⑩ ⑪ ⑫ ⑬ ⑭ ⑮ ⑯ ⑰ ⑱ ⑲ ⑳
	エ	① ② ③ ④ ⑤ ⑥ ⑦ ⑧ ⑨ ⑩ ⑪ ⑫ ⑬ ⑭ ⑮ ⑯ ⑰ ⑱ ⑲ ⑳

問題44　（解答欄 10 15）

問題45　（解答欄 10 15）

問題46　背信的悪意者は,　（解答欄 10 15）

47	① ② ③ ④ ⑤	51	① ② ③ ④ ⑤	55	① ② ③ ④ ⑤	59	① ② ③ ④ ⑤
48	① ② ③ ④ ⑤	52	① ② ③ ④ ⑤	56	① ② ③ ④ ⑤	60	① ② ③ ④ ⑤
49	① ② ③ ④ ⑤	53	① ② ③ ④ ⑤	57	① ② ③ ④ ⑤		
50	① ② ③ ④ ⑤	54	① ② ③ ④ ⑤	58	① ② ③ ④ ⑤		

2021（令和3）年度・答案用紙

1	①	②	③	④	⑤	11	①	②	③	④	⑤	21	①	②	③	④	⑤	31	①	②	③	④	⑤
2	①	②	③	④	⑤	12	①	②	③	④	⑤	22	①	②	③	④	⑤	32	①	②	③	④	⑤
3	①	②	③	④	⑤	13	①	②	③	④	⑤	23	①	②	③	④	⑤	33	①	②	③	④	⑤
4	①	②	③	④	⑤	14	①	②	③	④	⑤	24	①	②	③	④	⑤	34	①	②	③	④	⑤
5	①	②	③	④	⑤	15	①	②	③	④	⑤	25	①	②	③	④	⑤	35	①	②	③	④	⑤
6	①	②	③	④	⑤	16	①	②	③	④	⑤	26	①	②	③	④	⑤	36	①	②	③	④	⑤
7	①	②	③	④	⑤	17	①	②	③	④	⑤	27	①	②	③	④	⑤	37	①	②	③	④	⑤
8	①	②	③	④	⑤	18	①	②	③	④	⑤	28	①	②	③	④	⑤	38	①	②	③	④	⑤
9	①	②	③	④	⑤	19	①	②	③	④	⑤	29	①	②	③	④	⑤	39	①	②	③	④	⑤
10	①	②	③	④	⑤	20	①	②	③	④	⑤	30	①	②	③	④	⑤	40	①	②	③	④	⑤

41	ア	① ② ③ ④ ⑤ ⑥ ⑦ ⑧ ⑨ ⑩ ⑪ ⑫ ⑬ ⑭ ⑮ ⑯ ⑰ ⑱ ⑲ ⑳
	イ	① ② ③ ④ ⑤ ⑥ ⑦ ⑧ ⑨ ⑩ ⑪ ⑫ ⑬ ⑭ ⑮ ⑯ ⑰ ⑱ ⑲ ⑳
	ウ	① ② ③ ④ ⑤ ⑥ ⑦ ⑧ ⑨ ⑩ ⑪ ⑫ ⑬ ⑭ ⑮ ⑯ ⑰ ⑱ ⑲ ⑳
	エ	① ② ③ ④ ⑤ ⑥ ⑦ ⑧ ⑨ ⑩ ⑪ ⑫ ⑬ ⑭ ⑮ ⑯ ⑰ ⑱ ⑲ ⑳
42	ア	① ② ③ ④ ⑤ ⑥ ⑦ ⑧ ⑨ ⑩ ⑪ ⑫ ⑬ ⑭ ⑮ ⑯ ⑰ ⑱ ⑲ ⑳
	イ	① ② ③ ④ ⑤ ⑥ ⑦ ⑧ ⑨ ⑩ ⑪ ⑫ ⑬ ⑭ ⑮ ⑯ ⑰ ⑱ ⑲ ⑳
	ウ	① ② ③ ④ ⑤ ⑥ ⑦ ⑧ ⑨ ⑩ ⑪ ⑫ ⑬ ⑭ ⑮ ⑯ ⑰ ⑱ ⑲ ⑳
	エ	① ② ③ ④ ⑤ ⑥ ⑦ ⑧ ⑨ ⑩ ⑪ ⑫ ⑬ ⑭ ⑮ ⑯ ⑰ ⑱ ⑲ ⑳
43	ア	① ② ③ ④ ⑤ ⑥ ⑦ ⑧ ⑨ ⑩ ⑪ ⑫ ⑬ ⑭ ⑮ ⑯ ⑰ ⑱ ⑲ ⑳
	イ	① ② ③ ④ ⑤ ⑥ ⑦ ⑧ ⑨ ⑩ ⑪ ⑫ ⑬ ⑭ ⑮ ⑯ ⑰ ⑱ ⑲ ⑳
	ウ	① ② ③ ④ ⑤ ⑥ ⑦ ⑧ ⑨ ⑩ ⑪ ⑫ ⑬ ⑭ ⑮ ⑯ ⑰ ⑱ ⑲ ⑳
	エ	① ② ③ ④ ⑤ ⑥ ⑦ ⑧ ⑨ ⑩ ⑪ ⑫ ⑬ ⑭ ⑮ ⑯ ⑰ ⑱ ⑲ ⑳

問題44　（10　15　の解答欄）

問題45　建替えには，（10　15　の解答欄）

問題46　（10　15　の解答欄）

47	①	②	③	④	⑤	51	①	②	③	④	⑤	55	①	②	③	④	⑤	59	①	②	③	④	⑤
48	①	②	③	④	⑤	52	①	②	③	④	⑤	56	①	②	③	④	⑤	60	①	②	③	④	⑤
49	①	②	③	④	⑤	53	①	②	③	④	⑤	57	①	②	③	④	⑤						
50	①	②	③	④	⑤	54	①	②	③	④	⑤	58	①	②	③	④	⑤						

2020(令和２)年度・答案用紙

1	① ② ③ ④ ⑤	11	① ② ③ ④ ⑤	21	① ② ③ ④ ⑤	31	① ② ③ ④ ⑤
2	① ② ③ ④ ⑤	12	① ② ③ ④ ⑤	22	① ② ③ ④ ⑤	32	① ② ③ ④ ⑤
3	① ② ③ ④ ⑤	13	① ② ③ ④ ⑤	23	① ② ③ ④ ⑤	33	① ② ③ ④ ⑤
4	① ② ③ ④ ⑤	14	① ② ③ ④ ⑤	24	① ② ③ ④ ⑤	34	① ② ③ ④ ⑤
5	① ② ③ ④ ⑤	15	① ② ③ ④ ⑤	25	① ② ③ ④ ⑤	35	① ② ③ ④ ⑤
6	① ② ③ ④ ⑤	16	① ② ③ ④ ⑤	26	① ② ③ ④ ⑤	36	① ② ③ ④ ⑤
7	① ② ③ ④ ⑤	17	① ② ③ ④ ⑤	27	① ② ③ ④ ⑤	37	① ② ③ ④ ⑤
8	① ② ③ ④ ⑤	18	① ② ③ ④ ⑤	28	① ② ③ ④ ⑤	38	① ② ③ ④ ⑤
9	① ② ③ ④ ⑤	19	① ② ③ ④ ⑤	29	① ② ③ ④ ⑤	39	① ② ③ ④ ⑤
10	① ② ③ ④ ⑤	20	① ② ③ ④ ⑤	30	① ② ③ ④ ⑤	40	① ② ③ ④ ⑤

41	ア	① ② ③ ④ ⑤ ⑥ ⑦ ⑧ ⑨ ⑩ ⑪ ⑫ ⑬ ⑭ ⑮ ⑯ ⑰ ⑱ ⑲ ⑳
	イ	① ② ③ ④ ⑤ ⑥ ⑦ ⑧ ⑨ ⑩ ⑪ ⑫ ⑬ ⑭ ⑮ ⑯ ⑰ ⑱ ⑲ ⑳
	ウ	① ② ③ ④ ⑤ ⑥ ⑦ ⑧ ⑨ ⑩ ⑪ ⑫ ⑬ ⑭ ⑮ ⑯ ⑰ ⑱ ⑲ ⑳
	エ	① ② ③ ④ ⑤ ⑥ ⑦ ⑧ ⑨ ⑩ ⑪ ⑫ ⑬ ⑭ ⑮ ⑯ ⑰ ⑱ ⑲ ⑳
42	ア	① ② ③ ④ ⑤ ⑥ ⑦ ⑧ ⑨ ⑩ ⑪ ⑫ ⑬ ⑭ ⑮ ⑯ ⑰ ⑱ ⑲ ⑳
	イ	① ② ③ ④ ⑤ ⑥ ⑦ ⑧ ⑨ ⑩ ⑪ ⑫ ⑬ ⑭ ⑮ ⑯ ⑰ ⑱ ⑲ ⑳
	ウ	① ② ③ ④ ⑤ ⑥ ⑦ ⑧ ⑨ ⑩ ⑪ ⑫ ⑬ ⑭ ⑮ ⑯ ⑰ ⑱ ⑲ ⑳
	エ	① ② ③ ④ ⑤ ⑥ ⑦ ⑧ ⑨ ⑩ ⑪ ⑫ ⑬ ⑭ ⑮ ⑯ ⑰ ⑱ ⑲ ⑳
43	ア	① ② ③ ④ ⑤ ⑥ ⑦ ⑧ ⑨ ⑩ ⑪ ⑫ ⑬ ⑭ ⑮ ⑯ ⑰ ⑱ ⑲ ⑳
	イ	① ② ③ ④ ⑤ ⑥ ⑦ ⑧ ⑨ ⑩ ⑪ ⑫ ⑬ ⑭ ⑮ ⑯ ⑰ ⑱ ⑲ ⑳
	ウ	① ② ③ ④ ⑤ ⑥ ⑦ ⑧ ⑨ ⑩ ⑪ ⑫ ⑬ ⑭ ⑮ ⑯ ⑰ ⑱ ⑲ ⑳
	エ	① ② ③ ④ ⑤ ⑥ ⑦ ⑧ ⑨ ⑩ ⑪ ⑫ ⑬ ⑭ ⑮ ⑯ ⑰ ⑱ ⑲ ⑳

問題44

問題45　Aは,

問題46

47	① ② ③ ④ ⑤	51	① ② ③ ④ ⑤	55	① ② ③ ④ ⑤	59	① ② ③ ④ ⑤
48	① ② ③ ④ ⑤	52	① ② ③ ④ ⑤	56	① ② ③ ④ ⑤	60	① ② ③ ④ ⑤
49	① ② ③ ④ ⑤	53	① ② ③ ④ ⑤	57	① ② ③ ④ ⑤		
50	① ② ③ ④ ⑤	54	① ② ③ ④ ⑤	58	① ② ③ ④ ⑤		

2019(令和元)年度・答案用紙

1	① ② ③ ④ ⑤	11	① ② ③ ④ ⑤	21	① ② ③ ④ ⑤	31	① ② ③ ④ ⑤
2	① ② ③ ④ ⑤	12	① ② ③ ④ ⑤	22	① ② ③ ④ ⑤	32	① ② ③ ④ ⑤
3	① ② ③ ④ ⑤	13	① ② ③ ④ ⑤	23	① ② ③ ④ ⑤	33	① ② ③ ④ ⑤
4	① ② ③ ④ ⑤	14	① ② ③ ④ ⑤	24	① ② ③ ④ ⑤	34	① ② ③ ④ ⑤
5	① ② ③ ④ ⑤	15	① ② ③ ④ ⑤	25	① ② ③ ④ ⑤	35	① ② ③ ④ ⑤
6	① ② ③ ④ ⑤	16	① ② ③ ④ ⑤	26	① ② ③ ④ ⑤	36	① ② ③ ④ ⑤
7	① ② ③ ④ ⑤	17	① ② ③ ④ ⑤	27	① ② ③ ④ ⑤	37	① ② ③ ④ ⑤
8	① ② ③ ④ ⑤	18	① ② ③ ④ ⑤	28	① ② ③ ④ ⑤	38	① ② ③ ④ ⑤
9	① ② ③ ④ ⑤	19	① ② ③ ④ ⑤	29	① ② ③ ④ ⑤	39	① ② ③ ④ ⑤
10	① ② ③ ④ ⑤	20	① ② ③ ④ ⑤	30	① ② ③ ④ ⑤	40	① ② ③ ④ ⑤

41	ア	① ② ③ ④ ⑤ ⑥ ⑦ ⑧ ⑨ ⑩ ⑪ ⑫ ⑬ ⑭ ⑮ ⑯ ⑰ ⑱ ⑲ ⑳	
	イ	① ② ③ ④ ⑤ ⑥ ⑦ ⑧ ⑨ ⑩ ⑪ ⑫ ⑬ ⑭ ⑮ ⑯ ⑰ ⑱ ⑲ ⑳	
	ウ	① ② ③ ④ ⑤ ⑥ ⑦ ⑧ ⑨ ⑩ ⑪ ⑫ ⑬ ⑭ ⑮ ⑯ ⑰ ⑱ ⑲ ⑳	
	エ	① ② ③ ④ ⑤ ⑥ ⑦ ⑧ ⑨ ⑩ ⑪ ⑫ ⑬ ⑭ ⑮ ⑯ ⑰ ⑱ ⑲ ⑳	
42	ア	① ② ③ ④ ⑤ ⑥ ⑦ ⑧ ⑨ ⑩ ⑪ ⑫ ⑬ ⑭ ⑮ ⑯ ⑰ ⑱ ⑲ ⑳	
	イ	① ② ③ ④ ⑤ ⑥ ⑦ ⑧ ⑨ ⑩ ⑪ ⑫ ⑬ ⑭ ⑮ ⑯ ⑰ ⑱ ⑲ ⑳	
	ウ	① ② ③ ④ ⑤ ⑥ ⑦ ⑧ ⑨ ⑩ ⑪ ⑫ ⑬ ⑭ ⑮ ⑯ ⑰ ⑱ ⑲ ⑳	
	エ	① ② ③ ④ ⑤ ⑥ ⑦ ⑧ ⑨ ⑩ ⑪ ⑫ ⑬ ⑭ ⑮ ⑯ ⑰ ⑱ ⑲ ⑳	
43	ア	① ② ③ ④ ⑤ ⑥ ⑦ ⑧ ⑨ ⑩ ⑪ ⑫ ⑬ ⑭ ⑮ ⑯ ⑰ ⑱ ⑲ ⑳	
	イ	① ② ③ ④ ⑤ ⑥ ⑦ ⑧ ⑨ ⑩ ⑪ ⑫ ⑬ ⑭ ⑮ ⑯ ⑰ ⑱ ⑲ ⑳	
	ウ	① ② ③ ④ ⑤ ⑥ ⑦ ⑧ ⑨ ⑩ ⑪ ⑫ ⑬ ⑭ ⑮ ⑯ ⑰ ⑱ ⑲ ⑳	
	エ	① ② ③ ④ ⑤ ⑥ ⑦ ⑧ ⑨ ⑩ ⑪ ⑫ ⑬ ⑭ ⑮ ⑯ ⑰ ⑱ ⑲ ⑳	

問題44
（10　15　のマス目の解答欄）

問題45
（10　15　のマス目の解答欄）

問題46
（10　15　のマス目の解答欄）

47	① ② ③ ④ ⑤	51	① ② ③ ④ ⑤	55	① ② ③ ④ ⑤	59	① ② ③ ④ ⑤
48	① ② ③ ④ ⑤	52	① ② ③ ④ ⑤	56	① ② ③ ④ ⑤	60	① ② ③ ④ ⑤
49	① ② ③ ④ ⑤	53	① ② ③ ④ ⑤	57	① ② ③ ④ ⑤		
50	① ② ③ ④ ⑤	54	① ② ③ ④ ⑤	58	① ② ③ ④ ⑤		

2023（令和5）年度
試験問題

法令等　[問題1〜問題40は択一式（5肢択一式）]

問題1　次の文章の空欄 ア 〜 エ に当てはまる語句の組合せとして、妥当なものはどれか。

　明治8年太政官布告103号裁判事務心得の3条には、「民事の裁判に成文の法律なきものは ア に依り ア なきものは イ を推考して裁判すべし」という規定があり、民事裁判について「法の欠如」があるばあいに イ によるべきことがうたわれている。 ウ の支配する刑法では罰則の欠如は当の行為につき犯罪の成立を否定する趣旨であるから、それは「法の欠如」ではない。ところが、民事裁判では、法の欠如があっても当事者に対して エ （フランス民法4条）をすることはできず（憲法32条参照）、また、当然に原告を敗訴にすることももちろん法の趣旨ではない。

（出典　団藤重光「法学の基礎〔第2版〕」有斐閣、2007年から）

	ア	イ	ウ	エ
1	習慣	条理	罪刑法定主義	裁判の拒否
2	先例	習慣	罪刑法定主義	裁判の拒否
3	先例	条理	適正手続	和解の勧奨
4	習慣	条理	責任主義	裁判の拒否
5	先例	習慣	責任主義	和解の勧奨

問題2　法人等に関する次のア〜オの記述のうち、妥当なものの組合せはどれ
　　　　か。

ア　いわゆる「権利能力なき社団」は、実質的には社団法人と同様の実態を有
　するが、法人格がないため、訴訟上の当事者能力は認められていない。

イ　法人は、営利法人と非営利法人に大別されるが、合名会社やそれと実質的
　に同様の実態を有する行政書士法人、弁護士法人および司法書士法人は非営
　利法人である。

ウ　一般社団法人および一般財団法人は、いずれも非営利法人であることか
　ら、一切の収益事業を行うことはできない。

エ　公益社団法人および公益財団法人とは、一般社団法人および一般財団法人
　のうち、学術、技芸、慈善その他の法令で定められた公益に関する種類の事
　業であって、不特定かつ多数の者の利益の増進に寄与する事業を行うことを
　主たる目的とし、行政庁（内閣総理大臣または都道府県知事）から公益認定
　を受けた法人をいう。

オ　特定非営利活動法人（いわゆる「ＮＰＯ法人」）とは、不特定かつ多数の
　ものの利益の増進に寄与することを目的とする保健、医療または福祉の増進
　その他の法令で定められた特定の活動を行うことを主たる目的とし、所轄庁
　（都道府県の知事または指定都市の長）の認証を受けて設立された法人をい
　う。

　　1　ア・ウ
　　2　ア・エ
　　3　イ・ウ
　　4　イ・オ
　　5　エ・オ

問題3 基本的人権の間接的、付随的な制約についての最高裁判所の判決に関する次のア〜エの記述のうち、妥当なものの組合せはどれか。

ア　選挙における戸別訪問の禁止が、意見表明そのものの制約ではなく、意見表明の手段方法のもたらす弊害の防止をねらいとして行われる場合、それは戸別訪問以外の手段方法による意見表明の自由を制約するものではなく、単に手段方法の禁止に伴う限度での間接的、付随的な制約にすぎない。

イ　芸術的価値のある文学作品について、そこに含まれる性描写が通常人の性的羞恥心を害し、善良な性的道義観念に反することを理由に、その頒布が処罰される場合、そこでの芸術的表現の自由への制約は、わいせつ物の規制に伴う間接的、付随的な制約にすぎない。

ウ　裁判官が「積極的に政治運動をすること」の禁止が、意見表明そのものの制約ではなく、その行動のもたらす弊害の防止をねらいとして行われる場合、そこでの意見表明の自由の制約は、単に行動の禁止に伴う限度での間接的、付随的な制約にすぎない。

エ　刑事施設の被収容者に対する新聞閲読の自由の制限が、被収容者の知ることのできる思想内容そのものの制約ではなく、施設内の規律・秩序の維持をねらいとして行われる場合、そこでの制約は、施設管理上必要な処置に伴う間接的、付随的な制約にすぎない。

1　ア・イ
2　ア・ウ
3　ア・エ
4　イ・ウ
5　イ・エ

問題4　国務請求権に関する次の記述のうち、妥当なものはどれか。

1　憲法は何人に対しても平穏に請願する権利を保障しているので、請願を受けた機関はそれを誠実に処理せねばならず、請願の内容を審理および判定する法的義務が課される。

2　立法行為は、法律の適用段階でその違憲性を争い得る以上、国家賠償の対象とならないが、そのような訴訟上の手段がない立法不作為についてのみ、例外的に国家賠償が認められるとするのが判例である。

3　憲法が保障する裁判を受ける権利は、刑事事件においては裁判所の裁判によらなければ刑罰を科せられないことを意味しており、この点では自由権的な側面を有している。

4　憲法は、抑留または拘禁された後に「無罪の裁判」を受けたときは法律の定めるところにより国にその補償を求めることができると規定するが、少年事件における不処分決定もまた、「無罪の裁判」に当たるとするのが判例である。

5　憲法は、裁判は公開の法廷における対審および判決によってなされると定めているが、訴訟の非訟化の趨勢（すうせい）をふまえれば、純然たる訴訟事件であっても公開の法廷における対審および判決によらない柔軟な処理が許されるとするのが判例である。

問題5 罷免・解職に関する次の記述のうち、妥当なものはどれか。
· · · · · · ·

1　衆議院比例代表選出議員または参議院比例代表選出議員について、名簿を届け出た政党から、除名、離党その他の事由により当該議員が政党に所属する者でなくなった旨の届出がなされた場合、当該議員は当選を失う。

2　議員の資格争訟の裁判は、国権の最高機関である国会に認められた権能であるから、両院から選出された国会議員による裁判の結果、いずれかの議院の議員が議席を失った場合には、議席喪失の当否について司法審査は及ばない。

3　閣議による内閣の意思決定は、慣例上全員一致によるものとされてきたので、これを前提にすれば、衆議院の解散の決定にあたり反対する大臣がいるような場合には、当該大臣を罷免して内閣としての意思決定を行うことになる。

4　最高裁判所の裁判官は、任命後初めて行われる衆議院議員総選挙の際に国民の審査に付されるが、その後、最高裁判所の長官に任命された場合は、任命後最初の衆議院議員総選挙の際に、長官として改めて国民の審査に付される。

5　裁判官は、公の弾劾によらなければ罷免されず、また、著しい非行があった裁判官を懲戒免職するためには、最高裁判所裁判官会議の全員一致の議決が必要である。

問題6　国政調査権の限界に関する次の文章の趣旨に照らして、妥当でないものはどれか。

　　ところで司法権の独立とは、改めていうまでもなく、裁判官が何らの「指揮命令」に服さないこと、裁判活動について何ら職務上の監督を受けないことを意味するが、単に「指揮命令」を禁止するにとどまらず、その実質的な意義は、身分保障その他、裁判官の内心における法的確信の自由な形成をつねに担保することにある。司法権の独立が、・・・（中略）・・・、「あらゆる現実の諸条件を考えた上で、社会通念上、裁判官が独立に裁判を行うことに対して、事実上重大な影響をおよぼす可能性ある行動」を排斥するのは、かような趣旨にもとづくものといえよう。その結果、第一に、立法権・行政権による現に裁判所に係属中の訴訟手続への干渉は一切禁止されるのみならず、第二に、他の国家機関による判決の内容の批判はいかに適切であろうとも許容されないという原則が要請される。

（出典　芦部信喜「憲法と議会政」東京大学出版会、1971年から）

1　議院が刑事事件について調査する際には、その経済的・社会的・政治的意義などを明らかにすることで立法や行政監督に資する目的などで行われるべきである。

2　裁判への干渉とは、命令によって裁判官の判断を拘束することを意味するから、議院による裁判の調査・批判は何らの法的効果を持たない限り司法権の独立を侵害しない。

3　議院の国政調査権によって、裁判の内容の当否につきその批判自体を目的として調査を行うことは、司法権の独立を侵害する。

4　刑事裁判で審理中の事件の事実について、議院が裁判所と異なる目的から、裁判と並行して調査することは、司法権の独立を侵害しない。

5　議院の国政調査権によって、裁判所に係属中の事件につき裁判官の法廷指揮など裁判手続自体を調査することは許されない。

問題7 財政に関する次の記述のうち、妥当なものはどれか。

1 国会が議決した予算の公布は、法律、政令、条約などの公布と同様に、憲法上、天皇の国事行為とされている。

2 国会による予算の修正をめぐっては、内閣の予算提出権を侵すので予算を増額する修正は許されないとする見解もあるが、現行法には、予算の増額修正を予想した規定が置かれている。

3 予算が成立したにもかかわらず、予算が予定する支出の根拠となる法律が制定されていないような場合、法律が可決されるまでの間、内閣は暫定的に予算を執行することができる。

4 皇室の費用はすべて、予算に計上して国会の議決を経なければならないが、皇室が財産を譲り受けたり、賜与したりするような場合には、国会の議決に基く必要はない。

5 国の収入支出の決算は、内閣が、毎年そのすべてについて国会の承認の議決を得たうえで、会計検査院に提出し、その審査を受けなければならない。

問題8　行政行為の瑕疵に関する次のア～オの記述のうち、最高裁判所の判例に
　　　　照らし、妥当なものの組合せはどれか。

ア　ある行政行為が違法である場合、仮にそれが別の行政行為として法の要件
を満たしていたとしても、これを後者の行為として扱うことは、新たな行政
行為を行うに等しいから当然に許されない。

イ　普通地方公共団体の長に対する解職請求を可とする投票結果が無効とされ
たとしても、前任の長の解職が有効であることを前提として、当該解職が無
効とされるまでの間になされた後任の長の行政処分は、当然に無効となるも
のではない。

ウ　複数の行政行為が段階的な決定として行われる場合、先行行為が違法であ
るとして、後行行為の取消訴訟において先行行為の当該違法を理由に取消し
の請求を認めることは、先行行為に対する取消訴訟の出訴期間の趣旨を没却
することになるので許されることはない。

エ　行政行為の瑕疵を理由とする取消しのうち、取消訴訟や行政上の不服申立
てによる争訟取消しの場合は、当該行政行為は行為時当初に遡って効力を失
うが、職権取消しの場合は、遡って効力を失うことはない。

オ　更正処分における理由の提示（理由附記）に不備の違法があり、審査請求
を行った後、これに対する裁決において処分の具体的根拠が明らかにされた
としても、理由の提示にかかる当該不備の瑕疵は治癒されない。

　　1　ア・イ
　　2　ア・エ
　　3　イ・オ
　　4　ウ・エ
　　5　ウ・オ

問題9 行政上の法律関係に関する次のア～エの記述のうち、最高裁判所の判例に照らし、妥当なものの組合せはどれか。

ア　社会保障給付における行政主体と私人との間の関係は、対等なものであり、公権力の行使が介在する余地はないから、処分によって規律されることはなく、もっぱら契約によるものとされている。

イ　未決勾留による拘禁関係は、勾留の裁判に基づき被勾留者の意思にかかわらず形成され、法令等の規定により規律されるものであるから、国は、拘置所に収容された被勾留者に対して信義則上の安全配慮義務を負わない。

ウ　食品衛生法の規定により必要とされる営業の許可を得ることなく食品の販売を行った場合、食品衛生法は取締法規であるため、当該販売にかかる売買契約が当然に無効となるわけではない。

エ　法の一般原則である信義誠実の原則は、私人間における民事上の法律関係を規律する原理であるから、租税法律主義の原則が貫かれる租税法律関係には適用される余地はない。

1　ア・イ
2　ア・エ
3　イ・ウ
4　イ・エ
5　ウ・エ

問題10 在留期間更新の許可申請に対する処分に関する次のア～オの記述のうち、最高裁判所の判例（マクリーン事件判決〔最大判昭和53年10月4日民集32巻7号1223頁〕）に照らし、妥当なものの組合せはどれか。

ア　在留期間更新の判断にあたっては、在留規制の目的である国内の治安と善良の風俗の維持など国益の保持の見地のほか、申請者である外国人の在留中の一切の行状を斟酌することはできるが、それ以上に国内の政治・経済・社

会等の諸事情を考慮することは、申請者の主観的事情に関わらない事項を過大に考慮するものであって、他事考慮にも当たり許されない。

イ　在留期間の更新を適当と認めるに足りる相当の理由の有無にかかる裁量審査においては、当該判断が全く事実の基礎を欠く場合、または事実に対する評価が明白に合理性を欠くこと等により当該判断が社会通念に照らし、著しく妥当性を欠くことが明らかである場合に限り、裁量権の逸脱、濫用として違法とされる。

ウ　在留期間更新の法定要件である「在留期間の更新を適当と認めるに足りる相当の理由」があるかどうかに関する判断について、処分行政庁（法務大臣）には裁量が認められるが、もとよりその濫用は許されず、上陸拒否事由または退去強制事由に準ずる事由に該当しない限り更新申請を不許可にすることはできない。

エ　外国人の在留期間中の政治活動について、そのなかに日本国の出入国管理政策や基本的な外交政策を非難するものが含まれていた場合、処分行政庁（法務大臣）がそのような活動を斟酌して在留期間の更新を適当と認めるに足りる相当の理由があるものとはいえないと判断したとしても、裁量権の逸脱、濫用には当たらない。

オ　外国人の政治活動は必然的に日本国の政治的意思決定またはその実施に影響を及ぼすものであるから、そもそも政治活動の自由に関する憲法の保障は外国人には及ばず、在留期間中に政治活動を行ったことについて、在留期間の更新の際に消極的事情として考慮することも許される。

1　ア・イ
2　ア・オ
3　イ・エ
4　ウ・エ
5　ウ・オ

問題11 行政手続法（以下「法」という。）の規定に関する次の記述のうち、妥当なものはどれか。

1 法の規定において用いられる「法令」とは、法律及び法律に基づく命令のみを意味し、条例及び地方公共団体の執行機関の規則はそこに含まれない。

2 特定の者を名あて人として直接にその権利を制限する処分であっても、名あて人となるべき者の同意の下にすることとされている処分は、法にいう不利益処分とはされない。

3 法の規定が適用される行政指導には、特定の者に一定の作為または不作為を求めるものに限らず、不特定の者に対して一般的に行われる情報提供も含まれる。

4 行政指導に携わる者が、その相手方に対して、当該行政指導の趣旨及び内容並びに責任者を明確に示さなければならないのは、法令に違反する行為の是正を求める行政指導をする場合に限られる。

5 行政機関が、あらかじめ、事案に応じ、行政指導指針を定め、かつ行政上特別の支障がない限りこれを公表しなければならないのは、根拠となる規定が法律に置かれている行政指導をしようとする場合に限られる。

問題12 行政手続法の定める聴聞に関する次の記述のうち、誤っているものはどれか。

1 聴聞の当事者または参加人は、聴聞の終結後であっても、聴聞の審理の経過を記載した調書の閲覧を求めることができる。

2 聴聞の当事者および参加人は、聴聞が終結するまでは、行政庁に対し、当該事案についてした調査の結果に係る調書その他の当該不利益処分の原因となる事実を証する資料の閲覧を求めることができる。

3 当事者または参加人は、聴聞の期日に出頭して、意見を述べ、証拠書類等を提出し、主宰者の許可を得て行政庁の職員に対し質問を発することができる。

4　当事者または参加人は、聴聞の期日への出頭に代えて、主宰者に対し、聴聞の期日までに陳述書および証拠書類等を提出することができる。

5　当事者または参加人が正当な理由なく聴聞の期日に出頭せず、陳述書等を提出しない場合、主宰者は、当事者に対し改めて意見を述べ、証拠書類等を提出する機会を与えなければならない。

問題13　行政手続法が定める行政庁等の義務に関する次のア～エの記述のうち、努力義務として規定されているものの組合せとして、正しいものはどれか。

ア　申請者以外の利害を考慮すべきことが法令において許可の要件とされている場合に、公聴会を開催すること

イ　申請に対する処分を行う場合の審査基準を定めて公にしておくこと

ウ　不利益処分を行う場合の処分基準を定めて公にしておくこと

エ　申請に対する処分の標準処理期間を定めた場合に、それを公にしておくこと

1　ア・ウ
2　ア・エ
3　イ・ウ
4　イ・エ
5　ウ・エ

問題14　不作為についての審査請求に関する次の記述のうち、妥当なものはどれか。

1　不作為についての審査請求は、当該処分についての申請をした者だけではなく、当該処分がなされることにつき法律上の利益を有する者もすることができる。

2　不作為についての審査請求について理由があり、申請に対して一定の処分をすべきものと認められる場合、審査庁が不作為庁の上級行政庁であるときは、審査庁は、当該不作為庁に対し当該処分をすべき旨を命じる。

3　不作為についての審査請求は、審査請求が濫用されることを防ぐために、申請がなされた日から法定された一定の期間を経過しなければすることができない。

4　不作為についての審査請求がなされた場合、審査庁は、必要があると認める場合には、審査請求人の申立てによりまたは職権で、裁決が下されるまでの仮の救済として一定の処分をすることができる。

5　不作為についての審査請求の審理に際しては、迅速な救済を図るために、審査庁は、審理員を指名して審理手続を行わせるのではなく、審理手続を省いて裁決を下さなければならない。

問題15　行政不服審査法が定める審査請求の裁決に関する次の記述のうち、妥当なものはどれか。

1　審査庁が不利益処分を取り消す裁決をした場合、処分庁は、当該裁決の趣旨に従い当該不利益処分を取り消さなければならない。

2　不利益処分につき、その根拠となった事実がないとしてこれを取り消す裁決を受けた処分庁は、事実を再調査した上で、同一の事実を根拠として同一の不利益処分を再び行うことができる。

3　事実上の行為についての審査請求に理由がある場合には、処分庁である審査庁は、当該事実上の行為が違法又は不当である旨を裁決で宣言し、当該事

実上の行為を撤廃又は変更する。

4　審査庁は、処分庁の上級行政庁または処分庁でなくとも、審査請求に対する認容裁決によって処分を変更することができるが、審査請求人の不利益に処分を変更することは許されない。

5　審査庁が処分庁である場合、許認可の申請に対する拒否処分を取り消す裁決は、当該申請に対する許認可処分とみなされる。

問題16　行政不服審査法が定める審査請求の手続に関する次の記述のうち、誤っているものはどれか。

1　審査請求をすべき行政庁が処分庁と異なる場合、審査請求人は処分庁を経由して審査請求を行うこともできる。

2　審査請求は書面により行わなければならないが、行政不服審査法以外の法律や条例に口頭ですることができる旨の規定のある場合には、審査請求人は審査請求を口頭で行うことができる。

3　審査請求人は、裁決があるまでは、いつでも審査請求の取下げをすることができ、取下げの理由に特に制限は設けられていない。

4　審査請求を受けた審査庁は、審査請求書に形式上の不備がある場合でも審理員を指名し、審理手続を開始しなければならず、直ちに審査請求を却下することはできない。

5　審査請求人から申立てがあった場合には、審理員は原則として口頭意見陳述の機会を与えなければならず、口頭意見陳述には参加人だけでなく、審理員の許可を得て補佐人も参加することができる。

問題17 以下の事案に関する次のア～エの記述のうち、妥当なものの組合せはどれか。

　Xは、A川の河川敷の自己の所有地に小屋（以下「本件小屋」という。）を建設して所有している。A川の河川管理者であるB県知事は、河川管理上の支障があるとして、河川法に基づきXに対して本件小屋の除却を命ずる処分（以下「本件処分」という。）をした。しかし、Xは撤去の必要はないとして本件処分を無視していたところ、Xが本件処分の通知書を受け取ってから約8ヵ月が経過した時点で、同知事は、本件小屋の除却のための代執行を行うため、Xに対し、行政代執行法に基づく戒告および通知（以下「本件戒告等」という。）を行った。そこでXは、代執行を阻止するために抗告訴訟を提起することを考えている。

ア　本件戒告等には処分性が認められることから、Xは、本件処分の無効確認訴訟を提起するだけでなく、本件戒告等の取消訴訟をも提起できる。

イ　本件戒告等の取消訴訟において、Xは、本件戒告等の違法性だけでなく、本件処分の違法性も主張できる。

ウ　Xが本件処分の通知書を受け取ってから1年が経過していないことから、Xが本件処分の取消訴訟を提起しても、出訴期間の徒過を理由として却下されることはない。

エ　Xが本件戒告等の取消訴訟を提起したとしても、代執行手続が完了した後には、本件戒告等の効果が消滅したことから、当該訴訟は訴えの利益の欠如を理由に不適法として却下される。

1　ア・イ
2　ア・エ
3　イ・ウ
4　イ・エ
5　ウ・エ

問題18　行政事件訴訟法（以下「行訴法」という。）の準用規定に関する次の会話の下線部㋐～㋒について、その正誤を判定した組合せとして、正しいものはどれか。

学生Ａ：　今日は行訴法の準用に関する規定について学ぼう。

学生Ｂ：　準用については主として行訴法38条に定められているけど、他の条文でも定められているよね。まずは出訴期間について定める行訴法14条から。

学生Ａ：　行訴法14条については、㋐無効等確認訴訟にも、その他の抗告訴訟にも準用されていない。訴訟の性質を考えれば当然のことだよ。

学生Ｂ：　よし、それでは、執行停止について定める行訴法25条はどうだろう。

学生Ａ：　行訴法25条は㋑義務付け訴訟や差止訴訟には準用されていない。でも、当事者訴訟には準用されているのが特徴だね。

学生Ｂ：　なるほど、当事者訴訟にも仮の救済が用意されているんだね。最後に、第三者効について定める行訴法32条はどうだろう。

学生Ａ：　「処分又は裁決を取り消す判決は、第三者に対しても効力を有する」という規定だね。㋒これは義務付け訴訟にも差止訴訟にも準用されている。義務付け判決や差止め判決の実効性を確保するために必要だからね。

	ア	イ	ウ
1	正しい	誤り	正しい
2	正しい	誤り	誤り
3	誤り	正しい	誤り
4	誤り	誤り	正しい
5	誤り	誤り	誤り

問題19 行政事件訴訟法が定める抗告訴訟の対象に関する次の記述のうち、最高裁判所の判例に照らし、妥当なものはどれか。

1 登録免許税を過大に納付して登記を受けた者が登録免許税法に基づいてした登記機関から税務署長に還付通知をすべき旨の請求に対し、登記機関のする拒否通知は、当該請求者の権利に直接影響を及ぼす法的効果を有さないため、抗告訴訟の対象となる行政処分には当たらない。

2 行政庁が建築基準法に基づいて、いわゆるみなし道路を告示により一括して指定する行為は、特定の土地について個別具体的な指定をしたものではなく、一般的基準の定立を目的としたものにすぎず、告示による建築制限等の制限の発生を認めることができないので、抗告訴訟の対象となる行政処分には当たらない。

3 労災就学援護費に関する制度の仕組みに鑑みると、被災労働者またはその遺族は、労働基準監督署長の支給決定によって初めて具体的な労災就学援護費の支給請求権を取得するため、労働基準監督署長が行う労災就学援護費の支給または不支給の決定は、抗告訴訟の対象となる行政処分に当たる。

4 市町村長が住民基本台帳法に基づき住民票に続柄を記載する行為は、公の権威をもって住民の身分関係を証明し、それに公の証明力を与える公証行為であるから、それ自体によって新たに国民の権利義務を形成し、又はその範囲を確定する法的効果を有するため、抗告訴訟の対象となる行政処分に当たる。

5 都市計画法の規定に基づく用途地域指定の決定が告示された場合、その効力が生ずると、当該地域内においては、建築物の用途、容積率、建ぺい率等につき従前と異なる基準が適用され、これらの基準に適合しない建築物については建築確認を受けることができなくなる効果が生じるので、用途地域指定の決定は、抗告訴訟の対象となる行政処分に当たる。

問題20　道路をめぐる国家賠償に関する最高裁判所の判決について説明する次
　　　　　の記述のうち、妥当なものはどれか。

1　落石事故の発生した道路に防護柵を設置する場合に、その費用の額が相当
　の多額にのぼり、県としてその予算措置に困却するであろうことが推察でき
　る場合には、そのことを理由として、道路管理者は、道路の管理の瑕疵に
　よって生じた損害に対する賠償責任を免れ得るものと解するのが相当であ
　る。

2　事故発生当時、道路管理者が設置した工事標識板、バリケードおよび赤色
　灯標柱が道路上に倒れたまま放置されていたことは、道路の安全性に欠如が
　あったといわざるをえず、それが夜間の事故発生直前に生じたものであり、
　道路管理者において時間的に遅滞なくこれを原状に復し道路を安全良好な状
　態に保つことが困難であったとしても、道路管理には瑕疵があったと認める
　のが相当である。

3　防護柵は、道路を通行する人や車が誤って転落するのを防止するために設
　置されるものであり、材質、高さその他その構造に徴し、通常の通行時にお
　ける転落防止の目的からみればその安全性に欠けるところがないものであっ
　たとしても、当該転落事故の被害者が危険性の判断能力に乏しい幼児であっ
　た場合、その行動が当該道路および防護柵の設置管理者において通常予測す
　ることができなくとも、営造物が本来具有すべき安全性に欠けるところが
　あったと評価され、道路管理者はその防護柵の設置管理者としての責任を負
　うと解するのが相当である。

4　道路の周辺住民から道路の設置・管理者に対して損害賠償の請求がされた
　場合において、当該道路からの騒音、排気ガス等が周辺住民に対して現実に
　社会生活上受忍すべき限度を超える被害をもたらしたことが認定判断された
　としても、当該道路が道路の周辺住民に一定の利益を与えているといえると
　きには、当該道路の公共性ないし公益上の必要性のゆえに、当該道路の供用
　の違法性を認定することはできないものと解するのが相当である。

5　走行中の自動車がキツネ等の小動物と接触すること自体により自動車の運
　転者等が死傷するような事故が発生する危険性は高いものではなく、通常

は、自動車の運転者が適切な運転操作を行うことにより死傷事故を回避することを期待することができるものというべきであって、金網の柵をすき間なく設置して地面にコンクリートを敷くという小動物の侵入防止対策が全国で広く採られていたという事情はうかがわれず、そのような対策を講ずるためには多額の費用を要することは明らかであり、当該道路には動物注意の標識が設置され自動車の運転者に対して道路に侵入した動物についての適切な注意喚起がされていたということができるなどの事情の下においては、高速道路で自動車の運転者がキツネとの衝突を避けようとして起こした自損事故において、当該道路に設置または管理の瑕疵があったとはいえない。

問題21　次の文章は、国家賠償法１条２項に基づく求償権の性質が問われた事件において、最高裁判所が下した判決に付された補足意見のうち、同条１項の責任の性質に関して述べられた部分の一部である（文章は、文意を損ねない範囲で若干修正している）。空欄 ア ～ エ に当てはまる語句の組合せとして、正しいものはどれか。

　国家賠償法１条１項の性質については ア 説と イ 説が存在する。両説を区別する実益は、加害公務員又は加害行為が特定できない場合や加害公務員に ウ がない場合に、 ア 説では国家賠償責任が生じ得ないが イ 説では生じ得る点に求められていた。しかし、最一小判昭和57年４月１日民集36巻４号519頁は、 ア 説か イ 説かを明示することなく、「国又は公共団体の公務員による一連の職務上の行為の過程において他人に被害を生ぜしめた場合において、それが具体的にどの公務員のどのような違法行為によるものであるかを特定することができなくても、右の一連の行為のうちのいずれかに行為者の故意又は過失による違法行為があったのでなければ右の被害が生ずることはなかったであろうと認められ、かつ、それがどの行為であるにせよこれによる被害につき行為者の属する国又は公共団体が法律上賠償の責任を負うべき関係が存在するときは、国又は公共団体は損害賠償責任を免れることができない」と判示している。さらに、公務員の過失を エ 過失と捉える裁判例が支配的となっており、

個々の公務員の ウ を問題にする必要はないと思われる。したがって、 ア 説、 イ 説は、解釈論上の道具概念としての意義をほとんど失っているといってよい。

（最三小判令和2年7月14日民集74巻4号1305頁、宇賀克也裁判官補足意見）

	ア	イ	ウ	エ
1	代位責任	自己責任	有責性	組織的
2	代位責任	自己責任	有責性	重大な
3	代位責任	自己責任	職務関連性	重大な
4	自己責任	代位責任	有責性	組織的
5	自己責任	代位責任	職務関連性	重大な

問題22　地方自治法が定める普通地方公共団体に関する次の記述のうち、正しいものはどれか。

1　普通地方公共団体の区域は、地方自治法において「従来の区域」によるとされており、同法施行時の区域が基準となる。

2　市町村の境界変更は、関係市町村の申請に基づき、都道府県知事が当該都道府県の議会の議決を経てこれを定め、国会が承認することによって成立する。

3　都道府県の境界変更は、関係都道府県がその旨を定めた協定を締結し、総務大臣に届け出ることによって成立する。

4　市となるべき普通地方公共団体の要件として、地方自治法それ自体は具体的な数を示した人口要件を規定していないが、当該都道府県の条例で人口要件を定めることはできる。

5　市町村の境界に関し争論があるときは、都道府県知事は、関係市町村の申請に基づき又は職権で当該争論を裁判所の調停に付すことができる。

問題23　地方自治法（以下「法」という。）が定める直接請求に関する次の記述のうち、正しいものはどれか。なお、以下「選挙権」とは、「普通地方公共団体の議会の議員及び長の選挙権」をいう。

1　事務監査請求は、当該普通地方公共団体の住民であれば、日本国民であるか否か、また選挙権を有するか否かにかかわらず、これを請求することができる。

2　普通地方公共団体の事務のうち法定受託事務に関する条例については、条例の制定改廃の直接請求の対象とすることはできない。

3　市町村の条例の制定改廃の直接請求における署名簿の署名に関し異議があるとき、関係人は、法定の期間内に総務大臣にこれを申し出ることができる。

4　議会の解散請求は、日本国民たる普通地方公共団体の住民であって選挙権を有する者の総数のうち、法所定の数以上の連署をもって成立するが、この総数が一定数以上の普通地方公共団体については、成立要件を緩和する特例が設けられている。

5　議会の解散請求が成立した後に行われる解散の住民投票において、過半数の同意があった場合、議会は解散するが、選挙権を有する者の総数が一定以上の普通地方公共団体については、過半数の同意という成立要件を緩和する特例が設けられている。

問題24　地方自治法に定める事務の共同処理（普通地方公共団体相互間の協力）に関する次の記述のうち、誤っているものはどれか。

1　連携協約とは、普通地方公共団体が、他の普通地方公共団体と事務を処理するに当たっての連携を図るため、協議により、連携して事務を処理するための基本的な方針および役割分担を定める協約をいう。

2　協議会とは、普通地方公共団体が、事務の一部を共同して管理・執行し、もしくは事務の管理・執行について連絡調整を図り、または広域にわたる総合的な計画を共同して作成するため、協議により規約を定めて設置するものをいう。

3　機関等の共同設置とは、協議により規約を定め、共同して、議会事務局、附属機関、長の内部組織等を置くことをいう。

4　事務の代替執行とは、協議により規約を定め、普通地方公共団体の事務の一部の管理および執行を、他の地方公共団体に委託する制度であり、事務を受託した地方公共団体が受託事務の範囲において自己の事務として処理することにより、委託した地方公共団体が自ら当該事務を管理および執行した場合と同様の効果が生じる。

5　職員の派遣とは、当該普通地方公共団体の事務の処理のため特別の必要があると認めるとき、当該普通地方公共団体の長または委員会もしくは委員が、他の普通地方公共団体の長または委員会もしくは委員に対し、職員の派遣を求めるものをいう。

問題25 空港や航空関連施設をめぐる裁判に関する次の記述のうち、最高裁判所の判例に照らし、妥当なものはどれか。

1 いわゆる「新潟空港訴訟」（最二小判平成元年2月17日民集43巻2号56頁）では、定期航空運送事業免許の取消訴訟の原告適格が争点となったところ、飛行場周辺住民には、航空機の騒音によって社会通念上著しい障害を受けるとしても、原告適格は認められないとされた。

2 いわゆる「大阪空港訴訟」（最大判昭和56年12月16日民集35巻10号1369頁）では、空港の供用の差止めが争点となったところ、人格権または環境権に基づく民事上の請求として一定の時間帯につき航空機の離着陸のためにする国営空港の供用についての差止めを求める訴えは適法であるとされた。

3 いわゆる「厚木基地航空機運航差止訴訟」（最一小判平成28年12月8日民集70巻8号1833頁）では、周辺住民が自衛隊機の夜間の運航等の差止めを求める訴訟を提起できるかが争点となったところ、当該訴訟は法定の抗告訴訟としての差止訴訟として適法であるとされた。

4 いわゆる「成田新法訴訟」（最大判平成4年7月1日民集46巻5号437頁）では、新東京国際空港の安全確保に関する緊急措置法（当時）の合憲性が争点となったところ、憲法31条の法定手続の保障は刑事手続のみでなく行政手続にも及ぶことから、適正手続の保障を欠く同法の規定は憲法31条に違反するとされた。

5 いわゆる「成田新幹線訴訟」（最二小判昭和53年12月8日民集32巻9号1617頁）では、成田空港と東京駅を結ぶ新幹線の建設について、運輸大臣の工事実施計画認可の取消訴訟の原告適格が争点となったところ、建設予定地付近に居住する住民に原告適格が認められるとされた。

問題26　地方公共団体に対する法律の適用に関する次の説明のうち、妥当なものはどれか。

1　行政手続法は、地方公共団体の機関がする処分に関して、その根拠が条例に置かれているものについても行政手続法が適用されると定めている。

2　行政不服審査法は、地方公共団体には、それぞれ常設の不服審査機関（行政不服審査会等）を置かなければならないと定めている。

3　公文書管理法*1は、地方公共団体が保有する公文書の管理および公開等に関して、各地方公共団体は条例を定めなければならないとしている。

4　行政代執行法は、条例により直接に命ぜられた行為についての履行の確保に関しては、各地方公共団体が条例により定めなければならないとしている。

5　行政機関情報公開法*2は、地方公共団体は、同法の趣旨にのっとり、その保有する情報の公開に関して必要な施策を策定し、これを実施するよう努めなければならないと定めている。

（注）　＊1　公文書等の管理に関する法律
　　　　＊2　行政機関の保有する情報の公開に関する法律

問題27　消滅時効に関する次の記述のうち、民法の規定に照らし、誤っている
ものはどれか。

1　債権者が権利を行使できることを知った時から５年間行使しないときは、
その債権は、時効によって消滅する。

2　不法行為による損害賠償請求権以外の債権（人の生命又は身体の侵害によ
る損害賠償請求権を除く）は、その権利について行使することができること
を知らない場合でも、その権利を行使できる時から10年間行使しないときに
は、時効によって消滅する。

3　人の生命又は身体の侵害による損害賠償請求権は、その権利について行使
することができることを知らない場合でも、その債権を行使できる時から20
年間行使しないときには、時効によって消滅する。

4　人の生命又は身体を害する不法行為による損害賠償請求権は、被害者又は
その法定代理人が損害及び加害者を知った時から３年間行使しないときは、
時効によって消滅する。

5　債権又は所有権以外の財産権は、権利を行使することができる時から20年
間行使しないときは、時効によって消滅する。

問題28 Aが所有する甲土地（以下「甲」という。）につき、Bの所有権の取得時効が完成し、その後、Bがこれを援用した。この場合に関する次の記述のうち、民法の規定および判例に照らし、妥当でないものはどれか。

1 Bの時効完成前に、CがAから甲を買い受けて所有権移転登記を了した場合、Bは、Cに対して、登記なくして時効による所有権取得をもって対抗することができる。

2 Bの時効完成後に、DがAから甲を買い受けて所有権移転登記を了した場合、Bは、Dに対して、Dが背信的悪意者であったと認められる特段の事情があるときでも、登記なくして時効による所有権取得を対抗することはできない。

3 Bの時効完成後に、EがAから甲を買い受けて所有権移転登記を了した場合、その後さらにBが甲の占有を取得時効の成立に必要な期間継続したときは、Bは、Eに対し時効を援用すれば、時効による所有権取得をもって登記なくして対抗することができる。

4 Bの時効完成後に、FがAから甲につき抵当権の設定を受けてその登記を了した場合、Bは、抵当権設定登記後引き続き甲の占有を取得時効の成立に必要な期間継続したときは、BがFに対し時効を援用すれば、Bが抵当権の存在を容認していたなどの抵当権の消滅を妨げる特段の事情がない限り、甲を時効取得し、その結果、Fの抵当権は消滅する。

5 Bの時効完成後に、GがAから甲を買い受けて所有権移転登記を了した場合、Bは、Gに対して、登記なくして時効による所有権取得をもって対抗することはできず、その際にBが甲の占有開始時点を任意に選択してその成立を主張することは許されない。

問題29 Aが家電製品の販売業者のBに対して有する貸金債権の担保として、Bが営業用動産として所有し、甲倉庫内において保管する在庫商品の一切につき、Aのために集合（流動）動産譲渡担保権（以下「本件譲渡担保権」という。）を設定した。この場合に関する次の記述のうち、判例に照らし、妥当でないものはどれか。

1 構成部分が変動する集合動産についても、その種類、場所および量的範囲が指定され、目的物の範囲が特定されている場合には、一個の集合物として譲渡担保の目的とすることができ、当該集合物につき、AはBから占有改定の引渡しを受けることによって対抗要件が具備される。

2 本件譲渡担保権の設定後に、Bが新たな家電製品乙（以下「乙」という。）を営業用に仕入れて甲倉庫内に搬入した場合であっても、集合物としての同一性が損なわれていない限り、本件譲渡担保権の効力は乙に及ぶ。

3 本件譲渡担保権の設定後であっても、通常の営業の範囲に属する場合であれば、Bは甲倉庫内の在庫商品を処分する権限を有する。

4 甲倉庫内の在庫商品の中に、CがBに対して売却した家電製品丙（以下「丙」という。）が含まれており、Bが履行期日までに丙の売買代金を支払わない場合、丙についてAが既に占有改定による引渡しを受けていたときは、Cは丙について動産先取特権を行使することができない。

5 甲倉庫内の在庫商品の中に、DがBに対して所有権留保特約付きの売買契約によって売却した家電製品丁（以下「丁」という。）が含まれており、Bが履行期日までに丁の売買代金をDに支払わないときにはDに所有権が留保される旨が定められていた場合でも、丁についてAが既に占有改定による引渡しを受けていたときは、Aは、Dに対して本件譲渡担保権を当然に主張することができる。

問題30　連帯債務者の一人について生じた次のア～オの事由のうち、民法の規定に照らし、他の連帯債務者に対して効力が生じないものの組合せとして、正しいものはどれか

ア　連帯債務者の一人と債権者との間の混同

イ　連帯債務者の一人がした代物弁済

ウ　連帯債務者の一人が債権者に対して債権を有する場合において、その連帯債務者がした相殺の援用

エ　債権者がした連帯債務者の一人に対する履行の請求

オ　債権者がした連帯債務者の一人に対する債務の免除

1　ア・イ
2　ア・ウ
3　イ・エ
4　ウ・オ
5　エ・オ

問題31 相殺に関する次の記述のうち、民法の規定に照らし、誤っているものはどれか。

1 差押えを受けた債権の第三債務者は、差押え後に取得した債権が差押え前の原因に基づいて生じたものであれば、その第三債務者が、差押え後に他人の債権を取得したときでなければ、その債権による相殺をもって差押債権者に対抗することができる。

2 時効によって消滅した債権が、その消滅以前に相殺適状にあった場合には、その債権者は、当該債権を自働債権として相殺することができる。

3 相殺禁止特約のついた債権を譲り受けた者が当該特約について悪意又は重過失である場合には、当該譲渡債権の債務者は、当該特約を譲受人に対抗することができる。

4 債務者に対する貸金債権の回収が困難なため、債権者がその腹いせに悪意で債務者の物を破損した場合には、債権者は、当該行為による損害賠償債務を受働債権として自己が有する貸金債権と相殺することはできない。

5 過失によって人の生命又は身体に損害を与えた場合、その加害者は、その被害者に対して有する貸金債権を自働債権として、被害者に対する損害賠償債務と相殺することができる。

問題32　AとBとの間でA所有の美術品甲（以下「甲」という。）をBに売却する旨の本件売買契約が締結された。この場合に関する次の記述のうち、民法の規定に照らし、妥当なものはどれか。

1　Aは、Bが予め甲の受領を明確に拒んでいる場合であっても、甲につき弁済期に現実の提供をしなければ、履行遅滞の責任を免れない。

2　Aは、Bが代金の支払を明確に拒んでいる場合であっても、相当期間を定めて支払の催告をしなければ、本件売買契約を解除することができない。

3　Aが弁済期に甲を持参したところ、Bが甲を管理するための準備が整っていないことを理由に受領を拒んだため、Aは甲を持ち帰ったが、隣人の過失によって生じた火災により甲が損傷した。このような場合であっても、Bは、Aに対して甲の修補を請求することができる。

4　Aが弁済期に甲を持参したところ、Bが甲を管理するための準備が整っていないことを理由に受領を拒んだため、Aは甲を持ち帰ったが、隣人の過失によって生じた火災により甲が滅失した。このような場合であっても、Bは、代金の支払を拒むことはできない。

5　Aが弁済期に甲を持参したところ、Bが甲を管理するための準備が整っていないことを理由に受領を拒んだため、Aは甲を持ち帰ったが、隣人の過失によって生じた火災により甲が滅失した。このような場合であっても、Bは、本件売買契約を解除することができる。

問題33 契約の解除等に関する次のア～オの記述のうち、民法の規定および判例に照らし、妥当でないものの組合せはどれか。

ア　使用貸借契約においては、期間や使用収益の目的を定めているか否かにかかわらず、借主は、いつでも契約の解除をすることができる。

イ　賃貸借契約は、期間の定めがある場合であっても、賃借物の全部が滅失その他の事由により使用及び収益をすることができなくなったときには、当該賃貸借契約は終了する。

ウ　請負契約においては、請負人が仕事を完成しているか否かにかかわらず、注文者は、いつでも損害を賠償して契約の解除をすることができる。

エ　委任契約は、委任者であると受任者であるとにかかわらず、いつでも契約の解除をすることができる。

オ　寄託契約においては、寄託物を受け取るべき時期を経過しても寄託者が受寄者に寄託物を引き渡さない場合には、書面による寄託でも無報酬の受寄者は、直ちに契約の解除をすることができる。

1　ア・イ
2　ア・エ
3　イ・ウ
4　ウ・オ
5　エ・オ

問題34　損益相殺ないし損益相殺的調整に関する次の記述のうち、民法の規定
および判例に照らし、妥当なものはどれか。

1　幼児が死亡した場合には、親は将来の養育費の支出を免れるので、幼児の
逸失利益の算定に際して親の養育費は親に対する損害賠償額から控除され
る。

2　被害者が死亡した場合に支払われる生命保険金は、同一の損害についての
重複填補に当たるので、被害者の逸失利益の算定に当たって支払われる生命
保険金は損害賠償額から控除される。

3　退職年金の受給者が死亡し遺族が遺族年金の受給権を得た場合には、遺族
年金は遺族の生活水準の維持のために支給されるものなので、退職年金受給
者の逸失利益の算定に際して、いまだ支給を受けることが確定していない遺
族年金の額についても損害賠償額から控除されることはない。

4　著しく高利の貸付けという形をとっていわゆるヤミ金融業者が元利金等の
名目で借主から高額の金員を違法に取得し多大な利益を得る、という反倫理
的行為に該当する不法行為の手段として金員を交付した場合、この貸付けに
よって損害を被った借主が得た貸付金に相当する利益は、借主から貸主に対
する不法行為に基づく損害賠償請求に際して損害賠償額から控除されない。

5　新築の建物が安全性に関する重大な瑕疵があるために、社会通念上、社会
経済的な価値を有しないと評価される場合であっても、建て替えまで買主が
その建物に居住していた居住利益は、買主からの建て替え費用相当額の損害
賠償請求に際して損害賠償額から控除される。

問題35　遺言に関する次のア～オの記述のうち、民法の規定および判例に照らし、妥当なものの組合せはどれか。

ア　重度の認知症により成年被後見人となった高齢者は、事理弁識能力を一時的に回復した場合であっても、後見開始の審判が取り消されない限り、遺言をすることができない。

イ　自筆証書遺言の作成に際し、カーボン紙を用いて複写の方法で作成が行われた場合であっても、自書の要件を満たし、当該遺言は有効である。

ウ　夫婦は、同一の証書によって遺言をすることはできない。

エ　遺言において受遺者として指定された者が、遺言者の死亡以前に死亡した場合には、受遺者の相続人が受遺者の地位を承継する。

オ　遺言は、遺言者が死亡して効力を生じるまでは、いつでも撤回することができるが、公正証書遺言を撤回するには公正証書遺言により、自筆証書遺言を撤回するには自筆証書遺言により行わなければならない。

　　1　ア・エ
　　2　ア・オ
　　3　イ・ウ
　　4　イ・エ
　　5　ウ・オ

問題36　商行為に関する次の記述のうち、商法の規定に照らし、誤っているものはどれか。

1　商行為の代理人が本人のためにすることを示さないで商行為をした場合であっても、その行為は、本人に対してその効力を生ずる。ただし、相手方が、代理人が本人のためにすることを知らなかったときは、代理人に対して履行の請求をすることを妨げない。

2　商行為の受任者は、委任の本旨に反しない範囲内において、委任を受けていない行為をすることができる。

3　商人である隔地者の間において承諾の期間を定めないで契約の申込みを受けた者が相当の期間内に承諾の通知を発しなかったときは、その申込みは、その効力を失う。

4　商人が平常取引をする者からその営業の部類に属する契約の申込みを受けたときは、遅滞なく、契約の申込みに対する諾否の通知を発しなければならず、当該通知を発することを怠ったときは、その商人はその申込みを承諾したものとみなす。

5　商人が平常取引をする者からその営業の部類に属する契約の申込みを受けた場合において、その申込みとともに受け取った物品があるときは、その申込みを拒絶したかどうかにかかわらず、申込みを受けた商人の費用をもって、その物品を保管しなければならない。

問題37　設立時取締役に関する次のア～オの記述のうち、会社法の規定に照らし、誤っているものの組合せはどれか。なお、設立しようとする株式会社は、種類株式発行会社ではないものとする。

ア　発起設立においては、発起人は、出資の履行が完了した後、遅滞なく、設立時取締役を選任しなければならないが、定款で設立時取締役として定められた者は、出資の履行が完了した時に、設立時取締役に選任されたものとみなす。

イ　募集設立においては、設立時取締役の選任は、創立総会の決議によって行わなければならない。

ウ　設立しようとする株式会社が監査等委員会設置会社である場合には、設立時監査等委員である設立時取締役は3人以上でなければならない。

エ　発起設立においては、法人でない発起人は設立時取締役に就任することができるが、募集設立においては、発起人は設立時取締役に就任することはできない。

オ　設立時取締役は、その選任後、株式会社が成立するまでの間、発起人と共同して、株式会社の設立の業務を執行しなければならない。

1　ア・ウ
2　ア・オ
3　イ・ウ
4　イ・エ
5　エ・オ

問題38　株式会社の種類株式に関する次の記述のうち、会社法の規定に照らし、誤っているものはどれか。なお、定款において、単元株式数の定めはなく、また、株主総会における議決権等について株主ごとに異なる取扱いを行う旨の定めはないものとする。

1　株式会社が２以上の種類の株式を発行する場合には、各々の種類の株式について発行可能種類株式総数を定款で定めなければならない。

2　公開会社および指名委員会等設置会社のいずれでもない株式会社は、１つの株式につき２個以上の議決権を有することを内容とする種類株式を発行することができる。

3　株式会社は、株主総会または取締役会において決議すべき事項のうち、当該決議のほか、当該種類の株式の種類株主を構成員とする種類株主総会の決議を必要とすることを内容とする種類株式を発行することができる。

4　公開会社および指名委員会等設置会社のいずれでもない株式会社は、当該種類の株式の種類株主を構成員とする種類株主総会において取締役または監査役を選任することを内容とする種類株式を発行することができる。

5　株式会社は、株主総会の決議事項の全部について議決権を有しないことを内容とする種類株式を発行することができる。

問題39 役員等の責任に関する次の記述のうち、会社法の規定に照らし、誤っているものはどれか。

1　利益相反取引によって株式会社に損害が生じた場合には、株主総会または取締役会の承認の有無にかかわらず、株式会社と利益が相反する取引をした取締役または執行役は任務を怠ったものと推定する。

2　取締役または執行役が競業取引の制限に関する規定に違反して取引をしたときは、当該取引によって取締役、執行役または第三者が得た利益の額は、賠償責任を負う損害の額と推定する。

3　監査等委員会設置会社の取締役の利益相反取引により株式会社に損害が生じた場合において、当該取引につき監査等委員会の承認を受けたときは、当該取締役が監査等委員であるかどうかにかかわらず、当該取締役が任務を怠ったものと推定されることはない。

4　非業務執行取締役等は、定款の定めに基づき、職務を行うにつき善意でかつ重大な過失がないときは、定款で定めた額の範囲内であらかじめ株式会社が定めた額と最低責任限度額とのいずれか高い額を限度として責任を負うとする契約を株式会社と締結することができる。

5　自己のために株式会社と取引をした取締役または執行役は、任務を怠ったことが当該取締役または執行役の責めに帰することができない事由によるものであることをもって損害賠償責任を免れることはできない。

問題40　会計参与と会計監査人の差異に関する次の記述のうち、会社法の規定に照らし、誤っているものはどれか。

1　大会社、監査等委員会設置会社および指名委員会等設置会社は、会計監査人の設置が義務付けられているのに対して、当該いずれの会社形態においても、会計参与は任意に設置される機関である。

2　会計参与は会社法上「役員」に位置づけられるが、会計監査人は「役員」に含まれない。

3　会計参与は定時株主総会において選任決議が必要であるのに対して、会計監査人については、定時株主総会において別段の決議がなされなかったときは、再任されたものとみなす。

4　会計参与は、取締役または執行役と共同して計算関係書類を作成するが、会計監査人は計算関係書類の監査を行う。

5　会計監査人は、その職務を行うに際して取締役の職務の執行に関し不正の行為等を発見したときは、遅滞なく、これを監査役等に報告しなければならないが、会計参与にはこのような報告義務はない。

[問題41～問題43は択一式（多肢選択式）]

問題41　次の文章の空欄　ア　～　エ　に当てはまる語句を、枠内の選択肢（1～
20）から選びなさい。

　表現行為に対する事前抑制は、新聞、雑誌その他の出版物や放送等の表現物がその自由市場に出る前に抑止してその内容を読者ないし聴視者の側に到達させる途を閉ざし又はその到達を遅らせてその意義を失わせ、　ア　の機会を減少させるものであり、また、事前抑制たることの性質上、予測に基づくものとならざるをえないこと等から事後制裁の場合よりも広汎にわたり易く、濫用の虞があるうえ、実際上の抑止的効果が事後制裁の場合より大きいと考えられるのであって、表現行為に対する事前抑制は、表現の自由を保障し検閲を禁止する憲法21条の趣旨に照らし、厳格かつ　イ　な要件のもとにおいてのみ許容されうるものといわなければならない。

　出版物の頒布等の事前差止めは、このような事前抑制に該当するものであって、とりわけ、その対象が公務員又は公職選挙の候補者に対する評価、批判等の表現行為に関するものである場合には、そのこと自体から、一般にそれが　ウ　に関する事項であるということができ、前示のような憲法21条1項の趣旨（略）に照らし、その表現が私人の名誉権に優先する社会的価値を含み憲法上特に保護されるべきであることにかんがみると、当該表現行為に対する事前差止めは、原則として許されないものといわなければならない。ただ、右のような場合においても、その表現内容が真実でなく、又はそれが専ら　エ　を図る目的のものでないことが明白であって、かつ、被害者が重大にして著しく回復困難な損害を被る虞があるときは、・・・（中略）・・・例外的に事前差止めが許されるものというべきであ〔る〕（以下略）。

（最大判昭和61年6月11日民集40巻4号872頁）

1	名誉毀損	2	公正な論評	3	公共の安全
4	私的自治	5	公務の遂行	6	公の批判
7	実質的	8	公益	9	営利
10	公正	11	出版者の収益	12	事実の摘示
13	公共の利害	14	国民の自己統治	15	公権力の行使
16	個別的	17	合理的	18	明確
19	著者の自己実現	20	公共の福祉		

問題42　次の文章の空欄 ア ～ エ に当てはまる語句を、枠内の選択肢（1～20）から選びなさい。

　公営住宅法は、国及び地方公共団体が協力して、健康で文化的な生活を営むに足りる住宅を建設し、これを住宅に困窮する低額所得者に対して低廉な家賃で賃貸することにより、国民生活の安定と ア の増進に寄与することを目的とするものであって（1条）、この法律によって建設された公営住宅の使用関係については、管理に関する規定を設け、家賃の決定、明渡等について規定し（第3章）、また、法〔＝公営住宅法〕の委任（25条）に基づいて制定された条例〔＝東京都営住宅条例〕も、使用許可、使用申込、明渡等について具体的な定めをしているところである。右法及び条例の規定によれば、公営住宅の使用関係には、 イ の利用関係として公法的な一面があることは否定しえないところであって、入居者の募集は公募の方法によるべきこと（法16条）などが定められており、また、特定の者が公営住宅に入居するためには、事業主体の長から使用許可を受けなければならない旨定められているのであるが（条例3条）、他方、入居者が右使用許可を受けて事業主体と入居者との間に公営住宅の使用関係が設定されたのちにおいては、前示のような法及び条例による規制はあっても、事業主体と入居者との間の法律関係は、基本的には私人間の家屋 ウ と異なるところはなく、このことは、法が賃貸（1条、2条）等私法上の ウ に通常用いられる用語を使用して公営住宅の使用関係を律していることからも明らかであるといわなければならない。したがって、公営住宅の使用関係については、公営住宅法及びこれに基づく条例が特別法として民法及び借家法に優先して適用されるが、法及び条例に特別の定めがない限り、原則として一般法である民法及び借家法の適用があり、その契約関係を規律するについては、 エ の法理の適用があるものと解すべきである。ところで、右法及び条例の規定によれば、事業主体は、公営住宅の入居者を決定するについては入居者を選択する自由を有しないものと解されるが、事業主体と入居者との間に公営住宅の使用関係が設定されたのちにおいては、両者の間には エ を基礎とする法律関係が存するものというべきであるから、公営住宅の使用者が法の定める公営住宅の明渡請求事由に該当する行為をした場合であっても、賃貸人である事業主体と

の間の　エ　を破壊するとは認め難い特段の事情があるときには、事業主体の長は、当該使用者に対し、その住宅の使用関係を取り消し、その明渡を請求することはできないものと解するのが相当である。

（最一小判昭和59年12月13日民集38巻12号1411頁〈文章を一部省略した。〉）

1　民間活力	2　私有財産	3　信頼関係
4　所有権移転関係	5　社会福祉	6　普通財産
7　特別権力関係	8　公法関係	9　街づくり
10　物品	11　売買契約関係	12　賃貸借契約関係
13　公用物	14　事業収益	15　請負契約関係
16　委託契約関係	17　定住環境	18　公の営造物
19　管理関係	20　一般権力関係	

問題43 次の文章の空欄 ア ～ エ に当てはまる語句を、枠内の選択肢（1～20）から選びなさい。

　処分の取消しの訴え（行政事件訴訟法3条2項）には出訴期間の制限があり、当該処分があったことを知った日又は当該処分の日から一定期間を経過したときは、原則としてすることができない（同法14条1項、2項）。ただし、出訴期間が経過した後でも、当該処分が ア であれば、当該処分の取消しの訴えとは別の訴えで争うことができる。

　そのような訴えとしては複数のものがある。まず、行政事件訴訟法上の法定抗告訴訟としては、 イ がこれに当たる。また、私法上の法律関係に関する訴訟においても処分が ア か否かが争われ得るところ、この訴えは ウ と呼ばれ、行政事件訴訟法の一部が準用される。

　最高裁判所の判例は、処分が ア であるというためには、当該処分に エ な瑕疵がなければならないとする考えを原則としている。

1	原始的不能	2	行政不服申立て	3	外観上客観的に明白
4	住民訴訟	5	撤回可能	6	無効確認の訴え
7	不当	8	実質的当事者訴訟	9	重大かつ明白
10	差止めの訴え	11	実体的	12	仮の救済申立て
13	形式的当事者訴訟	14	無効	15	義務付けの訴え
16	重大又は明白	17	客観訴訟	18	手続的
19	争点訴訟	20	不作為の違法確認の訴え		

[問題44〜問題46は記述式]　（解答は、必ず答案用紙裏面の解答欄（マス目）に記述すること。なお、字数には、句読点も含む。）

問題44　Ｙ市議会の議員であるＸは、2023年７月に開催されたＹ市議会の委員会において発言（以下「当該発言」という。）を行った。これに対して、当該発言は議会の品位を汚すものであり、Ｙ市議会会議規則α条に違反するとして、Ｙ市議会の懲罰委員会は、20日間の出席停止の懲罰を科すことが相当であるとの決定を行った。Ｙ市議会の議員に対する懲罰は、本会議で議決することによって正式に決定されるところ、本会議の議決は、９月に招集される次の会期の冒頭で行うこととし、会期は終了した。これに対し、Ｘは、①問題となった当該発言は市政に関係する正当なものであり、議会の品位を汚すものではなく、会議規則には違反しない、②予定されている出席停止の懲罰は20日と期間が長く、これが科されると議員としての職責を果たすことができない、と考えている。

　　９月招集予定の次の会期までの間において、Ｘは、出席停止の懲罰を回避するための手段（仮の救済手段も含め、行政事件訴訟法に定められているものに限る。）を検討している。次の会期の議会が招集されるまで１ヵ月程度の短い期間しかないことを考慮に入れたとき、誰に対してどのような手段をとることが有効適切か、40字程度で記述しなさい。

（参照条文）

　地方自治法

134条

①　普通地方公共団体の議会は、この法律並びに会議規則及び委員会に関する条例に違反した議員に対し、議決により懲罰を科することができる。

②　懲罰に関し必要な事項は、会議規則中にこれを定めなければならない。

135条

①　懲罰は、左の通りとする。

一　公開の議場における戒告

二　公開の議場における陳謝

三　一定期間の出席停止

四　除名

②　以下略

Y市議会会議規則

α条　議員は、議会の品位を重んじなければならない。

（下書用）

									10					15

問題45　ＡがＢに対して有する貸金債権の担保として、Ｂが所有する甲建物（以下「甲」という。）につき抵当権が設定され、設定登記が経由された。当該貸金債権につきＢが債務不履行に陥った後、甲が火災によって焼失し、Ｂの保険会社Ｃに対する火災保険金債権が発生した。Ａがこの保険金に対して優先弁済権を行使するためには、民法の規定および判例に照らし、どのような法的手段によって何をしなければならないか。40字程度で記述しなさい。

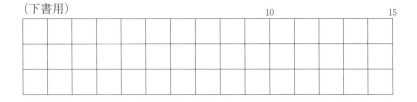

（下書用）

									10					15

問題46　Aは、Aが所有する土地上に住宅を建築する旨の建築請負契約（以下「本件契約」という。）を工務店Bとの間で締結した。本件契約においては、Bの供する材料を用い、また、同住宅の設計もBに委ねることとされた。本件契約から6ヵ月経過後に、Aは、請負代金全額の支払いと引き換えに、完成した住宅の引渡しを受けた。しかし、その引渡し直後に、当該住宅の雨漏りが3ヵ所生じていることが判明し、Aは、そのことを直ちにBに通知した。この場合において、民法の規定に照らし、Aが、Bに対し、権利行使ができる根拠を示した上で、AのBに対する修補請求以外の3つの権利行使の方法について、40字程度で記述しなさい。

（下書用）

									10					15

▶ 一般知識等　［問題47〜問題60は択一式（５肢択一式）］

問題47　わゆるＧ７サミット（主要国首脳会議）に関する次の記述のうち、妥
当なものはどれか。

1　2023年現在では、フランス、アメリカ、イギリス、ドイツ、日本、イタリ
ア、カナダの７ヵ国のみの首脳が集まる会議であり、ＥＵ（欧州連合）首脳
は参加していない。

2　議長国の任期は１月から12月の１年間で、事務レベルの準備会合や関係閣
僚会合の開催を通じて、サミットの準備および議事進行を行う。

3　2023年の議長国はアメリカであり、日本はこれまで、1979年、1986年、
1993年、2000年、2007年、2014年、2021年に議長国を務めた。

4　フランスのジスカール・デスタン大統領（当時）の提案により、1975年に
第１回サミットが開催されたが、日本が参加したのは1979年からである。

5　開催地は、かつてはスイスのダボスに固定されていたが、現在では、議長
国の国内で行っていることが通例である。

問題48　日本のテロ（テロリズム）対策に関する次の記述のうち、妥当でないものはどれか。

1　日本が締結したテロ防止に関連する条約として最も古いものは、1970年締結の「航空機内で行われた犯罪その他ある種の行為に関する条約」（航空機内の犯罪防止条約）である。

2　2001年9月11日にアメリカで発生した同時多発テロ事件をきっかけとして、通称「テロ対策特別措置法」[＊1]が制定された。

3　2015年9月、サイバーテロ対策の一環として「サイバーセキュリティ基本法」に基づき、サイバーセキュリティ戦略が閣議決定された。

4　国際組織犯罪防止条約の締結に向けた「組織犯罪処罰法」[＊2]の2017年の改正として、いわゆるテロ等準備罪が新設された。

5　2022年7月8日に奈良県で発生した安倍晋三・元首相銃撃事件をきっかけとして、内閣府に「テロ対策庁」が設置された。

（注）　＊1　平成13年9月11日のアメリカ合衆国において発生したテロリストによる攻撃等に対応して行われる国際連合憲章の目的達成のための諸外国の活動に対して我が国が実施する措置及び関連する国際連合決議等に基づく人道的措置に関する特別措置法

　　　　＊2　組織的な犯罪の処罰及び犯罪収益の規制等に関する法律

問題49　1960年代以降の東南アジアに関する次のア～オの記述のうち、妥当でないものの組合せはどれか。

ア　1967年に、インドネシア、マレーシア、フィリピン、シンガポール、タイの5ヵ国が東南アジア諸国連合（ASEAN）を結成した。

イ　ベトナムは、1986年からペレストロイカ政策のもとに、共産党一党体制を保ちながらゆるやかな市場開放を進めた。

ウ　ラオスでは、内戦の終結を受けて、1993年の総選挙で元国王を支援する勢力が勝利して王制が復活した。

エ　インドネシアでは、1997年のアジア通貨危機で市民の不満が高まり、1998年にスハルト政権が倒れて民政に移管した。

オ　ミャンマーでは、2021年にクーデターが発生し、軍部が全権を掌握した。

　　1　ア・イ
　　2　ア・オ
　　3　イ・ウ
　　4　ウ・エ
　　5　エ・オ

問題50　日本の法人課税に関する次のア～オの記述のうち、妥当なものの組合せはどれか。

ア　法人税は法人の所得に対して課税する所得課税であり、企業の所得水準に応じて税率が決まる累進税率が採用されている。

イ　子育てを社会全体で支える観点から、法人税の税率が引き上げられ、その財源を次世代育成支援に充当することとなった。

ウ　地方自治体が課税する法人事業税には、法人の所得や収入に応じる課税だけではなく、法人の資本や付加価値に応じて課税される外形標準課税も導入されている。

エ　ＯＥＣＤ（経済協力開発機構）では、多国籍企業がその課税所得を人為的に操作し、課税逃れを行っている問題（ＢＥＰＳ：税源浸食と利益移転）に対処するため、ＢＥＰＳプロジェクトを立ち上げて、日本もこれに参加している。

オ　地方自治体による法人事業税や法人住民税は、地域間での偏在性が大きいが、その一部を国税化する改革が実施されたことはない。

1　ア・ウ
2　ア・オ
3　イ・エ
4　イ・オ
5　ウ・エ

問題51　日本の金融政策に関する次の記述のうち、妥当なものはどれか。

1　近年、日本銀行は、消費者物価指数の上昇率を年率２％とする物価安定目標を掲げ、金融緩和を推進してきた。

2　諸外国ではマイナス金利政策を導入する事例があるが、マイナス金利政策の導入は、預金残高縮小をもたらすことから、日本では導入されていない。

3　日本銀行は、地域振興を進めるために、地方銀行に対する独自の支援策として、都市銀行よりも低い金利で貸付けを行っている。

4　2024年には新しい日本銀行券が発行されるが、その際には、デジタル通貨の導入も同時に行われることとされている。

5　2022年、政府は、急速に進んだ円高に対処し、為替レートを安定化させるために、金利の引き上げを行った。

問題52 日本における平等と差別に関する次の記述のうち、妥当でないものは
どれか。

1　1969年に同和対策事業特別措置法が制定されて以降の国の特別対策は2002
年に終了したが、2016年に部落差別の解消の推進に関する法律が制定された。
2　日本は1985年に男女雇用機会均等法*¹を制定したが、女性差別撤廃条約*²
はいまだ批准していない。
3　熊本地方裁判所は、2001年にハンセン病国家賠償訴訟の判決で、国の責任
を認め、元患者に対する損害賠償を認めた。
4　2016年に制定されたヘイトスピーチ解消法*³は、禁止規定や罰則のない、
いわゆる理念法である。
5　障害者差別解消法*⁴は、2021年に改正され、事業者による合理的配慮の
提供が義務化されることとなった。

（注）　＊1　雇用の分野における男女の均等な機会及び待遇の確保等に関す
る法律
＊2　女子に対するあらゆる形態の差別の撤廃に関する条約
＊3　本邦外出身者に対する不当な差別的言動の解消に向けた取組の
推進に関する法律
＊4　障害を理由とする差別の解消の推進に関する法律

問題53 日本の社会保障、社会福祉に関する次の記述のうち、妥当なものはど
れか。

1　社会保障は主に社会保険、公的扶助、社会福祉および公衆衛生からなるが、
これらの財源の全額が租税でまかなわれている。
2　第二次世界大戦後にアメリカで提唱された「ゆりかごから墓場まで」と称
する福祉国家が日本のモデルとされた。
3　生活保護の給付は医療、介護、出産に限定され、生活扶助、住宅扶助は行

われない。

4　2008年に、75歳以上の高齢者を対象とした後期高齢者医療制度が整備された。

5　児童手当は、18歳未満の児童本人に現金を給付する制度である。

問題54　日本における行政のデジタル化に関する次のア～オの記述のうち、妥当でないものの組合せはどれか。

ア　ＲＰＡとはRobotic Process Automationの略で、ロボットの代行による作業の自動化、ないし導入するソフトウェア等を指すが、これにより人手不足の解消と職員の負担軽減を図ることが期待されている。

イ　ガバメントクラウドとは、国の行政機関が、共通した仕様で行政サービスのシステムを整備できるクラウド基盤を指すが、セキュリティ上の理由から、地方自治体は利用できないものとされている。

ウ　ｅＬＴＡＸとは、地方税について地方自治体が共同で運営するシステムであり、電子的な一つの窓口から各自治体への手続を実現しているが、国税については別のシステムとなっている。

エ　ＬＧＷＡＮとは、地方自治体や政府機関が機密性の高い情報伝達を行うために構築された閉鎖型のネットワークであり、自治体内や自治体間でのメールや掲示板の機能を持つ連絡ツールとしても活用されている。

オ　オープンデータとは、二次利用が可能な公開データのことで、人手や労力・費用などのコストをかけずに多くの人が利用できるものであるが、自治体が保有する情報のオープンデータ化は禁止されている。

1　ア・ウ
2　ア・オ
3　イ・エ
4　イ・オ
5　ウ・エ

問題55　情報通信用語に関する次の記述のうち、妥当でないものはどれか。

1　リスクウェアとは、インストール・実行した場合にシステムにリスクをもたらす可能性のあるソフトウェアをいう。

2　ランサムウェアとは、感染したコンピュータのデータを暗号化してロックし、使えない状態にしたうえで、データを復元する対価として金銭を要求するプログラムをいう。

3　フリースウェアとは、無料トライアルなどを通して解除方法を知らせないままネットの利用者をサブスクリプションに誘導し、高額の利用料を請求するアプリをいう。

4　ファームウェアとは、二軍を意味するファームからとられ、優れた性能を持ったアプリケーションのパフォーマンスを劣化させる悪性のプログラムである。

5　クリッパー・マルウェアとは、感染したコンピュータのクリップボード情報を収集し悪用する機能を持つマルウェアをいい、仮想通貨を狙ったものが多い。

問題56　インターネットに関する次の文章の空欄 [　　] に当てはまる語句
　　　　　として、妥当なものはどれか。

　2004年に始まったグーグルのGメールはなぜ、[　　] を生成するために
個人の通信を読み取ったのだろうか。Gメールのユーザーが、自分の個人的な
通信の内容を標的にした [　　] を初めて見た時、世間の反応は早かった。
多くの人は反発し、激怒した。混乱した人もいた。グーグルの年代記編者ス
ティーブン・レヴィによると「ユーザーの通信の内容に関連する [　　] を
配信することで、グーグルは、ユーザーのプライバシーはサーバを所有する企
業の方針次第だという事実を、ほとんど楽しんでいるかのようだった。しかも
それらの [　　] は利益を生んだため、グーグルは、その状況を悪用するこ
とにした。」
　2007年にフェイスブックは [　　] 機能ビーコンを立ち上げ、それを「社
会に情報を配信する新たな方法」として売り込んだ。・・・（中略）・・・オン
ラインでユーザーを追跡し、その秘密を無断で公表するフェイスブックのあつ
かましいやり方に、多くの人が憤慨した。
　　（出典　ショシャナ・ズボフ（著）野中香方子（訳）「監視資本主義」東洋経済新報社、
　　　2021年から）

　1　ニュース
　2　リツィート
　3　いいね
　4　コメント
　5　広告

問題57 個人情報に関する次のア〜エの記述のうち、妥当なものの組合せはどれか。

ア　ある情報を他の情報と組み合わせることによって、不開示規定により守られるべき不開示情報が認識されるかを判断することを、モザイク・アプローチという。

イ　EU（欧州連合）のGDPR（欧州データ保護規則）は、死者の情報の取扱いについて、加盟国の裁量に委ねている。

ウ　日本では要配慮個人情報と呼ばれて、その取扱いに特に配慮を要する情報は、諸外国では機微情報（センシティブインフォメーション）と呼ばれ、その内容は日本を含め、各国において違いはない。

エ　デジタル改革関連法の一部として、個人情報保護法[*1]の令和3（2021）年改正が行われ、行政機関個人情報保護法[*2]が廃止されて個人情報保護法に一元化された結果、個人情報保護法に規定される規律は、公的部門と民間部門について、まったく同一となった。

（注）　＊1　個人情報の保護に関する法律
　　　　＊2　行政機関の保有する個人情報の保護に関する法律

1　ア・イ
2　ア・エ
3　イ・ウ
4　イ・エ
5　ウ・エ

問題58 文中の空欄 Ⅰ ～ Ⅴ には、それぞれあとのア～オのいずれかの文が
入る。その組合せとして妥当なものはどれか。

　そもそも、海の生き物たちはどんなものを食べているのだろう。

　陸上では、牛や羊のように植物を食べる草食の動物がいて、オオカミやライオンのように草食動物を食べる肉食の動物がいて食物連鎖が形成されている。 Ⅰ 。

　海の中ではどうだろう。海の中の食物連鎖は大きな魚は小さな魚を食べ、小さな魚はさらに小さな魚を食べるようなイメージがある。 Ⅱ 。陸上では草食の生き物がたくさんいて、それを食べる肉食の生き物は少ない。これが食物連鎖のバランスなのだ。海の中では食物連鎖を支える草食の生き物はいないのだろうか。確かに海草などの植物を食べる生き物もいる。しかし、海草があるのは、陸地に近い浅い部分だけである。広い外洋に出れば、海草など生えていない。

　 Ⅲ 。プランクトンである。海には無数の植物プランクトンがいて、太陽の光で光合成をして生活をしている。この植物プランクトンを餌に小さな動物プランクトンが集まり、そのプランクトンを餌に小魚が集まる。こうして植物プランクトンは、海の生態系を支えているのである。ただし、植物プランクトンは、太陽の光で光合成を行うために、海面近くに暮らしている。 Ⅳ 。そして、海面から深くなると生物の種類は少なくなってしまうのだ。

　 Ⅴ 。もちろん、太陽の光は届かない暗闇である。こんな場所にどうしてたくさんの生命が存在するのだろう。

　じつは海底の割れ目では、地殻の活動によって熱水が噴出している。この熱水の中に含まれる硫化水素やメタンなどをエネルギー源とするバクテリアが存在し、そのバクテリアを基礎として貝やカニ、魚などが集まる生態系が築かれているのである。

　　　　　（出典　蓮見香佑「桃太郎はなぜ桃から生まれたのか？」PHP研究所、2013年から）

ア　しかし、それではみんな肉食になってしまう

イ　そして、私たち人間は植物も肉も食べる雑食性の動物である

ウ　そのため、広い海でも海面近くに豊かな生態系が形成される

エ　しかし、大いなる海には、陸上生活をする私たちには思いもよらない食べ物がある

オ　ところが、水深数千メートルの深い海の底に、豊かな生態系があることが発見された

	I	II	III	IV	V
1	ア	イ	エ	オ	ウ
2	イ	ア	エ	ウ	オ
3	イ	ウ	オ	エ	ア
4	エ	ア	イ	ウ	オ
5	エ	イ	ウ	オ	ア

問題59　本文中の空欄 I ～ V に入る語句の組合せとして、妥当なものはどれか。

※著作権の都合上、本文は掲載いたしません。

（出典　丹羽宇一郎「社長が席を譲りなさい」日本経済新聞出版、2021年から）

	I	II	III	IV	V
1	曖昧模糊	設備投資	斬新	商品化	知的財産
2	五里霧中	資本投下	刷新	製品化	公共資産
3	無知蒙昧	設備投資	斬新	具体化	公共資産
4	曖昧模糊	資本投下	暫定	具体化	情報資材
5	無知蒙昧	先行投資	暫定	実践化	知的財産

58

問題60　本文中の空欄 [　　　] に入る文章として、妥当なものはどれか。

※著作権の都合上、本文は掲載いたしません。

（出典　苫野一徳「読書は僕たちをグーグルマップにする」澤田英輔・仲島ひとみ・森大徳
　　　　編「〈読む力をつけるノンフィクション選〉中高生のための文章読本」筑摩書房、
　　　　2022年から）

1　自分はこの練習方法で、若い時に地域大会優勝を成し遂げたんだ。だから
　みんなにもこの練習をみっちりやってもらう

2　自分はこの練習方法で、若い時には失敗したんだ。だからみんなにはこの
　練習を推奨したい

3　自分はこの練習方法で、若い時に地域大会優勝を逃したんだ。しかしなが
　ら若いみんなにはこの練習をしっかりとやってもらう

4　自分はこの練習方法を知っていたら、若い時に地域大会優勝を成し遂げら
　れたんだ。にもかかわらずみんなにもこの練習をみっちりやってもらう

5　自分はこの練習方法を知っていたのに、若い時に地域大会優勝を逃したん
　だ。だからみんなにはこの練習はまったく推奨できない

2023 （令和5） 年度
試験問題
解答・解説

62

| 問題1 | 民事裁判と刑事裁判 （基礎法学） | ランク C | 正解 1 |

ア 「習慣」 イ 「条理」 明治8年太政官布告103号裁判事務心得3条は、「民事ノ裁判ニ成文ノ法律ナキモノハ習慣ニ依リ習慣ナキモノハ条理ヲ推考シテ裁判スヘシ」と規定している。したがって、空欄アには「習慣」、空欄イには「条理」が当てはまる。

ウ 「罪刑法定主義」 行為のときに、その行為を犯罪とし、刑罰を科する旨を定めた成文の法律がなければ、その行為を処罰することはできないとする原則を罪刑法定主義という。したがって、空欄ウには「罪刑法定主義」が当てはまる。

エ 「裁判の拒否」 民事裁判では、罪刑法定主義は妥当しないため、法の欠如を理由に当事者に対して裁判の拒否をすることはできない。また、民事訴訟法89条1項では、「裁判所は、訴訟がいかなる程度にあるかを問わず、和解を試み、又は受命裁判官若しくは受託裁判官に和解を試みさせることができる。」と規定しており、和解の推奨をすることはできる。したがって、空欄エには「裁判の拒否」が当てはまる。

....

以上により、空欄に当てはまる語句の組合せとして、妥当なものは肢1であり、正解は1となる。

正解	1	2	3	4	5
解答率（%）	36.2	56.0	4.3	1.6	1.3

| 問題2 | 法人等 （基礎法学） | ランク B | 正解 5 |

ア 妥当でない 民事訴訟法29条は、「法人でない社団又は財団で代表者又は

管理人の定めがあるものは、その名において訴え、又は訴えられることができる。」と規定しており、権利能力なき社団には、**訴訟上の当事者能力が認められている。**

イ　**妥当でない**　非営利法人とは、社員等への利益分配を目的としない法人をいう（一般社団法人及び一般財団法人に関する法律11条2項参照）。合名会社、弁護士法人、行政書士法人及び司法書士法人では、**剰余金等の分配が可能**であり、非営利法人ではない。

ウ　**妥当でない**　一般社団法人及び一般財団法人は、**収益事業を行うことができる。**なお、一般社団法人及び一般財団法人は、社員や設立者に利益の分配を行うことはできない（一般社団法人及び一般財団法人に関する法律11条2項、153条3項2号）。

エ　**妥当である**　そのとおりである。公益社団法人及び公益財団法人とは、**公益認定**を受けた一般社団法人及び一般財団法人をいう（公益社団法人及び公益財団法人の認定等に関する法律2条1号、同条2号、4条）。また、公益目的事業とは、学術、技芸、慈善その他の公益に関する別表各号に掲げる種類の事業であって、不特定かつ多数の者の利益の増進に寄与するものをいう（同法2条4号）。なお、公益認定を行う行政庁は、内閣総理大臣か都道府県知事である（同法3条各号）。

オ　**妥当である**　そのとおりである。特定非営利活動法人は、**不特定かつ多数のものの利益の増進に寄与すること**を目的としている（特定非営利活動促進法2条1項、2項柱書）。特定非営利活動法人を設立しようとする者は、所轄庁の認証を受ける必要があり（同法10条柱書）、所轄庁は、都道府県知事又は当該指定都市の長である（同法9条）。

....

以上により、妥当なものの組合せは肢5であり、正解は5となる。

正解	1	2	3	4	5
解答率（％）	1.6	20.7	1.5	11.7	63.9

| 問題3 | 基本的人権の間接的、付随的制約
（憲法） | ランク
C | 正解
2 |

ア　妥当である　判例は、「戸別訪問の禁止によつて失われる利益は、それにより戸別訪問という手段方法による意見表明の自由が制約されることではあるが、それは、もとより戸別訪問以外の手段方法による意見表明の自由を制約するものではなく、単に手段方法の禁止に伴う限度での**間接的、付随的な制約**にすぎない」としている（最判昭56.6.15）。

イ　妥当でない　判例は、「出版その他の表現の自由や学問の自由は、民主主義の基礎をなすきわめて重要なものであるが、絶対無制限なものではなく、その濫用が禁ぜられ、**公共の福祉の制限**の下に立つものであることは、……当裁判所昭和32年3月13日大法廷判決の趣旨とするところである。そして、芸術的・思想的価値のある文書についても、それが猥褻性をもつものである場合には、性生活に関する秩序および健全な風俗を維持するため、これを処罰の対象とすることが国民生活全体の利益に合致するものと認められるから、これを目して憲法21条、23条に違反するものということはできない」としており、間接的、付随的な制約とは述べていない（最大判昭44.10.15）。

ウ　妥当である　判例は、「裁判官が積極的に政治運動をすることを、これに内包される意見表明そのものの制約をねらいとしてではなく、その行動のもたらす弊害の防止をねらいとして禁止するときは、同時にそれにより意見表明の自由が制約されることにはなるが、それは単に行動の禁止に伴う限度での**間接的、付随的な制約**にすぎず、かつ、積極的に政治運動をすること以外の行為により意見を表明する自由までをも制約するものではない」としている（最大決平10.12.1）。

エ　妥当でない　判例は、「未決勾留は、……刑事司法上の目的のために必要やむをえない措置として一定の範囲で個人の自由を拘束するものであり、他方、これにより拘禁される者は、当該拘禁関係に伴う制約の範囲外においては、原則として一般市民としての自由を保障されるべき者であるから、監獄

内の規律及び秩序の維持のためにこれら被拘禁者の新聞紙、図書等の閲読の自由を制限する場合においても、それは、右の目的を達するために真に必要と認められる限度にとどめられるべきものである。したがつて、右の制限が許されるためには、当該閲読を許すことにより右の規律及び秩序が害される一般的、抽象的なおそれがあるというだけでは足りず、被拘禁者の性向、行状、監獄内の管理、保安の状況、当該新聞紙、図書等の内容その他の具体的事情のもとにおいて、その閲読を許すことにより監獄内の規律及び秩序の維持上放置することのできない程度の障害が生ずる相当の蓋然性があると認められることが必要であり、かつ、その場合においても、右の制限の程度は、**右の障害発生の防止のために必要かつ合理的な範囲**にとどまるべきものと解する」としており、間接的、付随的な制約に過ぎないとは述べていない（最大判昭58.6.22）。

以上により、妥当なものの組合せは肢2であり、正解は2となる。

正解	1	2	3	4	5
解答率（％）	12.6	12.4	45.7	5.1	23.7

問題4　国務請求権（憲法）　ランク B　正解 3

1　**妥当でない**　憲法は、何人に対しても平穏に請願する権利を保障している（憲法16条）。さらに、請願を受けた機関は、それを誠実に処理すべきものとされている（請願法5条）。なお、受理機関には請願を受理しなければならない義務はあっても、**請願の内容を審理・判定する法的義務はない**と解されている。

2　**妥当でない**　判例は、「国会議員の立法行為は、立法の内容が憲法の一義的な文言に違反しているにもかかわらず国会があえて当該立法を行うというごとき、容易に想定し難いような例外的な場合でない限り、国家賠償法1条

１項の規定の適用上、違法の評価を受けないものといわなければならない」
としている（最判昭60.11.21）。つまり、上記**例外的な場合に該当するときは、
立法行為も国家賠償の対象となる。**

3　　**妥当である**　そのとおりである。憲法が保障する裁判を受ける権利は、刑
　　事事件においては**裁判所の裁判によらなければ刑罰を科せられないことを意**
　　味しており（憲法32条、37条１項参照）、この点では、**自由権的な側面を有**
　　しているといえる。

4　　**妥当でない**　判例は、「刑事補償法１条１項にいう『無罪の裁判』とは、
　　同項及び関係の諸規定から明らかなとおり、刑訴法上の手続における無罪の
　　確定裁判をいうところ、不処分決定は、刑訴法上の手続とは性質を異にする
　　少年審判の手続における決定である上、右決定を経た事件について、刑事訴
　　追をし、又は家庭裁判所の審判に付することを妨げる効力を有しないから、
　　非行事実が認められないことを理由とするものであっても、**刑事補償法１条**
　　１項にいう『無罪の裁判』には当たらない」としている（最決平3.3.29）。

5　　**妥当でない**　判例は、「純然たる訴訟事件の裁判については、前記のごと
　　き公開の原則の下における**対審及び判決によるべき**旨を定めたのであつて、
　　これにより、近代民主社会における人権の保障が全うされるのである。従つ
　　て、若し性質上純然たる訴訟事件につき、当事者の意思いかんに拘わらず終
　　局的に、事実を確定し当事者の主張する権利義務の存否を確定するような裁
　　判が、憲法所定の例外の場合を除き、公開の法廷における対審及び判決によ
　　つてなされないとするならば、それは憲法82条に違反すると共に、同32条が
　　基本的人権として裁判請求権を認めた趣旨をも没却するものといわねばなら
　　ない」としている（最大決昭35.7.6）。

....

以上により、妥当なものは肢３であり、正解は３となる。

正解	1	2	3	4	5
解答率（％）	22.4	9.3	39.1	14.8	13.3

問題5	罷免・解職 （憲法）	ランク C	正解 3

1　**妥当でない**　公職選挙法99条の２第１項は、「衆議院（比例代表選出）議員の選挙における当選人……は、その選挙の期日以後において、当該当選人が衆議院名簿登載者であつた衆議院名簿届出政党等以外の政党その他の政治団体で、当該選挙における衆議院名簿届出政党等であるもの……に所属する者となつたときは、当選を失う。」と規定している。所属政党を離れて無所属となった場合や、選挙時には存在しなかった新たな政党等に所属した場合、**当該議員は当選を失わない**。

2　**妥当でない**　議員の資格争訟の裁判は、**議院の権能である**（憲法55条）。なお、資格争訟の裁判の結果、議員が議席を失った場合、議席喪失の当否につき、**司法審査は及ばない**。

3　**妥当である**　閣議については、議事に関する特別の規定はなく、すべて慣習によるとされており、議事は全会一致で決められるとされている。また、内閣総理大臣は、**任意に大臣を罷免することができる**（憲法68条２項）。したがって、閣議決定が全員一致によることを前提とするのであれば、内閣総理大臣は、反対する大臣を罷免して、内閣としての意思決定を行うことになる。

4　**妥当でない**　憲法79条２項は、「**最高裁判所の裁判官の任命**は、その任命後初めて行はれる**衆議院議員総選挙**の際国民の審査に付し、その後10年を経過した後初めて行はれる衆議院議員総選挙の際更に審査に付し、その後も同様とする。」と規定している。最高裁判所の長官について、本肢のような規定はない。

5　**妥当でない**　裁判官の罷免は、「**公の弾劾による場合**」と「**裁判により、心身の故障のために職務を執ることができないと決定された場合**」がある（憲法78条前段）。また、裁判官の懲戒について、現行法の下で規定されているものは、①**戒告**と②１万円以下の**過料**のみであり（裁判官分限法２条）、裁判官の懲戒は裁判によってなされる（裁判所法49条）。したがって、懲戒

免職ができるとする点、及び最高裁判所裁判官会議の全員一致の議決が必要
としている点が妥当でない。

....

以上により、妥当なものは肢3であり、正解は3となる。

正解	1	2	3	4	5
解答率（%）	28.1	37.4	16.8	10.9	6.1

問題6	国政調査権の限界 （憲法）	ランク B	正解 2

　問題文記載の文章は、議院の国政調査権の限界に関するものである。憲法62条
前段は、「**両議院は、各々国政に関する調査を行**」うことができると規定してお
り、これが国政調査権である。国政調査権は、その法的性格について、国家統括
のために両議院に認められた独立の権能であるとする独立権能説と、議院に与え
られた権能（立法権・行政監督権・財政監督権）を実効的に行使するための補助
的な権能であるとする**補助的権能説**の対立があり、通説は補助的権能説を採用し
ている。問題文記載の文章は、補助的権能説の立場に立つものである。そして本
問は、国政調査権行使について調査目的上の限界、司法権との関係における限界
について問うものである。

1　　**妥当である**　国政調査権を補助的権能とすれば、その調査の目的は、**議院
　　に与えられた立法・行政監督などの権能を実効的に行使するためのもの**でな
　　くてはならない。

2　　**妥当でない**　憲法上、司法権の独立が認められており（同法76条3項）、
　　司法権への国政調査権の行使も配慮を要する。司法権の独立とは、裁判官が
　　憲法上、他の国家機関の指揮・命令に服することを否定する原則であるだけ
　　でなく、裁判官が裁判をなすにあたって、**他の国家機関から事実上重大な影
　　響を受けることを禁ずる**原則である。よって、議院による裁判の調査・批判
　　が何らの法的効果を持たなくても、事実上の影響があれば司法権の独立を侵

害しうる。

3　**妥当である**　肢2の解説に記述した通り、司法権の独立は、裁判官が他の国家機関から事実上重大な影響を受けることを禁ずる原則であることからすると、裁判の内容の当否につきその批判自体を目的として調査を行うことは、司法権の独立を侵害すると解される。問題文も「……他の国家機関による判決の内容の批判はいかに適切であろうとも許容されないという原則が要請される。」と述べており、これを踏まえると、**裁判の内容の当否につきその批判自体を目的とする調査を行うことは、司法権の独立を侵害する**。

4　**妥当である**　上記（肢3解説）のように解しても、議院が、立法目的・行政監督目的など**裁判所と異なる目的**で調査をする場合には、裁判所で審理中の事件の事実についての調査であっても、司法権の独立を侵害するものではないといえる。

5　**妥当である**　司法権の独立は、裁判官が他の国家機関から事実上重大な影響を受けることを禁ずる原則であることからすると、**現に裁判が進行中の事件**について、**裁判官の訴訟指揮を調査することは許されない**と解される。問題文も「……立法権・行政権による現に裁判所に係属中の訴訟手続への干渉は一切禁止される……。」と述べており、これを踏まえると、法廷指揮など裁判手続自体の調査をすることは許されない。

以上により、妥当でないものは肢2であり、正解は2となる。

正解	1	2	3	4	5
解答率（％）	8.7	60.5	9.7	11.8	8.1

問題7　財政（憲法）

ランク	正解
C	2

1　**妥当でない**　予算の公布は、**天皇の国事行為とはされていない**（憲法7条参照）。

2 **妥当である** 国会法57条は、「議案につき議院の会議で修正の動議を議題とするには、衆議院においては議員20人以上、参議院においては議員10人以上の賛成を要する。但し、法律案に対する修正の動議で、**予算の増額を伴うもの又は予算を伴うこととなるもの**については、衆議院においては議員50人以上、参議院においては議員20人以上の賛成を要する。」と規定しており、予算の増額修正を予想した規定が置かれている。

3 **妥当でない** 予算は成立したが、その支出の根拠となるべき法律が不成立の場合、**内閣は予算を執行することはできない。**この場合、内閣は法律案を提出し国会の議決を求めるしかないが、国会には法律制定の義務はない。なお、法律は制定されたがそれを執行する裏づけとなる予算が成立しなかった場合には、内閣は法律を誠実に執行する義務を負っており（憲法73条1号）、予算全体が不成立の場合では暫定予算を編成することになる（財政法30条）。

4 **妥当でない** 憲法88条後段において、「すべて皇室の費用は、予算に計上して国会の議決を経なければならない。」と規定している。したがって、前半は妥当である。もっとも、同法8条は、「皇室に財産を譲り渡し、又は皇室が、財産を譲り受け、若しくは賜与することは、**国会の議決**に基かなければならない。」と規定している。よって、後半が妥当でない。

5 **妥当でない** 憲法90条1項は、「国の収入支出の決算は、すべて毎年会計検査院がこれを検査し、内閣は、次の年度に、その**検査報告**とともに、**これを国会に提出しなければならない。**」と規定している。

‥‥‥‥‥‥‥‥‥‥

以上により、妥当なものは肢2であり、正解は2となる。

正解	1	2	3	4	5
解答率（%）	4.9	29.0	25.7	7.5	32.0

問題8 | 行政行為の瑕疵
(行政法)

ランク	正解
A	**3**

ア **妥当でない** 旧自作農創設特別措置法施行令43条等に基づいて定められた買収計画を、同令45条等に基づく買収計画と**読み替えることで、瑕疵ある行政行為を適法とした**判例がある（最大判昭29.7.19）。

イ **妥当である** 判例は、「本訴において賛否投票の無効が宣言されるときは、右判決の効力は既往に遡及し、後任村長の関与したa村の奈良市への合併の効力にも影響を及ぼす旨主張するけれども、たとえ賛否投票の効力の無効が宣言されても、賛否投票の有効なことを前提として、それまでの間になされた後任村長の**行政処分は無効となるものではない**と解すべきである」としている（最大判昭35.12.7）。

ウ **妥当でない** マンション建設業者に対する建築確認の取消訴訟において、当該建築確認の違法事由として、その取消訴訟の出訴期間が経過した**先行処分たる安全認定の違法を主張することを認めた**判例がある（最判平21.12.17）。

エ **妥当でない** 職権取消しとは、瑕疵ある行政行為について、行政庁がその効力を**遡及的に失わせて**、正しい法律関係を回復させることをいう。そのため、職権取消しの場合、遡って効力を失うことはないとしている本記述後段は妥当でない。

オ **妥当である** 更正における附記理由不備の瑕疵は、後日これに対する審査裁決において処分の具体的な根拠が明らかにされたとしても、それにより治癒されない（最判昭47.12.5）。

....

以上により、妥当なものの組合せは肢3であり、正解は3となる。

正解	1	2	3	4	5
解答率（％）	7.3	1.7	83.6	2.0	4.8

| 問題9 | 行政上の法律関係
（行政法） | ランク
B | 正解
3 |

ア　**妥当でない**　行政と受給者の間で完結する社会保障給付の仕組みについては、様々なタイプに分類し得ると解されている。判例においては、労働基準監督署長が労働者災害補償保険法の規定に基づいて行う労災就学援護費の支給に関する決定について、「法を根拠とする優越的地位に基づいて一方的に行う公権力の行使であり、被災労働者又はその遺族の……権利に直接影響を及ぼす法的効果を有するものであるから、**抗告訴訟の対象となる行政処分に当たる**」としたものがある（最判平15.9.4）。したがって、社会保障給付における行政主体と私人との関係について、「公権力の行使が介在する余地はない」としている本記述は、妥当でない。

イ　**妥当である**　判例は、「未決勾留による拘禁関係は、当事者の一方又は双方が相手方に対して**信義則上の安全配慮義務を負うべき特別な社会的接触の関係とはいえない**。したがって、国は、拘置所に収容された被勾留者に対して、その不履行が損害賠償責任を生じさせることとなる信義則上の安全配慮義務を負わないというべきである」としている（最判平28.4.21）。

ウ　**妥当である**　判例は、「本件売買契約が食品衛生法による取締の対象に含まれるかどうかはともかくとして同法は単なる取締法規にすぎないものと解するのが相当であるから、上告人が食肉販売業の**許可を受けていないとしても、右法律により本件取引の効力が否定される理由はない**。それ故右許可の有無は本件取引の私法上の効力に消長を及ぼすものではない」としている（最判昭35.3.18）。

エ　**妥当でない**　判例は、「租税法規に適合する課税処分について、法の一般原理である**信義則の法理**の適用により、右課税処分を違法なものとして取り消すことができる場合があるとしても、法律による行政の原理なかんずく租税法律主義の原則が貫かれるべき租税法律関係においては、右法理の適用については慎重でなければならず、租税法規の適用における納税者間の平等、公平という要請を犠牲にしてもなお当該課税処分に係る課税を免れしめて納

税者の信頼を保護しなければ正義に反するといえるような**特別の事情が存する場合に、初めて右法理の適用の是非を考えるべきものである**」としている（最判昭62.10.30）。

以上により、妥当なものの組合せは肢３であり、正解は３となる。

正解	1	2	3	4	5
解答率（％）	0.5	1.4	57.5	1.0	38.9

問題10 ｜ 行政裁量（マクリーン事件判決）（行政法） ｜ ランク A ｜ 正解 3

ア　妥当でない　本判例（マクリーン事件判決〔最大判昭53.10.4〕。以下、同じ。）は、在留期間更新の判断にあたって、法務大臣は「当該外国人の在留中の一切の行状、国内の政治・経済・社会等の諸事情、国際情勢、外交関係、国際礼譲など**諸般の事情をしんしゃくし、時宜に応じた的確な判断をしなければならないのである**」としている。そのため、国内の政治・経済・社会等の諸事情を考慮することは許されないとする点で、本記述は妥当でない。

イ　妥当である　本判例は、本記述のように**裁量権の逸脱、濫用の具体的規範**を判示しており、妥当である。

ウ　妥当でない　本判例は、「出入国管理令21条３項所定の『在留期間の更新を適当と認めるに足りる相当の理由』があるかどうかの判断における**法務大臣の裁量権の範囲が広範なものとされている**のは当然のことであつて、所論のように上陸拒否事由又は退去強制事由に準ずる事由に該当しない限り更新申請を不許可にすることは許されないと解すべきものではない」としている。そのため、在留期間更新の不許可の判断について、上陸拒否事由または退去強制事由に準ずる事由に限定している点で、本記述は妥当でない。

エ　妥当である　本判例は、「上告人の……活動を日本国にとつて好ましいものではないと評価し、また、上告人の……活動から同人を将来日本国の利益

を害する行為を行うおそれがある者と認めて、在留期間の更新を適当と認めるに足りる相当の理由があるものとはいえないと判断したとしても、**その事実の評価が明白に合理性を欠き、その判断が社会通念上著しく妥当性を欠くことが明らかであるとはいえ」**ない、とし、裁量権の逸脱、濫用にあたらないとしている。そのため、本記述は妥当である。

オ **妥当でない** 本判例は、「政治活動の自由についても、**わが国の政治的意思決定又はその実施に影響を及ぼす活動等外国人の地位にかんがみこれを認めることが相当でないと解されるものを除き、その保障が及ぶものと解する**のが、相当である」としている。そのため、本判例は、外国人の政治活動は必然的に日本国の政治的意思決定またはその実施に影響を及ぼすものとはしていない。また、政治活動の自由に関する憲法の保障は外国人に及ばないともしていない。以上の2つの点で、本記述は妥当でない。

以上により、妥当なものの組合せは肢3であり、正解は3となる。

正解	1	2	3	4	5
解答率（％）	3.3	1.5	83.1	8.1	3.4

問題11	行政手続法 総合 (行政法)	ランク B	正解 2

1 **妥当でない** 行政手続法2条1号は、「**法令** 法律、法律に基づく命令（告示を含む。）、**条例及び地方公共団体の執行機関の規則**（規程を含む。以下「規則」という。）をいう。」を掲げている。

2 **妥当である** 行政手続法2条4号は、「**不利益処分** 行政庁が、法令に基づき、特定の者を名あて人として、直接に、これに義務を課し、又はその権利を制限する処分をいう。ただし、次のいずれかに該当するものを除く。」を掲げ、同号ハは、「**名あて人となるべき者の同意の下にすることとされている処分**」を掲げている。

3　　**妥当でない**　行政手続法2条6号は、「行政指導　行政機関がその任務又は所掌事務の範囲内において一定の行政目的を実現するため**特定の者に一定の作為又は不作為を求める**指導、勧告、助言その他の行為であって処分に該当しないものをいう。」を掲げている。

4　　**妥当でない**　行政手続法35条1項は、「行政指導に携わる者は、その相手方に対して、当該行政指導の趣旨及び内容並びに責任者を**明確に示さなければならない。**」と規定している。

5　　**妥当でない**　行政手続法36条は、「同一の行政目的を実現するため一定の条件に該当する複数の者に対し行政指導をしようとするときは、行政機関は、あらかじめ、事案に応じ、行政指導指針を定め、かつ、行政上特別の支障がない限り、これを**公表しなければならない。**」と規定している。

....

以上により、妥当なものは肢2であり、正解は2となる。

正解	1	2	3	4	5
解答率（％）	16.8	**51.7**	9.1	4.6	17.0

問題12 ｜ 聴聞 （行政法）　　ランク A　　正解 5

1　　**正しい**　行政手続法24条4項は、「当事者又は参加人は、第1項の調書及び前項の報告書の**閲覧を求めることができる。**」と規定している。また、同条2項は、「前項の調書は、聴聞の期日における審理が行われた場合には各期日ごとに、当該審理が行われなかった場合には**聴聞の終結後**速やかに作成しなければならない。」と規定しており、聴聞の審理の経過を記載した調書の閲覧が聴聞終結後であっても可能なことを前提としている。

2　　**誤りであるとはいえない**　行政手続法18条1項前段は、「**当事者及び当該不利益処分がされた場合に自己の利益を害されることとなる参加人**（以下この条及び第24条第3項において「当事者等」という。）は、聴聞の通知があっ

た時から聴聞が終結する時までの間、行政庁に対し、当該事案についてした調査の結果に係る調書その他の当該不利益処分の原因となる事実を証する資料の閲覧を求めることができる。」と規定している。

　なお、問題文では「参加人」とのみ記載されているが、同法18条１項の文言によれば、正確には「当該不利益処分がされた場合に自己の利益を害されることとなる参加人」である。同項の趣旨は、権利利益を害される者の権利利益を保護する点にあり、参加人のうち、自己の利益を害される参加人に対してのみ、閲覧請求権が認められている。そのため、利益を受ける参加人と、利益を害される参加人とを分別していない当該問題は、誤りであると考えることもできる。

3　　**正しい**　行政手続法20条２項は、「当事者又は参加人は、聴聞の期日に出頭して、意見を述べ、及び証拠書類等を提出し、並びに主宰者の許可を得て行政庁の職員に対し**質問を発することができる**。」と規定している。

4　　**正しい**　行政手続法21条１項は、「当事者又は参加人は、聴聞の期日への出頭に代えて、主宰者に対し、聴聞の期日までに陳述書及び証拠書類等を**提出することができる**。」と規定している。

5　　**誤り**　行政手続法23条１項は、「主宰者は、当事者の全部若しくは一部が正当な理由なく聴聞の期日に出頭せず、かつ、第21条第１項に規定する陳述書若しくは証拠書類等を提出しない場合、又は参加人の全部若しくは一部が聴聞の期日に出頭しない場合には、これらの者に対し改めて意見を述べ、及び証拠書類等を提出する**機会を与えることなく、聴聞を終結することができる**。」と規定している。

以上により、誤っているものは肢５であり、正解は５となる。

正解	1	2	3	4	5
解答率（％）	18.7	1.8	1.4	0.8	76.5

問題13	行政庁等の義務 （行政法）	ランク A	正解 1

ア　**努力義務として規定されている**　行政手続法10条は、「行政庁は、申請に対する処分であって、申請者以外の者の利害を考慮すべきことが当該法令において許認可等の要件とされているものを行う場合には、必要に応じ、**公聴会の開催その他の適当な方法により当該申請者以外の者の意見を聴く機会を設けるよう努めなければならない。**」と規定している。

イ　**努力義務として規定されていない**　行政手続法5条1項は、申請に対する処分につき、「行政庁は、**審査基準を定めるものとする。**」と規定している。

ウ　**努力義務として規定されている**　行政手続法12条1項は、不利益処分につき、「行政庁は、**処分基準を定め、かつ、これを公にしておくよう努めなければならない。**」と規定している。

エ　**努力義務として規定されていない**　行政手続法6条は、「行政庁は、申請がその事務所に到達してから当該申請に対する処分をするまでに通常要すべき標準的な期間……を定めるよう努めるとともに、これを定めたときは、これらの当該申請の提出先とされている機関の事務所における備付けその他の適当な方法により**公にしておかなければならない。**」と規定している。

　以上により、努力義務として規定されているものの組合せとして、正しいものは肢1であり、正解は1となる。

正解	1	2	3	4	5
解答率（％）	79.8	6.9	2.2	4.4	6.1

問題14 | 不作為についての審査請求 | ランク A | 正解 2
（行政法）

1　**妥当でない**　行政不服審査法3条は、「法令に基づき行政庁に対して**処分についての申請をした者**は、当該申請から相当の期間が経過したにもかかわらず、行政庁の不作為（法令に基づく申請に対して何らの処分をもしないことをいう。以下同じ。）がある場合には、次条の定めるところにより、当該不作為についての審査請求をすることができる。」と規定している。本肢では、当該処分がなされることにつき法律上の利益を有する者もすることができるとしているが、このような規定はないため、妥当ではない。

2　**妥当である**　行政不服審査法49条3項柱書は、「不作為についての審査請求が理由がある場合には、審査庁は、裁決で、当該不作為が違法又は不当である旨を宣言する。この場合において、次の各号に掲げる審査庁は、当該申請に対して一定の処分をすべきものと認めるときは、当該各号に定める措置をとる。」と規定している。そして、同項1号は、「不作為庁の**上級行政庁である審査庁**　当該不作為庁に対し、**当該処分をすべき旨を命ずること。**」を掲げている。

3　**妥当でない**　行政不服審査法にこのような規定は存在しないため、本肢は妥当でない。なお、「不作為についての審査請求が当該不作為に係る処分についての申請から**相当の期間**が経過しないでされたものである場合その他不適法である場合には、審査庁は、裁決で、当該審査請求を却下する。」との規定が存在する（同法49条1項）。同項によれば、「相当の期間」が基準とされ、本肢のように「法定された一定の期間」が基準とされているわけではない。

4　**妥当でない**　行政不服審査法において、不作為についての審査請求に対する**仮の救済の手段は規定されていない。**したがって、本肢は妥当ではない。

5　**妥当でない**　行政不服審査法9条1項柱書本文は、「第4条又は他の法律若しくは条例の規定により審査請求がされた行政庁（……。以下『審査庁』という。）は、審査庁に所属する職員……のうちから第3節に規定する審理

手続……を行う者を指名するとともに、その旨を審査請求人及び処分庁等（審査庁以外の処分庁等に限る。）に通知しなければならない。」と規定している。ここにいう「審査請求」には、処分についての審査請求だけではなく、**不作為についての審査請求も含まれる**（同法９条２項１号参照）。本肢は、審理員を指名して審理手続を行われるのではなく、としている点で妥当でない。

以上により、妥当なものは肢２であり、正解は２となる。

正解	1	2	3	4	5
解答率（％）	3.4	88.9	4.3	2.4	0.4

問題15 ｜ 審査請求の裁決 （行政法）

ランク **A**　正解 **3**

1　**妥当でない**　行政不服審査法46条１項本文は、「処分（事実上の行為を除く。以下この条及び第48条において同じ。）についての審査請求が理由がある場合（前条第３項の規定の適用がある場合を除く。）には、**審査庁**は、裁決で、**当該処分の全部若しくは一部を取り消し、又はこれを変更する。**」と規定している。したがって、処分庁が改めて処分を取り消す必要はない。

2　**妥当でない**　行政不服審査法52条１項は、「裁決は、関係行政庁を拘束する。」と規定し、同条２項は、「申請に基づいてした処分が手続の違法若しくは不当を理由として裁決で取り消され、又は申請を却下し、若しくは棄却した処分が裁決で取り消された場合には、処分庁は、裁決の趣旨に従い、改めて申請に対する処分をしなければならない。」と規定している。したがって、裁決の拘束力により、処分庁は、違法又は不当とされたのと**同一の根拠により同一の処分を行うことが禁止される。**

3　**妥当である**　行政不服審査法47条柱書は、「事実上の行為についての審査請求が理由がある場合（第45条第３項の規定の適用がある場合を除く。）に

は、審査庁は、裁決で、当該事実上の行為が**違法又は不当である旨を宣言す**るとともに、次の各号に掲げる審査庁の区分に応じ、当該各号に定める措置をとる。ただし、審査庁が処分庁の上級行政庁以外の審査庁である場合には、当該事実上の行為を変更すべき旨を命ずることはできない。」と規定し、同条2号は、「**処分庁である審査庁　当該事実上の行為の全部若しくは一部を撤廃し、又はこれを変更すること。**」を掲げている。

4　　**妥当でない**　行政不服審査法46条1項ただし書は、「**ただし、審査庁が処分庁の上級行政庁又は処分庁のいずれでもない場合には、当該処分を変更することはできない。**」と規定している。

5　　**妥当でない**　行政不服審査法46条2項柱書は、「前項の規定により法令に基づく申請を却下し、又は棄却する処分の全部又は一部を取り消す場合において、次の各号に掲げる審査庁は、当該申請に対して一定の処分をすべきものと認めるときは、当該各号に定める措置をとる。」と規定し、同項2号は、「処分庁である審査庁　当該処分をすること。」を掲げている。したがって、「**一定の処分をすべきものと認めるとき**」に、許認可等の一定の処分をするのであり、取消裁決が、許認可処分とみなされるわけではない。

以上により、妥当なものは肢3であり、正解は3となる。

正解	1	2	3	4	5
解答率（%）	14.2	3.6	**71.7**	6.7	3.0

問題16 ┃ 審査請求の手続 （行政法）

ランク	正解
A	4

1　　**正しい**　行政不服審査法21条1項前段は、「審査請求をすべき行政庁が処分庁等と異なる場合における審査請求は、**処分庁等を経由してすることができる。**」と規定している。

2　　**正しい**　行政不服審査法19条1項は、「審査請求は、他の法律（条例に基

づく処分については、条例）に**口頭ですることができる旨の定めがある場合
を除き**、政令で定めるところにより、**審査請求書を提出**してしなければならない。」と規定している。

3　　**正しい**　行政不服審査法27条１項は、「審査請求人は、**裁決があるまでは、いつでも審査請求を取り下げることができる**。」と規定している。また、同法上、取下げの理由に制限は設けられていない。

4　　**誤り**　行政不服審査法23条は、「審査請求書が第19条〔審査請求書の提出〕の規定に違反する場合には、審査庁は、相当の期間を定め、その期間内に不備を補正すべきことを命じなければならない。」と規定しているところ、同法24条１項は、「前条の場合において、審査請求人が同条の**期間内に不備を補正しないとき**は、審査庁は、次節に規定する**審理手続を経ないで**、……裁決で、当該審査請求を**却下**することができる。」と規定している。また、同条２項は、「審査請求が不適法であって補正することができないことが明らかなときも、前項と同様とする。」と規定している。

5　　**正しい**　行政不服審査法31条１項本文は、「審査請求人又は参加人の申立てがあった場合には、審理員は、当該申立てをした者（……「申立人」という。）に**口頭で審査請求に係る事件に関する意見を述べる機会を与えなければならない**。」と規定している。そして、同条３項は、「口頭意見陳述において、申立人は、審理員の許可を得て、**補佐人とともに出頭することができる**。」と規定している。

以上により、誤っているものは肢４であり、正解は４となる。

正解	1	2	3	4	5
解答率（％）	1.6	6.5	2.2	**85.4**	3.6

問題17 | 取消訴訟
（行政法）

ランク	正解
C	2

ア　妥当である　戒告は代執行の前提要件として行政代執行手続の一環をなし、代執行が行われることをほぼ確実に表示する。そして、代執行段階に入れば通常直ちに執行が終了するため、救済の実効性の観点から代執行が行われる前に救済の機会を設ける必要性が高い。そのため、**戒告については処分性が肯定されている**（大阪高決昭40.10.5参照）。

イ　妥当でない　連続して行われる行為の間で、一定の要件のもと、先行行為の違法性が後行行為に承継されることを違法性の承継という。形式上は、それぞれの行為は別個の行政行為であるため、原則として、違法性の承継は認められないと解されている。本件処分と本件戒告等についても、**両者は別個の手続であり、一体的な手続ではないので**、**違法性の承継は認められない**ものと解される。したがって、本件戒告等の取消訴訟において、Xは本件処分の違法性を主張できるわけではない。

ウ　妥当でない　行政事件訴訟法14条1項は、「取消訴訟は、**処分又は裁決があつたことを知つた日から6箇月を経過**したときは、提起することができない。ただし、正当な理由があるときは、この限りでない。」と規定している。したがって、6か月ではなく、1年としている本記述は誤りである。なお、本事案において、同項ただし書に該当するような事情もない。

エ　妥当である　代執行が終了した場合は、戒告等の効果が消滅することから、戒告や代執行令書による通知についての取消訴訟の**訴えの利益は消滅する**ものと解される。そのため、本記述の場合、本件戒告等の取消訴訟を提起することはできない。なお、国家賠償請求訴訟によって適法性を争うことは可能である。

....

以上により、妥当なものの組合せは肢2であり、正解は2となる。

正解	1	2	3	4	5
解答率（%）	15.4	**32.3**	7.1	26.7	18.0

問題18 行政事件訴訟法の準用規定 （行政法）

ランク	正解
B	2

ア 正しい 行政事件訴訟法38条１項は、取消訴訟に関する条文を取消訴訟以外の抗告訴訟に準用しているが、**準用条文の中に同法14条は含まれていない**。

イ 誤り 行政事件訴訟法41条１項は、抗告訴訟に関する条文を当事者訴訟に準用しているが、**準用条文の中に同法25条は含まれていないため**、誤りである。

ウ 誤り 行政事件訴訟法38条１項は、取消訴訟に関する条文を取消訴訟以外の抗告訴訟に準用しているが、**準用条文の中に同法32条は含まれていない**。

以上により、正誤を判定した組合せとして、正しいものは肢２であり、正解は２となる。

正解	1	2	3	4	5
解答率（％）	12.0	49.3	9.3	14.9	13.8

問題19 抗告訴訟の対象 （行政法）

ランク	正解
A	3

1 妥当でない 判例は、「登録免許税法31条２項は、登記等を受けた者に対し、簡易迅速に還付を受けることができる手続を利用することができる地位を保障しているものと解するのが相当である。そして、**同項に基づく還付通知をすべき旨の請求に対してされた拒否通知**は、登記機関が還付通知を行わず、還付手続を執らないことを明らかにするものであって、これにより、登記等を受けた者は、簡易迅速に還付を受けることができる手続を利用するこ

とができなくなる。そうすると、上記の拒否通知は、登記等を受けた者に対して上記の手続上の地位を否定する法的効果を有するものとして、**抗告訴訟の対象となる行政処分に当たる**と解するのが相当である」としている（最判平17.4.14）。

2 **妥当でない** 判例は、「**特定行政庁による２項道路の指定**は、それが一括指定の方法でされた場合であっても、個別の土地についてその本来的な効果として具体的な私権制限を発生させるものであり、個人の権利義務に対して直接影響を与えるものということができる。したがって、本件告示のような一括指定の方法による２項道路の指定も、**抗告訴訟の対象となる行政処分に当たる**と解すべきである」としている（最判平14.1.17）。

3 **妥当である** 判例は、「**労働基準監督署長の行う労災就学援護費の支給又は不支給の決定**は、法を根拠とする優越的地位に基づいて一方的に行う公権力の行使であり、被災労働者又はその遺族の上記権利に直接影響を及ぼす法的効果を有するものであるから、**抗告訴訟の対象となる行政処分に当たる**ものと解するのが相当である」としている（最判平15.9.4）。

4 **妥当でない** 判例は、「住民票に特定の住民と世帯主との続柄がどのように記載されるかは、その者が選挙人名簿に登録されるか否かには何らの影響も及ぼさないことが明らかであり、住民票に右続柄を記載する行為が何らかの法的効果を有すると解すべき根拠はない。したがって、**住民票に世帯主との続柄を記載する行為は、抗告訴訟の対象となる行政処分には当たらない**ものというべきである」としている（最判平11.1.21）。

5 **妥当でない** 判例は、**都市計画区域内において工業地域を指定する**「決定が、当該地域内の土地所有者等に建築基準法上新たな制約を課し、その限度で一定の法状態の変動を生ぜしめるものであることは否定できないが、かかる効果は、あたかも新たに右のような制約を課する法令が制定された場合におけると同様の当該地域内の不特定多数の者に対する一般的抽象的なそれにすぎず、このような効果を生ずるということだけから直ちに右地域内の個人に対する具体的な権利侵害を伴う処分があつたものとして、これに対する**抗告訴訟を肯定することはできない**」としている（最判昭57.4.22）。

....

以上により、妥当なものは肢３であり、正解は３となる。

正解	1	2	3	4	5
解答率（%）	5.8	6.0	**72.7**	5.2	9.6

問題20	道路をめぐる国家賠償 （行政法）	ランク A	正解 5

1　**妥当でない**　判例は、落石及び崩土があった「本件道路における防護柵を設置するとした場合、その費用の額が相当の多額にのぼり、上告人県としてその予算措置に困却するであろうことは推察できるが、それにより直ちに**道路の管理の瑕疵によつて生じた損害に対する賠償責任を免れうるものと考えることはできない**のであり、その他、本件事故が不可抗力ないし回避可能性のない場合であることを認めることができない旨の原審の判断は、いずれも正当として是認することができる」としている（最判昭45.8.20）。

2　**妥当でない**　判例は、「本件事故発生当時、被上告人において設置した工事標識板、バリケード及び赤色灯標柱が道路上に倒れたまま放置されていたのであるから、道路の安全性に欠如があつたといわざるをえないが、それは夜間、しかも事故発生の直前に先行した他車によつて惹起されたものであり、時間的に被上告人において遅滞なくこれを原状に復し道路を安全良好な状態に保つことは不可能であつたというべく、このような状況のもとにおいては、被上告人の**道路管理に瑕疵がなかつた**と認めるのが相当である」としている（最判昭50.6.26）。

3　**妥当でない**　判例は、「本件防護柵は、本件道路を通行する人や車が誤つて転落するのを防止するために被上告人によつて設置されたものであり、その材質、高さその他その構造に徴し、通行時における転落防止の目的からみればその安全性に欠けるところがないものというべく、上告人の転落事故は、同人が当時危険性の判断能力に乏しい６歳の幼児であつたとしても、本

86

件道路及び防護柵の設置管理者である被上告人において**通常予測することのできない行動に起因する**ものであつたということができる。したがつて、右営造物につき本来それが具有すべき安全性に欠けるところがあつたとはいえず、上告人のしたような通常の用法に即しない行動の結果生じた事故につき、被上告人はその**設置管理者としての責任を負うべき理由はない**ものというべきである」としている（最判昭53.7.4）。

4 **妥当でない** 判例は、「国家賠償法２条１項にいう営造物の設置又は管理の瑕疵とは、営造物が通常有すべき安全性を欠いている状態、すなわち他人に危害を及ぼす危険性のある状態をいうのであるが、これには**営造物が供用目的に沿って利用されることとの関連においてその利用者以外の第三者に対して危害を生ぜしめる危険性がある場合をも含む**ものであり、営造物の設置・管理者において、このような危険性のある営造物を利用に供し、その結果周辺住民に社会生活上受忍すべき限度を超える被害が生じた場合には、原則として同項の規定に基づく責任を免れることができないものと解すべきである」と述べており、周辺住民に社会生活上受忍すべき限度を超える被害が生じた場合であっても、道路が周辺住民に一定の利益を与えているときには、当該道路の供用の違法性を認定することはできないとはしていない（最判平7.7.7）。

5 **妥当である** 判例は、本件と同様の事案において、「対策が講じられていなかったからといって、本件道路が**通常有すべき安全性を欠いていたということはできず**、本件道路に設置又は管理の瑕疵があったとみることはできない」としている（最判平22.3.2）。

以上により、妥当なものは肢5であり、正解は5となる。

正解	1	2	3	4	5
解答率（%）	1.2	7.0	5.8	3.7	81.6

問題21 国家賠償法１条２項に基づく求償権の性質 （行政法）

	ランク	正解
	C	1

ア　「代位責任」　イ　「自己責任」　ウ　「有責性」　エ　「組織的」　最判令2.7.14宇賀克也裁判官補足意見は、国家賠償法１条「１項の性質については**代位責任説**と**自己責任説**が存在する。」「代位責任説と自己責任説を区別する実益は、加害公務員又は加害行為が特定できない場合……や加害公務員に有責性がない場合……に、代位責任説では国家賠償責任が生じ得ないが自己責任説では生じ得る点に求められていた。しかし、最高裁昭和51年（オ）第1249号同57年４月１日第一小法廷判決・民集36巻４号519頁は、代位責任説か自己責任説かを明示することなく、『国又は公共団体の公務員による一連の職務上の行為の過程において他人に被害を生ぜしめた場合において、それが具体的にどの公務員のどのような違法行為によるものであるかを特定することができなくても、右の一連の行為のうちのいずれかに行為者の故意又は過失による違法行為があったのでなければ右の被害が生ずることはなかったであろうと認められ、かつ、それがどの行為であるにせよこれによる被害につき行為者の属する国又は公共団体が法律上賠償の責任を負うべき関係が存在するときは、国又は公共団体は、加害行為不特定の故をもって国家賠償法又は民法上の損害賠償責任を免れることができないと解するのが相当』であると判示している。さらに、公務員の過失を**組織的過失**と捉える裁判例（東京高判平成４年12月18日・高民集45巻３号212頁等）が支配的となっており、個々の公務員の有責性を問題にする必要はないと思われる。したがって、代位責任説、自己責任説は、解釈論上の道具概念としての意義をほとんど失っているといってよい」としている。

以上により、空欄に当てはまる語句の組合せとして、正しいものは肢１であり、正解は１となる。

正解	1	2	3	4	5
解答率（%）	21.5	19.1	5.2	**41.7**	11.9

問題22 ┃ 普通地方公共団体 （行政法）　　　ランク C　　正解 1

1　**正しい**　地方自治法5条1項は、「普通地方公共団体の区域は、従来の区域による。」と規定しているところ、設問のとおりである。

2　**誤 り**　地方自治法7条1項は、「市町村の廃置分合又は市町村の境界変更は、関係市町村の申請に基き、都道府県知事が当該都道府県の議会の議決を経てこれを定め、直ちにその旨を総務大臣に届け出なければならない。」と規定している。本肢は、市町村の境界変更につき、「関係市町村の申請に基づき、都道府県知事が、当該都道府県の議会の議決を経てこれを定め、国会が承認することによって成立する。」としているため、誤りである。

3　**誤 り**　地方自治法6条1項は、「都道府県の廃置分合又は境界変更をしようとするときは、法律でこれを定める。」と規定している。本肢は、都道府県の境界変更につき、「関係都道府県がその旨を定めた協定を締結し、総務大臣に届け出ることによって成立する。」としているため、誤りである。

4　**誤 り**　地方自治法8条1項柱書は、「**市となるべき普通地方公共団体**は、左に掲げる要件を具えていなければならない。」と規定しており、同項1号は、「**人口5万以上を有すること。**」を掲げている。本肢は、「市となるべき普通地方公共団体の要件として、地方自治法それ自体は具体的な数を示した人口要件を規定していない」としているため、誤りである。

5　**誤 り**　地方自治法9条1項は、「市町村の境界に関し争論があるときは、都道府県知事は、関係市町村の申請に基づき、これを第251条の2の規定による調停に付することができる。」と規定している。本肢は、「市町村の境界に関し争論があるときは、都道府県知事は、関係市町村の申請に基づき又は職権で」裁判所の調停に付することができるとしており、申請のみならず、

職権で裁判所の調停に付することができるとしている点で、誤りである。

・・・・・・・・・・・・・・・・・・・・・・

以上により、正しいものは肢1であり、正解は1となる。

正解	1	2	3	4	5
解答率（%）	19.2	10.8	46.3	5.9	16.4

問題23 ｜ 直接請求 （行政法）
ランク **A** ｜ 正解 **4**

1　**誤　り**　地方自治法75条1項は、「**選挙権を有する者**……は、政令で定めるところにより、その総数の50分の1以上の者の連署をもつて、その代表者から、普通地方公共団体の監査委員に対し、当該普通地方公共団体の事務の執行に関し、監査の請求をすることができる。」と規定し、ここでの「選挙権を有する者」とは、「普通地方公共団体の議会の議員及び長の選挙権を有する者」とされている（地方自治法74条1項）。そして、「**日本国民たる年齢満18年以上の者**で引き続き3箇月以上市町村の区域内に住所を有するものは、……その属する普通地方公共団体の議会の議員及び長の選挙権を有する。」とされている（同法18条）。したがって、本肢は、「日本国民であるか否か、また選挙権を有するか否かにかかわらず、これを請求できる」としているため誤りである。

2　**誤　り**　地方自治法74条1項は、その対象として、「条例（**地方税の賦課徴収並びに分担金、使用料及び手数料の徴収に関するものを除く。**）」としているのみで、法定受託事務を対象としていないわけではない。したがって、本肢は、「法定受託事務に関する条例については、条例の制定改廃の直接請求の対象とすることはできない」としている点で誤りである。

3　**誤　り**　地方自治法74条の2第4項は、「署名簿の署名に関し異議があるときは、関係人は、第2項の規定による縦覧期間内に当該市町村の**選挙管理委員会**にこれを申し出ることができる。」と規定している。本肢は、「総務大

臣にこれを申し出ることができる」としている点で誤りである。

4 **正しい** 地方自治法76条1項は、「選挙権を有する者は、政令の定めるところにより、その総数の3分の1（その総数が40万を超え80万以下の場合にあつてはその40万を超える数に6分の1を乗じて得た数と40万に3分の1を乗じて得た数とを合算して得た数、その総数が80万を超える場合にあつてはその80万を超える数に8分の1を乗じて得た数と40万に6分の1を乗じて得た数と40万に3分の1を乗じて得た数とを合算して得た数）以上の者の連署をもつて、その代表者から、普通地方公共団体の選挙管理委員会に対し、当該普通地方公共団体の議会の解散の請求をすることができる。」と規定している。同項かっこ書きにおいて、**選挙権を有する者の総数による本文よりも緩い特例が制定されている**ところ、本肢は正しい。

5 **誤り** 地方自治法78条は、「普通地方公共団体の議会は、第76条第3項の規定による解散の投票において過半数の同意があつたときは、解散するものとする。」と規定している。そして、これに関しては、地方自治法76条1項と異なり、選挙権を有する者の総数が一定以上の普通地方公共団体に関する**特例は存在していない**。したがって、本肢は、「選挙権を有する者の総数が一定以上の普通地方公共団体については、過半数の同意という成立要件を緩和する特例が設けられている」としている点で誤りである。

以上により、正しいものは肢4であり、正解は4となる。

正解	1	2	3	4	5
解答率（%）	6.8	10.4	8.1	**65.2**	8.1

問題24	事務の共同処理 （行政法）	ランク C	正解 4

1 **正しい** 地方自治法252条の2第1項によれば、**連携協約**とは、普通地方公共団体が「当該普通地方公共団体及び他の普通地方公共団体の区域におけ

る当該普通地方公共団体及び当該他の普通地方公共団体の事務の処理に当たつての当該他の普通地方公共団体との連携を図るため、協議により、当該普通地方公共団体及び当該他の普通地方公共団体が連携して事務を処理するに当たつての基本的な方針及び役割分担を定める協約」であると規定されている。

2　**正しい**　地方自治法252条の2の2第1項は、「普通地方公共団体は、普通地方公共団体の事務の一部を共同して管理し及び執行し、若しくは普通地方公共団体の事務の管理及び執行について連絡調整を図り、又は広域にわたる総合的な計画を共同して作成するため、協議により規約を定め、普通地方公共団体の協議会を設けることができる。」と規定している。

3　**正しい**　地方自治法252条の7第1項本文は、「普通地方公共団体は、協議により規約を定め、共同して、第138条第1項若しくは第2項に規定する事務局若しくはその内部組織（次項及び第252条の13において「議会事務局」という。）、第138条の4第1項に規定する委員会若しくは委員、同条第3項に規定する附属機関、第156条第1項に規定する行政機関、第158条第1項に規定する内部組織、委員会若しくは委員の事務局若しくはその内部組織（次項及び第252条の13において「委員会事務局」という。）、普通地方公共団体の議会、長、委員会若しくは委員の事務を補助する職員、第174条第1項に規定する専門委員又は第200条の2第1項に規定する監査専門委員を置くことができる。」と規定している。

4　**誤り**　地方自治法252条の16の2第1項は、「普通地方公共団体は、他の普通地方公共団体の求めに応じて、協議により規約を定め、当該他の普通地方公共団体の事務の一部を、当該他の普通地方公共団体又は当該他の普通地方公共団体の長若しくは同種の委員会若しくは委員の名において管理し及び執行すること……ができる。」と規定している。事務の代替執行は、あくまでも、「当該他の普通地方公共団体又は当該他の普通地方公共団体の長若しくは同種の委員会若しくは委員の名において」行えるのであり、「自己の事務」として処理するわけではない。したがって、本肢は、「自己の事務として処理する」という点が誤りである。

5　**正しい**　地方自治法252条の17第1項は、「普通地方公共団体の長又は委員

会若しくは委員は、法律に特別の定めがあるものを除くほか、当該普通地方公共団体の事務の処理のため特別の必要があると認めるときは、他の普通地方公共団体の長又は委員会若しくは委員に対し、当該普通地方公共団体の職員の派遣を求めることができる。」と規定している。

以上により、誤っているものは肢4であり、正解は4となる。

正解	1	2	3	4	5
解答率（％）	4.6	17.0	19.2	43.4	13.7

問題25	空港や航空関連施設をめぐる裁判 （行政法）	ランク C	正解 3

1 　**妥当でない**　「新潟空港訴訟」（最判平元.2.17）は、「当該免許に係る路線を航行する航空機の騒音によつて社会通念上著しい障害を受けることとなる者は、当該免許の取消しを求めるにつき法律上の利益を有する者として、その取消訴訟における原告適格を有すると解するのが相当である」としている。本肢は、「**飛行場周辺住民**には、……社会通念上著しい障害を受けるとしても、**原告適格は認められない**」としている点で、妥当でない。

2 　**妥当でない**　「大阪空港訴訟」（最大判昭56.12.16）は、「**本件訴えのうち、**いわゆる狭義の民事訴訟の手続により一定の時間帯につき本件空港を航空機の離着陸に使用させることの**差止めを求める請求にかかる部分は、不適法と**いうべきである」としている。本肢は、「民事上の請求として」「差止めを求める訴えは適法」としている点で、妥当でない。

3 　**妥当である**　「厚木基地航空機運航差止訴訟」（最判平28.12.8）は、行政事件訴訟法37条の4第1項の「重大な損害が生ずるおそれ」という訴訟要件の充足が問題となったが、「自衛隊機の運航により生ずるおそれのある損害は、処分がされた後に取消訴訟等を提起することなどにより容易に救済を受

けることができるものとはいえず、本件飛行場における自衛隊機の運航の内容、性質を勘案しても、第１審原告らの自衛隊機に関する主位的請求（運航差止請求）に係る訴えについては、上記の『**重大な損害を生ずるおそれ**』が**あると認められる**」としており、行政事件訴訟法上の抗告訴訟としての差止訴訟として適法である。したがって、本肢のとおりであり、妥当である。

4　　**妥当でない**　「成田新法訴訟」（最大判平４.７.１）は、「憲法31条の定める法定手続の保障は、直接には刑事手続に関するものであるが、行政手続については、それが刑事手続ではないとの理由のみで、そのすべてが当然に同条による保障の枠外にあると判断することは相当ではない」としているため、設問の「**憲法31条の法定手続の保障**は刑事手続のみではなく、**行政手続にも及ぶ**」という点は正しい。しかし、同判例は、「行政処分の相手方に事前の告知、弁解、防御の機会を与えるかどうかは、行政処分により制限を受ける権利利益の内容、性質、制限の程度、行政処分により達成しようとする公益の内容、程度、緊急性等を総合較量して決定されるべきものであって、**常に必ずそのような機会を与えることを必要とするものではない**と解するのが相当である」とし、同事件では、憲法31条に反しないとされている。したがって、本肢は、「適正手続の保障を欠く同法の規定は憲法31条に違反する」としている点で、妥当でない。

5　　**妥当でない**　「成田新幹線訴訟」（最判昭53.12.8）は、**処分性に関する判示をしている**が、原告適格については何ら判示していない。したがって、本肢は妥当でない。

....

以上により、妥当なものは肢３であり、正解は３である。

正解	1	2	3	4	5
解答率（%）	2.8	32.5	**35.9**	6.9	20.6

| 問題26 | 地方公共団体に対する法律の適用 （行政法） | ランク A | 正解 5 |

1　**妥当でない**　行政手続法３条３項によれば、「地方公共団体の機関がする**処分（その根拠となる規定が条例又は規則に置かれているものに限る。）**及び行政指導、地方公共団体の機関に対する届出（前条第７号の通知の根拠となる規定が条例又は規則に置かれているものに限る。）並びに地方公共団体の機関が命令等を定める行為については、**次章から第６章までの規定は、適用しない。**」とされている。同項のかっこ書きにより、根拠となる規定が条例又は規則に置かれているものについては、行政手続法は適用がされないことになる。したがって、「地方公共団体の機関がする処分に関して、その根拠が条例に置かれているものについても行政手続法が適用されると定めている。」としている点で、本肢は妥当でない。

2　**妥当でない**　行政不服審査法に、地方公共団体には、それぞれ常設の不服審査機関を置かなければならない、とする**規定は存在しない**ため、本肢は妥当でない。

3　**妥当でない**　公文書管理法34条は、「地方公共団体は、この法律の趣旨にのっとり、その保有する文書の適正な管理に関して必要な施策を策定し、及びこれを実施するよう**努めなければならない。**」と努力義務を規定するに留まり、「条例を定めなければならない」とは規定していないため、本肢は妥当でない。

4　**妥当でない**　行政代執行法にこのような規定は存在しないため、本肢は妥当でない。なお、行政上の義務（条例により命ぜられた行為を含む。）の履行確保に関しては、**法律の根拠が必要**とされており、条例の根拠で行うことは認められない（行政代執行法１条）。

5　**妥当である**　行政機関情報公開法25条によれば、「地方公共団体は、この法律の趣旨にのっとり、その保有する情報の公開に関し必要な施策を策定し、及びこれを実施するよう**努めなければならない。**」と規定されている。

そのため、本肢は妥当である。

・・・・・・・・・・・・・・・・・・・・

以上により、妥当なものは肢5であり、正解は5である。

正解	1	2	3	4	5
解答率（%）	4.1	5.8	14.3	6.1	68.8

問題27 | 消滅時効 （民法）

ランク	正解
A	4

1　**正しい**　債権は、債権者が**権利を行使することができることを知った時か
ら5年間行使しないときは**、時効によって消滅する（民法166条1項1号）。

2　**正しい**　不法行為による損害賠償請求権以外の債権（人の生命又は身体の
侵害による損害賠償請求権を除く）は、**権利を行使することができる時から
10年間行使しないときは**、時効によって消滅する（民法166条1項2号、同
法167条、同法724条2号参照）。その権利について行使することができるこ
とを知らない場合も同様である。

3　**正しい**　**人の生命又は身体の侵害による損害賠償請求権**については、債務
不履行を理由とするものであれ、不法行為を理由とするものであれ、その**債
権を行使できる時から20年間行使しないときは**、時効によって消滅する（民
法167条、同法724条2号）。その権利について行使することができることを
知らない場合も同様である。

4　**誤　り**　人の生命又は身体を害する不法行為による損害賠償請求権は、被
害者又はその法定代理人が**損害及び加害者を知った時から5年間行使しない
ときは**、時効によって消滅する（民法724条1号、同法724条の2）。したがっ
て、本肢は「3年間」としている点で誤っている。

5　**正しい**　債権又は所有権以外の財産権は、**権利を行使することができる時
から20年間行使しないときは**、時効によって消滅する（民法166条2項）。

....
以上により、誤っているものは肢4であり、正解は4となる。

正解	1	2	3	4	5
解答率（%）	2.6	7.8	4.4	76.9	7.5

問題28 ｜ 取得時効 （民法） ランク A 正解 2

1 **妥当である** 不動産の時効取得者は、**取得時効の進行中に原権利者から当該不動産の譲渡を受けその旨の移転登記を経由した者**に対しては、登記がなくても、時効による所有権の取得を**主張することができる**（最判昭41.11.22）。

2 **妥当でない** 時効により不動産の所有権を取得した場合であっても、その登記がないときは、時効取得者は、時効完成後に原所有者から所有権を取得し登記を経た第三者に対し、所有権の取得を対抗することができない（最判昭33.8.28）。もっとも、当該第三者が**背信的悪意者であるときには、登記がなくても時効取得をもって対抗することができる**（最判平18.1.17）。したがって、Dが背信的悪意者であったと認められる特段の事情があるときは、BはDに対して、登記なくして時効による所有権取得を対抗することができる。

3 **妥当である** 不動産の時効取得者と時効完成後の第三者との関係については、肢2の解説のとおりである。もっとも、**第三者の登記後、引き続き時効取得に要する期間占有を継続した場合**には、その第三者に対し、**登記を経由しなくとも時効による権利の取得を対抗し得る**（最判昭36.7.20）。

4 **妥当である** 不動産の取得時効の完成後、所有権移転登記がされることのないまま、第三者が原所有者から抵当権の設定を受けて抵当権設定登記を了した場合において、当該不動産の時効取得者である占有者が、**その後引き続き時効取得に必要な期間占有を継続したとき**は、当該占有者が当該抵当権の存在を容認していたなど抵当権の消滅を妨げる**特段の事情がない限り**、当該

2023年度＝法令等解答・解説 97

占有者は、**当該不動産を時効取得**し、その結果、当該抵当権は消滅する（最判平24.3.16）。

5 **妥当である** 不動産の時効取得者と時効完成後の第三者との関係については、肢2の解説のとおりである。また、時効期間は、時効の基礎たる事実の開始された時を起算点として計算すべきものであって、時効援用者において**任意に起算点を選択し、時効完成の時期を早めたり遅らせたりすることはできない**（最判昭35.7.27）。

以上により、妥当でないものは肢2であり、正解は2となる。

正解	1	2	3	4	5
解答率（%）	9.9	65.5	4.6	16.3	2.8

問題29 譲渡担保
（民法）

ランク **B** 　正解 **5**

1 **妥当である** 構成部分が変動する集合動産についても、その種類、所在場所、量的範囲の指定などの方法により、**目的物の範囲が特定される場合**には、一個の集合物として譲渡担保の目的とすることができる（最判昭54.2.15）。また、動産譲渡担保については、**引渡しが対抗要件**であり、この引渡しには占有改定も含まれる（最判昭30.6.2）。

2 **妥当である** 債権者と債務者との間に、構成部分の変動する集合動産を目的とする譲渡担保権設定契約が締結され、債務者がその構成部分である動産の占有を取得したときは、債権者が占有改定の方法によってその占有権を取得する旨の合意に基づき、債務者が当該集合物の構成部分として現に存在する動産の占有を取得した場合には、債権者は、当該集合物を目的とする譲渡担保権につき対抗要件を具備するに至ったものということができ、この対抗要件具備の効力は、その後構成部分が変動したとしても、集合物としての同一性が損なわれない限り、**新たにその構成部分となった動産を包含する集合**

物について及ぶ（最判昭62.11.10）。

3　**妥当である**　構成部分の変動する集合動産を目的とする譲渡担保においては、集合物の内容が譲渡担保設定者の営業活動を通じて当然に変動することが予定されているのであるから、譲渡担保設定者には、**その通常の営業の範囲内で、譲渡担保の目的を構成する動産を処分する権限が付与**されており、この権限内でされた処分の相手方は、当該動産について、譲渡担保の拘束を受けることなく確定的に所有権を取得することができる（最判平18.7.20）。

4　**妥当である**　民法333条は、「先取特権は、債務者がその目的である動産をその第三取得者に引き渡した後は、その動産について行使することができない。」と規定している。この「第三取得者」について、判例は、**集合物譲渡担保権者は、特段の事情のない限り、同条所定の第三取得者に該当するもの**として、動産売買先取特権者が集合物の構成部分となった動産についてした競売の不許を求めることができるとしている（最判昭62.11.10）。したがって、Ｃは丙について動産先取特権を行使することができない。

5　**妥当でない**　継続的な物品の売買契約において、目的物の所有権が売買代金の完済まで売主に留保される旨が定められていた場合に、買主が保管する当該物品を含む在庫製品等につき集合動産譲渡担保権の設定を受けた者は、**売買代金が完済されていない当該物品につき、売主に対して譲渡担保権を主張することができない**（最判平30.12.7）。したがって、丁の売買代金が完済されていない場合、Ａは、丁につき、Ｄに対して本件譲渡担保権を主張することができない。

....

以上により、妥当でないものは肢5であり、正解は5となる。

正解	1	2	3	4	5
解答率（％）	4.6	3.0	9.0	22.0	60.3

問題30 ｜ 連帯債務
（民法）

ランク	正解
A	5

ア　**他の連帯債務者に対して効力が生じる**　連帯債務者の一人と債権者との間に混同があったときは、その連帯債務者は、弁済をしたものとみなされる（民法440条）。そして、連帯債務は同一の給付を目的としており、弁済は債権の満足をもたらすことから、連帯債務者の一人がした弁済の効力は他の連帯債務者に対しても生じる（同法436条参照）。したがって、**連帯債務者の一人と債権者との間に混同が生じた場合には、他の連帯債務者に対してその効力が生じる**。

イ　**他の連帯債務者に対して効力が生じる**　代物弁済契約に基づき、弁済者が、債権者との間で、債務者の負担した給付に代えて他の給付をしたときは、その給付は弁済と同一の効力を有する（民法482条）。そして、肢アの解説のとおり、連帯債務者の一人がした弁済の効力は他の連帯債務者に対しても生じる。したがって、**連帯債務者の一人が代物弁済をした場合には、他の連帯債務者に対してその効力が生じる**。

ウ　**他の連帯債務者に対して効力が生じる**　連帯債務者の一人が債権者に対して債権を有する場合において、その連帯債務者が相殺を援用したときは、債権は全ての連帯債務者の利益のために消滅する（民法439条1項）。そのため、**連帯債務者の一人がした相殺の援用は、他の連帯債務者に対して効力が生じる**。

エ　**他の連帯債務者に対して効力が生じない**　連帯債務者の一人について生じた事由は、原則として、他の連帯債務者に対してその効力を生じないところ（相対的効力の原則　民法441条本文）、履行の請求について、民法438条、439条1項、440条などのように相対的効力の例外を定める規定は存在しない。そのため、**債権者がした連帯債務者の一人に対する履行の請求は、他の連帯債務者に対して効力が生じない**。

オ　**他の連帯債務者に対して効力が生じない**　連帯債務者の一人について生じた事由は、原則として、他の連帯債務者に対してその効力を生じないところ

（相対的効力の原則　民法441条本文）、債務の免除について、相対的効力の例外を定める規定は現行民法にはない。そのため、**債権者がした連帯債務者の一人に対する債務の免除は他の連帯債務者に対して効力が生じない。**

　なお、改正前の民法437条は、債務の免除について絶対的効力を認める旨規定していたが、改正により削除された。

．．．．．．．．．．．．．．．．．．．．．

　以上により、他の連帯債務者に対して効力が生じないものの組合せとして、正しいものは肢5であり、正解は5となる。

正解	1	2	3	4	5
解答率（%）	2.2	3.9	5.4	9.1	78.6

問題31 ｜ 相殺 （民法）

．．．．．．．．．．．．．．．．．

ランク	正解
A	5

1　**正しい**　差押えを受けた債権の第三債務者は、差押え後に取得した債権による相殺をもって差押債権者に対抗することはできない（民法511条1項）。もっとも、**差押え後に取得した債権が差押え前の原因に基づいて生じたものである場合**は、第三債務者が差押え後に他人の債権を取得したときを除き、その第三債務者は、その債権による**相殺をもって差押債権者に対抗することができる**（同条2項）。

2　**正しい**　民法508条は、「**時効によって消滅した債権がその消滅以前に相殺に適するようになっていた場合**には、その債権者は、相殺をすることができる。」と規定している。

3　**正しい**　当事者が相殺を禁止し、又は制限する旨の意思表示をした場合には、その意思表示は、**第三者がこれを知り、又は重大な過失によって知らなかったとき**に限り、その第三者に対抗することができる（民法505条2項）。

4　**正しい**　悪意による不法行為に基づく損害賠償の債務の債務者は、相殺をもって債権者に対抗することができない（民法509条1号）。本肢の債権者は

「悪意で債務者の物を破損した」ことにより、不法行為に基づく損害賠償債務を負っている。したがって、本肢の債権者は、当該損害賠償債務を受働債権として自己が有する貸金債権と相殺することはできない。

5　**誤 り**　人の生命又は身体の侵害による損害賠償の債務の債務者は、相殺をもって債権者に対抗することができない（民法509条2号）。本肢の加害者は、過失ではあるものの、「人の生命又は身体に損害」を与えたことで、損害賠償の債務を負っている。したがって、本肢の加害者は、被害者に対して有する貸金債権を自働債権として、被害者に対する損害賠償債務と相殺することができない。

....

以上により、誤っているものは肢5であり、正解は5となる。

正解	1	2	3	4	5
解答率（%）	3.1	3.6	2.2	4.7	85.7

問題32　受領遅滞等 （民法）

	ランク	正解
	A	**4**

1　**妥当でない**　判例は、債権者が契約の存在を否定する等、**弁済を受領しない意思が明確**と認められるときは、債務者は口頭の提供をしなくても債務不履行の責任を免れるとしている（最大判昭32.6.5）。本肢では、Bが予め甲の受領を「明確に拒んでいる場合」であるから、Aは、現実の提供をしなくても、履行遅滞の責任を免れることができる。

2　**妥当でない**　債務者がその債務の全部の履行を拒絶する意思を明確に表示したときは、債権者は、民法541条の規定による**催告**をすることなく、直ちに**契約の解除**をすることができる（同法542条1項2号）。本肢では、Bが代金の支払を「明確に拒んでいる場合」であるから、Aは、相当期間を定めて履行の催告をしなくても、本件売買契約を解除することができる。

3　**妥当でない**　4　**妥当である**　5　**妥当でない**　売主が契約の内容に適合

する目的物をもって、その引渡しの債務の履行を提供したにもかかわらず、**買主がその履行を受けることを拒み、又は受けることができない場合において、その履行の提供があった時以後に当事者双方の責めに帰することができない事由によってその目的物が滅失し、又は損傷したときは、買主は、その滅失又は損傷を理由として、履行の追完の請求、代金の減額の請求、損害賠償の請求及び契約の解除をすることができない。この場合において、買主は、代金の支払を拒むことができない**（民法567条2項、1項）。本肢では、いずれもBが甲を管理するための準備が整っていないことを理由に受領を拒んでいるから、買主がその履行を受けることを拒んでいるといえる。また、甲は隣人の過失によって生じた火災により滅失しているから、当事者双方の責めに帰することができない事由によってその目的物が滅失したといえる。したがって、Bは、履行の追完の請求、損害賠償の請求及び契約の解除をすることができず、代金の支払を拒むこともできない。以上より、肢3と肢5は妥当でなく、肢4が妥当である。

⋯⋯⋯⋯⋯⋯⋯⋯

以上により、妥当なものは肢4であり、正解は4となる。

正解	1	2	3	4	5
解答率（%）	1.4	3.8	6.1	73.6	14.1

問題33 契約の解除等 （民法）

ランク **B** 　正解 **4**

ア **妥当である** 使用貸借契約について、民法598条3項は、「**借主は、いつでも契約の解除をすることができる。**」と規定している。使用貸借契約は、もっぱら借主の利益となる契約であり、その借主から契約の解除をすることを何ら制限する必要がないからである。

イ **妥当である** 民法616条の2は、「**賃借物の全部が滅失その他の事由により使用及び収益をすることができなくなった場合には、賃貸借は、これによっ**

て終了する。」と規定している。賃貸借契約において、目的物の全部が使用収益できなくなったときは、契約を存続させる必要性がないからである（同法601条参照）。

ウ　**妥当でない**　民法641条は、「**請負人が仕事を完成しない間は、注文者は、いつでも損害を賠償して契約の解除をすることができる。**」と規定している。請負契約は注文者の利益のために仕事を完成させるものであるところ、その注文者が仕事の完成を望まないにもかかわらず仕事を完成させることは、かえって注文者の不利益となることから、注文者に解除権を認めた。しかし、仕事が完成した場合にはこの趣旨は妥当せず、同条は解除可能な期間を仕事が完成しない間に限定している。したがって、本記述は、「請負人が仕事を完成しているか否かにかかわらず」としている点が妥当でない。

エ　**妥当である**　民法651条1項は、「**委任は、各当事者がいつでもその解除をすることができる。**」と規定している。委任契約は当事者間の信頼関係を基礎とする契約であることから、その信頼関係が失われた場合にまで契約を存続させる必要はないため、委任者・受任者のいずれからも契約の解除を認めたものである。

オ　**妥当でない**　民法657条の2第3項は、「受寄者（**無報酬で寄託を受けた場合にあっては、書面による寄託の受寄者に限る。**）は、寄託物を受け取るべき時期を経過したにもかかわらず、寄託者が寄託物を引き渡さない場合において、相当の期間を定めてその**引渡しの催告**をし、その期間内に引渡しがないときは、**契約の解除**をすることができる。」と規定している。有償寄託及び書面による無償寄託の場合においては、受寄者からの引渡しの催告に対して、寄託者が寄託物の引渡しをしないときに限り、受寄者からの解除を認めたものである。

　なお、書面によらない無償寄託の場合には、同条2項により、受寄者は寄託物を受け取るまでは契約の解除をすることができる。

以上により、**妥当でないものの組合せは肢4であり、正解は4となる。**

正解	1	2	3	4	5
解答率（％）	6.5	13.8	9.7	**56.7**	12.6

| 問題34 | 損益相殺・損益相殺的調整
（民法） | ランク
C | 正解
4 |

1　**妥当でない**　判例は、「交通事故により死亡した幼児の損害賠償債権を相続した者が一方で幼児の養育費の支出を必要としなくなった場合においても、右養育費と幼児の将来得べかりし収入との間には前者を後者から損益相殺の法理又はその類推適用により控除すべき損失と利得との同質性がなく、したがって、幼児の財産上の損害賠償額の算定にあたりその将来得べかりし収入額から**養育費を控除すべきものではない**」としている（最判昭53.10.20）。

2　**妥当でない**　判例は、「生命保険契約に基づいて給付される**保険金**は、すでに払い込んだ保険料の対価の性質を有し、もともと不法行為の原因と関係なく支払わるべきものであるから、たまたま本件事故のように不法行為により被保険者が死亡したためにその相続人たる被上告人両名に保険金の給付がされたとしても、これを**不法行為による損害賠償額から控除すべきいわれはない**」としている（最判昭39.9.25）。

3　**妥当でない**　判例は、「退職年金を受給していた者が不法行為によって死亡した場合には、相続人は、加害者に対し、退職年金の受給者が生存していればその平均余命期間に受給することができた退職年金の現在額を同人の損害として、その賠償を求めることができる。この場合において、右の相続人のうちに、退職年金の受給者の死亡を原因として、遺族年金の受給権を取得した者があるときは、遺族年金の支給を受けるべき者につき、支給を受けることが確定した遺族年金の額の限度で、その者が加害者に対して賠償を求め得る損害額からこれを控除すべきものであるが、いまだ支給を受けることが確定していない遺族年金の額についてまで損害額から控除することを要しない」としている（最大判平5.3.24）。

4　**妥当である**　判例は、「著しく高利の貸付けという形をとって上告人らから元利金等の名目で違法に金員を取得し、多大の利益を得るという反倫理的行為に該当する不法行為の手段として、本件各店舗から上告人らに対して貸付けとしての金員が交付されたというのであるから、上記の金員の交付に

よって上告人らが得た利益は、不法原因給付によって生じたものというべきであり、同利益を損益相殺ないし損益相殺的な調整の対象として上告人らの損害額から控除することは許されない」としている（最判平20.6.10）。

5　　**妥当でない**　判例は、「売買の目的物である新築建物に重大な瑕疵がありこれを建て替えざるを得ない場合において、当該瑕疵が構造耐力上の安全性にかかわるものであるため建物が倒壊する具体的なおそれがあるなど、社会通念上、建物自体が社会経済的な価値を有しないと評価すべきものであるときには、上記建物の買主がこれに居住していたという利益については、当該買主からの工事施工者等に対する建て替え費用相当額の損害賠償請求において損益相殺ないし損益相殺的な調整の対象として損害額から控除することはできない」としている（最判平22.6.17）。

以上により、妥当なものは肢4であり、正解は4となる。

正解	1	2	3	4	5
解答率（%）	12.3	7.8	31.9	22.6	24.6

問題35	遺言 （民法）	ランク B	正解 3

ア　　**妥当でない**　制限行為能力の規定は、遺言には適用されない（民法962条）。遺言は、遺言者の死後に効力が発生するため、制限行為能力制度により遺言者を保護する必要性がないからである。したがって、本記述は、成年被後見人が遺言をすることができないとしている点で妥当でない。

　　なお、成年被後見人が事理を弁識する能力を一時回復した時において遺言をするには、医師2人以上の立会いがなければならない（同法973条1項）。

イ　　**妥当である**　判例は、カーボン複写の方法によって記載された自筆の遺言は、民法968条1項にいう「**自書**」の要件に欠けるものではなく、**遺言の効力が生じる**としている（最判平5.10.19）。

ウ　**妥当である**　民法975条は、「遺言は、2人以上の者が同一の証書ですることができない。」と規定している。これは、夫婦であっても同様である。

エ　**妥当でない**　民法994条1項は、「遺贈は、**遺言者の死亡以前に受遺者が死亡したときは、その効力を生じない。**」と規定している。したがって、本記述は、受遺者が死亡した場合に、受遺者の相続人が受遺者の地位を承継するとしている点で妥当でない。

オ　**妥当でない**　民法1022条は、「遺言者は、いつでも、**遺言の方式に従って、**その遺言の全部又は一部を**撤回**することができる。」と規定している。遺言の撤回は、遺言の方式に従ってなされる必要があるが、**その方式が同一であることまでは要求されない。**

....

以上により、妥当なものの組合せは肢3であり、正解は3となる。

正解	1	2	3	4	5
解答率（％）	4.3	4.3	60.2	5.8	24.6

問題36	商行為　総則 （商法）	ランク **B**	正解 **5**

1　**正しい**　商法504条は、「商行為の代理人が**本人のためにすることを示さないでこれをした場合であっても、**その行為は、**本人に対してその効力を生ずる。**ただし、相手方が、**代理人が本人のためにすることを知らなかったときは、代理人に対して履行の請求をすることを妨げない。**」と規定している。

2　**正しい**　商法505条は、「商行為の受任者は、**委任の本旨に反しない範囲内**において、**委任を受けていない行為をすることができる。**」と規定している。

3　**正しい**　商法508条1項は、「商人である隔地者の間において承諾の期間を定めないで契約の申込みを受けた者が**相当の期間内に承諾の通知を発しなかったときは、その申込みは、その効力を失う。**」と規定している。

4　**正しい**　商法509条1項は、「商人が平常取引をする者からその営業の部類

に属する契約の申込みを受けたときは、遅滞なく、契約の申込みに対する諾否の通知を発しなければならない。」と規定し、同条２項は、「商人が前項の通知を発することを怠ったときは、その商人は、同項の契約の申込みを**承諾したものとみなす。**」と規定している。

5　　**誤　り**　商法510条本文は、「商人がその営業の部類に属する契約の申込みを受けた場合において、その申込みとともに受け取った物品があるときは、その申込みを拒絶したときであっても、**申込者の費用**をもって**その物品を保管**しなければならない。」と規定している。本肢は、申込みを受けた商人の費用としている点で誤りである。

．．．．．．．．．．．．．．．．．．．．．

　以上により、誤っているものは肢５であり、正解は５となる。

正解	1	2	3	4	5
解答率（％）	7.8	11.4	29.1	9.3	41.3

問題37	設立時取締役 （商法）	ランク **B**	正解 **5**

ア　　**正しい**　会社法38条１項は、「発起人は、**出資の履行が完了した後**、遅滞なく、**設立時取締役**（株式会社の設立に際して取締役となる者をいう。……）を**選任**しなければならない。」と規定している。また、同条４項は、「**定款で**設立時取締役……、設立時会計参与、設立時監査役又は設立時会計監査人として定められた者は、出資の履行が完了した時に、それぞれ設立時取締役、設立時会計参与、設立時監査役又は設立時会計監査人に**選任されたものとみなす。**」と規定している。

イ　　**正しい**　会社法88条１項は、「第57条第１項の募集〔設立時発行株式を引き受ける者の募集〕をする場合には、設立時取締役、設立時会計参与、設立時監査役又は設立時会計監査人の選任は、**創立総会の決議**によって行わなければならない。」と規定している。

ウ　**正しい**　会社法39条3項は、「設立しようとする株式会社が監査等委員会設置会社である場合には、設立時監査等委員である設立時取締役は、3人以上でなければならない。」と規定している。

エ　**誤 り**　募集設立において、**発起人は設立時取締役に就任することはできないとする規定はない。**なお、会社法94条は、募集設立において、設立時取締役の全部又は一部が発起人である場合を前提とした規定である。

オ　**誤 り**　会社法上、**設立時取締役が発起人と共同して設立の業務を執行するものとする規定はない。**なお、設立時取締役は、会社が成立し取締役となるまでの間は、発起人に対する監督機関にすぎないものとされている（会社法46条、同93条参照。）。

・・・・・・・・・・・・・・・・・・・・・・

以上により、誤っているものの組合せは肢5であり、正解は5となる。

正解	1	2	3	4	5
解答率（%）	13.6	13.5	5.2	17.5	48.9

問題38	種類株式 （商法）	ランク C	正解 2

1　**正しい**　会社法108条2項柱書は、「株式会社は、次の各号に掲げる事項について内容の異なる2以上の種類の株式を発行する場合には、当該各号に定める事項及び**発行可能種類株式総数を定款で**定めなければならない。」と規定している。

2　**誤 り**　会社法上、本肢のような**複数議決権株式の制度を認める規定はない。**

3　**正しい**　会社法108条1項柱書本文は、「株式会社は、次に掲げる事項について異なる定めをした内容の異なる2以上の種類の株式を発行することができる。」と規定し、同項8号は、「株主総会（取締役会設置会社にあっては株主総会又は取締役会……）において決議すべき事項のうち、当該決議のほか、

当該種類の株式の種類株主を構成員とする種類株主総会の決議があることを必要とするもの」を掲げている。

4　**正しい**　会社法108条1項柱書本文は、「株式会社は、次に掲げる事項について異なる定めをした内容の異なる2以上の種類の株式を発行することができる。」と規定し、同項9号は、「**当該種類の株式の種類株主を構成員とする種類株主総会において取締役……又は監査役を選任すること。**」を掲げている。もっとも、同項柱書ただし書は、「ただし、**指名委員会等設置会社及び公開会社**は、第9号に掲げる事項についての定めがある種類の株式を**発行することができない。**」と規定している。

5　**正しい**　会社法108条1項柱書本文は、「株式会社は、次に掲げる事項について異なる定めをした内容の異なる2以上の種類の株式を発行することができる。」と規定し、同項3号は、「株主総会において議決権を行使することができる事項」を掲げている。したがって、本肢のような、**完全無議決権株式を発行することも可能**である。

以上により、誤っているものは肢2であり、正解は2となる。

正解	1	2	3	4	5
解答率（％）	12.1	34.2	9.3	16.6	26.7

問題39　役員等の責任（商法）

ランク　**B**　　正解　**3**

1　**正しい**　取締役又は執行役が行った**利益相反取引**により会社に損害が発生した場合、当該利益相反取引を行った取締役又は執行役は、**その任務を怠ったものと推定**される（会社法423条3項1号）。

2　**正しい**　取締役又は執行役が株主総会（取締役会設置会社では、取締役会）の**承認を得ないで行った競業取引**により会社に損害が発生した場合、当該取引によって取締役、執行役又は第三者が得た**利益の額は、賠償責任を負う損**

害額と推定する（会社法423条2項、356条1項1号、365条1項）。

3　　**誤　り**　会社法423条4項は、「前項の規定は、第356条第1項第2号又は
第3号に掲げる場合において、同項の取締役（監査等委員であるものを除
く。）が当該取引につき監査等委員会の承認を受けたときは、適用しない。」
としている。すなわち、**監査等委員である取締役**については会社法423条4
項の対象から除外されており、監査等委員会の承認を受けていたとしても、
任務を怠ったものと推定される。

4　　**正しい**　株式会社は、取締役（業務執行取締役等であるものを除く。）、会
計参与、監査役又は会計監査人（以下「**非業務執行取締役等**」という。）の
任務懈怠責任について、当該非業務執行取締役等が職務を行うにつき善意・
無重過失のときは、①定款で定めた額の範囲内であらかじめ株式会社が定め
た額と②最低責任限度額との**いずれか高い額**を限度とする旨の契約を非業務
執行取締役等と締結することができる旨を**定款**で定めることができる（会社
法427条1項）。

5　　**正しい**　自己のために株式会社と**直接取引**をした取締役又は執行役の損害
賠償責任は、任務を怠ったことが当該取締役又は執行役の**責めに帰すること
ができない事由によるものであることをもって免れることができない**（会社
法428条1項）。

以上により、誤っているものは肢3であり、正解は3となる。

正解	1	2	3	4	5
解答率（%）	22.6	6.5	**49.7**	10.8	8.8

問題40 会計参与・会計監査人（商法）

ランク	正解
C	5

1　　**正しい**　会社法上、**会計参与の設置を義務付ける規定はない**。また、大会
社、監査等委員会設置会社および指名委員会等設置会社については、会計監

査人の設置が義務付けられている（会社法328条、同法327条5項）。

2　**正しい**　会社法上「役員」に位置づけられるのは、**取締役、会計参与及び監査役**である（会社法329条1項）。なお、役員に執行役・会計監査人を加えた者を**役員等**という（同法423条1項、847条1項）。

3　**正しい**　会計監査人については、**定時株主総会において再任**されたものとみなされる旨の規定がある（会社法338条2項）が、会計参与については、そのような規定はない（同法334条参照）。

4　**正しい**　会計参与は、取締役又は執行役と共同して、計算書類及びその附属明細書、臨時計算書類並びに連結計算書類を**作成する**（会社法374条1項、6項）。また、会計監査人は、株式会社の計算書類及びその附属明細書、臨時計算書類並びに連結計算書類を**監査する**（同法396条1項）。

5　**誤り**　会計参与にも、監査役等への**報告義務**がある（会社法375条）ため、本肢は誤りである。なお、会計監査人についての前半部分は正しい（同法397条）。

以上により、誤っているものは肢5であり、正解は5となる。

正解	1	2	3	4	5
解答率（％）	12.0	18.6	15.8	8.5	43.3

問題41 | 北方ジャーナル事件 （憲法）

ランク	正解
C	ア：6 イ：18 ウ：13 エ：8

ア　「6　公の批判」　　イ　「18　明確」
ウ　「13　公共の利害」　エ　「8　公益」

　本問は、北方ジャーナル事件（最大判昭61.6.11）を題材としたものである。

　同判決においては、以下のように述べられている。

　「表現行為に対する事前抑制は、新聞、雑誌その他の出版物や放送等の表現物がその自由市場に出る前に抑止してその内容を読者ないし聴視者の側に到達させ

る途を閉ざし又はその到達を遅らせてその意義を失わせ、**公の批判**の機会を減少
させるものであり、また、事前抑制たることの性質上、予測に基づくものとなら
ざるをえないこと等から事後制裁の場合よりも広汎にわたり易く、濫用の虞があ
るうえ、実際上の抑止的効果が事後制裁の場合より大きいと考えられるのであつ
て、表現行為に対する事前抑制は、表現の自由を保障し検閲を禁止する憲法21条
の趣旨に照らし、厳格かつ**明確**な要件のもとにおいてのみ許容されうるものとい
わなければならない。

　出版物の頒布等の事前差止めは、このような事前抑制に該当するものであつ
て、とりわけ、その対象が公務員又は公職選挙の候補者に対する評価、批判等の
表現行為に関するものである場合には、そのこと自体から、一般にそれが公共の
利害に関する事項であるということができ、前示のような憲法21条１項の趣旨
……に照らし、その表現が私人の名誉権に優先する社会的価値を含み憲法上特に
保護されるべきであることにかんがみると、当該表現行為に対する事前差止め
は、原則として許されないものといわなければならない。ただ、右のような場合
においても、その表現内容が真実でなく、又はそれが専ら**公益**を図る目的のもの
でないことが明白であつて、かつ、被害者が重大にして著しく回復困難な損害を
被る虞があるときは、当該表現行為はその価値が被害者の名誉に劣後することが
明らかであるうえ、有効適切な救済方法としての差止めの必要性も肯定されるか
ら、かかる実体的要件を具備するときに限つて、例外的に事前差止めが許される
ものというべきであ」る。

………………………

以上により、アには６、イには18、ウには13、エには８が当てはまる。

ア	正解	1	2	3	4	5	6	7	8	9	10
	解答率 (%)	0.5	21.0	0.1	1.0	0.4	8.8	0.1	1.0	1.9	0.3
		11	12	13	14	15	16	17	18	19	20
		2.8	3.4	0.4	5.6	0.1		0.1	0.1	49.9	0.4

イ	正解	1	2	3	4	5	6	7	8	9	10
	解答率 (%)	0.1	0.3		0.3	0.2	0.1	1.1	0.2	0.1	39.5
		11	12	13	14	15	16	17	18	19	20
		0.1	0.1		0.1	0.1	1.2	12.5	41.9	0.2	

ウ	正解	1	2	3	4	5	6	7	8	9	10
	解答率（％）	15.9	4.3	0.6	1.6	3.4	7.5	0.1	10.3	0.3	0.1
		11	12	**13**	14	15	16	17	18	19	20
		0.2	3.7	**29.4**	4.9	5.7	0.3	0.1	0.2	0.7	8.4
エ	正解	1	2	3	4	5	6	7	**8**	9	10
	解答率（％）	5.6	5.8	1.6	0.6	0.4	1.2	0.3	**43.8**	7.3	1.2
		11	12	13	14	15	16	17	18	19	20
		2.3	7.7	6.4	0.6	1.9		0.1	0.1	1.4	9.6

問題42 　公法と私法の適用関係 （行政法）

ランク	正解
A	ア：5　イ：18 ウ：12　エ：3

　本問の出典である最判昭59.12.13は、以下のとおり判示している。

　「公営住宅法は、国及び地方公共団体が協力して、健康で文化的な生活を営むに足りる住宅を建設し、これを住宅に困窮する低額所得者に対して低廉な家賃で賃貸することにより、国民生活の安定と社会福祉の増進に寄与することを目的とするものであつて（1条）、この法律によつて建設された公営住宅の使用関係については、管理に関する規定を設け、家賃の決定、……明渡等について規定し（第3章）、また、法の委任（25条）に基づいて制定された条例も、使用許可、使用申込、……明渡等について具体的な定めをしているところである……。右法及び条例の規定によれば、公営住宅の使用関係には、公の営造物の利用関係として公法的な一面があることは否定しえないところであつて、入居者の募集は公募の方法によるべきこと（法16条）、……などが定められており、また、特定の者が公営住宅に入居するためには、事業主体の長から使用許可を受けなければならない旨定められているのであるが（条例3条）、他方、入居者が右使用許可を受けて事業主体と入居者との間に公営住宅の使用関係が設定されたのちにおいては、前示のような法及び条例による規制はあつても、事業主体と入居者との間の法律関係は、基本的には私人間の家屋賃貸借関係と異なるところはなく、このことは、

法が賃貸（1条、2条）……等私法上の賃貸借関係に通常用いられる用語を使用して公営住宅の使用関係を律していることからも明らかであるといわなければならない。したがつて、公営住宅の使用関係については、公営住宅法及びこれに基づく条例が特別法として民法及び借家法に優先して適用されるが、法及び条例に特別の定めがない限り、原則として一般法である民法及び借家法の適用があり、その契約関係を規律するについては、信頼関係の法理の適用があるものと解すべきである。ところで、右法及び条例の規定によれば、事業主体は、公営住宅の入居者を決定するについては入居者を選択する自由を有しないものと解されるが、事業主体と入居者との間に公営住宅の使用関係が設定されたのちにおいては、両者の間には信頼関係を基礎とする法律関係が存するものというべきであるから、公営住宅の使用者が法の定める公営住宅の明渡請求事由に該当する行為をした場合であつても、賃貸人である事業主体との間の信頼関係を破壊するとは認め難い特段の事情があるときには、事業主体の長は、当該使用者に対し、その住宅の使用関係を取り消し、その明渡を請求することはできないものと解するのが相当である。」

ア 「5 社会福祉」 公営住宅法1条は、「この法律は、……国民生活の安定と**社会福祉**の増進に寄与することを目的とする。」と規定している。

イ 「18 公の営造物」 公営住宅は、国や公共団体が直接使用するものではないため、公用物にはあたらず、国や公共団体が、国民の生活の安定と社会福祉の増進を目的として管理するものであるから、**公の営造物**に該当する。

ウ 「12 賃貸借関係」 本問において、目的物の使用に関する契約関係は、**賃貸借関係**である。

エ 「3 信頼関係」 信頼関係（破壊）の法理とは、賃貸借契約を解除するためには、単なる不履行ではなく当事者間の信頼関係が破壊される程度に至ることを必要とする法理である。これは、借地・借家契約において、賃借人が軽微な債務不履行により契約解除され、生活の基盤を失うという事態を防止することを趣旨とする。

………………

　以上により、アには5、イには18、ウには12、エには3が当てはまる。

ア	正解	1	2	3	4	5	6	7	8	9	10
	解答率(%)	1.9	0.8	0.1	0.3	**84.1**	0.1	0.1	0.4	0.9	0.1
		11	12	13	14	15	16	17	18	19	20
		0.1	0.1	0.1	0.1	0.1		9.3	0.1		

イ	正解	1	2	3	4	5	6	7	8	9	10
	解答率(%)	0.1	1.0	0.4	0.1	0.2	1.0	0.7	4.7	0.1	0.1
		11	12	13	14	15	16	17	18	19	20
		0.1	1.2	26.1	0.3			1.4	**59.6**	0.4	0.4

ウ	正解	1	2	3	4	5	6	7	8	9	10
	解答率(%)	0.1	1.9	0.4	0.1		0.3	0.1	0.1		0.4
		11	12	13	14	15	16	17	18	19	20
		0.4	**92.0**	0.4	0.1			0.2	0.3	0.2	1.3

エ	正解	1	2	3	4	5	6	7	8	9	10
	解答率(%)	0.1	0.7	**91.6**	0.3	0.2	0.1	0.1	0.7		0.1
		11	12	13	14	15	16	17	18	19	20
		0.1	1.7	1.0	0.2		0.1		0.2	0.3	0.6

問題43	行政事件訴訟法　総合 （行政法）	ランク A	正解 ア:14 イ:6 ウ:19 エ:9

ア　「**14　無効**」　取消訴訟には、設問のとおり、行政事件訴訟法14条にいう出訴期間の制限がある。しかし、処分が無効である場合には、公定力、不可争力等は生じないため、処分の不可争力のあらわれである出訴期間の制約に服しないことになる。したがって、アには、「**無効**」が当てはまる。なお、処分が無効であれば、取消訴訟の出訴期間の経過前であっても、処分取消訴訟と別の訴えで争うことはできる。

イ　「**6　無効確認の訴え**」　行政事件訴訟法上の法定抗告訴訟には、「処分の取消しの訴え」（同法3条2項）、「裁決取消しの訴え」（同条3項）、「無効等

確認の訴え」(同条4項)、「不作為の違法確認の訴え」(同条5項)、「義務付けの訴え」(同条6項)、「差止めの訴え」(同条7項)がある。その中で、処分の無効を前提とする訴えは、行政事件訴訟法上の法定抗告訴訟としては、無効確認の訴えがこれにあたる。したがって、イには、「**無効確認の訴え**」が当てはまる。

ウ 「19 争点訴訟」 行政事件訴訟法45条1項は、「私法上の法律関係に関する訴訟において、処分若しくは裁決の存否又はその効力の有無が争われている場合には、第23条第1項及び第2項並びに第39条の規定を準用する。」と規定しており、この訴訟は争点訴訟と呼ばれる。したがって、ウには、「**争点訴訟**」が当てはまる。

エ 「9 重大かつ明白」 最高裁判所の判例(最判昭36.3.7)によれば、「行政処分が当然無効であるというためには、処分に重大かつ明白な瑕疵がなければなら」ないとされている。したがって、エには、「**重大かつ明白**」が当てはまる。

....

以上により、アには14、イには6、ウには19、エには9が当てはまる。

ア	正解	1	2	3	4	5	6	7	8	9	10
	解答率(%)	0.8	0.1	0.7	0.7	1.6	0.6	7.9	0.1	2.5	0.1
		11	12	13	**14**	15	16	17	18	19	20
		0.1	0.1		**82.6**	0.2	0.2	0.1		0.1	0.1
イ	正解	1	2	3	4	5	**6**	7	8	9	10
	解答率(%)	0.1	0.6	0.1	0.7	0.2	**84.6**	0.1	3.1	0.1	1.4
		11	12	13	14	15	16	17	18	19	20
		0.1	0.4	1.6	0.5	0.7	0.1	1.3		1.1	1.7
ウ	正解	1	2	3	4	5	6	7	8	9	10
	解答率(%)	0.1	0.4	0.1	0.7		4.7	0.1	11.8	0.1	1.2
		11	12	13	14	15	16	17	18	**19**	20
		0.1	0.1	5.2	0.1	0.2	0.1	2.8	0.1	**70.0**	0.4

エ	正解	1	2	3	4	5	6	7	8	9	10
	解答率（%）	1.2	0.1	5.4	0.1	0.3	0.1	0.3	0.3	**82.8**	
		11	12	13	14	15	16	17	18	19	20
		0.3	0.1		0.2	0.1	6.7		0.5	0.1	

問題44 ｜ 差止めの訴え （行政法）

ランク B

【解答例】Ｙ市に対して、出席停止の懲罰の差止訴訟を提起するとともに、仮の差止めを申し立てる。（41字）

....

　本問は、出席停止の懲罰を科されようとしているＸが、出席停止の懲罰を回避するため、行政事件訴訟法上、仮の救済手段も含め、誰に対して、どのような手段をとることが有効適切かを問うものである。

1　訴訟類型について

　まず、本問において、Ｙ市議会の懲罰委員会によりＸに20日間の出席停止の懲罰を科す旨の決定がされている。このＹ市議会の議員に対する懲罰は本会議で議決することによって正式に決定される。そのため、現時点ではまだ処分がされておらず、取消訴訟は適切ではない。

　ここでは、出席停止の懲罰という、行政権の行使による違法な侵害を事前に予防するため、行政庁の侵害行為を禁止する必要がある。そして、差止訴訟（行政事件訴訟法3条7項）は、行政庁が一定の処分又は裁決をすべきでないにかかわらず、これがされようとしている場合において、行政庁がその処分又は裁決をしてはならない旨を命ずることを求める訴訟をいう。

　そのため、Ｘとしては、**出席停止の懲罰について差止訴訟を提起する**ことが有効適切な手段となる。

2　仮の救済の手段について

　差止訴訟は懲罰を事前に予防するための手段であるものの、差止訴訟には

時間がかかるため、訴訟終了以前に権利の救済を図るべき場合がある。仮の差止めの申立て（同法37条の5第2項）は、差止訴訟が提起された場合において、訴訟の終了を待たずに暫定的に処分又は裁決をしてはならない状態を創出する制度である。

　本問では、懲罰についての本会議の議決がされるまで、1か月程度の短い期間しかない。さらに問題文で、仮の救済の手段も含めて検討することが求められている。そのため、差止訴訟だけではなく、**仮の救済の手段として仮の差止めの申立てを行うこと**が、Xの権利救済のために有効適切な手段となる。

3　被告について

　差止訴訟の被告は、取消訴訟についての規定が準用される（同法38条1項、11条1項）。そのため、差止訴訟は、原則として当該処分・裁決をする行政庁の所属する国又は公共団体を被告とすることとなる（行政主体主義）。

　本問では、Y市議会が所属する**Y市を差止訴訟の被告**とすることになる。

4　結　論

　以上より、XはY市を被告として、出席停止の懲罰について差止訴訟を提起するとともに、仮の差止めを申し立てることが、Xの権利救済のために有効適切な手段となる。

問題45　物上代位（民法）

ランク B

【解答例】 物上代位により、Cによる保険金の払渡し前に、Aが保険金債権を差し押さえなければならない。（44字）

1　法的手段

　抵当権は、その目的物の売却、賃貸、滅失又は損傷によって、抵当権の目的物の所有者が受けるべき金銭その他の物に対しても、行使することができる（物上代位　民法372条・304条1項本文）。

　本問では、AがBに対して有する貸金債権の担保として、Bが所有する甲につき抵当権が設定され、その登記がなされている。また、Bは当該貸金債権につき債務不履行に陥った後、甲が火災によって滅失し、Bの保険会社Cに対する火災保険金債権が発生している。これは、抵当権の目的物である甲が滅失したことにより、抵当権の目的物の所有者であるBが火災保険金という金銭を受けることができることになったといえる。したがって、Aは、**抵当権に基づいて物上代位権を行使することができる。**

2　要　件

　物上代位権を行使するためには、抵当権者は、その払渡し又は引渡しの前に差押えをしなければならない（同法372条・304条1項ただし書）。その趣旨は、二重弁済を強いられる危険から第三債務者を保護するためであるとされている（最判平10.1.30参照）。当該趣旨からすると、差押えは、物上代位権を行使する抵当権者自身によってなされる必要がある。

　本問では、Aが火災保険金に対して物上代位権を行使するためには、A自身が、**Bに火災保険金が支払われる前に、差押えをする必要がある。**

3　結　論

　以上より、Aは、抵当権に基づく物上代位権を行使するという法的手段をとることにより、火災保険金がBに払い渡される前に差押えをしなければならない。

問題46 ┃ 契約不適合責任
（民法）

ランク
B

【解答例】 契約不適合責任を根拠に、報酬減額請求、損害賠償請求、契約の解除を主張することができる。（43字）

1　権利行使ができる根拠

　引き渡された目的物が種類、品質又は数量に関して契約の内容に適合しな

いものであるときは、注文者は、請負人に対して、契約不適合責任を追及することができる（民法559条、562条以下）。

　本問では、Aは、Aが所有する土地上に住宅を建築する旨の建築請負契約をBとの間で締結した。しかし、完成した住宅には、引渡し直後から、雨漏りが3か所生じていることが判明した。建物の建築であれば、雨漏りしないことは建物として本来備えるべき性質であると考えられるから、建物の雨漏りは品質に関して契約不適合があったといえる。

　したがって、Aは、Bに対して、**建築請負契約の不適合責任**を根拠に権利行使をすることができる。

　なお、注文者の供した材料の性質又は注文者の与えた指図によって契約不適合が生じた場合には、原則として、注文者は履行の追完の請求、報酬の減額の請求、損害賠償の請求及び契約の解除をすることができない（同法636条本文）。本問では、Bの供する材料を用い、また、住宅の設計もBに委ねることとされているから、注文者の供した材料の性質又は注文者の与えた指図によって契約不適合が生じたとはいえない。したがって、本問において、同条が問題になることはない。

2　権利行使の方法

　契約不適合を根拠にした権利行使の方法には、次のようなものが挙げられる。

① **履行の追完請求**（同法559条、562条）

② **代金（報酬）減額請求**（同法559条、563条）

③ **損害賠償請求**（同法415条）

④ **契約の解除**（同法541条、542条）

　本問では、AのBに対する修補請求（追完請求）以外の3つの権利行使の方法が問われているから、②〜④を権利行使の方法として記述すればよい。

3　結　論

　以上より、Aは、Bに対して、建築請負契約の契約不適合責任を根拠に、請負代金（報酬）の減額請求、損害賠償の請求、契約の解除という権利行使の方法をとることができる。

| 問題47 | G７サミット（主要国首脳会議）（政治・経済・社会） | ランク B | 正解 2 |

1　**妥当でない**　2023年のＧ７広島サミットには、**日本・イタリア・カナダ・イギリス・ドイツの首相**と**フランス・アメリカの大統領**のほか、**ＥＵの欧州理事会議長と欧州委員会委員長**が参加している。また、オーストラリア・ブラジル・コモロ・クック諸島・インド・インドネシア・韓国・ベトナムの首脳や、国連・国際エネルギー機関（ＩＥＡ）等の国際機関の幹部が招待され、ゲスト国としてウクライナのゼレンスキー大統領も招待されている。

2　**妥当である**　Ｇ７議長国の任期は、1月〜12月の**1年間**であり、議長国は、議長として議事進行を行うだけでなく、事務レベルの準備会合や関連閣僚会合の開催を通じて、その年のサミット（首脳会合）の準備を行う。また、その時々の国際情勢などを受けて緊急会合の呼びかけを行うこともある。

3　**妥当でない**　2023年に日本は**7回目の議長国**となり、**広島サミットを開催**した。これまで日本は、1979年（東京サミット）、1986年（東京サミット）、1993年（東京サミット）、2000年（九州・沖縄サミット）、2008年（北海道洞爺湖サミット）、2016年（伊勢志摩サミット）に議長国としてサミットを開催した。

4　**妥当でない**　1970年代に入り、ニクソン・ショック（1971年）や第１次石油危機（1973年）などの諸問題に直面した先進国の間では、マクロ経済、通貨、貿易、エネルギーなどに対する政策協調について、首脳レベルで総合的に議論する場が必要であるとの認識が生まれた。このような背景の下、ジスカール・デスタン仏大統領（当時）の提案により、**1975年11月**、パリ郊外のランブイエ城において、フランス、アメリカ、イギリス、ドイツ、日本、イタリアの６か国による**第１回サミット**が開催された。日本は1975年の第１回のサミットから参加している。

5　**妥当でない**　1975年のランブイエ・サミットの結果、世界経済問題に対応するために先進国の首脳が集まって政策協調のための議論の場を持つことの重要性が認識され、その後、**各国が持ち回りで議長国を務めつつ**毎年首脳会

合を行うことになった。開催地がスイスのダボスに固定されていたわけではない。

....

以上により、妥当なものは肢2であり、正解は2となる。

正解	1	2	3	4	5
解答率（％）	15.2	46.2	5.7	7.8	24.2

問題48 日本のテロ（テロリズム）対策（政治・経済・社会） ランク A 正解 5

1　**妥当である**　日本が締結したテロ防止関連条約として最も古いものは、航空機内で行われた犯罪の裁判権、これらを取り締まるための機長の権限等につき規定した、航空機内で行われた犯罪その他ある種の行為に関する条約（**航空機内の犯罪防止条約（東京条約）**）である。日本は、同条約を1970年5月26日に締結し、同条約は同年8月24日に発効した。

2　**妥当である**　**テロ対策特別措置法**は、2001年10月29日に成立した。この法律は、①2001年9月11日の米国におけるテロ攻撃によりもたらされている脅威の除去に努めることによって、国際連合憲章の目的の達成に寄与しようとする諸外国の軍隊等の活動に対する措置及び②国連決議又は国連等の要請に基づいて、日本が人道的精神に基づいて実施する措置について定め、国際的なテロリズムの防止と根絶のために行われる国際社会の取組に積極的かつ主体的に寄与することにより、日本を含む国際社会の平和と安全の確保に資することを目的とするものであった。

3　**妥当である**　サイバー空間という新たな領域において、政府機関・事業者がサイバー攻撃にさらされるなど、我が国の安全に対する脅威も高まっているという状況を背景に、2014年11月、我が国において**サイバーセキュリティ基本法**が制定された。同法は、サイバーセキュリティという概念を法的に位置付け、国や地方公共団体といった関係者の責務を明確化するとともに、サ

イバーセキュリティ政策に係る政府の司令塔としてサイバーセキュリティ戦略本部を位置付け、国の行政機関に対する勧告権等の権限を付与した。政府は、同法の規定に基づき、2015年９月にサイバーセキュリティ戦略を閣議決定した。

4　**妥当である**　2017年に**組織犯罪処罰法**が改正され、テロ等準備罪が新設された（同法６条の２）ことにより、日本は国際組織犯罪防止条約（ＴＯＣ条約）の締結が可能となり、同年７月に同条約を締結した。

5　**妥当でない**　2022年７月８日に奈良県で街頭演説中の安倍晋三元首相に対する銃撃事件が発生したこと等を受け、「世界一安全な日本」創造戦略2022が策定され、諸課題に的確に対処し、国民の治安に対する信頼感を醸成し、我が国を世界一安全で安心な国とすべく、関係施策を取りまとめ、新たな総合的な戦略を策定し、政府を挙げて犯罪対策を推進することとされた。もっとも、同戦略等においては、**テロ対策庁の設置は挙げられていない**。

以上により、妥当でないものは肢５であり、正解は５となる。

正解	1	2	3	4	5
解答率（％）	1.6	3.4	1.7	4.6	88.0

問題49　**1960年代以降の東南アジア**（政治・経済・社会）　ランク **B**　正解 **3**

ア　**妥当である**　東南アジア10か国から成るＡＳＥＡＮ（東南アジア諸国連合）は、1967年の「バンコク宣言」によって設立され、原加盟国はタイ、インドネシア、シンガポール、フィリピン、マレーシアの５か国である。

イ　**妥当でない**　ベトナムで1986年から打ち出されたのは**ドイモイ**（刷新）政策であり、ペレストロイカ政策ではない。

ウ　**妥当でない**　ラオスは、1953年10月22日、仏・ラオス条約により完全独立し、その後内戦が繰り返されたが、1975年12月、ラオス人民民主共和国が成

立して、現在まで至っている。そのため、**王制が復活したことはない**。

エ　**妥当である**　インドネシアでは、1997年にタイを震源としてアジア各国に伝播した**アジア通貨危機**をきっかけに、1998年にジャカルタを中心に全国で暴動が発生し、**民主化運動**も拡大し、**スハルト大統領**は辞任した。

オ　**妥当である**　ミャンマーでは、2021年2月1日、国軍が、ウィン・ミン大統領、**アウン・サン・スー・チー国家最高顧問**らを含む政権幹部らを拘束して、非常事態宣言を発出し、全権を掌握、翌日には、国軍司令官を議長とする国家統治評議会を設置し、全権を掌握した。

以上により、妥当でないものの組合せは肢3であり、正解は3となる。

正解	1	2	3	4	5
解答率（%）	24.7	7.8	46.9	13.0	6.4

問題50 ｜ 日本の法人課税（政治・経済・社会）

ランク C　正解 5

ア　**妥当でない**　法人税は、法人の企業活動により得られる所得に対して課される税である。法人税の税率は、普通法人については、原則として23.2%とされており、企業の所得水準に応じて税率が決まる**累進税率は採用されてはいない**。

イ　**妥当でない**　いわゆる**子ども・子育て支援新制度**においては、**消費税の税率の引き上げ**により確保する0.7兆円程度を含め、追加の恒久財源を確保し、幼児教育、保育、地域の子ども・子育て支援の質・量の拡充を図ることとされており、法人税の税率の引き上げによって財源が充当されるわけではない。

ウ　**妥当である**　地方自治体が課税する**法人事業税**には、法人の所得や収入に応じる課税（所得割）だけでなく、収益配分額及び単年度損益に応じる課税（付加価値割）や、資本金等の額に応じる課税（資本割）という**外形標準課**

税もみられる。

エ　妥当である　ＯＥＣＤ（経済協力開発機構）では、近年のグローバルなビジネスモデルの構造変化により生じた多国籍企業の活動実態と各国の税制や国際課税ルールとの間のずれを利用することで、多国籍企業がその課税所得を人為的に操作し、課税逃れを行っている問題（ＢＥＰＳ）に対処するため、平成24年よりＢＥＰＳプロジェクトを立ち上げた。日本も、ＯＥＣＤないしＧ20の一員として、同プロジェクトに参加している。

オ　妥当でない　地方公共団体が安定的に行政サービスを提供するためには、税源の偏在性が小さく税収が安定的な地方税体系が望ましいことから、これまで様々な地方税の税源の偏在是正に関する取組みが行われてきた。地方法人課税については、平成20年度税制改正において、税制抜本改革により偏在性の小さい地方税体系の構築が行われるまでの間の暫定措置として、法人事業税の一部を分離して**地方法人特別税（国税）**とし、その全額を譲与税として譲与する仕組みが創設された。また、平成26年度税制改正においては、暫定措置である地方法人特別税・譲与税制度を見直すとともに、地方消費税の充実に伴う地域間の財政力格差の拡大に対応するため、法人住民税法人税割の一部を**地方法人税（国税）**とし、税収の全額を地方交付税の原資とする制度が創設された。

以上により、妥当なものの組合せは肢５であり、正解は５となる。

正解	1	2	3	4	5
解答率（％）	28.8	14.9	16.4	4.7	34.5

問題51	日本の金融政策 （政治・経済・社会）	ランク **A**	正解 **1**

1　妥当である　そのとおりである。日本銀行は、2013年１月、**消費者物価指数の前年比上昇率２％**の「**物価安定の目標**」を導入した。

2 **妥当でない** マイナス金利政策につき、諸外国では、デンマークやスウェーデンで導入された事例がある。また、日本においても、2016年1月に導入された「マイナス金利付き量的・質的金融緩和」のもとで、補完当座預金制度が改正され、政策金利として、日本銀行当座預金のうち「政策金利残高」に−0.1％のマイナス金利を適用することが決定された。したがって、**日本でもマイナス金利政策が導入されたことがある。**

3 **妥当でない** 日本銀行が、地域振興を進めるために地方銀行に対して**都市銀行よりも低い金利で貸付けを行っているという事実はない。**

4 **妥当でない** 2024年7月前半を目途に、**日本銀行券の一万円、五千円、千円の3券種の改刷**が予定されている。しかし、中央銀行デジタル通貨については実証実験の段階にあり、2024年の新しい日本銀行券の発行と同時の**デジタル通貨の導入は予定されていない。**

5 **妥当でない** 2022年は**円安**となって、**金利の引き上げ**が行われた。

以上により、妥当なものは肢1であり、正解は1となる。

正解	1	2	3	4	5
解答率（％）	68.0	6.4	12.2	2.8	9.8

問題52	日本における平等と差別 （政治・経済・社会）	ランク B	正解 2

1 **妥当である** そのとおりである。同和問題の解決を図るため、国は、地方公共団体とともに、1969年から33年間、特別措置法に基づき地域改善対策を行った結果、同和地区の劣悪な環境に対する物的な基盤整備は着実に成果を上げ、一般地区との格差は大きく改善された。そして、2016年に**部落差別の解消の推進に関する法律**が制定された。

2 **妥当でない** 日本においては、1985年に**男女雇用機会均等法**が制定され、また、同年に**女性差別撤廃条約も批准**している。

3　　**妥当である**　そのとおりである。この熊本地方裁判所の判決に対して、**国は控訴をしなかったため、判決が確定した**。

4　　**妥当である**　そのとおりである。**ヘイトスピーチ解消法**は、基本的施策として、相談体制の整備、教育の充実等、啓発活動等を定めるにとどまっている。

5　　**妥当である**　そのとおりである。2024年4月1日から、**事業者による合理的配慮の提供が義務化**される。

....

以上により、妥当でないものは肢2であり、正解は2となる。

正解	1	2	3	4	5
解答率（％）	8.1	59.9	5.1	19.4	6.4

問題53	日本の社会保障、社会福祉 （政治・経済・社会）	ランク **A**	正解 **4**

1　　**妥当でない**　社会保障制度は、社会保険、公的扶助、社会福祉、保健医療・公衆衛生からなっている。しかし、これらの財源は、2023年度予算ベースにおいて、保険料が59.3％、租税を含む公費が40.7％であり、**財源の全額が租税でまかなわれてはいない**。

2　　**妥当でない**　「ゆりかごから墓場まで（From the Cradle to the Grave）」のスローガンが提唱されたのは、イギリスの経済学者であるウィリアム・ヘンリー・ベヴァリッジが、**イギリス政府**に提出した**ベヴァリッジ報告**（『社会保険および関連サービス』）においてである。

3　　**妥当でない**　生活保護の種類は、医療扶助、介護扶助、出産扶助に**限定されておらず**、ほかに、生活扶助、住宅扶助、教育扶助、生業扶助、葬祭扶助も行われている。

4　　**妥当である**　そのとおりである。1983年より75歳以上の高齢者の医療保険は、**老人保健法**に基づいて行われてきたが、高齢化の進展に伴う財政負担の

増加に、従来の老人保健制度の枠内では対処することが困難となった。そこで、2008年度より、さらなる財政負担抑制を目的として**後期高齢者医療制度**がはじまり、従来の老人保健法は全面改正され、名称も「**高齢者の医療の確保に関する法律**」と改められた。

5 **妥当でない** 児童手当の支給対象は、**中学校卒業まで**（15歳の誕生日後の最初の３月31日まで）の児童を養育している方とされている。

....

以上により、妥当なものは肢４であり、正解は４となる。

正解	1	2	3	4	5
解答率（%）	5.8	11.4	1.0	77.8	3.4

問題54 日本における行政のデジタル化（情報通信・個人情報）　ランク B　正解 4

ア **妥当である** ＲＰＡ（Robotic Process Automation「ロボットによる業務自動化」）は、これまで人間が行ってきた定型的なパソコン操作をソフトウェアのロボットにより自動化することにより、従来よりも少ない人数で生産力を高めるための手段である。

イ **妥当でない** **ガバメントクラウド**とは、政府共通のクラウドサービスの利用環境である。クラウドサービスの利点を最大限に活用することで、迅速、柔軟、かつセキュアでコスト効率の高いシステムを構築可能とし、利用者にとって利便性の高いサービスをいち早く提供し改善していくことを目指すものである。そして、地方公共団体でも同様の利点を享受できるように検討が進められている。

ウ **妥当である** ｅＬＴＡＸ（エルタックス「地方税ポータルシステム」）とは、地方税における手続を、インターネットを利用して電子的に行うシステムである。ｅＬＴＡＸは、地方公共団体が共同で運営するシステムであり、電子的な一つの窓口によるそれぞれの地方公共団体への地方税の申告、申

請、納税などの手続が実現されている。一方、国税に関する各種の申告、納税、申請、届出等の手続について、インターネット等を利用して電子的に手続が行えるシステムは、ｅ－Ｔａｘという別のシステムとなっている。

エ　**妥当である**　ＬGWAN（Local Government Wide Area Network「総合行政ネットワーク」）とは、地方公共団体の組織内ネットワークを相互に接続し、地方公共団体間のコミュニケーションの円滑化、情報の共有による情報の高度利用を図ることを目的とする、高度なセキュリティを維持した行政専用のネットワークである。ＬGWANの運営方針として、常に高い機密を保つためのセキュリティ対策を講ずるとされ（地方公共団体情報システム機構総合行政ネットワーク基本規程11条１項）、また、ＬGWANでは、基本的なアプリケーションとして、電子メール送受信機能及び掲示板機能等を提供するとされている（同規程３条２項）。

オ　**妥当でない**　オープンデータとは、国、地方公共団体及び事業者が保有する官民データのうち、国民誰もがインターネット等を通じて容易に利用（加工、編集、再配布等）できるよう、①営利目的、非営利目的を問わず二次利用可能なルールが適用されたもの、②機械判読に適したもの、③無償で利用できるもの、以上のいずれの項目にも該当する形で公開されたデータである。したがって、自治体が保有する情報もオープンデータ化の対象とされている。

以上により、妥当でないものの組合せは肢４であり、正解は４となる。

正解	1	2	3	4	5
解答率（％）	4.3	2.7	20.1	59.0	13.2

問題55　情報通信用語（情報通信・個人情報）　ランク B　正解 4

1　**妥当である**　「リスクウェア」の定義については、本肢のとおりである。

これは、リスク（risk）とソフトウェア（software）をあわせた造語である。

2　**妥当である**　「ランサムウェア」の定義については、本肢のとおりである。要求に従って金銭を支払っても復旧されない可能性があることや、金銭を支払うことで犯罪者に利益供与を行ったと見なされてしまうこともあるため、支払いに応じることは推奨されていない。

3　**妥当である**　「フリースウェア」の定義については、本肢のとおりである。「fleece」は英語で「金を巻き上げる」という意味があることから、このような名称が付けられた。

4　**妥当でない**　「ファームウェア」とは、ハードウェアの基本的な制御のために、コンピュータなど機器に組み込まれたソフトウェアのことをいう。コンピュータなどの機器に固定的に搭載され、あまり変更が加えられないことから、ハードウェアとソフトウェアの中間的な存在としてファームウェアと呼ばれている。これはコンピュータや周辺機器、家電製品等に搭載されており、内蔵された記憶装置やメモリなどに記憶される。パソコンのＢＩＯＳもファームウェアの一種である。

5　**妥当である**　「クリッパー・マルウェア」の定義については、本肢のとおりである。なお、マルウェアとは、「Malicious Software」（悪意のあるソフトウェア）の略であり、さまざまな脆弱性や情報を利用して攻撃をするソフトウェア（コード）の総称である。

....

以上により、妥当でないものは肢４であり、正解は４となる。

正解	1	2	3	4	5
解答率（％）	5.7	11.1	18.4	**53.2**	9.8

問題56	インターネットと広告	ランク	正解
	（情報通信・個人情報）	A	5

空欄には「広告」が当てはまる

　グーグルは、Ｇメールの提供を始めた2004年当初から、メール内容を分析して「ターゲティング広告」の精度向上に活用してきたが、**プライバシーの侵害**などを懸念する声が出ていた。また、ビーコン（Beacon）とは、フェイスブックの新しい広告機能であるが、「詐欺的」「プライバシーの侵害」との非難の声が挙がり、Facebookの最高経営責任者（ＣＥＯ）Mark Zuckerberg氏が正式に非を認めることとなった。

....

　以上により、空欄に当てはまる語句として、妥当なものは肢５であり、正解は５となる。

正解	1	2	3	4	5
解答率（%）	3.9	6.4	1.8	6.9	**80.3**

問題57	個人情報	ランク	正解
	（情報通信・個人情報）	B	1

ア　**妥当である**　「モザイク・アプローチ」の定義については、本記述のとおりである。個人情報保護法では、モザイク・アプローチについて、生存する個人に関する情報であって、「他の情報と容易に照合することができ、それにより特定の個人を識別することができることとなるもの」も、同法の「個人情報」に該当することを規定している（同法２条１項１号）。

イ　**妥当である**　ＧＤＰＲは、保護の対象について、生存する個人に関する情報に限定されるものと解釈している。もっとも、加盟国が独自に適用範囲を死者にまで拡大することを妨げるものではなく、加盟国の中には、死者の権利に関する規定が整備されている国もある。

ウ　**妥当でない**　センシティブインフォメーションについて、日本の個人情報保護法では、「本人の人種、信条、社会的身分、病歴、犯罪の経歴、犯罪により害を被った事実その他本人に対する不当な差別、偏見その他の不利益が生じないようにその取扱いに特に配慮を要するものとして政令で定める記述

等が含まれる個人情報」を、「要配慮個人情報」として定義している（同法
２条３項）。他方、諸外国のセンシティブインフォメーションの内容をみる
と、例えばイギリスの法律では、「人種的・民族的出自、政治的意見……」
と定義されているのに対して、フランスの法律では、「人種・民族的起源、
政治的、哲学的又は宗教的意見……」と定義されている。このように、セン
シティブインフォメーションの内容については、各国において相違がみられ
る。

エ 　妥当でない 　法改正により、**個人情報保護法と行政機関個人情報保護法は
一元化された**が、改正後の個人情報保護法に規定される規律は、**公的部門と
民間部門について、全く同一となったわけではない。**すなわち、同法では、
第４章において「個人情報取扱事業者等の義務等」に関する規定が置かれ、
第５章において「行政機関等の義務等」に関する規定が置かれている。

以上により、妥当なものの組合せは肢１であり、正解は１となる。

正解	1	2	3	4	5
解答率（%）	42.1	9.4	26.9	6.7	13.5

問題58 ｜ 短文挿入 （文章理解）

ランク	正解
A	2

Ⅰ 　イ 　空欄Ⅰのある第２段落では、陸上での食物連鎖について記述されてい
る。空欄Ⅰの前では、植物を食べる草食の動物がいて、草食動物を食べる肉
食の動物がいると記述されている。空欄Ⅰはこれに続く文であり、空欄Ⅰに
入る文として妥当なものは、人間は植物も肉も食べる雑食性の動物という内
容のイである。

Ⅱ 　ア 　第３段落第１文で、海の中へと話題が転換され、続く第２文では、海
の中の食物連鎖のイメージ、すなわち、海の中の食物連鎖は大きな魚は小さ
な魚を食べ、小さな魚はさらに小さな魚を食べると記述されている。そして、

空欄Ⅱの後の文で、陸上では草食の生き物がたくさんいて、それを食べる肉食の生き物が少ないことが「食物連鎖のバランス」と記述されている。以上の空欄Ⅱの前後の内容から、空欄Ⅱに入る文として妥当なものを検討すると、海の中の食物連鎖に対するイメージ、すなわち、「みんな肉食になってしまう」という内容のアが妥当である。

Ⅲ　エ　空欄Ⅱの解説で記述した通り、草食の生き物がたくさんいて、それを食べる肉食の生き物が少ないことが食物連鎖のバランスと筆者は述べている。さらに、第3段落では、海の中での食物連鎖を支える草食の生き物についての考察が続き、海草などの植物を食べる生き物がいるが、それは陸地に近い浅い部分だけで、広い外洋に出れば海草は生えていないと記述されている。そして、空欄Ⅲの後の一文に、「プランクトンである。」とある。この一文は、外洋も含めて海全体に存在している草食の生き物のことである。以上の空欄Ⅲの前後の内容から、空欄Ⅲに入る文として妥当なものは、海に存在する植物性の食べ物の存在を示唆するエである。

Ⅳ　ウ　第4段落の空欄Ⅳの前の二つの文には、植物プランクトンは海の生態系を支えているが、太陽の光で光合成を行うため、海面近くに暮らしていることが記述されている。これに続く空欄Ⅳに入る文として妥当なものは、海面近くに豊かな生態系が形成されることを述べているウである。

Ⅴ　オ　空欄Ⅴの直前の文である第4段落の最終文では、海面から深くなると生物の種類は少なくなってしまうと、海の深い部分に関する内容に話題が転換されている。そして、空欄Ⅴの後の文章で、太陽の光が届かない暗闇にどうしてたくさんの生命が存在するのだろうと記述されている。以上の空欄Ⅴの前後の内容から、空欄Ⅴに入る文として妥当なものは、水深数千メートルの深い海の底に豊かな生態系があることを述べているオである。

　以上により、空欄に入る文の組合せとして、妥当なものは肢2であり、正解は2となる。

正解	1	2	3	4	5
解答率（％）	1.6	91.0	5.5	1.0	0.4

問題59	空欄補充 （文章理解）		ランク **A**	正解 **1**

Ⅰ 「**曖昧模糊**」 空欄Ⅰには、第1段落で述べられている「日本の将来への大きなリスク」として挙げられた、「相互依存と対立回避」、「人間としての『いい加減さ』」、「危機感、厳しさのなさ」と同義となるすべての物事に対する対応の様子を表現するものとして妥当な四字熟語が入る。そこで、「物事がぼんやりしていて、はっきりしないさま。」を表現する「曖昧模糊」が入るのが妥当である。なお、「無知蒙昧」は「知識がないこと。無知。」、「五里霧中」は「現在の状態がわからず、見通しや方針の全く立たないことのたとえ。」を意味する四字熟語である。

Ⅱ 「**設備投資**」 第2段落に「日本は量から質へ転換しなければならない。」とあり、空欄Ⅱの後の第4段落では、「質で勝負するには、設備ではなく人間の頭脳に投資して生産性を上げるしかない。」とある。そして、空欄Ⅱには、昭和で終わった量の時代の生産性を上げる方法を意味する語句が入るのが妥当である。以上より、「設備投資」が入るのが妥当である。

Ⅲ 「**斬新**」 空欄Ⅲのある第5段落のテーマとなっている最先端技術・先端技術の特徴を表す言葉として、「斬新」が入るのが妥当である。

Ⅳ 「**商品化**」 空欄Ⅳには、「実用化」、人と社会に有用な「モノ」の開発、すなわち、「用途開発力」と同義の語句として、技術を商売の品物とする「商品化」が入るのが妥当である。

Ⅴ 「**知的財産**」 空欄Ⅴには、特許などを意味する「知的財産」が入るのが妥当である。

……………………

　以上により、空欄に入る語句の組合せとして、妥当なものは肢1であり、正解は1となる。

正解	1	2	3	4	5
解答率（％）	95.8	0.7	2.2	0.4	0.1

問題60	短文挿入 （文章理解）	ランク A	正解 1

1　**妥当である**　空欄の後の第7段落で、「その練習方法は……たまたまその先生に合っていただけなのかもしれません。いまの中学生や高校生には通用しないかもしれない……」との記述がある。また、空欄に入る運動部の顧問の先生（監督）が発言した文章から読み取れる思考につき、第8段落では、「一般化のワナ」すなわち「自分が経験したことを、まるですべての人にも当てはまることであるかのように、過度に一般化してしまう思考のワナ」と述べている。したがって、空欄には、①その練習方法が顧問の先生（監督）に合っており成果を出せたこと、②一般化のワナにより、顧問の先生（監督）は自分に合っていたその練習方法が生徒にも合うものと考え生徒に薦める内容の文章が入ると考えるのが妥当である。肢1は上述の①と②のいずれも満たす内容であり、空欄に入る文章として妥当である。

2　**妥当でない**　先生（監督）はその練習方法で成果を出しておらず、また、一般化のワナによりその練習方法を推奨しているわけではないから肢1の解説中で述べた①と②のいずれも満たさず妥当でない。

3　**妥当でない**　肢2と同様に、肢1の解説中で述べた①と②のいずれも満たさず妥当でない。

4　**妥当でない**　肢2と同様に、肢1の解説中で述べた①と②のいずれも満たさず妥当でない。

5　**妥当でない**　肢2と同様に、肢1の解説中で述べた①と②のいずれも満たさず妥当でない。

以上により、空欄に入る文章として、妥当なものは肢1であり、正解は1となる。

正解	1	2	3	4	5
解答率（％）	97.6	0.2	0.7	0.7	0.1

2022（令和4）年度
試験問題

▶ **法令等**　[問題1〜問題40は択一式（5肢択一式）]

問題1　次の文章の空欄 ア 〜 エ に当てはまる語句の組合せとして、妥当なものはどれか。

　ヨーロッパ大陸において、伝統的に ア 制に対して消極的な態度がとられていることは知られるが、これはそこでの裁判観につながると考えられる。それによれば、裁判官の意見が区々に分れていることを外部に明らかにすることは、裁判所の権威を害するとされる。 ア 制は、その先例としての力を弱めるのみではなく、裁判所全体の威信を減退すると考えられているようである。裁判所内部にいかに意見の分裂があっても、 イ として力をもつ ウ のみが一枚岩のように示されることが、裁判への信頼を生むとされるのであろう。しかし、果たして外観上つねに エ の裁判の形をとり、異なる意見の表明を抑えることが、裁判所の威信を高めることになるであろうか。英米的な考え方からすると、各裁判官に自らの意見を独自に述べる機会を与える方が、外部からみても裁判官の独立を保障し、司法の威信を増すともいえよう。ここには、大陸的な裁判観と英米的な裁判観のちがいがあるように思われる。

(出典　伊藤正己「裁判官と学者の間」有斐閣、1993年から)

	ア	イ	ウ	エ
1	少数意見	判決理由	主文	多数決
2	合議	判例	多数意見	全員一致
3	少数意見	判例	多数意見	全員一致
4	合議	判決理由	主文	多数決
5	少数意見	判例	主文	多数決

問題2　法律用語に関する次のア～オの記述のうち、妥当でないものの組合せはどれか。

ア　「法律要件」とは、法律効果を生じさせる原因となる客観的な事実のことであり、意思表示などの主観的な要素は、これには含まれない。

イ　「法律効果」とは、法律上の権利義務関係の変動（発生、変更または消滅）のことをいう。

ウ　「構成要件」とは、犯罪行為を特徴付ける定型的な外形的事実のことであり、故意などの主観的な要素は、これには含まれない。

エ　「立法事実」とは、法律を制定する場合において、当該立法の合理性を根拠付ける社会的、経済的、政治的または科学的事実のことをいう。

オ　「要件事実」とは、法律要件に該当する具体的な事実のことをいう。

　1　ア・ウ
　2　ア・エ
　3　イ・エ
　4　イ・オ
　5　ウ・オ

問題3 表現の自由に関する次の判断基準が想定している事例として、妥当なものはどれか。

　公共の利害に関する事項について自由に批判、論評を行うことは、もとより表現の自由の行使として尊重されるべきものであり、その対象が公務員の地位における行動である場合には、右批判等により当該公務員の社会的評価が低下することがあっても、その目的が専ら公益を図るものであり、かつ、その前提としている事実が主要な点において真実であることの証明があったときは、人身攻撃に及ぶなど論評としての域を逸脱したものでない限り、名誉侵害の不法行為の違法性を欠くものというべきである。

（最一小判平成元年12月21日民集43巻12号2252頁）

1　XはA駅の構内で、駅員の許諾を受けず、また退去要求を無視して、乗降客や通行人に対してB市の施策を批判する演説を行ったところ、不退去などを理由に起訴された。

2　Yは雑誌上で、宗教法人X1の会長X2に関する事実を批判的に報道したところ、X1・X2の名誉を毀損したとして訴訟になった。

3　作家Yは自らが執筆した小説にXをモデルとした人物を登場させ、この際にXが不特定多数への公開を望まない私生活上の事実を描いたため、Xが出版差止めを求めて出訴した。

4　新聞記者Xは取材の過程で公務員Aに接近して親密になり、外交交渉に関する国の機密情報を聞き出したところ、機密漏洩をそそのかしたとして起訴された。

5　A市の公立小学校で成績の評価方法をめぐる対立が生じ、市民Yが教員Xを厳しく批判するビラを配布したところ、XがYに対して損害賠償と謝罪広告を求めて出訴した。

問題4　薬局を営むXは、インターネットを介した医薬品の通信販売を始めたが、法律は一定の種類の医薬品の販売については、薬剤師が対面で情報の提供および薬学的知見に基づく指導を行うことを求めている。そこでXは、この法律の規定が違憲であり、この種の医薬品についてもネットで販売する権利が自らにあることを主張して出訴した。この問題に関する最高裁判所の判決の趣旨として、妥当なものはどれか。

1　憲法22条1項が保障するのは職業選択の自由のみであるが、職業活動の内容や態様に関する自由もまた、この規定の精神に照らして十分尊重に値する。後者に対する制約は、公共の福祉のために必要かつ合理的なものであることを要する。

2　規制の合憲性を判断する際に問題となる種々の考慮要素を比較考量するのは、第一次的には立法府の権限と責務であり、規制措置の内容や必要性・合理性については、立法府の判断が合理的裁量の範囲にとどまる限り、裁判所はこれを尊重する。

3　本件規制は、専らインターネットを介して販売を行う事業者にとっては職業選択の自由そのものに対する制限を意味するため、許可制の場合と同様にその必要性・合理性が厳格に審査されなければならない。

4　本件規制は、国民の生命および健康に対する危険の防止という消極目的ないし警察目的のための規制措置であり、この場合は積極目的の場合と異なり、基本的人権への制約がより小さい他の手段では立法目的を達成できないことを要する。

5　本件規制は、積極的な社会経済政策の一環として、社会経済の調和的発展を目的に設けられたものであり、この種の規制措置については、裁判所は立法府の政策的、技術的な裁量を尊重することを原則とする。

問題5 適正手続に関する次の記述のうち、最高裁判所の判例に照らし、妥当なものはどれか。

1　告知、弁解、防御の機会を与えることなく所有物を没収することは許されないが、貨物の密輸出で有罪となった被告人が、そうした手続的保障がないままに第三者の所有物が没収されたことを理由に、手続の違憲性を主張することはできない。

2　憲法は被疑者に対して弁護人に依頼する権利を保障するが、被疑者が弁護人と接見する機会の保障は捜査権の行使との間で合理的な調整に服さざるを得ないので、憲法は接見交通の機会までも実質的に保障するものとは言えない。

3　審理の著しい遅延の結果、迅速な裁判を受ける被告人の権利が害されたと認められる異常な事態が生じた場合であっても、法令上これに対処すべき具体的規定が存在しなければ、迅速な裁判を受ける権利を根拠に救済手段をとることはできない。

4　不利益供述の強要の禁止に関する憲法の保障は、純然たる刑事手続においてばかりだけでなく、それ以外にも、実質上、刑事責任追及のための資料の取得収集に直接結びつく作用を一般的に有する手続には、等しく及ぶ。

5　不正な方法で課税を免れた行為について、これを犯罪として刑罰を科すだけでなく、追徴税（加算税）を併科することは、刑罰と追徴税の目的の違いを考慮したとしても、実質的な二重処罰にあたり許されない。

問題6　内閣の権限に関する次の記述のうち、憲法の規定に照らし、妥当なものはどれか。

1　内閣は、事前に、時宜によっては事後に、国会の承認を経て条約を締結するが、やむを得ない事情があれば、事前または事後の国会の承認なく条約を締結できる。

2　内閣は、国会が閉会中で法律の制定が困難な場合には、事後に国会の承認を得ることを条件に、法律にかわる政令を制定することができる。

3　参議院の緊急集会は、衆議院の解散により国会が閉会している期間に、参議院の総議員の4分の1以上の要求があった場合、内閣によりその召集が決定される。

4　内閣総理大臣が欠けたとき、内閣は総辞職をしなければならないが、この場合の内閣は、あらたに内閣総理大臣が任命されるまで引き続きその職務を行う。

5　新年度開始までに予算が成立せず、しかも暫定予算も成立しない場合、内閣は、新年度予算成立までの間、自らの判断で予備費を設け予算を執行することができる。

問題7 裁判の公開に関する次の記述のうち、最高裁判所の判例に照らし、妥当なものはどれか。

1 裁判は、公開法廷における対審および判決によらなければならないので、カメラ取材を裁判所の許可の下に置き、開廷中のカメラ取材を制限することは、原則として許されない。

2 裁判所が過料を科する場合は、それが純然たる訴訟事件である刑事制裁を科す作用と同質であることに鑑み、公開法廷における対審および判決によらなければならない。

3 証人尋問の際に、傍聴人と証人との間で遮へい措置が採られても、審理が公開されていることに変わりはないから、裁判の公開に関する憲法の規定には違反しない。

4 傍聴人は法廷で裁判を見聞できるので、傍聴人が法廷でメモを取る行為は、権利として保障されている。

5 裁判官の懲戒の裁判は行政処分の性質を有するが、裁判官の身分に関わる手続であるから、裁判の公開の原則が適用され、審問は公開されなければならない。

問題8 公法上の権利の一身専属性に関する次の文章の空欄 A ～ C に当てはまる文章の組合せとして、妥当なものはどれか。

最高裁判所昭和42年5月24日判決（いわゆる朝日訴訟判決）においては、生活保護を受給する地位は、一身専属のものであって相続の対象とはなりえず、その結果、原告の死亡と同時に当該訴訟は終了して、同人の相続人らが当該訴訟を承継し得る余地はないとされた。そして、この判決は、その前提として、 A 。

その後も公法上の権利の一身専属性が問題となる事例が散見されたが、労働者等のじん肺に係る労災保険給付を請求する権利については最高裁判所平成29年4月6日判決が、原子爆弾被爆者に対する援護に関する法律に基づく認定の

申請がされた健康管理手当の受給権については最高裁判所平成29年12月18日判決が、それぞれ判断をしており、 B 。

　なお、この健康管理手当の受給権の一身専属性について、最高裁判所平成29年12月18日判決では、受給権の性質が C 。

空欄 A

　ア　生活保護法の規定に基づき、要保護者等が国から生活保護を受けるのは、法的利益であって、保護受給権とも称すべきものであるとしている

　イ　生活保護法の規定に基づき、要保護者等が国から生活保護を受けるのは、国の恩恵ないし社会政策の実施に伴う反射的利益であるとしている

空欄 B

　ウ　両判決ともに、権利の一身専属性を認めて、相続人による訴訟承継を認めなかった

　エ　両判決ともに、権利の一身専属性を認めず、相続人による訴訟承継を認めた

空欄 C

　オ　社会保障的性質を有することが、一身専属性が認められない根拠の一つになるとの考え方が示されている

　カ　国家補償的性質を有することが、一身専属性が認められない根拠の一つになるとの考え方が示されている

	A	B	C
1	ア	ウ	オ
2	ア	エ	カ
3	イ	ウ	オ
4	イ	ウ	カ
5	イ	エ	カ

問題9 行政契約に関する次のア～オの記述のうち、法令または最高裁判所の判例に照らし、妥当なものの組合せはどれか。

ア　行政手続法は、行政契約につき定義規定を置いており、国は、それに該当する行政契約の締結及び履行にあたっては、行政契約に関して同法の定める手続に従わなければならない。

イ　地方公共団体が必要な物品を売買契約により調達する場合、当該契約は民法上の契約であり、専ら民法が適用されるため、地方自治法には契約の締結に関して特別な手続は規定されていない。

ウ　水道事業者たる地方公共団体は、給水契約の申込みが、適正かつ合理的な供給計画によっては対応することができないものである場合には、水道法の定める「正当の理由」があるものとして、給水契約を拒むことができる。

エ　公害防止協定など、地方公共団体が締結する規制行政にかかる契約は、法律に根拠のない権利制限として法律による行政の原理に抵触するため、法的拘束力を有しない。

オ　法令上、随意契約によることができない契約を地方公共団体が随意契約で行った場合であっても、当該契約の効力を無効としなければ法令の規定の趣旨を没却する結果となる特別の事情が存在しない限り、当該契約は私法上有効なものとされる。

　　1　ア・イ
　　2　ア・エ
　　3　イ・ウ
　　4　ウ・オ
　　5　エ・オ

問題10　行政調査に関する次の記述のうち、法令または最高裁判所の判例に照らし、妥当なものはどれか。

1　警察官職務執行法には、警察官は、職務質問に付随して所持品検査を行うことができると規定されており、この場合には、挙動が異常であることに加えて、所持品を確認する緊急の必要性を要するとされている。

2　交通の取締を目的として、警察官が自動車の検問を行う場合には、任意の手段により、走行の外観上不審な車両に限ってこれを停止させることができる。

3　行政手続法においては、行政調査を行う場合、調査の適正な遂行に支障を及ぼすと認められない限り、調査の日時、場所、目的等の項目を事前に通知しなければならないとされている。

4　国税通則法には、同法による質問検査権が犯罪捜査のために認められたものと解してはならないと定められていることから、当該調査において取得した資料をその後に犯則事件の証拠として利用することは認められない。

5　行政調査の実効性を確保するため、調査に応じなかった者に刑罰を科す場合、調査自体の根拠規定とは別に、刑罰を科すことにつき法律に明文の根拠規定を要する。

問題11 申請に対する処分について定める行政手続法の規定に関する次の記述のうち、妥当なものはどれか。

1 行政庁は、申請がその事務所に到達してから当該申請に対する処分をするまでに通常要すべき標準的な期間を定めるよう努め、これを定めたときは、行政手続法所定の方法により公にしておかなければならない。

2 行政庁は、法令に定められた申請の形式上の要件に適合しない申請について、それを理由として申請を拒否することはできず、申請者に対し速やかにその補正を求めなければならない。

3 行政庁は、申請により求められた許認可等の処分をする場合は、申請者に対し、同時に、当該処分の理由を示すよう努めなければならない。

4 行政庁は、定められた標準処理期間を経過してもなお申請に対し諾否の応答ができないときは、申請者に対し、当該申請に係る審査の進行状況および処分の時期の見込みを書面で通知しなければならない。

5 行政庁は、申請に対する処分であって、申請者以外の者の利益を考慮すべきことが当該法令において許認可等の要件とされているものを行う場合には、当該申請者以外の者および申請者本人の意見を聴く機会を設けなければならない。

問題12 行政手続法（以下、本問において「法」という。）が定める不利益処分の手続に関する次の記述のうち、妥当なものはどれか。

1 申請拒否処分は、申請により求められた許認可等を拒否するものとして、法の定義上、不利益処分に該当するので、それを行うにあたっては、申請者に対して意見陳述の機会を与えなければならない。

2 行政庁は、不利益処分がされないことにより権利を害されるおそれがある第三者がいると認めるときは、必要に応じ、その意見を聴く機会を設けるよう努めなければならない。

3 弁明の機会の付与は、処分を行うため意見陳述を要する場合で、聴聞によ

るべきものとして法が列挙している場合のいずれにも該当しないときに行われ、弁明は、行政庁が口頭ですることを認めたときを除き、弁明書の提出により行われる。

4　法が定める「聴聞」の節の規定に基づく処分またはその不作為に不服がある場合は、それについて行政不服審査法に基づく審査請求をすることができる。

5　聴聞は、行政庁が指名する職員その他政令で定める者が主宰するが、聴聞を主宰することができない者について、法はその定めを政令に委任している。

問題13　行政手続法（以下、本問において「法」という。）が定める届出に関する次の記述のうち、妥当なものはどれか。

1　届出は、法の定めによれば、「行政庁に対し一定の事項の通知をする行為」であるが、「申請に該当するものを除く」という限定が付されている。

2　届出は、法の定めによれば、「行政庁に対し一定の事項の通知をする行為」であるが、「事前になされるものに限る」という限定が付されている。

3　届出は、法の定めによれば、「法令により直接に当該通知が義務付けられているもの」であるが、「自己の期待する一定の法律上の効果を発生させるためには当該通知をすべきこととされているものを除く」という限定が付されている。

4　法令に定められた届出書の記載事項に不備があるか否かにかかわらず、届出が法令によりその提出先とされている機関の事務所に到達したときに、当該届出をすべき手続上の義務が履行されたものとされる。

5　届出書に法令上必要とされる書類が添付されていない場合、事後に補正が求められることにはなるものの、当該届出が法令によりその提出先とされている機関の事務所に到達したときに、当該届出をすべき手続上の義務自体は履行されたものとされる。

問題14 行政不服審査法の規定に関する次の記述のうち、妥当なものはどれか。

1 行政庁の処分につき処分庁以外の行政庁に審査請求をすることができる場合には、行政不服審査法の定める例外を除き、処分庁に対して再調査の請求をすることができる。

2 行政不服審査法に基づく審査請求を審理した審理員は、審理手続を終結したときは、遅滞なく、審査庁がすべき裁決に関する意見書を作成し、速やかに、これを事件記録とともに、審査庁に提出しなければならない。

3 法令に違反する事実がある場合において、その是正のためにされるべき処分がされていないと思料する者は、行政不服審査法に基づく審査請求によって、当該処分をすることを求めることができる。

4 法令に違反する行為の是正を求める行政指導の相手方は、当該行政指導が違法なものであると思料するときは、行政不服審査法に基づく審査請求によって、当該行政指導の中止を求めることができる。

5 地方公共団体の機関がする処分であってその根拠となる規定が条例に置かれているものにも行政不服審査法が適用されるため、そのような処分についての審査請求がされた行政庁は、原則として総務省に置かれた行政不服審査会に諮問をしなければならない。

問題15 審理員に関する行政不服審査法の規定に関する次の記述のうち、妥当なものはどれか。

1 審理員は、審査請求がされた行政庁が、審査請求の対象とされた処分の処分庁または不作為庁に所属する職員から指名する。

2 審理員は、職権により、物件の所持人に対し物件の提出を求めた上で、提出された当該物件を留め置くことができる。

3 審理員は、審査請求人または参加人の申立てがなければ、必要な場所についての検証をすることはできない。

4　審理員は、審査請求人または参加人の申立てがなければ、審査請求に係る事件に関し、審理関係人に質問することはできない。

5　審理員は、数個の審査請求に係る審理手続を併合することはできるが、ひとたび併合された審査請求に係る審理手続を分離することはできない。

問題16　行政不服審査法が定める教示に関する次の記述のうち、妥当でないものはどれか。

1　処分庁が審査請求をすることができる処分をなす場合においては、それを書面でするか、口頭でするかにかかわらず、当該処分につき不服申立てをすることができる旨その他所定の事項を書面で教示をしなければならない。

2　処分庁が審査請求をすることができる処分をなす場合において、処分の相手方に対し、当該処分の執行停止の申立てをすることができる旨を教示する必要はない。

3　処分庁は、利害関係人から、当該処分が審査請求をすることができる処分であるかどうかにつき書面による教示を求められたときは、書面で教示をしなければならない。

4　処分をなすに際し、処分庁が行政不服審査法において必要とされる教示をしなかった場合、当該処分に不服がある者は、当該処分庁に不服申立書を提出することができる。

5　審査庁は、再審査請求をすることができる裁決をなす場合には、裁決書に、再審査請求をすることができる旨並びに再審査請求をすべき行政庁および再審査請求期間を記載してこれらを教示しなければならない。

問題17　行政事件訴訟法の定めに関する次の記述のうち、妥当なものはどれ
　　　　　か。

1　行政庁の公権力の行使に関する不服の訴訟である抗告訴訟として適法に提
　起できる訴訟は、行政事件訴訟法に列挙されているものに限られる。

2　不作為の違法確認の訴えに対し、請求を認容する判決が確定した場合、当
　該訴えに係る申請を審査する行政庁は、当該申請により求められた処分をし
　なければならない。

3　不作為の違法確認の訴えは、処分または裁決についての申請をした者に限
　り提起することができるが、この申請が法令に基づくものであることは求め
　られていない。

4　「行政庁の処分その他公権力の行使に当たる行為」に該当しない行為につ
　いては、民事保全法に規定する仮処分をする余地がある。

5　当事者訴訟については、具体的な出訴期間が行政事件訴訟法において定め
　られているが、正当な理由があるときは、その期間を経過した後であっても、
　これを提起することができる。

問題18　抗告訴訟の対象に関する次の記述のうち、最高裁判所の判例に照らし、妥当でないものはどれか。

1　都市計画法に基づいて、公共施設の管理者である行政機関等が行う開発行為への同意は、これが不同意であった場合には、開発行為を行おうとする者は後続の開発許可申請を行うことができなくなるため、開発を行おうとする者の権利ないし法的地位に影響を及ぼすものとして、抗告訴訟の対象となる行政処分に該当する。

2　都市計画区域内において用途地域を指定する決定は、地域内の土地所有者等に建築基準法上新たな制約を課すものではあるが、その効果は、新たにそのような制約を課する法令が制定された場合と同様の当該地域内の不特定多数の者に対する一般的抽象的なものにすぎず、当該地域内の個人の具体的な権利を侵害するものではないから、抗告訴訟の対象となる行政処分に該当しない。

3　市町村の施行に係る土地区画整理事業計画の決定により、事業施行地区内の宅地所有者等は、所有権等に対する規制を伴う土地区画整理事業の手続に従って換地処分を受けるべき地位に立たされるため、当該計画の決定は、その法的地位に直接的な影響を及ぼし、抗告訴訟の対象となる行政処分に該当する。

4　地方公共団体が営む水道事業に係る条例所定の水道料金を改定する条例の制定行為は、同条例が上記水道料金を一般的に改定するものであって、限られた特定の者に対してのみ適用されるものではなく、同条例の制定行為をもって行政庁が法の執行として行う処分と実質的に同視することはできないから、抗告訴訟の対象となる行政処分に該当しない。

5　特定の保育所の廃止のみを内容とする条例は、他に行政庁の処分を待つことなく、その施行により各保育所廃止の効果を発生させ、当該保育所に現に入所中の児童およびその保護者という限られた特定の者らに対して、直接、当該保育所において保育を受けることを期待し得る法的地位を奪う結果を生じさせるものであるから、その制定行為は、行政庁の処分と実質的に同視し得るものということができ、抗告訴訟の対象となる行政処分に該当する。

問題19 行政事件訴訟法が定める処分無効確認訴訟（以下「無効確認訴訟」という。）に関する次の記述のうち、妥当なものはどれか。

1 無効確認訴訟は、処分が無効であることを主張して提起する訴訟であるから、当該処分に無効原因となる瑕疵が存在しない場合、当該訴えは不適法なものとして却下される。

2 無効確認訴訟には、取消訴訟の原告適格を定める規定が準用されておらず、原告適格に関する制約はない。

3 無効確認訴訟は、処分の取消訴訟につき審査請求の前置が要件とされている場合においても、審査請求に対する裁決を経ずにこれを提起することができる。

4 無効確認訴訟においては、訴訟の対象となる処分は当初から無効であるのが前提であるから、当該処分の執行停止を申し立てることはできない。

5 無効確認訴訟は、処分が無効であることを前提とする現在の法律関係に関する訴えによって目的を達することができる場合にも、提起することができる。

問題20　国家賠償法１条１項に基づく国家賠償責任に関する次の記述のうち、最高裁判所の判例に照らし、妥当なものはどれか。

1　検察官が公訴を提起したものの、裁判で無罪が確定した場合、当該公訴提起は、国家賠償法１条１項の適用上、当然に違法の評価を受けることとなる。

2　指定確認検査機関による建築確認事務は、当該確認に係る建築物について確認権限を有する建築主事が置かれた地方公共団体の事務であり、当該地方公共団体が、当該事務について国家賠償法１条１項に基づく損害賠償責任を負う。

3　公立学校における教職員の教育活動は、私立学校の教育活動と変わるところはないため、原則として、国家賠償法１条１項にいう「公権力の行使」に当たらない。

4　税務署長のする所得税の更正が所得金額を過大に認定していた場合、当該更正は、国家賠償法１条１項の適用上、当然に違法の評価を受けることとなる。

5　警察官が交通法規に違反して逃走する車両をパトカーで追跡する職務執行中に、逃走車両の走行によって第三者が負傷した場合、当該追跡行為は、当該第三者との関係において、国家賠償法１条１項の適用上、当然に違法の評価を受けることとなる。

問題21 国家賠償法2条1項に基づく国家賠償責任に関する次のア〜エの記述のうち、最高裁判所の判例に照らし、妥当なものの組合せはどれか。

ア 営造物の設置または管理の瑕疵には、当該営造物が供用目的に沿って利用されることとの関連においてその利用者以外の第三者に対して危害を生ぜしめる危険性がある場合を含むものと解されるが、具体的に道路の設置または管理につきそのような瑕疵があったと判断するにあたっては、当該第三者の被害について、道路管理者において回避可能性があったことが積極的要件とされる。

イ 営造物の供用が第三者に対する関係において違法な権利侵害ないし法益侵害となり、当該営造物の設置・管理者が賠償義務を負うかどうかを判断するにあたっては、侵害行為の開始とその後の継続の経過および状況、その間に採られた被害の防止に関する措置の有無およびその内容、効果等の事情も含めた諸要素の総合的な考察によりこれを決すべきである。

ウ 道路等の施設の周辺住民からその供用の差止めが求められた場合に差止請求を認容すべき違法性があるかどうかを判断するにあたって考慮すべき要素は、周辺住民から損害の賠償が求められた場合に賠償請求を認容すべき違法性があるかどうかを判断するにあたって考慮すべき要素とほぼ共通するが、双方の場合の違法性の有無の判断に差異が生じることがあっても不合理とはいえない。

エ 営造物の設置または管理の瑕疵には、当該営造物が供用目的に沿って利用されることとの関連においてその利用者以外の第三者に対して危害を生ぜしめる危険性がある場合を含むものと解すべきであるが、国営空港の設置管理は、営造物管理権のみならず、航空行政権の行使としても行われるものであるから、事理の当然として、この法理は、国営空港の設置管理の瑕疵には適用されない。

1 ア・ウ

2 ア・エ

3 イ・ウ

　　4　イ・エ
　　5　ウ・エ

問題22　A市議会においては、屋外での受動喫煙を防ぐために、繁華街での路上喫煙を禁止し、違反者に罰金もしくは過料のいずれかを科することを定める条例を制定しようとしている。この場合に関する次の記述のうち、妥当なものはどれか。

1　この条例に基づく過料は、行政上の秩序罰に当たるものであり、非訟事件手続法に基づき裁判所が科する。
2　条例の効力は属人的なものであるので、A市の住民以外の者については、この条例に基づき処罰することはできない。
3　この条例で過料を定める場合については、その上限が地方自治法によって制限されている。
4　地方自治法の定める上限の範囲内であれば、この条例によらず、A市長の定める規則で罰金を定めることもできる。
5　この条例において罰金を定める場合には、A市長は、あらかじめ総務大臣に協議しなければならない。

問題23 　住民監査請求および住民訴訟に関する次の記述のうち、妥当なものは
　　　　　　どれか。

1 　住民訴訟は、普通地方公共団体の住民にのみ出訴が認められた客観訴訟で
　あるが、訴訟提起の時点で当該地方公共団体の住民であれば足り、その後他
　に転出しても当該訴訟が不適法となることはない。

2 　普通地方公共団体における違法な財務会計行為について住民訴訟を提起し
　ようとする者は、当該財務会計行為が行われた時点において当該地方公共団
　体の住民であったことが必要となる。

3 　普通地方公共団体における違法な財務会計行為について住民訴訟を提起し
　ようとする者は、当該財務会計行為について、その者以外の住民が既に提起
　した住民監査請求の監査結果が出ている場合は、自ら別個に住民監査請求を
　行う必要はない。

4 　普通地方公共団体において違法な財務会計行為があると認めるときは、当
　該財務会計行為と法律上の利害関係のある者は、当該地方公共団体の住民で
　なくとも住民監査請求をすることができる。

5 　違法に公金の賦課や徴収を怠る事実に関し、住民が住民監査請求をした場
　合において、それに対する監査委員の監査の結果または勧告に不服があると
　き、当該住民は、地方自治法に定められた出訴期間内に住民訴訟を提起する
　ことができる。

問題24　都道府県の事務にかかる地方自治法の規定に関する次の記述のうち、妥当なものはどれか。

1　都道府県は、都道府県知事の権限に属する事務の一部について、条例の定めるところにより、市町村が処理するものとすることができるとされている。

2　都道府県の事務の根拠となる法律が、当該事務について都道府県の自治事務とする旨を定めているときに限り、当該事務は自治事務となるとされている。

3　都道府県知事がする処分のうち、法定受託事務にかかるものについての審査請求は、すべて総務大臣に対してするものとするとされている。

4　都道府県は、その法定受託事務の処理に対しては、法令の規定によらずに、国の関与を受けることがあるとされている。

5　都道府県は、その自治事務について、独自の条例によって、法律が定める処分の基準に上乗せした基準を定めることができるとされている。

問題25 次に掲げる国家行政組織法の条文の空欄 ア ～ オ に当てはまる語句
の組合せとして、妥当なものはどれか。

第1条 この法律は、内閣の統轄の下における行政機関で ア 及びデジタル庁
以外のもの（以下「国の行政機関」という。）の組織の基準を定め、もって
国の行政事務の能率的な遂行のために必要な国家行政組織を整えることを目
的とする。

第3条第1項 国の行政機関の組織は、この法律でこれを定めるものとする。

同第2項 行政組織のため置かれる国の行政機関は、省、 イ 及び庁とし、そ
の設置及び廃止は、別に ウ の定めるところによる。

同第3項 省は、内閣の統轄の下に第5条第1項の規定により各省大臣の エ
する行政事務及び同条第2項の規定により当該大臣が掌理する行政事務をつ
かさどる機関として置かれるものとし、 イ 及び庁は、省に、その外局とし
て置かれるものとする。

第5条第1項 各省の長は、それぞれ各省大臣とし、内閣法にいう主任の大臣
として、それぞれ行政事務を エ する。

同第2項 各省大臣は、前項の規定により行政事務を エ するほか、それぞれ、
その エ する行政事務に係る各省の任務に関連する特定の内閣の重要政策に
ついて、当該重要政策に関して閣議において決定された基本的な方針に基づ
いて、行政各部の施策の統一を図るために必要となる企画及び立案並びに総
合調整に関する事務を掌理する。

同第3項 各省大臣は、国務大臣のうちから、 オ が命ずる。（以下略）

	ア	イ	ウ	エ	オ
1	自衛隊	委員会	内閣府令	分担管理	内閣
2	防衛省	独立行政法人	政令	所轄	天皇
3	内閣府	内部部局	政令	所掌	内閣
4	自衛隊	内部部局	法律	統轄	天皇
5	内閣府	委員会	法律	分担管理	内閣総理大臣

問題26 国籍と住民としての地位に関する次の記述のうち、法令に照らし、妥当なものはどれか。

1 事務監査請求をする権利は、日本国籍を有しない住民にも認められている。

2 住民監査請求をする権利は、日本国籍を有する住民にのみ認められている。

3 公の施設の利用関係については、日本国籍を有しない住民についても、不当な差別的な取り扱いをしてはならない。

4 日本国籍を有しない住民のうち、一定の期間、同一地方公共団体の区域内に居住したものは、当該地方公共団体の長や議会の議員の選挙権を有する。

5 日本国籍を有しない住民は、住民基本台帳法に基づく住民登録をすることができない。

問題27 虚偽表示の無効を対抗できない善意の第三者に関する次の記述のうち、民法の規定および判例に照らし、妥当でないものはどれか。

1 AはBと通謀してA所有の土地をBに仮装譲渡したところ、Bは当該土地上に建物を建築し、これを善意のCに賃貸した。この場合、Aは、虚偽表示の無効をCに対抗できない。

2 AはBと通謀してA所有の土地をBに仮装譲渡したところ、Bが当該土地を悪意のCに譲渡し、さらにCが善意のDに譲渡した。この場合、Aは、虚偽表示の無効をDに対抗できない。

3 AはBと通謀してA所有の土地をBに仮装譲渡したところ、Bは善意の債権者Cのために当該土地に抵当権を設定した。この場合、Aは、虚偽表示の無効をCに対抗できない。

4 AはBと通謀してA所有の土地をBに仮装譲渡したところ、Bの債権者である善意のCが、当該土地に対して差押えを行った。この場合、Aは、虚偽表示の無効をCに対抗できない。

5 AはBと通謀してAのCに対する指名債権をBに仮装譲渡したところ、Bは当該債権を善意のDに譲渡した。この場合、Aは、虚偽表示の無効をDに対抗できない。

問題28 占有権に関する次の記述のうち、民法の規定および判例に照らし、妥当でないものはどれか。

1 Aが所有する動産甲（以下「甲」という。）の保管をAから委ねられ占有しているBが、甲を自己の物と称してCに売却した場合、甲に対するCの即時取得の成立要件について、占有開始におけるCの平穏、公然、善意および無過失は推定される。

2 Aが所有する乙土地（以下「乙」という。）をBが20年以上にわたって占有し、所有権の取得時効の成否が問われる場合、Aが、Bによる乙の占有が他主占有権原に基づくものであることを証明しない限り、Bについての他主

占有事情が証明されても、Bの所有の意思が認められる。

3　Aが所有する丙土地（以下「丙」という。）を無権利者であるBがCに売却し、Cが所有権を取得したものと信じて丙の占有を開始した場合、Aから本権の訴えがないときは、Cは、丙を耕作することによって得た収穫物を取得することができる。

4　Aが所有する動産丁（以下「丁」という。）を保管することをBに寄託し、これに基づいてBが丁を占有していたところ、丁をCに盗取された場合、Bは、占有回収の訴えにより、Cに対して丁の返還を請求することができる。

5　Aが所有する動産戊（以下「戊」という。）を保管することをBに寄託し、これをBに引き渡した後、Aは戊をCに譲渡した場合、Aが、Bに対して以後Cの所有物として戊を占有するよう指示し、Cが、これを承諾したときは、戊についてAからCへの引渡しが認められる。

問題29 機械部品の製造販売を行うAは、材料供給者Bと継続的取引関係を結ぶにあたり、A所有の甲土地に、極度額5,000万円、被担保債権の範囲を「BのAに対する材料供給にかかる継続的取引関係から生じる債権」とする第1順位の根抵当権（以下「本件根抵当権」という。）をBのために設定してその旨の登記をした。その後、AはCから事業資金の融資を受け、その債務の担保として甲土地に第2順位の普通抵当権をCのために設定した。この場合に関する次の記述のうち、民法の規定に照らし、明らかに誤っているものはどれか。

1 本件根抵当権について元本確定期日が定められていない場合、Aは、根抵当権の設定から3年が経過したときに元本確定を請求することができ、Bは、いつでも元本確定を請求することができる。

2 本件根抵当権について元本確定前に被担保債権の範囲を変更する場合、Cの承諾は不要であるが、その変更について元本確定前に登記をしなかったときは、その変更をしなかったものとみなす。

3 本件根抵当権について元本が確定した後、当該確定した元本の額が極度額に満たない場合には、Aは、Bに対して、極度額を法の定める額に減額することを請求することができる。

4 本件根抵当権について元本が確定した後、当該確定した元本の額が極度額に満たない場合には、Bは、当該確定した元本に係る最後の2年分の利息、損害金については、極度額を超えても、本件根抵当権を行使して優先弁済を受けることができる。

5 本件根抵当権について元本が確定する前に、BがAに対して有する材料供給にかかる債権の一部をDに譲渡した場合、当該債権譲渡の対抗要件を具備していても、Dは、当該譲渡された債権について根抵当権を行使することはできない。

問題30　Aは、BにCから贈与を受けた動産甲を売却する旨の契約（以下「本件契約」という。）をBと締結したが、引渡し期日が過ぎても動産甲の引渡しは行われていない。この場合についての次の記述のうち、民法の規定に照らし、正しいものはどれか。

1　本件契約に「Cが亡くなった後に引き渡す」旨が定められていた場合、Cの死亡後にBから履行請求があったとしても、Aが実際にCの死亡を知るまではAの履行遅滞の責任は生じない。

2　動産甲が、契約締結前に生じた自然災害により滅失していたために引渡しが不能である場合、本件契約は、その成立の時に不能であるから、Aは、Bに履行の不能によって生じた損害を賠償する責任を負わない。

3　動産甲の引渡しについて、Aが履行補助者であるDを用いた場合、Dの過失により甲が滅失し引渡しができないときには、Aに当然に債務不履行責任が認められる。

4　動産甲が本件契約締結後引渡しまでの間にA・B双方の責めに帰すことができない事由によって滅失したときは、Aの引渡し債務は不能により消滅するが、Bの代金債務は消滅しないから、Bは、Aからの代金支払請求に応じなければならない。

5　Aが本件契約に基づき動産甲をBのもとに持参して引き渡そうとしたが、Bがその受領を拒んだ場合、その後にA・B双方の責めに帰すことができない事由によって甲が滅失したときは、Bは、本件契約の解除をすることも、Aからの代金支払請求を拒絶することもできない。

問題31 債務不履行を理由とする契約の解除に関する次の記述のうち、民法の
規定および判例に照らし、妥当なものはどれか。

1 債務者が債務の全部について履行を拒絶する意思を明確に示したとして
も、債権者は、相当の期間を定めて履行の催告をし、その期間内に履行がな
い場合でなければ、契約を解除することができない。

2 特定物の売買契約において、契約締結後に目的物が不可抗力によって滅失
した場合、買主は、履行不能を理由として契約を解除することができない。

3 建物賃貸借契約において、賃借人の用法違反が著しい背信行為にあたり、
契約関係の継続が困難となるに至った場合であっても、賃貸人は相当の期間
を定めて賃借人に利用態様を改めるよう催告をし、その期間が経過しても賃
借人が態度を改めようとしない場合でなければ、賃貸人は、当該契約を解除
することができない。

4 売買契約に基づいて目的物が引き渡された後に契約が解除された場合、買
主が売主に対して負うべき原状回復義務には、目的物の返還に加えて、それ
までに生じた目的物に関する使用利益の返還も含まれるが、当該契約が他人
物売買であったときは、買主は売主に対して使用利益の返還義務を負わな
い。

5 売買契約において、買主が代金の一部の支払を遅滞した場合、売主が相当
の期間を定めてその支払の催告をし、その期間内に買主が代金を完済しな
かったとしても、その時点における代金額の不足が軽微であるときは、売主
の売買契約の解除が制限されることがある。

問題32　Aは、Bとの間でA所有の甲建物の賃貸借契約を締結し、甲建物を引き渡したが、その後、Aは、同建物をCに譲渡した。Aは、同賃貸借契約締結時にBから敷金を提供され、それを受け取っていた。この場合についての次の記述のうち、民法の規定に照らし、誤っているものはどれか。

1　甲建物についてのAのBに対する賃貸人たる地位は、Bの承諾を要しないで、AとCとの合意により、Cに移転させることができる。

2　甲建物の譲渡によるCへの賃貸人たる地位の移転は、甲建物についてAからCへの所有権移転登記をしなければ、Bに対抗することができない。

3　AとCが甲建物の賃貸人たる地位をAに留保する旨の合意および甲建物をCがAに賃貸する旨の合意をしたときは、賃貸人たる地位はCに移転しない。

4　賃貸人たる地位がCに移転した場合、Bは、Cの承諾を得なければ、甲建物の賃借権を譲り渡すことはできないが、甲建物を転貸するときは、Cの承諾を要しない。

5　賃貸人たる地位がCに移転した場合、敷金の返還に係る債務はCに承継され、Cが、Bに対し、その債務を負う。

問題33 法定利率に関する次の記述のうち、民法の規定および判例に照らし、妥当でないものはどれか。

1 利息付金銭消費貸借契約において、利息について利率の定めがなかったときは、利息の利率は借主が金銭を受け取った日の法定利率による。

2 利息付金銭消費貸借契約において、当初適用された法定利率が変動したときは、当該消費貸借の利息に適用される法定利率も一緒に変動する。

3 利息付金銭消費貸借契約において、利息について利率の定めがあったが遅延損害の額の定めがなかった場合に、当該利息の約定利率が法定利率より低かったときは、遅延損害の額は法定利率によって定める。

4 不法行為に基づく損害賠償において、遅延損害金は、原則として不法行為時の法定利率によって定める。

5 将来において取得すべき利益についての損害賠償の額を定める場合において、その利益を取得すべき時までの利息相当額を控除するときは、その損害賠償の請求権が生じた時点における法定利率により、これをする。

問題34 不法行為に関する次の記述のうち、民法の規定および判例に照らし、妥当なものはどれか。

1 未成年者が他人に損害を加えた場合、道徳上の是非善悪を判断できるだけの能力があるときは、当該未成年者は、損害賠償の責任を負う。

2 精神上の障害により自己の行為の責任を弁識する能力を欠く状態にある間に他人に損害を加えた者は、過失によって一時的にその状態を招いたとしても、損害賠償の責任を負わない。

3 野生の熊が襲ってきたので自己の身を守るために他人の宅地に飛び込み板塀を壊した者には、正当防衛が成立する。

4 路上でナイフを振り回して襲ってきた暴漢から自己の身を守るために他人の家の窓を割って逃げ込んだ者には、緊急避難が成立する。

5 路上でナイフを持った暴漢に襲われた者が自己の身を守るために他人の家

の窓を割って逃げ込んだ場合、窓を壊された被害者は、窓を割った者に対して損害賠償を請求できないが、当該暴漢に対しては損害賠償を請求できる。

問題35　相続に関する次の記述のうち、民法の規定および判例に照らし、妥当なものはどれか。

1　系譜、祭具及び墳墓の所有権は、被相続人の指定に従って祖先の祭祀を主宰すべき者があるときを除き、慣習に従って祖先の祭祀を主宰すべき者が承継する。

2　相続人は、相続開始の時から、一身専属的な性質を有するものを除き、被相続人の財産に属した一切の権利義務を承継するが、不法行為による慰謝料請求権は、被害者自身の精神的損害を填補するためのものであるから相続財産には含まれない。

3　相続財産中の預金債権は、分割債権であるから、相続開始時に共同相続人に対してその相続分に応じて当然に帰属し、遺産分割の対象とはならない。

4　相続開始後、遺産分割前に共同相続人の１人が、相続財産に属する財産を処分した場合、当該財産は遺産分割の対象となる相続財産ではなくなるため、残余の相続財産について遺産分割を行い、共同相続人間の不公平が生じたときには、別途訴訟等により回復する必要がある。

5　共同相続人は、相続の開始後３か月を経過した場合、いつでもその協議で遺産の全部または一部の分割をすることができる。

問題36 営業譲渡に関する次の記述のうち、商法の規定に照らし、正しいものはどれか。なお、営業を譲渡した商人を甲、営業を譲り受けた商人を乙とし、甲および乙は小商人ではないものとする。

1 甲が営業とともにその商号を乙に譲渡する場合には、乙が商号の登記をしなければその効力は生じない。

2 乙が甲の商号を引き続き使用する場合には、乙は、甲の営業によって生じた債務を弁済する責任を負う。ただし、営業譲渡後、遅滞なく、乙が第三者である丙に対して、甲の債務を弁済する責任を負わない旨の通知をした場合には、乙は、丙に対して弁済責任を負わない。

3 乙が甲の商号を引き続き使用する場合に、甲の営業によって生じた債権について、債務者である丙が乙に対して行った弁済は、丙の過失の有無を問わず、丙が善意であるときに、その効力を有する。

4 乙が甲の商号を引き続き使用しない場合において、乙が甲の営業によって生じた債務を引き受ける旨の広告をしたときは、甲の弁済責任が消滅するため、甲の債権者である丙は、乙に対して弁済の請求をしなければならない。

5 甲および乙が、乙に承継されない債務の債権者（残存債権者）である丙を害することを知りながら、無償で営業を譲渡した場合には、丙は、乙に対して、甲から承継した財産の価額を限度として、当該債務の履行を請求することができる。

問題37　株式会社の設立における発行可能株式総数の定め等に関する次のア～オの記述のうち、会社法の規定に照らし、誤っているものの組合せはどれか。

ア　発起設立において、発行可能株式総数を定款で定めていない場合には、発起人は、株式会社の成立の時までに、その全員の同意によって、定款を変更して発行可能株式総数の定めを設けなければならない。

イ　発起設立においては、発行可能株式総数を定款で定めている場合であっても、発起人は、株式会社の成立の時までに、その過半数の同意によって、発行可能株式総数についての定款を変更することができる。

ウ　募集設立において、発行可能株式総数を定款で定めていない場合には、発起人は、株式会社の成立の時までに、その全員の同意によって、定款を変更して発行可能株式総数の定めを設けなければならない。

エ　募集設立においては、発行可能株式総数を定款で定めている場合であっても、株式会社の成立の時までに、創立総会の決議によって、発行可能株式総数についての定款を変更することができる。

オ　設立時発行株式の総数は、設立しようとする株式会社が公開会社でない場合を除いて、発行可能株式総数の4分の1を下ることができない。

1　ア・ウ
2　ア・エ
3　イ・ウ
4　イ・オ
5　エ・オ

問題38 特別支配株主の株式売渡請求に関する次の記述のうち、会社法の規定に照らし、誤っているものはどれか。

1 特別支配株主は、株式売渡請求に係る株式を発行している対象会社の他の株主（当該対象会社を除く。）の全員に対し、その有する当該対象会社の株式の全部を当該特別支配株主に売り渡すことを請求することができる。

2 株式売渡請求をしようとする特別支配株主は、株式売渡請求に係る株式を発行している対象会社に対し、株式売渡請求をする旨および対価として交付する金銭の額や売渡株式を取得する日等の一定の事項について通知し、当該対象会社の株主総会の承認を受けなければならない。

3 株式売渡請求をした特別支配株主は、株式売渡請求において定めた取得日に、株式売渡請求に係る株式を発行している対象会社の株主が有する売渡株式の全部を取得する。

4 売渡株主は、株式売渡請求が法令に違反する場合であって、売渡株主が不利益を受けるおそれがあるときは、特別支配株主に対し、売渡株式の全部の取得をやめることを請求することができる。

5 株式売渡請求において定めた取得日において公開会社の売渡株主であった者は、当該取得日から6か月以内に、訴えをもってのみ当該株式売渡請求に係る売渡株式の全部の取得の無効を主張することができる。

問題39　公開会社における株主総会に関する次の記述のうち、会社法の規定に照らし、誤っているものはどれか。なお、定款に別段の定めはなく、かつ、株主総会の目的である事項の全部または一部について議決権を有しない株主はいないものとする。

1　総株主の議決権の100分の３以上の議決権を６か月前から引き続き有する株主は、取締役に対し、株主総会の目的である事項および招集の理由を示して、株主総会の招集を請求することができる。

2　総株主の議決権の100分の１以上の議決権または300個以上の議決権を６か月前から引き続き有する株主は、取締役に対し、株主総会の日の８週間前までに、一定の事項を株主総会の目的とすることを請求することができる。

3　株主は、株主総会において、当該株主総会の目的である事項につき議案を提出することができる。ただし、当該議案が法令もしくは定款に違反する場合または実質的に同一の議案につき株主総会において総株主の議決権の10分の１以上の賛成を得られなかった日から３年を経過していない場合は、この限りでない。

4　総株主の議決権の100分の１以上の議決権を６か月前から引き続き有する株主は、株主総会に係る招集の手続および決議の方法を調査させるため、当該株主総会に先立ち、取締役に対し、検査役を選任すべきことを請求することができる。

5　取締役、会計参与、監査役および執行役は、株主総会において、株主から特定の事項について説明を求められた場合には、当該事項について必要な説明をしなければならない。ただし、当該事項が株主総会の目的である事項に関しないものである場合、その説明をすることにより株主の共同の利益を著しく害する場合その他正当な理由があるとして法務省令で定める場合は、この限りでない。

問題40 会計参与に関する次のア～オの記述のうち、会社法の規定に照らし、正しいものの組合せはどれか。

ア　公開会社である大会社は、会計参与を置いてはならない。

イ　公開会社ではない大会社は、会計監査人に代えて、会計参与を置くことができる。

ウ　会計参与は、株主総会の決議によって選任する。

エ　会計参与は、公認会計士もしくは監査法人または税理士もしくは税理士法人でなければならない。

オ　会計参与は、すべての取締役会に出席し、必要があると認めるときは、意見を述べなければならない。

   1　ア・イ
   2　ア・エ
   3　イ・オ
   4　ウ・エ
   5　ウ・オ

[問題41〜問題43は択一式（多肢選択式）]

問題41　次の文章の空欄 ア 〜 エ に当てはまる語句を、枠内の選択肢（1〜20）から選びなさい。

ア の争訟は、①当事者間の具体的な権利義務ないし法律関係の存否に関する紛争であって、かつ、②それが法令の適用により終局的に解決することができるものに限られるとする当審の判例（引用略）に照らし、地方議会議員に対する出席停止の懲罰の取消しを求める訴えが、①②の要件を満たす以上、 ア の争訟に当たることは明らかであると思われる。

ア の争訟については、憲法32条により国民に裁判を受ける権利が保障されており、また、 ア の争訟について裁判を行うことは、憲法76条１項により司法権に課せられた義務であるから、本来、司法権を行使しないことは許されないはずであり、司法権に対する イ 制約があるとして司法審査の対象外とするのは、かかる例外を正当化する ウ の根拠がある場合に厳格に限定される必要がある。

国会については、国権の最高機関（憲法41条）としての エ を憲法が尊重していることは明確であり、憲法自身が議員の資格争訟の裁判権を議院に付与し（憲法55条）、議員が議院で行った演説、討論又は表決についての院外での免責規定を設けている（憲法51条）。しかし、地方議会については、憲法55条や51条のような規定は設けられておらず、憲法は、 エ の点において、国会と地方議会を同視していないことは明らかである。

（最大判令和２年11月25日民集74巻８号2229頁、宇賀克也裁判官補足意見）

1	法令上	2	一般的	3	公法上	4	地位
5	自律性	6	訴訟法上	7	外在的	8	必然的
9	公益上	10	法律上	11	独立性	12	社会的
13	慣習法上	14	権能	15	私法上	16	公共性
17	偶然的	18	実体法上	19	判例法上	20	憲法上

問題42 次の文章の空欄 ア ～ エ に当てはまる語句を、枠内の選択肢（1～20）から選びなさい。

　行政機関の保有する情報の公開に関する法律（行政機関情報公開法）に基づき、行政機関の長に対して、当該行政機関が保有する ア の開示が請求された場合、当該行政機関の長は、当該 ア の開示又は不開示の決定（開示決定等）をしなければならない。

　開示決定等は、行政手続法上の イ であるから、同法の定めによれば、当該行政機関の長は、不開示決定（部分開示決定を含む。）をする場合、原則として、開示請求者に対し、同時に、当該決定の ウ を示さなければならない。

　開示決定等に不服がある者は、行政不服審査法に基づく審査請求をすることができる。審査請求に対する裁決をすべき行政機関の長は、原則として、 エ に諮問しなければならない（当該行政機関の長が会計検査院長である場合を除く）。 エ は、必要があると認めるときは、諮問をした行政機関の長（諮問庁）に対し、 ア の提示を求めることができ、諮問庁は、これを拒むことができない。この審査請求においては、処分庁は、当初に示された ウ と異なる ウ を主張することもできる。

1	届出に対する処分	2	個人情報保護委員会		
3	情報公開・個人情報保護審査会				
4	裁量処分	5	公文書	6	理由
7	行政情報	8	行政不服審査会	9	解釈基準
10	不利益処分	11	申請に対する処分	12	裁量基準
13	国地方係争処理委員会	14	行政文書ファイル	15	審査基準
16	公情報	17	授益的処分	18	処分基準
19	行政文書	20	情報公開委員会		

問題43　次の文章の空欄 ア ～ エ に当てはまる語句を、枠内の選択肢（1～20）から選びなさい。

　国家補償制度は、国家賠償と損失補償によって構成されるが、両者のいずれによっても救済されない問題が存在する。公務員の ア の違法行為による被害は、国家賠償法の救済の対象とはならず、他方、憲法29条3項によって求められる損失補償は、 イ 以外の権利利益についての被害には及ばないと考えられるからである。この救済の空白地帯は「国家補償の谷間」と呼ばれている。

　「国家補償の谷間」の典型事例は予防接種による副反応被害である。この事例を損失補償により救済するアプローチは、 イ よりも重要な利益である生命・身体の利益は、当然に憲法29条3項に規定する損失補償の対象となるとする ウ 解釈によって、救済を図ろうとする。

　これに対して、国家賠償による救済のアプローチをとる場合、予防接種の性質上、予診を尽くしたとしても、接種を受けることが適切でない者（禁忌者）を完全に見分けることが困難であり、医師による予診を初めとする公務員の行為は ア とされる可能性が残る。この点について、最高裁判所昭和51年9月30日判決は、予防接種により重篤な副反応が発生した場合に、担当医師がこうした結果を予見しえたのに、過誤により予見しなかったものと エ することで、実質的に、自らが ア であることの立証責任を国側に負わせることで救済を図った。

1	自由裁量	2	合憲限定	3	生存権
4	無過失	5	正当な補償	6	文理
7	証明	8	緊急避難	9	重過失
10	特別の犠牲	11	推定	12	職務外
13	決定	14	事実行為	15	財産権
16	確定	17	反対	18	憲法上の権利
19	償うことのできない損害	20	勿論		

[問題44～問題46は記述式] （解答は、必ず答案用紙裏面の解答欄（マス目）に記述すること。なお、字数には、句読点も含む。）

問題44　開発事業者であるAは、建築基準法に基づき、B市建築主事から建築確認を受けて、マンションの建築工事を行い、工事完成後、Aは当該マンションの建物につき、検査の上、検査済証の交付を受けた。これに対して、当該マンションの隣地に居住するXらは、当該マンションの建築計画は建築基準法令に適合せず、建築確認は違法であり、当該マンションも、そのような建築計画に沿って建てられたものであるから違法であって、当該マンションの建物に火災その他の災害が発生した場合、建物が倒壊、炎上することにより、Xらの身体の安全や家屋に甚大な被害が生ずるおそれがあるとして、建築基準法に基づき違反建築物の是正命令を発出するよう、特定行政庁であるB市長に申し入れた。しかしながら、B市長は、当該建築確認および当該マンションの建物に違法な点はないとして、これを拒否することとし、その旨を通知した。

　　　　このようなB市長の対応を受け、Xらは、行政事件訴訟法の定める抗告訴訟を提起することにした。この場合において、①誰を被告として、②前記のような被害を受けるおそれがあることにつき、同法の定める訴訟要件として、当該是正命令がなされないことにより、どのような影響を生ずるおそれがあるものと主張し（同法の条文の表現を踏まえて記すこと。）、③どのような訴訟を起こすことが適切か。40字程度で記述しなさい。

（参照条文）

建築基準法

（違反建築物に対する措置）

第9条　特定行政庁は、建築基準法令の規定又はこの法律の規定に基づく許可に付した条件に違反した建築物又は建築物の敷地については、当該建築物の建築主、当該建築物に関する工事の請負人（請負工事の下請人を含む。）若しくは現場管理者又は当該建築物若しくは建築物の敷地の所有者、

管理者若しくは占有者に対して、当該工事の施工の停止を命じ、又は、相当の猶予期限を付けて、当該建築物の除却、移転、改築、増築、修繕、模様替、使用禁止、使用制限その他これらの規定又は条件に対する違反を是正するために必要な措置をとることを命ずることができる。

（下書用）

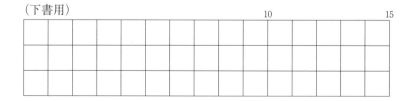

問題45　Aが所有する甲不動産について、Aの配偶者であるBが、Aから何ら代理権を与えられていないにもかかわらず、Aの代理人と称して甲不動産をCに売却する旨の本件売買契約を締結した後、Bが死亡してAが単独で相続するに至った。CがAに対して、売主として本件売買契約を履行するよう求めた場合に、Aは、これを拒みたいと考えているが、認められるか。民法の規定および判例に照らし、その許否につき理由を付して40字程度で記述しなさい。

（下書用）

問題46　Aは、工場を建設するために、Bから、Bが所有する甲土地（更地）
を、賃貸借契約締結の日から賃借期間30年と定めて賃借した。ただし、
甲土地の賃借権の登記は、現在に至るまでされていない。ところが、甲
土地がBからAに引き渡される前に、甲土地に何らの権利も有しないC
が、AおよびBに無断で、甲土地に塀を設置したため、Aは、甲土地に
立ち入って工場の建設工事を開始することができなくなった。そこで、
Aは、Bに対応を求めたが、Bは何らの対応もしないまま現在に至って
いる。Aが甲土地に工場の建設工事を開始するために、Aは、Cに対し、
どのような請求をすることができるか。民法の規定および判例に照ら
し、40字程度で記述しなさい。

（下書用）

Aは、Cに対し、

一般知識等　[問題47〜問題60は択一式（5肢択一式）]

問題47　ロシア・旧ソ連の外交・軍事に関する次の記述のうち、妥当なものは
どれか。

1　1853年にロシアはオスマン朝トルコとウクライナ戦争を起こし、イギリ
ス・フランスがトルコ側に参戦して、ウィーン体制に基づくヨーロッパの平
和は崩壊した。

2　第一次世界大戦の末期の1917年に、ロシアでいわゆる名誉革命が生じ、革
命政権は「平和に関する布告」を出し、社会主義インターナショナルの原則
による和平を求めた。

3　独ソ不可侵条約・日ソ中立条約を締結してから、ソ連は1939年にポーラン
ドに侵攻して東半分を占領し、さらにフィンランドとバルト三国とスウェー
デンも占領した。

4　1962年にキューバにソ連のミサイル基地が建設されていることが分かり、
アメリカがこれを空爆したため、キューバ戦争が起こった。

5　1980年代前半は新冷戦が進行したが、ソ連の最高指導者ゴルバチョフは新
思考外交を展開し、1989年の米ソ両首脳のマルタ会談において、東西冷戦の
終結が宣言された。

問題48 ヨーロッパの国際組織に関する次のア〜オの記述のうち、妥当なもの
・・・・・・・・ の組合せはどれか。

ア　1960年にイギリスが中心となって設立されたヨーロッパの経済統合を目指
す国際機関を欧州経済共同体（ＥＥＣ）という。

イ　国際連合の下部組織としてヨーロッパの一部の国際連合加盟国が参加して
形成された国際機関を欧州連合（ＥＵ）という。

ウ　ヨーロッパにおける人権保障、民主主義、法の支配の実現を目的とした国
際機関を欧州評議会（Council of Europe）という。

エ　ヨーロッパがヨーロッパ外部からの攻撃に対して防衛するためアメリカと
ヨーロッパ各国が結んだ西欧条約に基づいて設立された集団防衛システムを
西欧同盟（ＷＥＵ）という。

オ　欧州自由貿易連合（ＥＦＴＡ）加盟国が欧州連合（ＥＵ）に加盟せずにヨー
ロッパの市場に参入することができるよう作られた仕組みを欧州経済領域
（ＥＥＡ）という。

1　ア・ウ
2　ア・エ
3　イ・エ
4　イ・オ
5　ウ・オ

問題49　軍備縮小（軍縮）に関する次のア〜オの記述のうち、妥当でないもの
の組合せはどれか。

ア　コスタリカは軍隊を持たないことを憲法に明記し、フィリピンは非核政策
を憲法に明記している。

イ　対人地雷禁止条約*では、対人地雷の使用や開発が全面的に禁止されてい
る。

ウ　核拡散防止条約（ＮＰＴ）では、すべての国の核兵器保有が禁止されてい
るが、アメリカ、ロシア、イギリス、フランス、中国の５か国は批准してい
ない。

エ　佐藤栄作は、生物・化学兵器禁止に尽力したことが評価され、2004年に
ノーベル平和賞を受賞した。

オ　中距離核戦力（ＩＮＦ）全廃条約は、アメリカとソ連との間に結ばれた条
約で、2019年に失効した。

（注）＊　対人地雷の使用、貯蔵、生産及び移譲の禁止並びに廃棄に関する
条約

1　ア・イ
2　ア・オ
3　イ・ウ
4　ウ・エ
5　エ・オ

問題50　郵便局に関する次のア～オの記述のうち、妥当でないものの組合せはどれか。

ア　郵便局は全国で2万か所以上あり、その数は全国のコンビニエンスストアの店舗数より多い。

イ　郵便局は郵便葉書などの信書の送達を全国一般で行っているが、一般信書便事業について許可を受けた民間事業者はいない。

ウ　郵便局では、農産物や地元特産品などの販売を行うことは、認められていない。

エ　郵便局では、簡易保険のほか、民間他社の保険も取り扱っている。

オ　郵便局内にあるゆうちょ銀行の現金自動預払機（ＡＴＭ）では、硬貨による預金の預入れ・引出しの際に手数料を徴収している。

1　ア・ウ
2　ア・オ
3　イ・エ
4　イ・オ
5　ウ・エ

問題51　次の文章の空欄　ア　〜　カ　に当てはまる国名の組合せとして、正しい
ものはどれか。

　「国内総生産（ＧＤＰ）」は、国の経済規模を表す指標である。ＧＤＰは一国
内で一定期間に生産された付加価値の合計であり、その国の経済力を表す。そ
れに対し、その国の人々の生活水準を知るためには、ＧＤＰの値を人口で割っ
た「１人当たりＧＤＰ」が用いられる。

　2022年４月段階での国際通貨基金（ＩＭＦ）の推計資料によれば、世界のな
かでＧＤＰの水準が高い上位６か国をあげると、　ア　、　イ　、　ウ　、　エ　、
　オ　、　カ　の順となる。ところが、これら６か国を「１人当たりＧＤＰ」の高
い順に並びかえると、アメリカ、ドイツ、イギリス、日本、中国、インドの順
となる。

	ア	イ	ウ	エ	オ	カ
1	アメリカ	日本	中国	インド	イギリス	ドイツ
2	中国	アメリカ	日本	イギリス	インド	ドイツ
3	アメリカ	中国	日本	ドイツ	インド	イギリス
4	中国	アメリカ	インド	イギリス	ドイツ	日本
5	アメリカ	中国	インド	日本	ドイツ	イギリス

問題52　日本の森林・林業に関する次のア～オの記述のうち、妥当なものの組
合せはどれか。

ア　日本の森林率は中国の森林率より高い。

イ　日本の森林には、国が所有する国有林と、それ以外の民有林があるが、国
有林面積は森林面積全体の半分以上を占めている。

ウ　日本では、21世紀に入ってから、環境破壊に伴って木材価格の上昇が続き、
2020年代に入ってもさらに急上昇している。

エ　荒廃する森林の保全のための財源確保に向けて、新たに森林環境税が国税
として導入されることが決まった。

オ　日本は木材の多くを輸入に依存しており、木材自給率は年々低下する傾向
にある。

　　1　ア・イ
　　2　ア・エ
　　3　イ・オ
　　4　ウ・エ
　　5　ウ・オ

問題53　アメリカ合衆国における平等と差別に関する次の記述のうち、妥当でないものはどれか。

1　黒人差別に抗議する公民権運動において中心的な役割を担ったキング牧師は、1963年に20万人以上の支持者による「ワシントン大行進」を指導した。

2　2017年に、ヒラリー・クリントンは、女性として初めてアメリカ合衆国大統領に就任した。

3　2020年にミネアポリスで黒人男性が警察官によって殺害された後、人種差別に対する抗議運動が各地に広がった。

4　人種差別に基づくリンチを連邦法の憎悪犯罪とする反リンチ法が、2022年に成立した。

5　2022年に、ケタンジ・ブラウン・ジャクソンは、黒人女性として初めて連邦最高裁判所判事に就任した。

問題54 次の文章の空欄 ア ～ オ に当てはまる語句の組合せとして、妥当な
ものはどれか。

　地球環境問題を解決するためには、国際的な協力体制が不可欠である。1971
年には特に水鳥の生息地として国際的に重要な湿地に関して、 ア が採択され
た。1972年に国連人間環境会議がスウェーデンのストックホルムで開催され、
国際的に環境問題に取り組むための イ が決定された。しかし、石油危機後の
世界経済の落ち込みにより、環境対策より経済政策が各国で優先され、解決に
向けた歩みは進まなかった。

　それでも、1992年にブラジルのリオデジャネイロで国連環境開発会議（地球
サミット）が開催され、「持続可能な開発」をスローガンに掲げたリオ宣言が
採択された。同時に、環境保全に向けての行動計画であるアジェンダ21、地球
温暖化対策に関する ウ や、生物多様性条約なども採択された。その後、1997
年の第3回 ウ 締約国会議（ＣＯＰ３）で エ が採択され、さらに、2015年の
第21回 ウ 締約国会議（ＣＯＰ21）で オ が採択されるなど、取組が続けられ
ている。

	ア	イ	ウ	エ	オ
1	国連環境計画	パリ協定	京都議定書	ラムサール条約	気候変動枠組条約
2	国連環境計画	京都議定書	パリ協定	気候変動枠組条約	ラムサール条約
3	ラムサール条約	パリ協定	国連環境計画	京都議定書	気候変動枠組条約
4	ラムサール条約	国連環境計画	気候変動枠組条約	京都議定書	パリ協定
5	京都議定書	気候変動枠組条約	ラムサール条約	国連環境計画	パリ協定

問題55　次の文章の空欄 Ⅰ ～ Ⅴ には、それぞれあとのア～コのいずれかの語句が入る。その組合せとして妥当なものはどれか。

　人工知能（ＡＩ）という言葉は定義が難しく、定まった見解はない。しかしながら、人間が従来担ってきた知的生産作業を代替する機能を有するコンピュータを指していると考えたい。例えば、 Ⅰ や Ⅱ 、翻訳や文章生成、さまざまなゲームのプレイ、各種の予測作業においてＡＩが利用されていることはよく知られている。すでに、社会生活のさまざまな場面でＡＩ技術の応用が見られており、 Ⅰ 技術を用いた例として文字起こしサービスが、 Ⅱ 技術を用いた例として生体認証がある。

　ＡＩの発展の第一の背景として、コンピュータが予測を行うために利用する Ⅲ が収集できるようになってきたことが挙げられる。第二に、コンピュータの高速処理を可能にする中央処理装置（ＣＰＵ）の開発がある。第三に、新しいテクノロジーである Ⅳ の登場がある。従来の学習機能とは異なって、コンピュータ自身が膨大なデータを読み解いて、その中からルールや相関関係などの特徴を発見する技術である。これは人間と同じ Ⅴ をコンピュータが行うことに特徴がある。さらに、この Ⅳ が優れているのは、コンピュータ自身が何度もデータを読み解く作業を継続して学習を続け、進化できる点にある。

ア	音声認識	イ	声紋鑑定	ウ	画像認識
エ	ＤＮＡ鑑定	オ	ビッグデータ	カ	デバイス
キ	ディープラーニング	ク	スマートラーニング	ケ	帰納的推論
コ	演繹的推論				

	Ⅰ	Ⅱ	Ⅲ	Ⅳ	Ⅴ
1	ア	ウ	オ	キ	ケ
2	ア	ウ	カ	ク	ケ
3	ア	エ	オ	キ	コ
4	イ	ウ	カ	ク	コ
5	イ	エ	オ	キ	ケ

問題56 情報通信に関する用語を説明した次のア～オの記述のうち、妥当なものの組合せはどれか。

ア　自らに関する情報が利用される際に、ユーザ本人の許可を事前に得ておくシステム上の手続を「オプトイン」という。

イ　インターネット上で情報発信したりサービスを提供したりするための基盤を提供する事業者を「プラットフォーム事業者」という。

ウ　情報技術を用いて業務の電子化を進めるために政治体制を専制主義化することを「デジタルトランスフォーメーション」という。

エ　テレビ電話を使って離れた話者を繋ぐ情報システムのことを「テレワーク」という。

オ　ユーザが自身の好みのウェブページをブラウザに登録することを「ベース・レジストリ」という。

　　1　ア・イ
　　2　ア・ウ
　　3　イ・エ
　　4　ウ・オ
　　5　エ・オ

問題57　個人情報保護制度に関する次の記述のうち、正しいものはどれか。

1　個人情報保護に関しては、一部の地方公共団体が先行して制度を整備した情報公開とは異なり、国の制度がすべての地方公共団体に先行して整備された。

2　個人情報保護委員会は、個人情報保護条例を制定していない地方公共団体に対して、個人情報保護法違反を理由とした是正命令を発出しなければならない。

3　個人番号カードは、個人情報保護法に基づいて、各都道府県が交付している。

4　個人情報保護委員会は、内閣総理大臣に対して、地方公共団体への指揮監督権限の行使を求める意見を具申することができる。

5　個人情報保護委員会は、認定個人情報保護団体に関する事務をつかさどる。

問題58　本文中の空欄□に入る文章を、あとのア～オを並べ替えて作る場合、その順序として妥当なものはどれか。

　教育を他人からあたえられるもの、とかんがえる立場はとりもなおさず情報に使われる立場の原型である。あたえられた教科書を暗記し、先生からあたえられた宿題はする。しかし、指示のなかったことはなにもしない。そとからの入力がなくなったら、うごきをとめてしまう——そうした若ものたちにこそわたしはまず情報を使うことをおぼえてほしいと思う。ほんとうの教育とは、自発性にもとづいてみずからの力で情報を使うことだ。学校だの教師だのというのは、そういう主体的な努力を手つだう補助的な装置だ、とわたしはかんがえている。（中略）

　わたしは、学生たちに、どんなことでもよいから、「なぜ」ではじまる具体的な問いを毎日ひとつつくり、それを何日もつづけることを課題としてあたえてみたことがあった。

　ずいぶんふしぎな「なぜ」がたくさんあつまった。

なにが必要なのかをはっきりさせること——それが問題発見ということであり、問題意識をもつということなのだ。

（出典　加藤秀俊「取材学——探究の技法」中央公論新社、1975年から）

ア　じぶんはなにを知りたいのか、なにを知ろうとしているのか、それがわかったときにはじめてどんな情報をじぶんが必要としているのかがはっきりしてくるのだ。

イ　やみくもに、いろんな情報と行きあたりばったりに接触するのでなく、必要な情報だけをじょうずに手にいれるためには、なにをじぶんが必要としているのかを知らねばならぬ。

ウ　しかし、そのさまざまな「なぜ」をつぎつぎに提出しながら、この学生たちは問題発見ということへの第一歩をふみ出したのである。

エ　みんなで持ちよって読みあわせてみると、珍妙な「なぜ」が続出して大笑いになったりもした。

オ　情報を使うというのは、べつなことばでいえば、必要な情報だけをえらび出す、ということである。

1　ア　→　イ　→　ウ　→　オ　→　エ

2　イ　→　ア　→　エ　→　ウ　→　オ

3　イ　→　エ　→　ア　→　オ　→　ウ

4　エ　→　ウ　→　ア　→　イ　→　オ

5　エ　→　オ　→　ア　→　ウ　→　イ

問題59　本文中の空欄▢に入る文章として、妥当なものはどれか。

（この部分に記載されている文章については、
著作権法上の問題から掲載することができません。）

（出典　戸部良一・寺本義也・鎌田伸一・杉之尾孝生・村井友秀・野中郁次郎
「失敗の本質――日本軍の組織論的探究」中央公論新社、1991年から）

1　しかしながら、日本政府の無原則性は、逆説的ではあるが、少なくとも
　これまでは国際社会において臨機応変な対応を可能にしてきた。
2　このようにして、日本政府の無原則性は、普遍的ではあるが、少なくと
　もこれまでは国際社会において当意即妙な対応を可能にしてきた。
3　しかしながら、日本政府の無原則性は、自虐的ではあるが、少なくとも
　これまでは国際社会において優柔不断な対応を可能にしてきた。
4　このようにして、日本政府の無原則性は、抜本的ではあるが、少なくと
　もこれまでは国際社会において融通無碍な対応を可能にしてきた。
5　しかしながら、日本政府の無原則性は、真説的ではあるが、少なくとも
　これまでは国際社会において孤立無援な対応を可能にしてきた。

問題60　本文中の空欄 ア 〜 オ に入る語句の組合せとして、妥当なものはど
　れか。

　一九九五年のNHK国民生活調査によれば、日本人が一日にテレビを見る時
間は平均三時間二八分。仮に七五年間このペースで過ごせば、人生のまる一〇
年間以上をテレビだけ見て過ごす計算になる。それに加えて、新聞・雑誌、映
画、ラジオはもちろん、インターネットのホームページをチェックする時間な
どを加えれば、私たちは人生の大半をメディアとともに過ごしている、と言っ

ても過言ではない。情報社会への移行が加速するなか、私たちは、時間や空間を軽々と飛び越えて、地球の裏側で起こっていることを見聞したり、数世紀前の歴史上の出来事や人物についてさえ知ることができる。　ア　たっぷりのライブ中継を目にすることは、それがテレビカメラを通したものであることを忘れさせ、あたかも自分がその場に立ち会っているかのような　イ　を覚えさせるほどだ。実際に経験したことよりも、メディアが伝えるリアリティの方が、現実味を帯びていると感じることも少なくない。メディアが　ウ　する情報は、世の中を理解する上での中心的な役割を果たし、私たちの考え方や価値観の形成、ものごとを選択する上でもますます大きな影響力を発揮するようになっている。

　ところが、メディアが送り出す情報は、現実そのものではなく、送り手の観点からとらえられたものの見方のひとつにしかすぎない。事実を切り取るためにはつねに主観が必要であり、また、何かを伝えるということは、裏返せば何かを伝えないということでもある。メディアが伝える情報は、　エ　の連続によって現実を再構成した　オ　なものであり、特別な意図がなくても、制作者の思惑や価値判断が入り込まざるを得ないのだ。

（出典　菅谷明子「メディア・リテラシー──世界の現場から」岩波書店、2000年から）

	ア	イ	ウ	エ	オ
1	緊迫感	錯覚	斡旋	取捨選択	作為的
2	切迫感	錯綜	斡旋	換骨奪胎	虚偽的
3	切迫感	錯綜	仲介	実事求是	作為的
4	臨場感	幻滅	仲介	換骨奪胎	恣意的
5	臨場感	錯覚	媒介	取捨選択	恣意的

2022（令和4）年度
試験問題
解答・解説

| 問題1 | 裁判（少数意見制）
（基礎法学） | ランク
C | 正解
3 |

本文は、裁判における「少数意見制」に関する論述の一節である。

少数意見とは、合議体の評決で多数を占めなかった意見をいい、裁判においては、慣行上、「補足意見」、「反対意見」、「意見」の３つがあるとされている。

なお、日本の裁判制度においては、裁判の評議は公開しない建前がとられている（裁判所法75条１項本文）ため、原則として、少数意見は外部には公表されない。ただし、最高裁判所の裁判においては、各裁判官の意見を裁判書に表示することとされている（11条）ことから、少数意見も外部に公表されることとなる。

ア　少数意見　本文では、（裁判が合議制であることを前提に、）裁判官の意見が分かれていること（多数意見とは異なる意見があること）を外部に公表することの適否について論じている。すなわち、「合議」制ではなく、「少数意見」制をテーマとしている。したがって、空欄アには「少数意見」が当てはまる。

イ　判例　ウ　多数意見

空欄ウには、「少数意見」と対比され、また、（大陸的な裁判観では）意見の分裂があっても、それのみが示されることが裁判への信頼を生むと考えられているものが妥当する。したがって、空欄ウには、「多数意見」が当てはまる。

また、判決は多数意見によるため、その意見が判例となることから、空欄イには「判例」が当てはまる。

エ　全員一致　空欄エには、「一枚岩のように示される」「異なる意見の表明を抑える」と評されるものが妥当することから、「全員一致」が当てはまる。

以上により、空欄に当てはまる語句の組合せとして、妥当なものは3であり、正解は3となる。

正解	1	2	3	4	5
解答率（%）	11.7	24.6	**35.3**	10.4	17.6

問題2　法律用語（基礎法学）

	ランク	正解
	B	1

ア　**妥当でない**　法律要件とは、権利義務関係の発生原因となるものとして定められた一定の社会関係をいう。そして、法律要件の一つとして、「法律行為」があるが、この法律行為は、「意思表示」を要素とする。したがって、「主観的な要素は、これには含まれない」という部分が妥当でない。

イ　**妥当である**　法律効果とは、法律要件から生じる権利義務関係をいう。

ウ　**妥当でない**　構成要件とは、罪刑法定主義の要請から、あらかじめ当罰的行為を類型化し、刑罰法規に犯罪の要件を明確に規定したものをいい、客観的構成要件と主観的構成要件がある。したがって、「主観的な要素は、これには含まれない」という部分が妥当でない。

エ　**妥当である**　立法事実とは、法律を制定する場合の基礎を形成し、かつその合理性を支える社会的・経済的・政治的・科学的事実のことをいう。

オ　**妥当である**　要件事実とは、実体法に規定された法律効果の発生要件（構成要件）に該当する具体的事実をいう。

以上により、妥当でないものの組合せは1であり、正解は1となる。

正解	1	2	3	4	5
解答率（%）	66.9	18.2	5.4	3.1	6.1

問題3　表現の自由（憲法）

	ランク	正解
	B	5

　本問の題材となった判例は、「本件配布行為は、被上告人らの社会的評価を低下させることがあっても、……むしろ右行為の当時長崎市内の教育関係者のみならず一般市民の間でも大きな関心事になっていた小学校における通知表の交付を

めぐる混乱という公共の利害に関する事項についての批判、論評を主題とする意見表明というべきである。本件ビラの末尾一覧表に被上告人らの氏名・住所・電話番号等が個別的に記載された部分も、……別途の不法行為責任を問う余地のあるのは格別、それ自体としては、被上告人らの社会的評価に直接かかわるものではなく、また、本件ビラを全体として考察すると、主題を離れて被上告人らの人身攻撃に及ぶなど論評としての域を逸脱しているということもできない」とし、「上告人の本件配布行為の主観的な意図及び本件ビラの作成名義人が前記のようなものであっても、そのことから直ちに本件配布行為が専ら公益を図る目的に出たものに当たらないということはできず、更に、本件ビラの主題が前提としている客観的事実については、その主要な点において真実であることの証明があったものとみて差し支えないから、本件配布行為は、名誉侵害の不法行為の違法性を欠くものというべきである」としている（最判平元.12.21）。

1　**妥当でない**　本判例は、本記述のようなことは述べていない。「吉祥寺駅構内ビラ配布事件」（最判昭59.12.18）についての記述である。

2　**妥当でない**　本判例は、本記述のようなことは述べていない。「月刊ペン事件」（最判昭56.4.16）についての記述である。

3　**妥当でない**　本判例は、本記述のようなことは述べていない。「石に泳ぐ魚事件」（最判平14.9.24）に関する記述である。

4　**妥当でない**　本判例は、本記述のようなことは述べていない。「外務省秘密漏洩事件（西山記者事件）」（最決昭53.5.31）についての記述である。

5　**妥当である**　上記のとおり、本判例は、本記述と同趣旨のことを述べている。したがって、本問の判断基準が想定している事例として、妥当である。なお、公務員を対象とした批判が問題となっていることがわかれば、本問は解くことが可能である。

....

以上により、妥当なものは5の記述であり、正解は5となる。

正解	1	2	3	4	5
解答率（%）	4.5	21.2	12.1	11.7	50.2

問題4 職業選択の自由（憲法）

ランク	正解
C	2

　本問の題材となった判例は、「憲法22条1項は、狭義における職業選択の自由のみならず、職業活動の自由も保障しているところ、職業の自由に対する規制措置は事情に応じて各種各様の形をとるため、その同項適合性を一律に論ずることはできず、その適合性は、具体的な規制措置について、規制の目的、必要性、内容、これによって制限される職業の自由の性質、内容及び制限の程度を検討し、これらを比較考量した上で慎重に決定されなければならない。この場合、上記のような検討と考量をするのは、第一次的には立法府の権限と責務であり、裁判所としては、規制の目的が公共の福祉に合致するものと認められる以上、そのための規制措置の具体的内容及び必要性と合理性については、立法府の判断がその合理的裁量の範囲にとどまる限り、立法政策上の問題としてこれを尊重すべきものであるところ、その合理的裁量の範囲については事の性質上おのずから広狭があり得る」としている（最判令3.3.18）。

1　**妥当でない**　上記のとおり、本判例は、「憲法22条1項は、狭義における職業選択の自由のみならず、職業活動の自由も保障している」としている。したがって、憲法22条1項が保障するのは職業選択の自由のみではない。

2　**妥当である**　上記のとおり、本判例は、本記述と同趣旨のことを述べている。

3　**妥当でない**　本判例は、「要指導医薬品について薬剤師の対面による販売又は授与を義務付ける本件各規定は、職業選択の自由そのものに制限を加えるものであるとはいえ」ないとしている。したがって、本件規制は、職業選択の自由そのものに対する制限を意味するわけではない。

4　**妥当でない**　本判例は、本記述のようなことは述べていない。本記述のような考え方は、「薬局距離制限事件」（最大判昭50.4.30）において、裁判所が示したものである。

5　**妥当でない**　本判例は、本記述のようなことは述べていない。本記述のような考え方は、「小売市場距離制限事件」（最大判昭47.11.22）において、裁

判所が示したものである。

....

以上により、妥当なものは2の記述であり、正解は2となる。

正解	1	2	3	4	5
解答率（%）	11.0	30.0	20.5	**31.7**	6.5

問題5	適正手続 （憲法）	ランク A	正解 4

1 **妥当でない** 判例は、「第三者の所有物を没収する場合において、その没収に関して当該所有者に対し、何ら告知、弁解、防禦の機会を与えることなく、その所有権を奪うことは、著しく不合理であつて、憲法の容認しないところであるといわなければならない」としている（第三者所有物没収事件最大判昭37.11.28）。

2 **妥当でない** 判例は、「憲法34条前段は、何人も直ちに弁護人に依頼する権利を与えられなければ抑留・拘禁されることがないことを規定し、刑訴法39条1項は、この趣旨にのっとり、身体の拘束を受けている被疑者・被告人は、弁護人又は弁護人となろうとする者（以下『弁護人等』という。）と立会人なしに接見し、書類や物の授受をすることができると規定する。この弁護人等との接見交通権は、身体を拘束された被疑者が弁護人の援助を受けることができるための刑事手続上最も重要な基本的権利に属するものであるとともに、弁護人からいえばその固有権の最も重要なものの一つであることはいうまでもない。……弁護人等の接見交通権が前記のように憲法の保障に由来するものであることにかんがみれば、……被疑者が防禦の準備をする権利を不当に制限することは許されるべきではない」としている。したがって、憲法は、接見交通の機会までも実質的に保障するものといえる（杉山事件最判昭53.7.10）。

3 **妥当でない** 判例は、「憲法37条1項の保障する迅速な裁判をうける権利

は、憲法の保障する基本的な人権の一つであり、右条項は、単に迅速な裁判を一般的に保障するために必要な立法上および司法行政上の措置をとるべきことを要請するにとどまらず、さらに個々の刑事事件について、現実に右の保障に明らかに反し、審理の著しい遅延の結果、迅速な裁判をうける被告人の権利が害せられたと認められる異常な事態が生じた場合には、これに対処すべき具体的規定がなくても、もはや当該被告人に対する手続の続行を許さず、その審理を打ち切るという非常救済手段がとられるべきことをも認めている趣旨の規定である」としている（高田事件　最大判昭47.12.20）。

4　**妥当である**　判例は、「憲法38条1項の法意が、何人も自己の刑事上の責任を問われるおそれのある事項について供述を強要されないことを保障したものであると解すべき……であるが、右規定による保障は、純然たる刑事手続においてばかりではなく、それ以外の手続においても、実質上、刑事責任追及のための資料の取得収集に直接結びつく作用を一般的に有する手続には、ひとしく及ぶ」としている（川崎民商事件　最大判昭47.11.22）。

5　**妥当でない**　判例は、「法が追徴税を行政機関の行政手続により租税の形式により課すべきものとしたことは追徴税を課せらるべき納税義務違反者の行為を犯罪とし、これに対する刑罰として、これを課する趣旨でないこと明らかである。追徴税のかような性質にかんがみれば、憲法39条の規定は刑罰たる罰金と追徴税とを併科することを禁止する趣旨を含むものでない」としている（法人税額更正決定取消等請求事件　最大判昭33.4.30）。

以上により、妥当な記述は4であり、正解は4となる。

正解	1	2	3	4	5
解答率（％）	9.2	11.3	4.0	**73.6**	1.6

問題6	内閣の権限 (憲法)	ランク A	正解 4

1　**妥当でない**　憲法73条柱書は、「内閣は、他の一般行政事務の外、左の事務を行ふ。」と規定しており、同条3号は、「条約を締結すること。但し、事前に、時宜によつては事後に、国会の承認を経ることを必要とする。」と規定している。したがって、やむを得ない事情があったとしても、事前又は事後の国会の承認なく条約を締結することはできない。

2　**妥当でない**　73条柱書は、「内閣は、他の一般行政事務の外、左の事務を行ふ。」と規定しており、同条6号本文は、「この憲法及び法律の規定を実施するために、政令を制定すること。」と規定している。法律の制定が困難な場合に、法律にかわる政令を制定することができる旨の規定はない。

3　**妥当でない**　54条2項は、「衆議院が解散されたときは、参議院は、同時に閉会となる。但し、内閣は、国に緊急の必要があるときは、参議院の緊急集会を求めることができる。」と規定している。したがって、参議院の総議員の4分の1以上の要求があった場合に、その召集が決定されるわけではない。

4　**妥当である**　70条は、「内閣総理大臣が欠けたとき、又は衆議院議員総選挙の後に初めて国会の召集があつたときは、内閣は、総辞職をしなければならない。」と規定しており、71条は、「前2条の場合には、内閣は、あらたに内閣総理大臣が任命されるまで引き続きその職務を行ふ。」と規定している。

5　**妥当でない**　87条1項は、「予見し難い予算の不足に充てるため、国会の議決に基いて予備費を設け、内閣の責任でこれを支出することができる。」と規定しており、同条2項は、「すべて予備費の支出については、内閣は、事後に国会の承諾を得なければならない。」と規定している。したがって、内閣が自らの判断で予備費を設けることはできない。

以上により、妥当な記述は4であり、正解は4となる。

正解	1	2	3	4	5
解答率（%）	2.7	3.1	7.9	83.3	2.7

問題7 ┃ 裁判の公開
（憲法）

ランク **A**　正解 **3**

1　妥当でない　判例は、「憲法が裁判の対審及び判決を公開法廷で行うことを規定しているのは、手続を一般に公開してその審判が公正に行われることを保障する趣旨にほかならないのであるから、たとい公判廷の状況を一般に報道するための取材活動であつても、その活動が公判廷における審判の秩序を乱し被告人その他訴訟関係人の正当な利益を不当に害するがごときものは、もとより許されないところであるといわなければならない」としている（北海タイムス事件　最大決昭33.2.17）。したがって、開廷中のカメラ取材を制限することは、原則として許されないわけではない。

2　妥当でない　判例は、「民事上の秩序罰としての過料を科する作用は、……その実質においては、一種の行政処分としての性質を有するものであるから、必ずしも裁判所がこれを科することを憲法上の要件とするものではなく、行政庁がこれを科する……ことにしても、なんら違憲とすべき理由はない。従つて、法律上、裁判所がこれを科することにしている場合でも、過料を科する作用は、もともと純然たる訴訟事件としての性質の認められる刑事制裁を科する作用とは異なるのであるから、憲法82条、32条の定めるところにより、公開の法廷における対審及び判決によつて行なわれなければならないものではない」としている（最大決昭41.12.27）。したがって、裁判所が過料を科する場合には、公開法廷における対審及び判決は必要ない。

3　妥当である　判例は、「証人尋問が公判期日において行われる場合、傍聴人と証人との間で遮へい措置が採られ、あるいはビデオリンク方式によることとされ、さらには、ビデオリンク方式によった上で傍聴人と証人との間で遮へい措置が採られても、審理が公開されていることに変わりはないから、これらの規定〔現刑事訴訟法157条の5第2項等〕は、憲法82条1項、37条1項に違反するものではない」としている（最判平17.4.14）。

4　妥当でない　裁判の公開の原則は、国民一般に対して、裁判を自由に傍聴することを認めている。もっとも、判例は、裁判の公開の原則は、法廷で傍

聴人がメモを取る行為を権利として保障したものではないという判断を示している（レペタ事件　最大判平元.3.8）。

5　**妥当でない**　判例は、「憲法82条1項は、裁判の対審及び判決は公開の法廷で行わなければならない旨を規定しているが、右規定にいう『裁判』とは、現行法が裁判所の権限に属するものとしている事件について裁判所が裁判という形式をもってする判断作用ないし法律行為のすべてを指すのではなく、……裁判所が当事者の意思いかんにかかわらず終局的に事実を確定し当事者の主張する実体的権利義務の存否を確定することを目的とする純然たる訴訟事件についての裁判のみを指すものと解すべきである」とし、「裁判官に対する懲戒は、裁判所が裁判という形式をもってすることとされているが、一般の公務員に対する懲戒と同様、その実質においては裁判官に対する行政処分の性質を有するものである。したがって、……懲戒の裁判は、純然たる訴訟事件についての裁判には当たらないことが明らかである」としている（寺西判事補事件　最大決平10.12.1）。

したがって、裁判官の懲戒の裁判は、裁判の公開の原則は適用されない。

以上により、妥当なものは3の記述であり、正解は3となる。

正解	1	2	3	4	5
解答率（％）	1.4	2.5	89.6	4.3	2.0

問題8　公法上の権利の一身専属性（行政法）　ランク C　正解 2

A　ア　判例は、「生活保護法の規定に基づき要保護者または被保護者が国から生活保護を受けるのは、単なる国の恩恵ないし社会政策の実施に伴う反射的利益ではなく、法的権利であつて、保護受給権とも称すべきもの」としている（最大判昭42.5.24）。

B　エ　労働者等のじん肺に係る労災保険給付を請求する権利について、判例

は、「〔じん肺管理区分が〕管理1に該当する旨の決定を受けた労働者等が当
該決定の取消しを求める訴訟の係属中に死亡した場合には、当該訴訟は、当
該労働者等の死亡によって当然に終了するものではなく、当該労働者等のじ
ん肺に係る未支給の労災保険給付を請求することができる労災保険法11条1
項所定の遺族においてこれを承継すべきものと解するのが相当である」とし
ている（最判平29.4.6）。

　原子爆弾被爆者に対する援護に関する法律に基づく認定の申請がされた健
康管理手当の受給権について、判例は、「被爆者健康手帳交付申請及び健康
管理手当認定申請の各却下処分の取消しを求める訴訟並びに同取消しに加え
て被爆者健康手帳の交付の義務付けを求める訴訟について、訴訟の係属中に
申請者が死亡した場合には、当該訴訟は当該申請者の死亡により当然に終了
するものではなく、その相続人がこれを承継するものと解するのが相当であ
る」としている（最判平29.12.18）。

　したがって、両判決ともに、権利の一身専属性を認めず、相続人による訴
訟承継を認めている。

　なお、空欄Cの記述オ及びカがいずれも「一身専属性が認められない」と
していることから、空欄Bには、エが当てはまると判断することが可能であ
る。

C　　カ　判例は、「被爆者援護法〔原子爆弾被爆者に対する援護に関する法律〕
　　は、……原子爆弾の投下の結果として生じた放射能に起因する健康被害が他
　　の戦争被害とは異なる特殊の被害であることに鑑みて制定されたものである
　　ことからすれば、被爆者援護法は、このような特殊の戦争被害について戦争
　　遂行主体であった国が自らの責任によりその救済を図るという一面をも有す
　　るものであり、その点では実質的に国家補償的配慮が制度の根底にあること
　　は否定することができない」としている（最判平29.12.18）。

以上により、妥当なものは2であり、正解は2となる。

正解	1	2	3	4	5
解答率（％）	29.7	20.5	25.2	12.8	11.7

問題9	行政契約	ランク	正解
	(行政法)	A	4

ア　**妥当でない**　行政手続法1条1項は、「この法律は、処分、行政指導及び届出に関する手続並びに命令等を定める手続に関し、共通する事項を定めることによって、行政運営における公正の確保と透明性（行政上の意思決定について、その内容及び過程が国民にとって明らかであることをいう。……）の向上を図り、もって国民の権利利益の保護に資することを目的とする。」と規定している。したがって、行政手続法は、行政契約に関する規定を置いていない（2条各号参照）。

イ　**妥当でない**　地方自治法234条1項は、「売買、貸借、請負その他の契約は、一般競争入札、指名競争入札、随意契約又はせり売りの方法により締結するものとする。」と規定している。したがって、本記述は妥当ではない。

ウ　**妥当である**　水道法15条1項は、「水道事業者は、事業計画に定める給水区域内の需要者から給水契約の申込みを受けたときは、正当の理由がなければ、これを拒んではならない。」と規定している。この点、判例は、水が限られた資源であることを考慮すれば、市町村が正常な企業努力を尽くしてもなお水の供給に一定の限界があり得ることも否定することはできないのであって、給水義務は絶対的なものということはできず、給水契約の申込みが適正かつ合理的な供給計画によっては対応することができないものである場合には、同条項にいう「正当の理由」があるものとして、これを拒むことが許されるとしている（最判平11.1.21）。

エ　**妥当でない**　判例は、企業が地方公共団体との間で締結した公害防止協定に違反し、操業を停止しない場合に、当該地方公共団体が当該企業を被告として操業の差止めを求める訴訟について法律上の争訟であることを前提に、公害防止協定の法的拘束力を認めた（最判平21.7.10）。

オ　**妥当である**　判例は、随意契約の制限に関する法令に違反して締結された契約の私法上の効力については、このような違法な契約であっても私法上当然に無効になるものではないとしている（最判昭62.5.19）。

....

以上により、妥当なものの組合せは4であり、正解は4となる。

正解	1	2	3	4	5
解答率（%）	1.4	0.4	17.3	**77.7**	3.1

問題10 行政調査 （行政法）

ランク	正解
B	5

1　**妥当でない**　警察官職務執行法（警職法）には所持品検査を行うことができるとする規定はない。なお、判例は、「警職法2条1項に基づく職務質問に附随して行う所持品検査は、任意手段として許容されるものであるから、所持人の承諾を得てその限度でこれを行うのが原則であるが、職務質問ないし所持品検査の目的、性格及びその作用等にかんがみると、所持人の承諾のない限り所持品検査は一切許容されないと解するのは相当でなく、捜索に至らない程度の行為は、強制にわたらない限り、たとえ所持人の承諾がなくても、所持品検査の必要性、緊急性、これによつて侵害される個人の法益と保護されるべき公共の利益との権衡などを考慮し、具体的状況のもとで相当と認められる限度において許容される場合がある」としている（最判昭53.9.7）。

2　**妥当でない**　判例は、自動車検問の適否について、「警察官が、交通取締の一環として交通違反の多発する地域等の適当な場所において、交通違反の予防、検挙のための自動車検問を実施し、同所を通過する自動車に対して走行の外観上の不審な点の有無にかかわりなく短時分の停止を求めて、運転者などに対し必要な事項についての質問などをすることは、それが相手方の任意の協力を求める形で行われ、自動車の利用者の自由を不当に制約することにならない方法、態様で行われる限り、適法なものと解すべきである」としている（最決昭55.9.22）。

3　**妥当でない**　行政手続法上、本記述のような規定はない。

4 **妥当でない** 国税通則法74条の8は、職員の質問検査権等は、犯罪捜査のために認められたものと解してはならないと規定しているが、判例は、（国税通則法の質問検査規定の前身である）法人税法の質問検査権について、「取得収集される証拠資料が後に犯則事件の証拠として利用されることが想定できたとしても、そのことによって直ちに、上記質問又は検査の権限が犯則事件の調査あるいは捜査のための手段として行使されたことにはならない」として、質問検査権の行使により取得収集した資料について犯則手続における証拠能力を肯定している（最決平16.1.20）。

5 **妥当である** 罰則を担保とした調査（間接強制調査）は、法律の根拠を要する（国税通則法74条の2及び128条2号参照）。

以上により、妥当なものは5の記述であり、正解は5となる。

正解	1	2	3	4	5
解答率（%）	8.6	2.0	10.1	29.1	**49.8**

問題11 申請に対する処分 （行政手続法）

ランク	正解
A	1

1 **妥当である** 行政手続法6条は、「行政庁は、申請がその事務所に到達してから当該申請に対する処分をするまでに通常要すべき標準的な期間（法令により当該行政庁と異なる機関が当該申請の提出先とされている場合は、併せて、当該申請が当該提出先とされている機関の事務所に到達してから当該行政庁の事務所に到達するまでに通常要すべき標準的な期間）を定めるよう努めるとともに、これを定めたときは、これらの当該申請の提出先とされている機関の事務所における備付けその他の適当な方法により公にしておかなければならない。」と規定している。

2 **妥当でない** 7条は、「行政庁は、申請がその事務所に到達したときは遅滞なく当該申請の審査を開始しなければならず、かつ、申請書の記載事項に

不備がないこと、申請書に必要な書類が添付されていること、申請をすることができる期間内にされたものであることその他の法令に定められた申請の形式上の要件に適合しない申請については、速やかに、申請をした者（以下『申請者』という。）に対し相当の期間を定めて当該申請の補正を求め、又は当該申請により求められた許認可等を拒否しなければならない。」と規定している。

3　**妥当でない**　8条1項本文は、「行政庁は、申請により求められた許認可等を拒否する処分をする場合は、申請者に対し、同時に、当該処分の理由を示さなければならない。」と規定している。

4　**妥当でない**　行政手続法上、本記述のような規定はない。なお、9条1項は、「行政庁は、申請者の求めに応じ、当該申請に係る審査の進行状況及び当該申請に対する処分の時期の見通しを示すよう努めなければならない。」と規定している。

5　**妥当でない**　10条は、「行政庁は、申請に対する処分であって、申請者以外の者の利害を考慮すべきことが当該法令において許認可等の要件とされているものを行う場合には、必要に応じ、公聴会の開催その他の適当な方法により当該申請者以外の者の意見を聴く機会を設けるよう努めなければならない。」と規定している。

....

以上により、妥当なものは1の記述であり、正解は1となる。

正解	1	2	3	4	5
解答率（％）	89.0	1.8	1.4	1.4	6.1

問題12	不利益処分 （行政手続法）	ランク A	正解 3

1　**妥当でない**　申請により求められた許認可等を拒否する処分は不利益処分に該当しない（行政手続法2条4号ロ）。

2　　**妥当でない**　行政手続法上、本記述のような規定はない。

3　　**妥当である**　弁明の機会の付与は、処分を行うため意見陳述を要する場合で、聴聞によるべきものとして法が列挙している場合のいずれにも該当しないときに行われる（13条1項2号）。また、行政手続法29条1項は、「弁明は、行政庁が口頭ですることを認めたときを除き、弁明を記載した書面（……「弁明書」という。）を提出してするものとする。」と規定している。

4　　**妥当でない**　行政手続法第3章第2節（聴聞）の規定に基づく処分又はその不作為については、審査請求をすることができない（27条）。

5　　**妥当でない**　19条2項各号において、聴聞を主宰することができない者を規定している。

以上により、妥当なものは3の記述であり、正解は3となる。

正解	1	2	3	4	5
解答率（％）	0.7	14.9	**74.1**	5.6	4.1

問題13	届出 （行政手続法）	ランク **A**	正解 **1**

1　　**妥当である**　行政手続法2条7号は、届出の定義について、「行政庁に対し一定の事項の通知をする行為（申請に該当するものを除く。）であって、法令により直接に当該通知が義務付けられているもの（自己の期待する一定の法律上の効果を発生させるためには当該通知をすべきこととされているものを含む。）をいう。」を掲げている。

2　　**妥当でない**　本記述のような限定は付されていない（2条7号参照）。

3　　**妥当でない**　本記述のような限定は付されていない（2条7号参照）。

4　　**妥当でない**　37条は、「届出が届出書の記載事項に不備がないこと、届出書に必要な書類が添付されていることその他の法令に定められた届出の形式上の要件に適合している場合は、当該届出が法令により当該届出の提出先と

されている機関の事務所に到達したときに、当該届出をすべき手続上の義務が履行されたものとする。」と規定している。

5　**妥当でない**　法令上必要とされる書類が添付されていない場合には、届出をすべき手続上の義務が履行されたものとはされない（37条）。

．．．．．．．．．．．．．．．．．．．．．．．

以上により、妥当なものは1の記述であり、正解は1となる。

正解	1	2	3	4	5
解答率（％）	72.3	2.3	6.8	6.5	11.9

問題14	総合（行政不服審査法）	ランク A	正解 2

1　**妥当でない**　行政不服審査法5条1項本文は、「行政庁の処分につき処分庁以外の行政庁に対して審査請求をすることができる場合において、法律に再調査の請求をすることができる旨の定めがあるときは、当該処分に不服がある者は、処分庁に対して再調査の請求をすることができる。」と規定している。

2　**妥当である**　42条1項は、「審理員は、審理手続を終結したときは、遅滞なく、審査庁がすべき裁決に関する意見書（以下『審理員意見書』という。）を作成しなければならない。」と規定しており、同条2項は、「審理員は、審理員意見書を作成したときは、速やかに、これを事件記録とともに、審査庁に提出しなければならない。」と規定している。

3　**妥当でない**　行政不服審査法上、本記述のような規定はない。なお、行政手続法36条の3第1項は、「何人も、法令に違反する事実がある場合において、その是正のためにされるべき処分又は行政指導（その根拠となる規定が法律に置かれているものに限る。）がされていないと思料するときは、当該処分をする権限を有する行政庁又は当該行政指導をする権限を有する行政機関に対し、その旨を申し出て、当該処分又は行政指導をすることを求めるこ

とができる。」と規定している。

4　**妥当でない**　行政不服審査法上、本記述のような規定はない。なお、行政手続法36条の2第1項本文は、「法令に違反する行為の是正を求める行政指導（その根拠となる規定が法律に置かれているものに限る。）の相手方は、当該行政指導が当該法律に規定する要件に適合しないと思料するときは、当該行政指導をした行政機関に対し、その旨を申し出て、当該行政指導の中止その他必要な措置をとることを求めることができる。」と規定している。

5　**妥当でない**　行政不服審査法43条1項柱書は、「……審査庁が地方公共団体の長（地方公共団体の組合にあっては、長、管理者又は理事会）である場合にあっては第81条第1項又は第2項の機関〔地方公共団体に置かれる執行機関の附属機関〕に、それぞれ諮問しなければならない。」と規定している。

以上により、妥当なものは2の記述であり、正解は2となる。

正解	1	2	3	4	5
解答率（%）	8.3	78.6	2.9	5.9	4.1

問題15 | 審理員 （行政不服審査法）

| ランク A | 正解 2 |

1　**妥当でない**　審理員は、審査庁に所属する職員のうちから指名する（行政不服審査法9条1項柱書）。なお、「審査請求に係る処分若しくは当該処分に係る再調査の請求についての決定に関与した者又は審査請求に係る不作為に係る処分に関与し、若しくは関与することとなる者」は、審理員となることはできない（同条2項1号）。

2　**妥当である**　行政不服審査法33条は、「審理員は、審査請求人若しくは参加人の申立てにより又は職権で、書類その他の物件の所持人に対し、相当の期間を定めて、その物件の提出を求めることができる。この場合において、審理員は、その提出された物件を留め置くことができる。」と規定している。

3　**妥当でない**　35条1項は、「審理員は、審査請求人若しくは参加人の申立てにより又は職権で、必要な場所につき、検証をすることができる。」と規定している。

4　**妥当でない**　36条は、「審理員は、審査請求人若しくは参加人の申立てにより又は職権で、審査請求に係る事件に関し、審理関係人に質問することができる。」と規定している。

5　**妥当でない**　39条は、「審理員は、必要があると認める場合には、数個の審査請求に係る審理手続を併合し、又は併合された数個の審査請求に係る審理手続を分離することができる。」と規定している。

2022年度 解答・解説

以上により、妥当なものは2の記述であり、正解は2となる。

正解	1	2	3	4	5
解答率（％）	9.7	79.7	2.2	1.4	6.5

問題16　教示（行政不服審査法）　ランク B　正解 1

1　**妥当でない**　行政不服審査法82条1項は、「行政庁は、審査請求若しくは再調査の請求又は他の法令に基づく不服申立て（以下この条において『不服申立て』と総称する。）をすることができる処分をする場合には、処分の相手方に対し、当該処分につき不服申立てをすることができる旨並びに不服申立てをすべき行政庁及び不服申立てをすることができる期間を書面で教示しなければならない。ただし、当該処分を口頭でする場合は、この限りでない。」と規定している。

2　**妥当である**　教示義務が求められる事項は、「当該処分につき不服申立てをすることができる旨並びに不服申立てをすべき行政庁及び不服申立てをすることができる期間」である。執行停止の申立てをすることができる旨を教示する必要はない（82条1項参照）。

3 **妥当である** 82条2項は、「行政庁は、利害関係人から、当該処分が不服申立てをすることができる処分であるかどうか並びに当該処分が不服申立てをすることができるものである場合における不服申立てをすべき行政庁及び不服申立てをすることができる期間につき教示を求められたときは、当該事項を教示しなければならない。」と規定しており、同条3項は、「前項の場合において、教示を求めた者が書面による教示を求めたときは、当該教示は、書面でしなければならない。」と規定している。

4 **妥当である** 83条1項は、「行政庁が前条の規定による教示をしなかった場合には、当該処分について不服がある者は、当該処分庁に不服申立書を提出することができる。」と規定している。

5 **妥当である** 50条3項は、「審査庁は、再審査請求をすることができる裁決をする場合には、裁決書に再審査請求をすることができる旨並びに再審査請求をすべき行政庁及び再審査請求期間（第62条に規定する期間をいう。）を記載して、これらを教示しなければならない。」と規定している。

以上により、妥当でないものは1の記述であり、正解は1となる。

正解	1	2	3	4	5
解答率（％）	66.2	12.2	6.5	10.3	4.5

問題17 総合（行政事件訴訟法）

ランク	正解
B	4

1 **妥当でない** 行政事件訴訟法3条1項では、「この法律において『抗告訴訟』とは、行政庁の公権力の行使に関する不服の訴訟をいう。」と規定され、同条2項以下で列記されている訴訟類型以外にも認められる（これを法定外抗告訴訟や、無名抗告訴訟という）。

2 **妥当でない** 不作為の違法確認判決は、判決の拘束力（38条1項・33条）により行政庁は何らかの処分をすることを義務付けられるが、申請を認容す

ることを義務付けられるわけではない。

3　**妥当でない**　3条5項は、「この法律において『不作為の違法確認の訴え』とは、行政庁が法令に基づく申請に対し、相当の期間内に何らかの処分又は裁決をすべきであるにかかわらず、これをしないことについての違法の確認を求める訴訟をいう。」と規定している。したがって、申請が法令に基づくものであることが必要である。

4　**妥当である**　44条は、「行政庁の処分その他公権力の行使に当たる行為については、民事保全法（平成元年法律第91号）に規定する仮処分をすることができない。」と規定している。もっとも、「行政庁の処分その他公権力の行使に当たる行為」に該当しない行為については、民事保全法に基づいて仮処分をする余地がある。

5　**妥当でない**　行政事件訴訟法には、当事者訴訟の具体的な出訴期間を定めた規定は存在しない。

以上により、妥当なものは4の記述であり、正解は4となる。

正解	1	2	3	4	5
解答率（%）	9.4	11.5	13.3	**39.2**	26.4

問題18　抗告訴訟の対象（行政事件訴訟法）

ランク　**A**　　正解　**1**

1　**妥当でない**　判例は、「開発行為を行おうとする者が、……同意を得ることができず、開発行為を行うことができなくなったとしても、その権利ないし法的地位が侵害されたものとはいえないから、……同意を拒否する行為が、国民の権利ないし法律上の地位に直接影響を及ぼすものであると解することはできない」とした上で、「公共施設の管理者である行政機関等が法〔都市計画法〕32条所定の同意を拒否する行為は、抗告訴訟の対象となる処分には当たらない」とした（最判平7.3.23）。

2　**妥当である**　判例は、都市計画法8条1項に基づき用途地域を指定する決定が告示されて効力を生ずると、当該地域内においては、建築物の高さ等につき従前と異なる基準が適用され、これらの基準に適合しない建築物については、建築確認を受けることができず、ひいてその建築等をすることができないこととなるが、このような効果は、新たにこのような制約を課する法令が制定された場合と同様の当該地域内の不特定多数の者に対する一般的抽象的な効果にすぎないから、行政処分に該当しないとした（最判昭57.4.22）。

3　**妥当である**　判例は、「市町村の施行に係る土地区画整理事業の事業計画の決定は、施行地区内の宅地所有者等の法的地位に変動をもたらすものであって、抗告訴訟の対象とするに足りる法的効果を有するものということができ、実効的な権利救済を図るという観点から見ても、これを対象とした抗告訴訟の提起を認めるのが合理的である」とし、処分性を肯定した（最大判平20.9.10）。

4　**妥当である**　判例は、地方公共団体が営む簡易水道事業につき、水道料金の改定を内容とする条例の制定行為は、当該水道料金を一般的に改定するものであって、限られた特定の者に対してのみ適用されるものではなく、本件改正条例の制定行為をもって行政庁が法の執行として行う処分と実質的に同視することはできないから、行政処分に該当しないとした（最判平18.7.14）。

5　**妥当である**　判例は、地方公共団体の設置する特定の保育所を廃止する条例の制定行為は、他に行政庁の処分を待つことなく、条例施行により保育所廃止の効果を発生させ、保育所に現に入所中の児童及びその保護者という限られた特定の者に対し、直接、法的地位を奪う結果を生じさせるものであるから、行政処分に該当するとした（最判平21.11.26）。

以上により、妥当でないものは1の記述であり、正解は1となる。

正解	1	2	3	4	5
解答率（%）	76.6	10.8	5.4	4.5	2.5

問題19 処分無効確認訴訟 （行政事件訴訟法）

ランク	正解
B	3

1　**妥当でない**　無効確認訴訟において、当該処分に無効原因となる瑕疵が存在しない場合に、当該訴えは棄却される。

2　**妥当でない**　行政事件訴訟法は、36条で、無効等確認の訴えの原告適格について規定している。

3　**妥当である**　無効等確認訴訟においては、審査請求前置主義について定める行政事件訴訟法8条は準用されていない（38条参照）。したがって、審査請求前置主義が採られている場合であっても、審査請求に対する裁決を経ずに無効等確認訴訟を提起することができる。

4　**妥当でない**　無効等確認訴訟においては、執行停止に関する規定（25条〜29条、32条2項）が準用されている（38条3項）。したがって、無効等確認訴訟において執行停止を申し立てることはできる。

5　**妥当でない**　36条は、「無効等確認の訴えは、当該処分又は裁決に続く処分により損害を受けるおそれのある者その他当該処分又は裁決の無効等の確認を求めるにつき法律上の利益を有する者で、当該処分若しくは裁決の存否又はその効力の有無を前提とする現在の法律関係に関する訴えによつて目的を達することができないものに限り、提起することができる。」と規定している。

以上により、妥当なものは3の記述であり、正解は3となる。

正解	1	2	3	4	5
解答率（%）	18.9	5.6	62.9	5.8	6.7

問題20	国家賠償法1条1項	ランク	正解
	（行政法）	A	2

1 **妥当でない** 判例は、「刑事事件において無罪の判決が確定したというだけで直ちに起訴前の逮捕・勾留、公訴の提起・追行、起訴後の勾留が違法となるということはない。……逮捕・勾留はその時点において犯罪の嫌疑について相当な理由があり、かつ、必要性が認められるかぎりは適法であり、公訴の提起は、検察官が裁判所に対して犯罪の成否、刑罰権の存否につき審判を求める意思表示にほかならないのであるから、起訴時あるいは公訴追行時における検察官の心証は、その性質上、判決時における裁判官の心証と異なり、起訴時あるいは公訴追行時における各種の証拠資料を総合勘案して合理的な判断過程により有罪と認められる嫌疑があれば足りるものと解するのが相当である」としている（最判昭53.10.20）。

2 **妥当である** 判例は、指定確認検査機関に対する建築確認の取消しを求めた訴訟について、「指定確認検査機関による確認に関する事務は、建築主事による確認に関する事務の場合と同様に、地方公共団体の事務であり、その事務の帰属する行政主体は、当該確認に係る建築物について確認をする権限を有する建築主事が置かれた地方公共団体であると解するのが相当である。……指定確認検査機関の確認に係る建築物について確認をする権限を有する建築主事が置かれた地方公共団体は、指定確認検査機関の当該確認につき行政事件訴訟法21条1項所定の『当該処分又は裁決に係る事務の帰属する国又は公共団体』に当たるというべき」であるとして、地方公共団体に対する国家賠償請求訴訟への変更を認めた（最決平17.6.24）。

3 **妥当でない** 判例は、「学校の教師は、学校における教育活動により生ずるおそれのある危険から生徒を保護すべき義務を負つており、危険を伴う技術を指導する場合には、事故の発生を防止するために十分な措置を講じるべき注意義務がある」として、国家賠償法1条1項にいう「公権力の行使」には、公立学校における教師の教育活動も含まれるものと解するのが相当としている（最判昭62.2.6）。

4　妥当でない　判例は、「税務署長のする所得税の更正は、所得金額を過大に認定していたとしても、そのことから直ちに国家賠償法1条1項にいう違法があったとの評価を受けるものではなく、税務署長が資料を収集し、これに基づき課税要件事実を認定、判断する上において、職務上通常尽くすべき注意義務を尽くすことなく漫然と更正をしたと認め得るような事情がある場合に限り、右の評価を受けるものと解するのが相当である」としている（最判平5.3.11）。

5　妥当でない　判例は、「警察官は、異常な挙動その他周囲の事情から合理的に判断してなんらかの犯罪を犯したと疑うに足りる相当な理由のある者を停止させて質問し、また、現行犯人を現認した場合には速やかにその検挙又は逮捕に当たる職責を負うものであつて……、右職責を遂行する目的のために被疑者を追跡することはもとよりなしうるところであるから、警察官がかかる目的のために交通法規等に違反して車両で逃走する者をパトカーで追跡する職務の執行中に、逃走車両の走行により第三者が損害を被つた場合において、右追跡行為が違法であるというためには、右追跡が当該職務目的を遂行する上で不必要であるか、又は逃走車両の逃走の態様及び道路交通状況等から予測される被害発生の具体的危険性の有無及び内容に照らし、追跡の開始・継続若しくは追跡の方法が不相当であることを要する」としている（最判昭61.2.27）。

以上により、妥当なものは2の記述であり、正解は2となる。

正解	1	2	3	4	5
解答率（％）	1.6	87.4	3.2	3.2	4.3

問題21	国家賠償法2条1項 （行政法）	ランク B	正解 3

ア　妥当でない　判例は、「国家賠償法2条1項は、危険責任の法理に基づき

被害者の救済を図ることを目的として、国又は公共団体の責任発生の要件につき、公の営造物の設置又は管理に瑕疵があったために他人に損害を生じたときと規定しているところ、所論の回避可能性があったことが本件道路の設置又は管理に瑕疵を認めるための積極的要件になるものではないと解すべき」としている（最判平7.7.7）。

イ **妥当である** 判例は、「営造物の供用が第三者に対する関係において違法な権利侵害ないし法益侵害となり、営造物の設置・管理者において賠償義務を負うかどうかを判断するに当たっては、侵害行為の態様と侵害の程度、被侵害利益の性質と内容、侵害行為の持つ公共性ないし公益上の必要性の内容と程度等を比較検討するほか、侵害行為の開始とその後の継続の経過及び状況、その間に採られた被害の防止に関する措置の有無及びその内容、効果等の事情をも考慮し、これらを総合的に考察してこれを決すべきものである」としている（最判平7.7.7）。

ウ **妥当である** 判例は、「道路等の施設の周辺住民からその供用の差止めが求められた場合に差止請求を認容すべき違法性があるかどうかを判断するにつき考慮すべき要素は、周辺住民から損害の賠償が求められた場合に賠償請求を認容すべき違法性があるかどうかを判断するにつき考慮すべき要素とほぼ共通するのであるが、施設の供用の差止めと金銭による賠償という請求内容の相違に対応して、違法性の判断において各要素の重要性をどの程度のものとして考慮するかにはおのずから相違があるから、右両場合の違法性の有無の判断に差異が生じることがあっても不合理とはいえない」としている（最判平7.7.7）。

エ **妥当でない** 判例は、「空港における航空機の離着陸の規制等は、これを法律的にみると、単に本件空港についての営造物管理権の行使という立場のみにおいてされるべきもの、そして現にされているものとみるべきではなく、航空行政権の行使という立場をも加えた、複合的観点に立つた総合的判断に基づいてされるべきもの」として差止めを求める請求にかかる部分は不適法としているものの、「営造物の設置・管理者において、かかる危険性があるにもかかわらず、これにつき特段の措置を講ずることなく、また、適切な制限を加えないままこれを利用に供し、その結果利用者又は第三者に対し

て現実に危害を生ぜしめたときは、それが右設置・管理者の予測しえない事由によるものでない限り、国家賠償法2条1項の規定による責任を免れることができない」としている（最大判昭56.12.16）。

....

以上により、妥当なものの組合せは3であり、正解は3となる。

正解	1	2	3	4	5
解答率（％）	23.6	4.1	**65.8**	5.0	1.3

問題22 ｜ 地方自治法（条例）（行政法）

ランク **A**　正解 **3**

1　**妥当でない**　本問の過料は、行政法学上の秩序罰に当たり、長が弁明の機会を与えた上で科す（地方自治法149条3号、255条の3）。

2　**妥当でない**　条例は、原則として属地的に適用される（最大判昭29.11.24）。

　したがって、A市域内の繁華街で路上喫煙をした者は、A市の住民であるか否かにかかわらず、本条例に基づき処罰されることになる。

3　**妥当である**　条例により、2年以下の懲役若しくは禁錮、100万円以下の罰金、拘留、科料若しくは没収の刑又は5万円以下の過料を科する旨の規定を設けることができる（14条3項）。

4　**妥当でない**　長の定める規則により科することができるのは、5万円以下の過料のみであり、罰金を科すことはできない（15条2項）。

5　**妥当でない**　地方自治法14条3項は、「普通地方公共団体は、法令に特別の定めがあるものを除くほか、その条例中に、条例に違反した者に対し、2年以下の懲役若しくは禁錮、100万円以下の罰金、拘留、科料若しくは没収の刑又は5万円以下の過料を科する旨の規定を設けることができる。」と規定しており、本記述のように、あらかじめ総務大臣と協議しなければならない旨の規定を置いていない。

....

以上により、妥当なものは3の記述であり、正解は3となる。

正解	1	2	3	4	5
解答率（％）	12.8	0.2	78.8	7.0	1.1

問題23	地方自治法 （住民監査請求及び住民訴訟） （行政法）	ランク B	正解 5

1　**妥当でない**　住民訴訟の出訴権者は、普通地方公共団体の「住民」である（地方自治法242条の2第1項）。そして、事実審の口頭弁論終結時までに当該地方公共団体から転出した者の訴えは、不適法として却下される（大阪高判昭59.1.25参照）。

2　**妥当でない**　地方自治法242条の2第1項は、普通地方公共団体の住民は、住民監査請求をした場合において、監査委員の監査の結果等に不服があるとき、裁判所に対し、住民訴訟を提起できる旨を規定しており、本記述のように、当該財務会計行為が行われた時点において当該地方公共団体の住民であることを必要とはしていない。

3　**妥当でない**　住民監査請求を行った住民でなければ、住民訴訟を提起することはできない（242条の2第1項、242条1項）。

4　**妥当でない**　住民監査請求は、当該普通地方公共団体の住民でなければ行うことができない（242条1項）。

5　**妥当である**　2の解説のとおり、住民監査請求の結果に不服がある住民は、住民訴訟を提起できる。また、242条の2第2項には、出訴期間に関する定めが置かれている。

....

以上により、妥当なものは5の記述であり、正解は5となる。

正解	1	2	3	4	5
解答率（%）	3.4	5.0	14.9	2.2	**73.9**

問題24 | 地方自治法（都道府県の事務）（行政法） | ランク C | 正解 1

1　**妥当である**　地方自治法252条の17の2第1項は、「都道府県は、都道府県知事の権限に属する事務の一部を、条例の定めるところにより、市町村が処理することとすることができる。この場合においては、当該市町村が処理することとされた事務は、当該市町村の長が管理し及び執行するものとする。」と規定している。

2　**妥当でない**　2条8項は、「……『自治事務』とは、地方公共団体が処理する事務のうち、法定受託事務以外のものをいう。」と規定しており、本記述のような定義づけはなされていない。

3　**妥当でない**　都道府県知事がする処分のうち、法定受託事務にかかるものについての審査請求は、他の法律に特別の定めがある場合を除くほか、当該処分に係る事務を規定する法律又はこれに基づく政令を所管する各大臣に対してするものとされている（255条の2第1項1号）。

4　**妥当でない**　245条の2は、「普通地方公共団体は、その事務の処理に関し、法律又はこれに基づく政令によらなければ、普通地方公共団体に対する国又は都道府県の関与を受け、又は要することとされることはない。」と規定しており、法定受託事務に関する普通地方公共団体に対する国又は都道府県の関与についても、法律に基づかないでなすことは認められない（関与の法定主義）。

5　**妥当でない**　14条1項は、「普通地方公共団体は、法令に違反しない限りにおいて第2条第2項の事務に関し、条例を制定することができる。」と規定している。しかし、都道府県がその自治事務について、独自の条例によって、法律が定める処分の基準に上乗せした基準を定めることができるとする

規定は、地方自治法上存在しない。

....

以上により、妥当なものは1の記述であり、正解は1となる。

正解	1	2	3	4	5
解答率（％）	37.9	1.8	1.3	7.9	50.9

問題25 | 国家行政組織法 （行政法） | ランク A | 正解 5

ア　「内閣府」　　イ　「委員会」
ウ　「法律」　　　エ　「分担管理」　　オ　「内閣総理大臣」

本問の各条文は、以下のとおりである。

国家行政組織法1条は、「この法律は、内閣の統轄の下における行政機関で 内閣府 及びデジタル庁以外のもの（以下『国の行政機関』という。）の組織の基準を定め、もつて国の行政事務の能率的な遂行のために必要な国家行政組織を整えることを目的とする。」と規定している。

3条2項は、「行政組織のため置かれる国の行政機関は、省、 委員会 及び庁とし、その設置及び廃止は、別に 法律 の定めるところによる。」と規定している。

同条3項は、「省は、内閣の統轄の下に第5条第1項の規定により各省大臣の 分担管理 する行政事務及び同条第2項の規定により当該大臣が掌理する行政事務をつかさどる機関として置かれるものとし、 委員会 及び庁は、省に、その外局として置かれるものとする。」と規定している。

5条1項は、「各省の長は、それぞれ各省大臣とし、内閣法（昭和22年法律第5号）にいう主任の大臣として、それぞれ行政事務を 分担管理 する。」と規定している。

同条2項は、「各省大臣は、前項の規定により行政事務を分担管理するほか、

それぞれ、その 分担管理 する行政事務に係る各省の任務に関連する特定の内閣の重要政策について、当該重要政策に関して閣議において決定された基本的な方針に基づいて、行政各部の施策の統一を図るために必要となる企画及び立案並びに総合調整に関する事務を掌理する。」と規定している。

同条３項は、「各省大臣は、国務大臣のうちから、 内閣総理大臣 が命ずる。ただし、内閣総理大臣が自ら当たることを妨げない。」と規定している。

以上により、妥当なものは選択肢５であり、正解は５となる。

正解	1	2	3	4	5
解答率（％）	0.7	0	3.8	0.5	94.4

問題26　国籍と住民（行政法）　ランク A　正解 3

1　**妥当でない**　事務監査請求ができるのは選挙権を有する者であり、その総数の50分の１以上の者の連署をもって行う（地方自治法75条１項）。そして、日本国民たる年齢満18年以上の者で引き続き３か月以上市町村の区域内に住所を有するものは、普通地方公共団体の議会の議員及び長の選挙権を有する（18条）。したがって、日本国籍を有しない者には、事務監査請求をする権利が認められない。

2　**妥当でない**　住民監査請求ができるのは「普通地方公共団体の住民」である（242条１項）。また、市町村の住民とは、市町村の区域内に住所を有する者をいう（10条１項）。したがって、住民であれば、日本国籍を有しない者でも、住民監査請求をする権利が認められる。

3　**妥当である**　地方自治法244条３項は、「普通地方公共団体は、住民が公の施設を利用することについて、不当な差別的取扱いをしてはならない。」と規定している。そして、「住民」については国籍が要件とされていないため、日本国籍を有しない住民についても、不当な差別的な取扱いをしてはならな

い。

4　**妥当でない**　日本国民たる年齢満18年以上の者で引き続き３か月以上市町村の区域内に住所を有するものは、普通地方公共団体の議会の議員及び長の選挙権を有する（18条）。したがって、日本国籍を有しない者は、選挙権を有しない。

5　**妥当でない**　外国人住民についても日本人と同様に、住民基本台帳法の適用対象に加え、外国人住民の利便の増進及び市区町村等の行政の合理化を図るための、「住民基本台帳法の一部を改正する法律」が第171回国会で成立し、平成21年７月15日に公布、平成24年７月９日に施行された。本法律の施行により、外国人住民に対して住民票が作成され、翌年平成25年７月８日から、住民基本台帳ネットワーク（住基ネット）及び住民基本台帳カード（住基カード）についても運用が開始された（住民基本台帳カード（住基カード）の発行は平成27年12月で終了している）。

・・・・・・・・・・・・・・・・・・・・

以上により、妥当なものは３の記述であり、正解は３となる。

正解	1	2	3	4	5
解答率（％）	2.0	4.9	**90.8**	1.6	0.4

問題27	虚偽表示の無効を対抗できない善意の第三者 （民法）	ランク A	正解 1

　相手方と通じてした虚偽の意思表示は、無効とする（民法94条１項）。もっとも、当該意思表示の無効は、善意の第三者に対抗することができない（同条２項）。「第三者」とは、虚偽表示の当事者又はその包括承継人以外の者で、虚偽表示の外形を基礎として、新たな独立の法律上の利害関係を有するに至った者をいう。本問では、この「第三者」の該当性が問われている。

1　**妥当でない**　判例は、「土地の仮装譲受人が……土地上に建物を建築して

これを他人に賃貸した場合、……建物賃借人は、仮装譲渡された土地につい
ては法律上の利害関係を有するものとは認められないから、民法94条2項所
定の第三者にはあたらない」としている（最判昭57.6.8）。Cは、仮装譲渡
された土地上の建物を借りた者であるため、「第三者」に該当しない。した
がって、Aは、Cに対して、虚偽表示の無効を対抗することができる。

2　　**妥当である**　判例によれば、善意の転得者を保護するべき要請は直接の第
三者と異ならないため、転得者も「第三者」に含まれる（最判昭28.10.1）。
したがって、Aは、虚偽表示の無効を土地の転得者である善意のDに対して
対抗することができない。

3　　**妥当である**　判例によれば、仮装譲渡された土地に抵当権の設定を受けた
抵当権者は、虚偽表示の外形を基礎として新たな独立の法律上の利害関係を
有するに至ったといえるため「第三者」に当たる（大判大4.12.17）。したがっ
て、Aは、虚偽表示の無効をCに対抗することができない。

4　　**妥当である**　判例によれば、仮装譲渡された土地を差し押さえた譲受人の
一般債権者も「第三者」に当たる（大判昭12.2.9）。したがって、Aは、虚
偽表示の無効をCに対抗することができない。

5　　**妥当である**　判例によれば、仮装譲渡された債権の譲受人は、独立の経済
的利益を有すると評価できるため「第三者」に当たる（大判昭13.12.17）。し
たがって、Aは、虚偽表示の無効をDに対抗できない。

　　なお、仮装譲渡された債権を取立てのために譲り受けた者は、独立の経済
的利益を有しないため「第三者」に当たらない。

....

以上により、妥当でないものは1の記述であり、正解は1となる。

正解	1	2	3	4	5
解答率（％）	65.6	5.9	8.1	8.3	11.9

問題28 | 占有権
（民法）

ランク **B** | 正解 **2**

1 **妥当である** 民法186条1項は、「占有者は、所有の意思をもって、善意で、平穏に、かつ、公然と占有をするものと推定する。」と規定している。また、188条は、「占有者が占有物について行使する権利は、適法に有するものと推定する。」と規定しているため、即時取得者においては、譲渡人である占有者に権利があると信じるについて無過失であることが推定される（最判昭41.6.9）。

2 **妥当でない** 「占有」は自主占有である必要があるところ、所有の意思は、186条1項によって推定される。そのため、相手方Aが自主占有でないこと（所有の意思がないこと）を主張・立証（証明）する必要がある。もっとも、その際、Bの占有が他主占有権原に基づくものであることまでをも証明する必要はなく、他主占有事情を証明することにより自主占有であることを否定できればそれで足りる。本記述は、他主占有事情が証明された場合は、Bの所有の意思が否定されるにもかかわらず、Bの所有の意思が認められるとしている点が妥当でない。

3 **妥当である** 189条1項は、「善意の占有者は、占有物から生ずる果実を取得する。」と規定している。丙を耕作することによって得た収穫物は天然果実であるため（88条1項）、善意で丙の占有を始めたCは、当該収穫物を取得することができる。

4 **妥当である** 他人のために物を占有する者は、占有回収の訴えにより奪われた物の返還を請求できる（197条後段、200条1項）。したがって、Aのために丁を保管しているBは、占有回収の訴えにより、Cに対して丁の返還を請求することができる。

5 **妥当である** 184条は、「代理人によって占有をする場合において、本人がその代理人に対して以後第三者のためにその物を占有することを命じ、その第三者がこれを承諾したときは、その第三者は、占有権を取得する。」と規定している（指図による占有移転）。指図による占有移転は、178条の「引渡

し」に当たる。本問では、Aが戊の占有者Bに対し、以後Cのために占有することを命じ、Cが承諾しているため、戊について、AからCへの指図による占有移転があったといえる。したがって、戊についてAからCへの引渡しが認められる。

....

以上により、妥当でないものは2の記述であり、正解は2となる。

正解	1	2	3	4	5
解答率（％）	13.3	62.9	6.5	12.8	4.1

問題29 ┃ 根抵当権
（民法）

ランク	正解
B	4

1　**正しい**　民法398条の19第1項前段は、「根抵当権設定者は、根抵当権の設定の時から3年を経過したときは、担保すべき元本の確定を請求することができる。」と規定している。また、同条2項前段は、「根抵当権者は、いつでも、担保すべき元本の確定を請求することができる。」と規定している。したがって、本記述は正しい。なお、同条3項は、「前2項の規定は、担保すべき元本の確定すべき期日の定めがあるときは、適用しない。」と規定しているが、本記述の場合、本件根抵当権について元本確定期日が定められていないため、同条1項及び2項の規定が適用される。

2　**正しい**　398条の4第1項前段は、「元本の確定前においては、根抵当権の担保すべき債権の範囲の変更をすることができる。」と規定し、同条2項は、「前項の変更をするには、後順位の抵当権者その他の第三者の承諾を得ることを要しない。」と規定している。また、同条3項は、「第1項の変更について元本の確定前に登記をしなかったときは、その変更をしなかったものとみなす。」と規定している。

3　**正しい**　398条の21第1項は、「元本の確定後においては、根抵当権設定者は、その根抵当権の極度額を、現に存する債務の額と以後2年間に生ずべき

利息その他の定期金及び債務の不履行による損害賠償の額とを加えた額に減額することを請求することができる。」と規定している。

4　**誤り**　398条の3第1項は、「根抵当権者は、確定した元本並びに利息その他の定期金及び債務の不履行によって生じた損害の賠償の全部について、極度額を限度として、その根抵当権を行使することができる。」と規定している。したがって、Bは、確定した元本に係る最後の2年分の利息、損害金について、極度額を超えて、本件根抵当権を行使して優先弁済を受けることができない。

5　**正しい**　398条の7第1項前段は、「元本の確定前に根抵当権者から債権を取得した者は、その債権について根抵当権を行使することができない。」と規定している。元本確定前の根抵当権は、抵当権と異なり、随伴性が否定されているからである。

以上により、明らかに誤っているものは4の記述であり、正解は4となる。

正解	1	2	3	4	5
解答率（％）	13.8	5.6	7.9	**61.7**	10.6

問題30　債務不履行（民法）

ランク	正解
B	5

1　**誤り**　民法412条2項は、「債務の履行について不確定期限があるときは、債務者は、その期限の到来した後に履行の請求を受けた時又はその期限の到来したことを知った時のいずれか早い時から遅滞の責任を負う。」と規定している。本問では、「Cが亡くなった後に引き渡す」という不確定期限が定められているため、Bから履行の請求があったか、AがCの死亡を知った時のいずれか早い時から遅滞責任が生じる。したがって、Aが実際にCの死亡を知らなかったとしても、Bから履行の請求があったのであれば、Aは履行遅滞の責任を負う。

2 **誤り** 契約に基づく債務の履行がその契約の成立の時に不能であった場合（原始的不能）でも損害賠償責任を負う（415条1項、412条の2第2項）。もっとも債務者は、債務不履行について帰責性が認められない場合は、債務不履行責任を負わない（415条1項ただし書）。本記述では、AがBに対し債務不履行に基づく損害賠償責任を負わない理由は、債務の履行が原始的不能であることではなく、債務者に帰責性が認められないことにある。したがって、本問は、「本件契約は、その成立の時に不能であるから」としている点が誤りである。

3 **誤り** 415条1項は、「債務者がその債務の本旨に従った履行をしないとき又は債務の履行が不能であるときは、債権者は、これによって生じた損害の賠償を請求することができる。ただし、その債務の不履行が契約その他の債務の発生原因及び取引上の社会通念に照らして債務者の責めに帰することができない事由によるものであるときは、この限りでない。」と規定している。債務者が債務不履行責任を負うかどうかは、契約その他の債務の発生原因及び社会通念に照らして判断されるため、履行補助者の過失によって債務不履行に陥った場合であっても、債務者が当然に債務不履行責任を負うわけではない。あくまでも、一つの考慮要素となるにすぎない。

4 **誤り** 536条1項は、「当事者双方の責めに帰することができない事由によって債務を履行することができなくなったときは、債権者は、反対給付の履行を拒むことができる。」と規定している。したがって、動産甲がA・B双方の責めに帰すことができない事由によって滅失したときは、Bは、Aからの代金支払請求を拒むことができる。

5 **正しい** 413条の2第2項は、「債権者が債務の履行を受けることを拒み、又は受けることができない場合において、履行の提供があった時以後に当事者双方の責めに帰することができない事由によってその債務の履行が不能となったときは、その履行の不能は、債権者の責めに帰すべき事由によるものとみなす。」と規定している。債務不履行について債権者の帰責性が認められる場合、債権者は、契約の解除をすることができず（543条）、また、反対給付の履行を拒むこともできない（536条2項前段）。本問では、Bが動産甲の受領を拒んでいることから、履行不能について債権者であるBの責めに帰

234

すべき事由があるとみなされるため、Bは、本件契約を解除することも、Aからの代金支払請求を拒絶することもできない。

....

以上により、正しいものは5の記述であり、正解は5となる。

正解	1	2	3	4	5
解答率（％）	7.9	13.1	21.4	4.7	52.7

問題31 債務不履行を理由とする契約の解除 （民法）　ランクA　正解5

1　**妥当でない**　債務者がその債務の全部の履行を拒絶する意思を明確に表示したときは、債権者は、相当の期間を定めて履行の催告をすることなく、直ちに契約の解除をすることができる（民法542条1項2号）。

2　**妥当でない**　債務の全部の履行が不能であるときは、債権者は、相当の期間を定めて履行の催告をすることなく、直ちに契約の解除をすることができる（542条1項1号）。債務者の責めに帰すべき事由があることは、契約を解除するための要件としては掲げられていない。したがって、目的物が不可抗力によって滅失した場合であっても（債務者の責めに帰すべき事由がなかったとしても）、買主（債権者）は、契約を解除することができる。

3　**妥当でない**　賃貸借の当事者の一方が、当事者相互の信頼関係を破壊し、賃貸借関係の継続を著しく困難にする行為をした場合に、他方は民法541条が規定する相当の期間を定めた履行の催告をしていなかったとしても、契約を解除することができる（最判昭27.4.25等）。

4　**妥当でない**　民法545条1項本文は、「当事者の一方がその解除権を行使したときは、各当事者は、その相手方を原状に復させる義務を負う。」と規定している。判例は、売買契約が解除された場合に、目的物の引渡しを受けていた買主は、原状回復義務の内容として、解除までの間目的物を使用したこ

とによる利益を売主に返還すべき義務を負うとしており、このことは、他人の権利の売買契約において、売主が目的物の所有権を取得して買主に移転することができず、561条〔平成29年法律第44号による改正前〕の規定により当該契約が解除された場合についても同様であると解すべきであるとしている（最判昭51.2.13）。したがって、売主に対して、他人物売買契約の解除による原状回復義務として金銭以外の目的物を返還するときは、受け取った時からの使用利益を付けて返還する必要がある。

5　　**妥当である**　541条は、「当事者の一方がその債務を履行しない場合において、相手方が相当の期間を定めてその履行の催告をし、その期間内に履行がないときは、相手方は、契約の解除をすることができる。ただし、その期間を経過した時における債務の不履行がその契約及び取引上の社会通念に照らして軽微であるときは、この限りでない。」と規定している。したがって、代金額の不足が「軽微」な場合は、契約の解除が制限されることがある。

以上により、妥当なものは記述5であり、正解は5となる。

正解	1	2	3	4	5
解答率（％）	1.3	4.0	4.0	8.8	81.8

問題32 | **賃貸人たる地位の移転**（民法） | ランク **A** | 正解 **4**

1　　**正しい**　民法605条の2第1項は、「前条〔不動産賃貸借の対抗力〕、借地借家法第10条又は第31条その他の法令の規定による賃貸借の対抗要件を備えた場合において、その不動産が譲渡されたときは、その不動産の賃貸人たる地位は、その譲受人に移転する。」と規定している。そして、借地借家法31条は、「建物の賃貸借は、その登記がなくても、建物の引渡しがあったときは、その後その建物について物権を取得した者に対し、その効力を生ずる。」と規定している。本問では、BはAから甲建物の引渡しを受けているため、

Bの賃借権は対抗力を備えているといえる。したがって、甲建物がAからCに譲渡されたときは、賃貸人たる地位はBの承諾を要せず、当然にCに移転する。

　なお、本問は対抗力を備えている賃借権であるため、賃貸人たる地位は当然に移転するが、対抗力を備えていない賃借権であったとしても、その賃貸人たる地位は、賃借人の承諾を要しないで、譲渡人と譲受人との合意により、譲受人に移転させることができる（民法605条の3前段）。本問では、「AとCとの合意」の有無は関係なく、AとCが合意していなかった場合でも、賃貸人たる地位は当然に移転するため、「AとCとの合意により」という部分は意味のない記載であることとなる。

2　**正しい**　賃貸人たる地位の移転は、賃貸物である不動産について所有権の移転の登記をしなければ、賃借人に対抗することができない（605条の2第3項）。したがって、賃貸人たる地位の移転は、甲建物について所有権移転登記をしていなければ、賃借人であるBに対抗することができない。

3　**正しい**　民法605条の2第2項前段は、「前項の規定〔不動産の賃貸人たる地位の移転〕にかかわらず、不動産の譲渡人及び譲受人が、賃貸人たる地位を譲渡人に留保する旨及びその不動産を譲受人が譲渡人に賃貸する旨の合意をしたときは、賃貸人たる地位は、譲受人に移転しない。」と規定している。したがって、本記述のような合意をしたときは、賃貸人たる地位はAからCに移転しない。

4　**誤り**　612条1項は、「賃借人は、賃貸人の承諾を得なければ、その賃借権を譲り渡し、又は賃借物を転貸することができない。」と規定しているため、賃借権の譲渡・転貸のいずれの場合においても、賃貸人の承諾を得る必要がある。したがって、Bは、甲建物を転貸するときであっても、Cの承諾を得る必要がある。

5　**正しい**　賃貸された不動産が譲渡されたことにより賃貸人たる地位が移転（605条の2第1項）したときは、敷金を巡る権利義務関係も新しい賃貸人に移転する（同条4項）。したがって、Cは、Bに対し、敷金の返還にかかる債務を負う。

....

以上により、誤っているものは4の記述であり、正解は4となる。

正解	1	2	3	4	5
解答率（%）	2.3	2.5	3.8	84.7	6.5

問題33 ┃ 法定利率 (民法)
ランク **C**　正解 **2**

1　**妥当である**　民法404条1項は、「利息を生ずべき債権について別段の意思表示がないときは、その利率は、その利息が生じた最初の時点における法定利率による。」と規定している。本条の「その利息が生じた最初の時点」とは、「その利息を支払う義務が生じた最初の時点」を意味する。利息付金銭消費貸借の場合には、利息は金銭を貸し渡した時より生じるため、「その利息を支払う義務が生じた時点」とは、借主が金銭を受け取った時点である。

2　**妥当でない**　404条1項は、「利息を生ずべき債権について別段の意思表示がないときは、その利率は、その利息が生じた最初の時点における法定利率による。」と規定している。したがって、本問のように、当初適用された法定利率が変動したときであっても、当該消費貸借の利息に適用される利率は、その利息が生じた最初の時点における法定利率により定められる。なお、同条2項は、「法定利率は、年3パーセントとする。」と規定しており、同条3項は、「前項の規定にかかわらず、法定利率は、法務省令で定めるところにより、3年を1期とし、1期ごとに、……変動するものとする。」と規定している。

3　**妥当である**　419条1項は、「金銭の給付を目的とする債務の不履行については、その損害賠償の額は、債務者が遅滞の責任を負った最初の時点における法定利率によって定める。ただし、約定利率が法定利率を超えるときは、約定利率による。」と規定している。したがって、本問のように、約定利率が法定利率より「低かったとき」は、遅延損害の額は、法定利率により定め

られる。

4 **妥当である** 上記3の解説のとおり、損害賠償の額は、債務者が遅滞の責任を負った最初の時点における法定利率によって定められる（419条1項本文）。不法行為に基づく損害賠償において、「債務者が遅滞の責任を負った最初の時点」とは、不法行為の時点を指す（最判昭37.9.4）。

5 **妥当である** 417条の2第1項は、「将来において取得すべき利益についての損害賠償の額を定める場合において、その利益を取得すべき時までの利息相当額を控除するときは、その損害賠償の請求権が生じた時点における法定利率により、これをする。」と規定している。

以上により、妥当でないものは2の記述であり、正解は2となる。

正解	1	2	3	4	5
解答率（%）	13.7	**41.2**	28.6	10.4	5.2

問題34 | 不法行為 （民法）

ランク	正解
C	5

1 **妥当でない** 民法712条は、「未成年者は、他人に損害を加えた場合において、自己の行為の責任を弁識するに足りる知能を備えていなかったときは、その行為について賠償の責任を負わない。」と規定している。「行為の責任を弁識するに足りる知能」とは、道徳上不正の行為であることを弁識する知能の意味ではなく、加害行為の法律上の責任を弁識するに足るべき知能をいう（大判大6.4.30）。したがって、本記述は「道徳上の」としている点が妥当でない。

2 **妥当でない** 713条は、「精神上の障害により自己の行為の責任を弁識する能力を欠く状態にある間に他人に損害を加えた者は、その賠償の責任を負わない。ただし、故意又は過失によって一時的にその状態を招いたときは、この限りでない。」と規定している。

3　**妥当でない**　正当防衛とは、他人の不法行為に対し、自己又は第三者の権利又は法律上保護される利益を防衛するため、やむを得ずにする加害行為のことである（720条1項本文）。本記述の場合、襲ってきた「野生の熊」に対し、自己の身を守るために他人の宅地に飛び込み板塀を壊しているため、正当防衛は成立しない。民法上、「野生の熊」は「人」ではなく「物」と評価されるからである。

4　**妥当でない**　緊急避難とは、他人の物から生じた急迫の危難を避けるために、その物を損傷することである（720条2項）。本記述の場合、他人の不法行為に対し、自己又は第三者の権利又は法律上保護される利益を防衛するため、やむを得ず加害行為をしているため、緊急避難ではなく、正当防衛が成立し得る。

5　**妥当である**　720条1項は、「他人の不法行為に対し、自己又は第三者の権利又は法律上保護される利益を防衛するため、やむを得ず加害行為をした者は、損害賠償の責任を負わない。ただし、被害者から不法行為をした者に対する損害賠償の請求を妨げない。」と規定している。したがって、窓を壊された被害者は、自己の身を守るために窓を割った者（やむを得ず加害行為をした者）に対しては、損害賠償を請求することができないが、暴漢（不法行為をした者）に対しては、損害賠償を請求することができる。

以上により、妥当なものは5の記述であり、正解は5となる。

正解	1	2	3	4	5
解答率（%）	11.2	4.5	3.4	61.2	19.2

問題35　相続（民法）　ランクB　正解1

1　**最も妥当である**　民法897条1項は、「系譜、祭具及び墳墓の所有権は、前条の規定〔相続の一般的効力〕にかかわらず、慣習に従って祖先の祭祀を主

宰すべき者が承継する。ただし、被相続人の指定に従って祖先の祭祀を主宰すべき者があるときは、その者が承継する。」と規定している。

2　**妥当でない**　896条は、「相続人は、相続開始の時から、被相続人の財産に属した一切の権利義務を承継する。ただし、被相続人の一身に専属したものは、この限りでない。」と規定している。したがって、本記述の前段は妥当である。もっとも、判例は、不法行為による慰謝料請求権は、被害者が生前に請求の意思を表明しなくても、当然に相続の対象となるとしている（最大判昭42.11.1）。したがって、本記述の後段が妥当でない。

3　**妥当でない**　判例は、「共同相続された普通預金債権、通常貯金債権及び定期貯金債権は、いずれも、相続開始と同時に当然に相続分に応じて分割されることはなく、遺産分割の対象となるものと解するのが相当である」としている（最大決平28.12.19）。

4　**妥当でない**　906条の2第1項は、「遺産の分割前に遺産に属する財産が処分された場合であっても、共同相続人は、その全員の同意により、当該処分された財産が遺産の分割時に遺産として存在するものとみなすことができる。」と規定している。また、同条第2項は、「前項の規定にかかわらず、共同相続人の1人又は数人により同項の財産が処分されたときは、当該共同相続人については、同項の同意を得ることを要しない。」と規定している。本記述のように、遺産分割前に相続財産に属する財産を処分したとしても、当該財産は必ずしも遺産分割の対象となる相続財産でなくなるわけではない。

5　**妥当であるとはいえない**　907条1項は、「共同相続人は、次条の規定〔遺産の分割の方法の指定及び遺産の分割の禁止〕により被相続人が遺言で禁じた場合を除き、いつでも、その協議で、遺産の全部又は一部の分割をすることができる。」と規定している。本条によれば、協議による遺産分割をすることができる期間に制限はない。したがって、相続の開始後3か月を経過していなくても、いつでもその協議で遺産の全部又は一部の分割をすることができる。

　　もっとも、本記述の「相続の開始後3か月を経過した場合」という部分を単なる場面の設定にすぎないものと捉えた場合、「3か月を経過した場合でも、以後いつでも遺産分割をすることができるのか」という問題であると考

えることとなり、妥当であると考える余地もある。

....

以上により、妥当なものは1の記述であり、正解は1となる。

正解	1	2	3	4	5
解答率（%）	56.5	9.7	3.4	10.6	18.9

問題36 営業譲渡 （商法）

ランク	正解
C	5

1　**誤り**　商号の譲渡は、登記をしなければ、第三者に対抗することができない（商法15条2項）。登記は対抗要件であり、効力発生要件ではない。

2　**誤り**　商法17条1項は、「営業を譲り受けた商人（以下この章において『譲受人』という。）が譲渡人の商号を引き続き使用する場合には、その譲受人も、譲渡人の営業によって生じた債務を弁済する責任を負う。」と規定している。したがって、本記述の前段は正しい。もっとも、同条2項後段は、「前項の規定は、……営業を譲渡した後、遅滞なく、譲受人及び譲渡人から第三者に対しその旨の通知をした場合において、その通知を受けた第三者について」は適用しないと規定している。本記述では、甲及び乙から丙への通知が要求されるところ、譲受人である乙からのみ通知がなされており、甲からの通知がなされていない。したがって、本記述は後段が誤りである。

3　**誤り**　17条4項は、「第1項に規定する場合〔商号続用の場合の譲受人の責任〕において、譲渡人の営業によって生じた債権について、その譲受人にした弁済は、弁済者が善意でかつ重大な過失がないときは、その効力を有する。」と規定している。したがって、丙が善意であったとしても、重過失があった場合には、本記述の弁済は効力を有しない。

4　**誤り**　18条1項は、「譲受人が譲渡人の商号を引き続き使用しない場合においても、譲渡人の営業によって生じた債務を引き受ける旨の広告をしたときは、譲渡人の債権者は、その譲受人に対して弁済の請求をすることができ

る。」と規定している。同条２項は、「譲受人が前項の規定により譲渡人の債務を弁済する責任を負う場合には、譲渡人の責任は、同項の広告があった日後２年以内に請求又は請求の予告をしない債権者に対しては、その期間を経過した時に消滅する。」と規定している。したがって、乙が甲の営業によって生じた債務を引き受ける旨の広告をしたときは、甲の債権者である丙は、その広告から２年以内に請求又は請求の予告をする限り、乙に対してのみならず、甲に対しても弁済の請求をすることができる。本記述は、乙に対して弁済の請求をしなければならないとして、甲に対する弁済の請求の可能性を排除しているため誤りである。

5　**正しい**　18条の２第１項は「譲渡人が譲受人に承継されない債務の債権者（以下この条において『残存債権者』という。）を害することを知って営業を譲渡した場合には、残存債権者は、その譲受人に対して、承継した財産の価額を限度として、当該債務の履行を請求することができる。ただし、その譲受人が営業の譲渡の効力が生じた時において残存債権者を害することを知らなかったときは、この限りでない。」と規定している。

以上により、正しいものは５の記述であり、正解は５となる。

正解	1	2	3	4	5
解答率（％）	10.1	40.1	8.3	14.4	26.1

問題37 会社法（発行可能株式総数）（商法）　ランク B　正解 3

ア　**正しい**　会社法37条１項は、「発起人は、株式会社が発行することができる株式の総数（以下『発行可能株式総数』という。）を定款で定めていない場合には、株式会社の成立の時までに、その全員の同意によって、定款を変更して発行可能株式総数の定めを設けなければならない。」と規定している。

イ　**誤り**　37条２項は、「発起人は、発行可能株式総数を定款で定めている場

合には、株式会社の成立の時までに、その全員の同意によって、発行可能株式総数についての定款の変更をすることができる。」と規定している。

ウ　**誤り**　98条は、「第57条第１項の募集〔設立時発行株式を引き受ける者の募集〕をする場合において、発行可能株式総数を定款で定めていないときは、株式会社の成立の時までに、創立総会の決議によって、定款を変更して発行可能株式総数の定めを設けなければならない。」と規定している。

　なお、設立時募集株式の払込期日・払込期間の初日が到来する前の場合には、発起人の全員の同意で決定するものとされる（25条１項２号、37条１項）。

エ　**正しい**　96条は、「第30条第２項〔定款の認証後の定款変更の禁止〕の規定にかかわらず、創立総会においては、その決議によって、定款の変更をすることができる。」と規定している。したがって、募集設立においては、発行可能株式総数を定款で定めている場合であっても、創立総会の決議によって、発行可能株式総数についての定款を変更することができる。

オ　**正しい**　37条３項は、「設立時発行株式の総数は、発行可能株式総数の４分の１を下ることができない。ただし、設立しようとする株式会社が公開会社でない場合は、この限りでない。」と規定している。

以上により、誤っているものの組み合わせは３であり、正解は３となる。

正解	1	2	3	4	5
解答率（％）	10.8	8.1	**55.2**	21.0	4.3

問題38　会社法（特別支配株主の売渡請求）（商法）　ランク C　正解 2

1　正しい　会社法179条１項本文は、「株式会社の特別支配株主……は、当該株式会社の株主……の全員に対し、その有する当該株式会社の株式の全部を

当該特別支配株主に売り渡すことを請求することができる。」と規定している。

2 **誤り** 179条の3第3項は、「取締役会設置会社が第1項〔対象会社に対し通知し、その承認を受けなければならない〕の承認をするか否かの決定をするには、取締役会の決議によらなければならない。」と規定している。他方、取締役会非設置会社の場合には、取締役の過半数で決定する（348条2項参照）。したがって、本記述は「株主総会の承認」としている点が誤りである。

3 **正しい** 179条の9第1項は、「株式等売渡請求をした特別支配株主は、取得日に、売渡株式等の全部を取得する。」と規定している。

4 **正しい** 株式売渡請求が法令に違反する場合において、売渡株主が不利益を受けるおそれがあるときは、売渡株主は、特別支配株主に対し、株式等売渡請求に係る売渡株式等の全部の取得をやめることを請求することができる（179条の7第1項1号）。

5 **正しい** 846条の2第1項は、「株式等売渡請求に係る売渡株式等の全部の取得の無効は、取得日……から6か月以内（対象会社が公開会社でない場合にあっては、当該取得日から1年以内）に、訴えをもってのみ主張することができる。」と規定している。当該訴えを提起できる者として、「取得日において売渡株主……であった者」が掲げられている（同条2項1号）。

以上により、誤っているものは2の記述であり、正解は2となる。

正解	1	2	3	4	5
解答率（%）	10.6	22.3	21.0	15.6	29.0

問題39	会社法 （公開会社における株主総会） （商法）	ランク C	正解 4

1 **正しい** 会社法297条1項は、「総株主の議決権の100分の3……以上の議

決権を６か月……前から引き続き有する株主は、取締役に対し、株主総会の目的である事項（当該株主が議決権を行使することができる事項に限る。）及び招集の理由を示して、株主総会の招集を請求することができる。」と規定している。本問の会社は公開会社であるから、６か月前の期間は適用される（同条２項）。

2　**正しい**　303条１項は、「株主は、取締役に対し、一定の事項（当該株主が議決権を行使することができる事項に限る。次項において同じ。）を株主総会の目的とすることを請求することができる。」と規定している。また、同条２項では「前項の規定にかかわらず、取締役会設置会社においては、総株主の議決権の100分の１……以上の議決権又は300個……以上の議決権を６か月……前から引き続き有する株主に限り、取締役に対し、一定の事項を株主総会の目的とすることを請求することができる。この場合において、その請求は、株主総会の日の８週間……前までにしなければならない。」と規定している。本問の会社は公開会社であるため、取締役会設置会社である（327条１項１号）。したがって、303条２項が定める要件を満たす必要がある。

3　**正しい**　304条は、「株主は、株主総会において、株主総会の目的である事項（当該株主が議決権を行使することができる事項に限る。……）につき議案を提出することができる。ただし、当該議案が法令若しくは定款に違反する場合又は実質的に同一の議案につき株主総会において総株主（当該議案について議決権を行使することができない株主を除く。）の議決権の10分の１……以上の賛成を得られなかった日から３年を経過していない場合は、この限りでない。」と規定している。

4　**誤り**　306条１項は、「株式会社又は総株主（株主総会において決議をすることができる事項の全部につき議決権を行使することができない株主を除く。）の議決権の100分の１（これを下回る割合を定款で定めた場合にあっては、その割合）以上の議決権を有する株主は、株主総会に係る招集の手続及び決議の方法を調査させるため、当該株主総会に先立ち、裁判所に対し、検査役の選任の申立てをすることができる。」と規定している。したがって、本記述は、「取締役に対し」、検査役の選任をすべきことを請求している点が誤りである。

5　**正しい**　314条は、「取締役、会計参与、監査役及び執行役は、株主総会において、株主から特定の事項について説明を求められた場合には、当該事項について必要な説明をしなければならない。ただし、当該事項が株主総会の目的である事項に関しないものである場合、その説明をすることにより株主の共同の利益を著しく害する場合その他正当な理由がある場合として法務省令で定める場合は、この限りでない。」と規定している。

以上により、誤っているものは4の記述であり、正解は4となる。

正解	1	2	3	4	5
解答率（%）	7.0	25.0	23.4	**33.8**	9.9

問題40　会社法（会計参与）（商法）

ランク	正解
B	4

ア　**誤り**　会社法上、本記述のような規定はない。

　　なお、公開会社は、取締役会を置かなければならず（327条1項1号）、公開会社である大会社は、監査等委員会設置会社及び指名委員会等設置会社である場合を除き、監査役会及び会計監査人を置かなければならない（328条1項）。

イ　**誤り**　会社法上、本記述のような規定はない。

　　なお、公開会社ではない大会社は、会計監査人を置く必要がある（328条2項）。

　　本記述と類似の規定として、327条2項は、「取締役会設置会社（監査等委員会設置会社及び指名委員会等設置会社を除く。）は、監査役を置かなければならない。ただし、公開会社でない会計参与設置会社については、この限りでない。」と規定している。

ウ　**正しい**　329条1項は、「役員……及び会計監査人は、株主総会の決議によって選任する。」と規定している。「役員」とは、取締役、会計参与及び監

査役を指す（同項かっこ書）。

エ　**正しい**　333条1項は、「会計参与は、公認会計士若しくは監査法人又は税理士若しくは税理士法人でなければならない。」と規定している。

オ　**誤り**　376条1項は、「取締役会設置会社の会計参与……は、第436条第3項〔計算書類〕、第441条第3項〔臨時計算書類〕又は第444条第5項〔連結計算書類〕の承認をする取締役会に出席しなければならない。この場合において、会計参与は、必要があると認めるときは、意見を述べなければならない。」と規定している。同規定のとおり、すべての取締役会に出席しなければならないわけではない。

以上により、正しいものの組合せは4であり、正解は4となる。

正解	1	2	3	4	5
解答率（％）	7.2	13.3	12.2	55.4	11.2

問題41　法律上の争訟（憲法）

ランク　**C**

正解　ア：10 イ：7 ウ：20 エ：5

本問は、普通地方公共団体の議会の議員に対する出席停止の懲罰と司法審査が問題となった事案における、最高裁判所判決（最大判令2.11.25）の宇賀克也裁判官補足意見を題材としたものである。

なお、本判例は、普通地方公共団体の議会の議員に対する出席停止の懲罰の適否は、司法審査の対象となる旨を判示し、出席停止の懲罰については裁判所の審査が及ばないとしていた従来の判例（最大判昭35.10.19）を変更した。

ア　「10　法律上」　イ　「7　外在的」
ウ　「20　憲法上」　エ　「5　自律性」

本問の該当箇所の原文（宇賀克也裁判官補足意見）は、以下のとおりである。

1　法律上の争訟

$\boxed{\text{法律上}}$ の争訟は、①当事者間の具体的な権利義務ないし法律関係の存否に関する紛争であって、かつ、②それが法令の適用により終局的に解決することができるものに限られるとする当審の判例〔中略〕に照らし、地方議会議員に対する出席停止の懲罰の取消しを求める訴えが、①②の要件を満たす以上、$\boxed{\text{法律上}}$ の争訟に当たることは明らかであると思われる。

$\boxed{\text{法律上}}$ の争訟については、憲法32条により国民に裁判を受ける権利が保障されており、また、$\boxed{\text{法律上}}$ の争訟について裁判を行うことは、憲法76条１項により司法権に課せられた義務であるから、本来、司法権を行使しないことは許されないはずであり、司法権に対する $\boxed{\text{外在的}}$ 制約があるとして司法審査の対象外とするのは、かかる例外を正当化する $\boxed{\text{憲法上}}$ の根拠がある場合に厳格に限定される必要がある。

2 国会との相違

国会については、国権の最高機関（憲法41条）としての $\boxed{\text{自律性}}$ を憲法が尊重していることは明確であり、憲法自身が議員の資格争訟の裁判権を議院に付与し（憲法55条）、議員が議院で行った演説、討論又は表決についての院外での免責規定を設けている（憲法51条）。しかし、地方議会については、憲法55条や51条のような規定は設けられておらず、憲法は、$\boxed{\text{自律性}}$ の点において、国会と地方議会を同視していないことは明らかである。

〔以下略〕

....

以上により、アには10、イには7、ウには20、エには5が当てはまる。

ア	正解	1	2	3	4	5	6	7	8	9	10
	解答率(%)	4.7		4.9	0.9	0.4	2.0			0.2	81.5
		11	12	13	14	15	16	17	18	19	20
					0.4	3.4			0.5	0.2	0.9

イ	正解	1	2	3	4	5	6	7	8	9	10
	解答率(%)	1.6	10.6	2.2	0.9	2.0	1.6	40.3	9.2	2.9	1.1
		11	12	13	14	15	16	17	18	19	20
		1.1	9.4	0.2	2.9	0.2		0.2	2.0	1.8	9.4

ウ	正解	1	2	3	4	5	6	7	8	9	10
	解答率（%）	24.5	0.4	4.9	0.7	0.4	1.3	0.4	1.4	5.0	11.9
		11	12	13	14	15	16	17	18	19	**20**
		0.9	0.4	0.2	0.4	0.7	0.4	0.2	8.5	1.6	**35.4**

エ	正解	1	2	3	4	**5**	6	7	8	9	10
	解答率（%）	0.2		0.4	22.7	**27.2**	0.2	0.2	0.2		0.2
		11	12	13	14	15	16	17	18	19	20
		24.6			22.8	0.2			0.4		0.2

問題42　情報公開法（行政法）

ランク **B**　正解　ア:19 イ:11 ウ:6 エ:3

　本問は、情報公開法（行政機関の保有する情報の公開に関する法律）を題材としたものである。

ア　「19 **行政文書**」　行政機関の長は、開示請求に係る行政文書の全部又は一部を開示するときは、その旨の決定をし、開示請求に係る行政文書の全部を開示しないときは、開示をしない旨の決定をしなければならない（情報公開法9条1項、2項）。

イ　「11 **申請に対する処分**」　行政庁に対する申請権が認められている場合、その申請に対する拒否決定には処分性が認められる。情報公開法3条は、「何人も、この法律の定めるところにより、行政機関の長……に対し、当該行政機関の保有する行政文書の開示を請求することができる。」と規定している。したがって、開示請求に対する開示決定等は、行政手続法上の申請に対する処分である。

ウ　「6 **理由**」　行政手続法8条1項本文は、「行政庁は、申請により求められた許認可等を拒否する処分をする場合は、申請者に対し、同時に、当該処分の理由を示さなければならない。」と規定している。申請に対する拒否決定である行政文書の開示請求に対する不開示決定は、申請により求められた

許認可等を拒否する処分といえるため、行政機関の長は、原則として、当該決定の理由を示さなければならない。

エ 「3 情報公開・個人情報保護審査会」 情報公開法19条1項柱書は、「開示決定等又は開示請求に係る不作為について審査請求があったときは、当該審査請求に対する裁決をすべき行政機関の長は、……情報公開・個人情報保護審査会……に諮問しなければならない。」と規定している。

……………………

以上により、アには19、イには11、ウには6、エには3が当てはまる。

ア	正解	1	2	3	4	5	6	7	8	9	10
	解答率(%)	0.2		0.4		27.2		5.8			0.2
		11	12	13	14	15	16	17	18	19	20
		0.5			4.0		1.1	0.2	0.5	59.9	

イ	正解	1	2	3	4	5	6	7	8	9	10
	解答率(%)	5.6	0.2		4.1	0.2	0.2	0.5			4.1
		11	12	13	14	15	16	17	18	19	20
		80.2	0.7			1.1	0.2	1.8	0.5	0.2	0.2

ウ	正解	1	2	3	4	5	6	7	8	9	10
	解答率(%)		0.2	0.2		0.4	95.3	0.2	0.2		
		11	12	13	14	15	16	17	18	19	20
		0.2				1.3			2.0		

エ	正解	1	2	3	4	5	6	7	8	9	10
	解答率(%)	0.2	3.4	43.0	0.4				44.8	0.2	0.2
		11	12	13	14	15	16	17	18	19	20
		0.2		0.4							7.0

問題43 ┃ 国家補償制度の谷間
.... （行政法）

ランク	正解
A	ア：4　イ：15
	ウ：20　エ：11

本問は、国家補償制度の谷間の問題を問うものである。

ア　「**4　無過失**」　国家賠償法1条1項は、「国又は公共団体の公権力の行使に当る公務員が、その職務を行うについて、故意又は過失によつて違法に他人に損害を加えたときは、国又は公共団体が、これを賠償する責に任ずる。」と規定しており、公務員の無過失の違法行為による被害は、国家賠償法の救済の対象とされていない。

イ　「**15　財産権**」　損失補償の根拠規定である憲法29条3項は、「私有財産は、正当な補償の下に、これを公共のために用ひることができる。」と規定しており、私有財産が損失補償の対象であることを明示している。そのため、損失補償は、財産権以外の権利利益についての被害については及ばないとも考えられている。

ウ　「**20　勿論**」　特定の対象より小さなものが許されているのだから、より大きなものはもちろん許されているという解釈のことを勿論解釈という。損失補償の対象である財産権の重要性は、生命・身体の利益と比較して小さいといえる。したがって、勿論解釈によれば、生命・身体の利益は、損失補償の対象となる。

エ　「**11　推定**」　判例（最判昭51.9.30）は、「適切な問診を尽さなかつたため、接種対象者の症状、疾病その他異常な身体的条件及び体質的素因を認識することができず、禁忌すべき者の識別判断を誤つて予防接種を実施した場合において、予防接種の異常な副反応により接種対象者が死亡又は罹病したときには、担当医師は接種に際し右結果を予見しえたものであるのに過誤により予見しなかつたものと推定するのが相当である」としており、実質的に、自らが無過失であることの立証責任を国側に負わせることで救済を図っている。

....

以上により、アには4、イには15、ウには20、エには11が当てはまる。

ア	正解	1	2	3	4	5	6	7	8	9	10
	解答率 (%)	1.1		0.2	**79.9**	0.4	0.2	0.2	0.2	3.4	
		11	12	13	14	15	16	17	18	19	20
		0.2	9.9		3.8						

イ	正解	1	2	3	4	5	6	7	8	9	10
	解答率 (%)		0.4	0.5	0.4	4.7	0.4	0.2	0.2	0.7	15.5
		11	12	13	14	15	16	17	18	19	20
					1.3	**72.1**	0.2	0.2	1.4	1.1	

ウ	正解	1	2	3	4	5	6	7	8	9	10
	解答率 (%)	0.5	6.5	0.5	0.4	4.7	0.4	0.2	0.2	0.7	15.5
		11	12	13	14	15	16	17	18	19	20
		2.5				0.4	1.1	9.0	0.7	0.4	**61.9**

エ	正解	1	2	3	4	5	6	7	8	9	10
	解答率 (%)	0.2	0.2	0.2	0.4	0.2	0.2	10.6	0.2	0.7	
		11	12	13	14	15	16	17	18	19	20
		83.3		0.7	0.2		1.8	0.4		0.2	

問題44 | 義務付けの訴え （行政事件訴訟法） | ランク A

【解答例】 B市を被告として重大な損害が生じるおそれがあると主張し、是正命令の義務付け訴訟を提起する。（45字）

本問は、建築基準法令に適合しないマンションが建築された場合に、当該マンションの隣地に住むXらはいかなる抗告訴訟で争うべきか、また、その訴訟要件について問うものである。

1 訴訟類型について

まず、Aは、B市建築主事から建築確認を受けて、マンションの建築工事

を行い、工事を完成しているため、本問においては、建築確認の取消しを求める訴えの利益は失われるため、建築確認の取消訴訟を提起することはできない（最判昭59.10.26）。

　工事完了により、建築確認の取消しを求める訴えの利益が消滅した場合、第三者が当該建築確認に係る建築物の違法性を争う抗告訴訟の方法としては、①検査済証交付の差止め訴訟、②検査済証交付の取消訴訟、③違反是正命令の義務付け訴訟が考えられるが、既に検査済証はBに交付されているため①の手段を採ることはできない。

　本問では、建築基準法違反のマンションに火災その他の災害が発生した場合、建物が倒壊、炎上することにより、Xらの身体の安全や家屋に甚大な被害が生ずるおそれがあるとして、Xらは、B市長に対して建築基準法9条に基づき違反建築物の是正命令を行うように求めているが、B市長はこれを拒否している。

　したがって、本問においては、B市長が是正権限を行使するように命ずる判決を求めることが、直截的な権利救済手段であるため、②の検査済証交付の取消訴訟ではなく、③の違反是正命令の義務付け訴訟を提起することが適切である。そして、Xらには、是正権限の行使を求める申請権が法令上定められていないことから、非申請型義務付け訴訟（行政事件訴訟法37条の2、3条6項1号）を提起すべきこととなる。

　なお、不作為の違法等確認訴訟についても、法令に基づく申請権がXらには認められず、不作為の違法等確認訴訟も適当ではない。

2　被告について

　非申請型義務付け訴訟の被告は、求められた処分を行う権限をもつ行政庁の所属する行政主体である（38条1項・11条）。

　したがって、建築基準法9条に基づく是正命令を行う権限をもつ特定行政庁たるB市長の所属するB市が被告となる。

3　どのような影響が生ずると主張する必要があるか

　非申請型義務付け訴訟が認められるためには、①「一定の処分がされないことにより重大な損害を生ずるおそれ」があること（37条の2第1項）、②「その損害を避けるため他に適当な方法がないとき」であること（同項）、③

「行政庁が一定の処分をすべき旨を命ずるとを求めるにつき法律上の利益を有する者」であること（同条3項）を要する。

問題文では、「前記のような被害を受けるおそれがあることにつき、同法の定める訴訟要件として、当該是正命令がなされないことにより、どのような影響を生ずるおそれがあるものと主張し」と指示されているため、端的に①の「重大な損害を生ずるおそれ」があることを主張すればよい。

4　結論

以上より、本問では、B市を被告として、一定の処分（違反是正命令）がされないことにより、重大な損害を生ずるおそれがあるものと主張し、義務付けの訴えを提起することとなる。

問題45 | 無権代理の本人相続
（民法）

ランク B

【解答例】 無権代理人を相続した本人が無権代理行為の追認を拒絶しても信義に反しないため、認められる。（44字）

本問では、無権代理行為がなされた後、当該無権代理人が死亡して本人が相続した場合に、本人は無権代理行為であることを理由に、履行を拒むことができるかが問われている。

1　無権代理行為

夫婦は、日常家事に関する法律行為については、相互に代理権を有する（民761条、最判昭44.12.18）。日常家事に関する法律行為とは、個々の夫婦がそれぞれの共同生活を営む上において通常必要な法律行為を指し、その範囲内に属するか否かは、単にその法律行為をした夫婦の共同生活の内部的な事情やその行為の個別的な目的のみを重視して判断すべきではなく、さらに客観的に、その法律行為の種類、性質等をも充分に考慮して判断される（同判例）。

　本問では、ＡとＢは夫婦であるが、甲不動産の売買契約は、客観的に観察して、一般的に高額な取引であることが多く、また、日常生活の中で頻繁に行われるような性質を有するものでもない。そこで、甲不動産の売買契約は、ＡＢ夫婦の「日常の家事」に関する法律行為と評価することはできない。

　したがって、Ｂの行為は無権代理（113条１項）である。

　なお、同判例によれば、無権代理行為の相手方である第三者においてその行為が当該夫婦の日常の家事に関する法律行為の範囲内に属すると信ずるにつき正当の理由のある場合に、民法110条の趣旨を類推適用して、その第三者が保護されることがあるが、本問では、特にこのような事情が明らかでないため、検討することを要しない。

2　無権代理と相続

　判例は、本人が無権代理人を相続した事案において、「相続人たる本人が被相続人の無権代理行為の追認を拒絶しても、何ら信義に反するところはないから、被相続人の無権代理行為は一般に本人の相続により当然有効となるものではない」としている（最判昭37.4.20）。

　本問では、本人Ａは、無権代理人Ｂを相続しているが、無権代理行為をしたわけではないため、追認拒絶をすることは信義則に反しないといえる。また、追認拒絶をすることは信義則に反しないため、無権代理行為は当然には有効にはならない。

　したがって、Ａは、売買契約の履行を拒むことができる。

3　結論

　以上より、本人Ａが無権代理人Ｂのなした甲不動産の売買契約の追認を拒絶しても、信義則に反することはなく、Ｂの当該行為がＡが相続したことにより当然に有効になるものではないため、Ａは、Ｃに対して、当該売買契約の履行を拒むことができる。

問題46 | 債権者代位・賃貸借
（民法）

ランク
B

【解答例1】 Bの所有権に基づく妨害排除請求権を代位して、塀の撤去及び損害賠償を請求することができる。（44字）

【解答例2】 Bの所有権に基づく妨害排除請求権を代位して、塀の撤去を請求することができる。（38字）

....

1　賃借権に基づく請求

　第三者が賃貸不動産の占有を妨害しているときは、賃借人は、その者に対して、妨害の停止を請求することができる（民法605条の4第1号）。もっとも、当該請求は、賃借権の登記をしているか、または借地借家法等が定める賃貸借の対抗要件を備えていることを要する（605条、605条の2第1項）。借地借家法の定める対抗要件とは、借地の場合における借地上の建物の登記（10条1項）、借家の場合における建物の引渡し（31条）をいう。

　本問では、甲土地の賃借権は登記がなされていない。また、甲土地上に建物が建築され、その建物の登記がされたという事情もない。そのため、本問の賃借権は、対抗力を備えていない。

　したがって、Aは、Cに対し、賃借権に基づいて、妨害の停止の請求をすることができない。

2　占有権に基づく請求

　占有者がその占有を妨害されたときは、占有保持の訴えにより、その妨害の停止及び損害の賠償を請求することができる（民法198条）。「占有」とは、物に対する現実の支配（事実上の支配）をしている状態をいう。

　本問では、甲土地がBからAに引き渡される前に、Cは甲土地に塀を設置していることから、Aが甲土地の占有を始めているとはいえない。

　したがって、Aは、Cに対し、占有保持の訴えにより、その妨害の停止等を請求することができない。

3　所有権に基づく物権的請求権の代位行使

判例によれば、不動産賃借権を被保全債権とし、賃貸人の有する所有権に基づく妨害排除請求権を代位行使することができる（大判昭4.12.16）。

本問では、Aは、工場を建設するため、Bからその所有する甲土地を賃借している。そのため、Aは、Bに対して、甲土地に工場を設置できるよう同土地を使用させることを請求することができる（601条）。それにもかかわらず、無権利者であるCによって甲土地に塀が設置されたことにより、Aは、甲土地に立ち入って工場の建設工事を開始することができなくなっている。この場合、Bは、甲土地の所有権に基づいて、Cに対し、その侵害を排除することを請求することができるが、AがBに当該対応を求めたところ、Bは、なんらの対応もしていない。

したがって、Aは、Cに対し、BのCに対する所有権に基づく妨害請求権を代位行使することによって、塀の撤去を請求することができる。

4　結論

以上より、Aは、Cに対し、甲土地の不動産賃借権を被保全債権として、BのCに対する所有権に基づく妨害排除請求権を代位行使して、塀の撤去を請求することができる。

なお、本問では、物権的請求権の種類について、返還請求権になるのか、それとも妨害排除請求権になるのかについては判断が分かれるところである。

一般的には、占有侵奪によって権利が侵害されている場合は返還請求権、占有侵奪以外の方法によって権利が侵害されている場合（例えば、他人の登記がされている場合など）は妨害排除請求権であると考えられている。

本問では、甲土地に塀が設置されたことにより、甲土地に「立ち入って」工場の建設工事を開始することができないとされているため、甲土地について占有侵奪があったと評価し得る。このように考えると、Aが代位行使するのは、「BのCに対する所有権に基づく返還請求権」ということになる。また、請求の内容について、正確には「塀の撤去及び土地の明渡し」となるが、土地の明渡請求が認められれば、その執行過程において、当然、障害物は収去（撤去）されるのであるから、塀の撤去についての記述がなくとも、甲土地の明渡請求についての記述があれば解答になり得ると考えることもでき

る。

問題47 | ロシア・旧ソ連の外交・軍事 | ランク B | 正解 5
（政治・経済・社会）

1　**妥当でない**　1853年にロシアがオスマン朝トルコを相手に起こした戦争は
クリミア戦争である。なお、イギリス・フランスがトルコ側に参戦し、クリ
ミア戦争によってウィーン体制に基づくヨーロッパの平和が崩壊した点は妥
当である。

2　**妥当でない**　1917年にロシアで起こった革命はロシア革命である。また、
1919年には、ロシア共産党の指導のもとに共産主義インターナショナル（コ
ミンテルン、第3インターナショナル）が結成され、世界革命の推進を目指
した。なお、革命政権が「平和に関する布告」を出したという点は妥当であ
る。

3　**妥当でない**　ソ連は1939年8月に独ソ不可侵条約を締結した。その後、ド
イツが同年9月にポーランドに侵攻してポーランドの西半分を占領し、ソ連
も同条約の秘密協定に基づいてポーランドに侵攻して東半分を占領した。ソ
連は、さらにフィンランドに侵攻し（冬戦争）、その一部（カレリア地方）
の割譲を受け、1940年7月にバルト三国（エストニア・ラトビア・リトアニ
ア）を併合した。しかし、ソ連はスウェーデンを占領したことはない。また、
日ソ中立条約が締結されたのは1941年4月であり、ソ連のポーランド侵攻の
後であるから、この点でも本記述は妥当でない。

4　**妥当でない**　1962年のキューバ危機においては、アメリカ大統領ケネディ
が、キューバにおけるミサイル基地へのソ連のミサイル搬入を阻止しようと
してキューバ海域を封鎖したが、アメリカがキューバの基地を空爆したこと
はなく、ソ連のフルシチョフ首相はキューバのミサイルを撤去し、アメリカ
もキューバ侵略をしないことを約束したことで危機は回避された。

5　**妥当である**　ソ連のアフガニスタン侵攻以降、1970年代末から米ソの対立

が激化した（新冷戦）。1985年にソ連でゴルバチョフ政権が誕生し、ゴルバチョフがいわゆる新思考外交を展開して以降、対立は解消に向かい、1989年のブッシュ大統領とゴルバチョフ書記長のマルタ会談で冷戦の終結が宣言された。

....

以上により、妥当なものは5の記述であり、正解は5となる。

正解	1	2	3	4	5
解答率（%）	4.1	4.3	10.8	7.9	**71.9**

問題48	ヨーロッパの国際組織 （政治・経済・社会）	ランク C	正解 5

ア　**妥当でない**　1958年に設立されたEEC（欧州経済共同体）は、フランスが中心となって設立されたものであり、原加盟国は、フランス、(旧)西ドイツ、イタリア、ベルギー、オランダ、ルクセンブルクであった。

イ　**妥当でない**　1993年のマーストリヒト条約発効によってEC（欧州共同体）はEU（欧州連合）に改組されたが、EUは国際連合の下部組織として形成されたものではない。

ウ　**妥当である**　欧州評議会（Council of Europe）は、人権、民主主義、法の支配の分野で国際社会の基準策定を主導する汎欧州（欧州全体を一体的に捉え、統合を目指す思想や運動のこと）の国際機関として、1949年にフランスのストラスブールに設立された。欧州評議会は、伝統的に人権、民主主義、法の支配等の分野で活動しており、最近では薬物乱用、サイバー犯罪、人身取引、テロ対策、偽造医薬品対策、女性に対する暴力、子供の権利、AI等の分野にも取り組んでいる（外務省ウェブサイト）。

エ　**妥当でない**　西欧同盟（WEU）は、NATO（北大西洋条約機構）内の西欧10か国（イギリス、フランス、ベルギー、オランダ、ルクセンブルク、ドイツ、イタリア、スペイン、ポルトガル、ギリシャ）の軍事機構である。

1948年、イギリス、フランス、ベルギー、オランダ、ルクセンブルクの5か国の西欧条約（ブリュッセル条約）により、旧ソ連の脅威に対処する集団防衛機構として発足し、1955年に旧西ドイツとイタリアを加えた7か国からなる西欧同盟に改組された。1993年のEU（欧州連合）発足にともない、西欧同盟の使命はEUに引き継がれ、2011年には活動を終了した。また、アメリカ（及びカナダ）が西欧同盟各国等に参加しているヨーロッパ各国と締結した条約は北大西洋条約である。

オ　**妥当である**　EEA（欧州経済領域）は、EU（欧州連合）にEFTA（欧州自由貿易連合）のノルウェー、アイスランド、リヒテンシュタインを含めた共同市場であり、関税を撤廃し、人・モノ・資本・サービスの流れを自由にしようとするものである。なお、スイスはEFTAに加盟しているが、EEAには参加していない。

以上により、妥当なものの組合せは5であり、正解は5となる。

正解	1	2	3	4	5
解答率（％）	33.6	7.4	3.4	12.6	42.6

問題49	軍備縮小（軍縮） （政治・経済・社会）	ランク B	正解 4

ア　**妥当である**　コスタリカは、1949年に制定された現行憲法において軍隊の保有を禁止している。また、フィリピンは、1987年の憲法改正によって、第2条第8項に「フィリピンは一貫して国益と共にあり、領土内において核兵器から自由となる政策を採用し追求する。」という条文を制定し、非核政策を憲法に明記している。

イ　**妥当である**　対人地雷禁止条約（オタワ条約）は、基本的に対人地雷の使用、貯蔵、生産、移譲等を全面的に禁止し、貯蔵地雷の4年以内の廃棄、埋設地雷の10年以内の除去等を義務づけるとともに、地雷除去、被害者支援に

ついての国際協力・援助等を規定している。

ウ　**妥当でない**　核拡散防止条約（核兵器不拡散条約、ＮＰＴ）は、アメリカ、ロシア、イギリス、フランス、中国の５か国を「核兵器国」と定め、「核兵器国」以外への核兵器の拡散を防止することを規定している（同条約１条、２条、３条）。

エ　**妥当でない**　佐藤栄作は、「核兵器を持たず、作らず、持ち込ませず」という非核三原則を宣言し、1970年に核兵器不拡散条約（ＮＰＴ）に署名したことなどを理由に、1974年にノーベル平和賞を受賞した。なお、2004年にノーベル平和賞を受賞したのはケニア出身のワンガリ・マータイ氏である。

オ　**妥当である**　中距離核戦力（ＩＮＦ）全廃条約は、アメリカのレーガン大統領とソ連のゴルバチョフ書記長の間で結ばれた核軍縮に関する条約であり、射程500〜5500kmの中距離核戦力（ＩＮＦ）を全面的に禁止するものである。1987年の両国首脳会談で署名、翌1988年に発効し、ソ連崩壊後はロシアが継承した。核兵器の削減を決めた初めての条約で、これにより地上配備の中距離核ミサイルが欧州から撤去されたが、2019年２月ロシアの地上発射型巡航ミサイル（ＧＬＣＭ）に反発してアメリカが破棄を通告し、同年８月に失効した。

....

以上により、妥当でないものの組合せは４であり、正解は４となる。

正解	1	2	3	4	5
解答率（％）	6.1	7.7	7.0	60.8	17.8

問題50	郵便局 （政治・経済・社会）	ランク B	正解 1

ア　**妥当でない**　2022年９月末時点の全国の郵便局数は、23,681（直営郵便局が20,039、簡易郵便局が3,642）である。2022年９月の全国のコンビニエンスストアの数は、55,872である。したがって、全国のコンビニエンスストアの

店舗数の方が、全国の郵便局数よりも多い。

イ **妥当である** そのとおりである。2003年、民間事業者による信書の送達に関する法律（信書便法）が施行され、信書の送達事業について民間事業者の参入が可能となった。信書便事業には、「一般信書便事業」と「特定信書便事業」の２種類があり、事業の開始には総務大臣の許可が必要である（信書便法６条、29条参照）。2022年６月28日時点で、一般信書便事業者はなく、特定信書便事業者は583者である。

ウ **妥当でない** 郵便局で、農産物や地元特産品などの販売を行うことは、認められている。

エ **妥当である** そのとおりである。郵便局では、民間他社のがん保険、変額年金保険、生命保険、自動車保険なども取り扱っている。

オ **妥当である** そのとおりである。ゆうちょ銀行の現金自動預払機（ATM）において、硬貨を伴う預金の預入れの際には、硬貨枚数が１～25枚について110円（税込）、26～50枚について220円（税込）、51～100枚について330円（税込）が、硬貨を伴う払戻し（引出し）の際には、硬貨枚数１枚以上について110円の硬貨預払料金が定められている。

以上により、妥当でないものの組合せは１であり、正解は１となる。

正解	1	2	3	4	5
解答率（％）	55.8	6.7	8.6	7.7	21.0

問題51	GDP（政治・経済・社会）	ランク B	正解 3

ア「アメリカ」 イ「中国」 ウ「日本」
エ「ドイツ」 オ「インド」 カ「イギリス」

国際通貨基金（IMF）の資料によれば、国内総生産（GDP）の水準にかか

る国別の順位は、以下のとおりである（2022年推計）。

①アメリカ（25.04兆ドル）

②中国（18.32兆ドル）

③日本（4.3兆ドル）

④ドイツ（4.03兆ドル）

⑤インド（3.47兆ドル）

⑥イギリス（3.2兆ドル）

以上により、空欄に当てはまる国名の組合せとして、正しいものは3であり、正解は3となる。

正解	1	2	3	4	5
解答率（％）	0.9	7.7	65.3	9.4	16.5

問題52 日本の森林・林業
（政治・経済・社会）

ランク	正解
C	2

ア　**妥当である**　日本の森林面積は約2500万ヘクタールであり、これは国土面積の約67％に相当する（農林水産省ウェブサイト・2021年資料参照）。他方、中国の森林面積は約2億800万ヘクタールであり、これは国土面積の約22％に相当する（林野庁ウェブサイト・2021年資料参照）。したがって、日本の森林率は中国の森林率より高い。

イ　**妥当でない**　森林は、個人や会社などが所有する「私有林」、自治体等が所有する「公有林」、国が所有する「国有林」に区分される。このうち国有林は、森林面積の約3割を占めている。

ウ　**妥当でない**　日本の林業は、長期にわたり産出額の減少や木材価格の下落等の厳しい状況が続いている。木材価格については、スギ・ヒノキ・カラマツは、1980（昭和55）年頃をピークに下落し、2000年代に入っても下落傾向が続いた（林野庁「平成26年度 森林及び林業の動向」参照）。他方で、2021

年には、新型コロナウイルス感染拡大に伴い、アメリカの住宅需要が急増し、さらに中国の木材消費も拡大したことにより、木材が世界的に品薄の状態となり価格が急騰した（ウッドショック）。

エ　妥当である　森林環境税は、2024（令和6）年度から国内に住所のある個人に対して課税される国税である。市町村において、個人住民税均等割と併せて1人年額1,000円が徴収され、その税収の全額が、国によって森林環境譲与税として都道府県・市町村へ譲与される。日本では、林業の担い手不足や、所有者・境界の不明な土地の存在により、森林の経営管理や整備に支障をきたしており、森林の機能を十分に発揮させるために、各地方団体による間伐などの適切な森林整備が課題となっている。このような現状に加え、パリ協定の枠組みにおける目標達成に必要な地方財源を安定的に確保する必要が生まれたことから、森林環境税及び森林環境譲与税が創設された。

オ　妥当でない　日本の木材自給率は、木材輸入量の増大に伴って低下し、2002（平成14）年には約18%まで落ち込んだが、その後は上昇傾向に転じている。2021（令和3）年の木材自給率は約41%であった（林野庁「令和3年木材需給表」参照）。

・・・・・・・・・・・・・・・・・・・・・・

以上により、妥当なものの組合せは2であり、正解は2となる。

正解	1	2	3	4	5
解答率（%）	19.8	9.0	30.4	6.7	33.6

問題53	正アメリカ合衆国における平等と差別 （政治・経済・社会）	ランク A	正解 2

1　妥当である　そのとおりである。キング牧師（マーティン・ルーサー・キング・ジュニア）の有名な演説である"I Have a Dream"は、1963年8月に行われたこのワシントン大行進において行われた。

2　**妥当でない**　2017年に、アメリカ合衆国大統領に就任したのは、ドナルド・ジョン・トランプである。

3　**妥当である**　そのとおりである。この事件を受け、アメリカ合衆国では、黒人差別に対する抗議運動のＢＬＭ（Black Lives Matter（ブラック・ライブズ・マター））運動が拡大した。

4　**妥当である**　そのとおりである。2022年３月に、人種差別に基づくリンチを連邦法の憎悪犯罪と定める「反リンチ法（エメット・ティル反リンチ法)」が成立した。

5　**妥当である**　そのとおりである。2022年６月に、連邦最高裁判所の判事に、黒人女性初となるケタンジ・ブラウン・ジャクソンが就任した。

....

以上により、妥当でないものは２の記述であり、正解は２となる。

正解	1	2	3	4	5
解答率（%）	2.0	88.8	1.3	6.3	1.3

問題54	地球環境問題に関する国際的協力体制 （政治・経済・社会）	ランク A	正解 4

ア　**ラムサール条約**　1971年に、特に水鳥の生息地として国際的に重要な湿地に関して採択された条約は、ラムサール条約（正式名称：特に水鳥の生息地として国際的に重要な湿地に関する条約）である。

イ　**国連環境計画**　1972年６月にスウェーデンのストックホルムで開催された国連人間環境会議の提案を受け、同会議で採択された人間環境宣言及び環境国際行動計画を実施に移すための機関として同年の国連総会決議に基づき設立されたのは、国連環境計画である。

ウ　**気候変動枠組条約**　1992年６月にブラジルのリオデジャネイロで開催された国連環境開発会議（地球サミット）で署名が開始されたのは、気候変動枠

組条約と生物多様性条約である。また、環境と開発に関するリオ宣言、同宣言の諸原則を実行するための行動計画であるアジェンダ21及び森林原則声明も採択された。

エ　京都議定書　1997年12月に日本の京都で開催された第3回気候変動枠組条約締約国会議（ＣＯＰ3、京都会議）で採択されたのは、京都議定書である。同議定書では、先進国及び市場経済移行国の温室効果ガス排出の削減目的が定められた。

オ　パリ協定　2015年12月にフランスのパリで開催された第21回気候変動枠組条約締約国会議（ＣＯＰ21）で、2020年以降の温室効果ガス排出削減等のための新たな国際枠組みとして採択されたのは、パリ協定である。

....

　以上により、空欄に当てはまる語句の組合せとして、妥当なものは4であり、正解は4となる。

正解	1	2	3	4	5
解答率（％）	1.6	0.9	10.4	86.0	0.9

問題55	人工知能（ＡＩ） （情報通信・個人情報保護）	ランク A	正解 1

Ⅰ　「ア　音声認識」　音声認識とは、人間が話した声を解析し、文字（テキスト）に変換する技術のことをいう。最近では、音声認識ＡＩを搭載したツールによって、問合せ電話の内容をその場でテキストに変換して記録したり、録音データから文字起こしをしたりすることが可能となっている。なお、声紋鑑定とは、声を分析した際の波形から人物を同定したり、声の特徴から人物像を割り出したりすることをいう。

Ⅱ　「ウ　画像認識」　画像認識とは、画像データから、オブジェクト（文字、顔など）や、対象物の特徴（形状、寸法、色など）を抽出、分析、識別して認識検出する手法をいう。ＡＩ技術の応用として画像認識技術を用いた例と

しては、身体的特徴により本人確認をする技術である生体認証がある。なお、ＤＮＡ鑑定とは、ヒトの細胞内のＤＮＡ（デオキシリボ核酸）に存在する個人的特徴を、個人識別や親子関係の判断に利用することをいう。

Ⅲ　「オ　ビッグデータ」　近年、ビッグデータという言葉に代表される電子的に処理可能なデータの飛躍的増大や、コンピュータの処理能力の向上、人工知能（ＡＩ）等の技術革新が進んでいる。ビッグデータについて、平成29年度の情報通信白書では、「デジタル化の更なる進展やネットワークの高度化、またスマートフォンやセンサー等ＩｏＴ〔あらゆるモノをインターネット（あるいはネットワーク）に接続する技術〕関連機器の小型化・低コスト化によるＩｏＴの進展により、スマートフォン等を通じた位置情報や行動履歴、インターネットやテレビでの視聴・消費行動等に関する情報、また小型化したセンサー等から得られる膨大なデータ」とされている。なお、デバイスとは、本来は道具、仕掛け、図案などを意味する英単語であるが、コンピュータ関連では、コンピュータを構成する電子機器やパーツ類、各種周辺機器など、特定の機能をもった装置の総称として用いられている。

Ⅳ　「キ　ディープラーニング」　近時のＡＩブームの中心となっているのは、マシーンラーニング（機械学習、ＭＬ）である。マシーンラーニングとは、人間の学習に相当する仕組みをコンピュータ等で実現するものであり、一定のアルゴリズムに基づき、入力されたデータからコンピュータがパターンやルールを発見し、そのパターンやルールを新たなデータに当てはめることで、その新たなデータに関する識別や予測等を可能とする手法である。そして、マシーンラーニングの手法の一つに、ディープラーニング（深層学習、ＤＬ）がある。ディープラーニングとは、多数の層から成るニューラルネットワークを用いて行う機械学習のことである。ディープラーニングにより、コンピュータがパターンやルールを発見する上で何に着目するか（「特徴量」という）を自ら抽出することが可能となり、何に着目するかをあらかじめ人が設定していない場合でも識別等が可能になったとされている。なお、スマートラーニングとは、ＩＣＴ（情報通信技術）を活用した多方向個別学修（学習）システムをいう。

Ⅴ　「ケ　帰納的推論」　帰納的推論とは、与えられたさまざまな命題からその

前提となる一般的な規則を導き出す推論のことである。帰納的推論は、人間に特有な知的情報処理であるといわれていたが、ＡＩによるディープラーニングは、帰納的推論の手法を用いたものである。なお、演繹的推論とは、少ない前提に少数の規則を繰り返し適用して新しい命題を導くことである。

以上により、空欄に入る語句の組合せとして、妥当なものは１であり、正解は１となる。

正解	1	2	3	4	5
解答率（％）	89.0	4.1	5.6	0.7	0.2

問題56 情報通信に関する用語
（情報通信・個人情報保護）

ランク	正解
A	1

ア　**妥当である**　「オプトイン（opt-in）」とは、事前に本人へ承諾を得てサービス等を提供することであり、企業などの団体や個人が個人情報を収集、利用、又は第三者への提供を行う場合に、個人情報の主体者である本人への承諾を事前に得ることを意味する。

イ　**妥当である**　「（デジタル）プラットフォーム事業者」とは、情報通信技術やデータを活用して第三者にオンラインのサービスの「場」を提供し、そこに異なる複数の利用者層が存在する多面市場を形成し、いわゆる間接ネットワーク効果が働くという特徴を有する「（デジタル）プラットフォーム」を提供する事業者のこという。

ウ　**妥当でない**　「デジタルトランスフォーメーション」について、経済産業省は、「企業がビジネス環境の激しい変化に対応し、データとデジタル技術を活用して、顧客や社会のニーズを基に、製品やサービス、ビジネスモデルを変革するとともに、業務そのものや、組織、プロセス、企業文化・風土を変革し、競争上の優位性を確立すること」と定義している。

エ　**妥当でない**　「テレワーク」とは、総務省では「情報通信技術〔ＩＣＴ＝

Information and Communication Technology〕を活用した時間や場所を有効に活用できる柔軟な働き方」と定義している。Tele（離れて）とWork（仕事）を組み合わせた造語であり、本拠地のオフィスから離れた場所で、ＩＣＴを使って仕事をすることを意味する。

オ　妥当でない　「ベース・レジストリ」について、デジタル庁は、「公的機関等で登録・公開され、様々な場面で参照される、人、法人、土地、建物、資格等の社会の基本データであり、正確性や最新性が確保された社会の基盤となるデータベース」と定義している。

....

以上により、妥当なものの組合せは１であり、正解は１となる。

正解	1	2	3	4	5
解答率（％）	83.8	4.9	6.3	4.0	0.9

問題57	個人情報保護制度 （情報通信・個人情報保護）	ランク B	正解 5

1　誤り　国の個人情報保護に関する最初の法律は、昭和63年12月に制定された「行政機関の保有する電子計算機処理に係る個人情報の保護に関する法律」である。これに対して、地方公共団体では、電子計算機処理に係る個人情報の保護に関する条例として、昭和50年３月に全国で初めて東京都国立市で「国立市電子計算組織の運営に関する条例」が制定された。また、昭和59年７月に、電算処理に係るものだけではなく個人情報全般を保護する条例として、全国最初に、福岡県春日市で「春日市個人情報保護条例」が制定された。そのため、個人情報保護に関しては、国の制度がすべての地方公共団体に先行して整備されたわけではない。

2　誤り　個人情報保護制度において、個人情報保護委員会は、個人情報保護条例を制定していない地方公共団体に対して、個人情報保護法違反を理由とした是正命令を発出しなければならないとする規定はない。

3　**誤り**　個人番号カードは、「行政手続における特定の個人を識別するための番号の利用等に関する法律」（マイナンバー法、番号法）に基づいて、市区町村長が交付している（マイナンバー法17条1項前段）。

4　**誤り**　個人情報保護法において、個人情報保護委員会が、内閣総理大臣に対して、地方公共団体への指揮監督権限の行使を求める意見を具申することができるとする規定はない。

5　**正しい**　個人情報保護委員会は、認定個人情報保護団体に関する事務をつかさどる（個人情報保護法132条3号）。

⋯⋯⋯⋯⋯⋯⋯⋯⋯

以上により、正しいものは5の記述であり、正解は5となる。

正解	1	2	3	4	5
解答率（%）	9.0	4.3	7.2	26.6	52.7

問題58 ｜ 文章整序 （文章理解）

ランク	正解
A	4

エ→ウ→ア→イ→オ

(1)　空欄の直前の記載に「ふしぎな『なぜ』」が「あつまった」とあることから、この「なぜ」に関する記載のある記述ウ、記述エに着目する。

　記述エでは、「珍妙な『なぜ』が続出」とあるところ、「珍妙」は「ふしぎな」と、「続出」は「あつまった」と同義であり、空欄の直前の記載を受けている（換言している）といえる。

　そして、記述ウでは、冒頭で「しかし」という逆接を用いつつ、学生が問題発見に向けて踏み出せたことについて触れているところ、これは、上記のように珍妙な「なぜ」が続出したが、（しかし、それにより）学生たちが前に進めた、ということを評しているといえる。

　したがって、空欄の最初には「エ→ウ」の順で当てはまる。

(2)　残る記述ア、記述イ、記述オについて検討する。

　これらの記述に共通しているキーワードは、「必要な情報」である。それぞれの記述において、「必要な情報」を明確にすること（記述ア）、「必要な情報」を手にするための前提として、その明確化は欠かせないこと（記述イ）を示しつつ、必要な情報を明確にし、手に入れること＝えらび出すことは、「情報を使う」ことを意味する（記述オ）、という筆者の主張をみることができる。

　したがって、記述ア、記述イ、記述オは、「エ→ウ」に続くひとかたまりの内容として位置づけることができる。

以上により、順序として妥当なものは4であり、正解は4となる。

正解	1	2	3	4	5
解答率（%）	0.5	4.3	0.5	91.5	2.7

問題59 ｜ 短文挿入（文章理解）

ランク **A** ｜ 正解 **1**

　本文の空欄の前では、日本の現在の政治組織においては、戦時中の「日本軍の戦略性の欠如」が継承されている、としている。

　そして、本文の空欄の後では、従来の国際環境下においては、その承継がフレキシブルな微調整的適応を（意図しない結果として）もたらした、と評しつつ、今日においては、これまでのような対応（無原則な対応）では国際環境を乗り切れる保証はない、と指摘している。

　本問の空欄には、上記の内容に沿うものが妥当する。

1　**妥当である**　「臨機応変な対応」という表現は、「フレキシブルな微調整的適応」と同義であるといえる。

　　また、「逆説的」とは、普通とは反対の方向で考えが進むさまをいう。本文では、「戦略性の欠如」により、意図していない「フレキシブルな微調整的適応」という結果をもたらすことができた、という流れが読み取れるところ、この結果は「逆説的」であると評することができる。

2 **妥当でない** 「当意即妙」とは、その場に適応した即座の機転を利かせるさまをいう。そうすると、「当意即妙な対応」という表現は、「フレキシブルな微調整的適応」と同義であるといえる。

しかし、無原則性についての「普遍的」という表現は、今日において無原則な対応では（これまでのように）国際環境を乗り切れる保証はない、とする本文の指摘と適合しない。

3 **妥当でない** 「優柔不断な対応」という表現は、「フレキシブルな微調整的適応」と同義であるとはいえない。

また、無原則性についての「自虐的」という表現は、本文の内容と適合しない。

4 **妥当でない** 「融通無碍」（ゆうずうむげ）とは、行動や考えが何の障害もなく自由なさまを意味する。「融通無碍な対応」という表現は、「フレキシブルな微調整的適応」と類似しているとも考えられる。

しかし、無原則性についての「抜本的」という表現は、今日において無原則な対応では（これまでのように）国際環境を乗り切れる保証はない、とする本文の指摘と適合しない。

5 **妥当でない** 「孤立無援な対応」という表現は、「フレキシブルな微調整的適応」と同義であるとはいえない。

また、「真説的」とは、正しい意見や学説を意味するところ、無原則性についての「真説的」という表現は、「戦略性の欠如」により、意図していない「フレキシブルな微調整的適応」という結果をもたらすことができた、という本文の流れと適合しない。

....

以上により、妥当なものは1の記述であり、正解は1となる。

正解	1	2	3	4	5
解答率（%）	83.5	6.5	7.6	1.1	0.9

問題60 ｜ 空欄補充（文章理解）

ランク A　**正解 5**

ア　臨場感　「あたかも自分がその場に立ち会っている」という状況を表現する語句として、「臨場感」が入る。

イ　錯覚　本文では、ライブ中継について、その場に立ち会っていないのに、あたかも（まるで、さながら）立ち会っているかのように感じられることがあると評している。そこで、事実を違うものに知覚することをあらわす語句として、「錯覚」が入る。

ウ　媒介　メディアの役割を表現する言葉として、「媒介」が入る。

エ　取捨選択　本文では、メディアは、情報をすべて伝えるのではなく、伝える情報と伝えない情報があるとしている。その過程をあらわす語句として、「取捨選択」が入る。

　なお、「換骨奪胎」（かんこつだったい）とは、他の詩文などの語句や構想を利用して、その着想や形式を真似しながら自分独自の価値のあるものを作ることを意味する。また、「実事求是」（じつじきゅうぜ）とは、事実の実証に基づいて物事の真理を追求することを意味する。

オ　恣意的　本文では、メディアが「伝える情報」と「伝えない情報」を選択する場合において、制作者の思惑や価値判断が入り込まざるを得ないとしている。このように思惑や価値判断が入り込むことをあらわす語句として、「恣意的」が入る。

....

　以上により、空欄に入る語句の組合せとして、妥当なものは5であり、正解は5となる。

正解	1	2	3	4	5
解答率（%）	1.4	0	0.5	0.2	97.7

2021（令和3）年度
試験問題

法令等　［問題1〜問題40は択一式（5肢択一式）］

問題1　次の文章の空欄　ア　〜　エ　に当てはまる語句の組合せとして、正しいものはどれか。

　そもそも、刑罰は　ア　的に科すべきものであるか（　ア　刑論）あるいは　イ　を目的として科すべきものであるか（目的刑論）が、いわゆる刑法理論の争いである。

　　ア　刑論すなわち絶対論では、善因に善果あるべきが如く、悪因に悪果あるべきは当然とするのである。しかして、刑罰は、国家がこの原理に基づいてその権力を振るうもので、同時にこれによって国家ないし法律の権威が全うされるというのである。

　これに対して、　イ　論すなわち相対論においては、　イ　の必要に基づきて国家は刑罰を行うというのである。たとい小さな犯罪といえども、それが　ウ　となれば重く罰する必要があろう。たとい重い犯罪といえども、それが偶発的な犯罪であるならば、刑の　エ　ということにしてよかろうというのである。

（出典　牧野英一「法律に於ける正義と公平」有斐閣、
1920年から〈適宜新かな新漢字に修正した。〉）

	ア	イ	ウ	エ
1	応報	社会防衛	故意犯	仮執行
2	教育	社会防衛	累犯	執行猶予
3	応報	国家防衛	故意犯	仮執行
4	教育	国家防衛	累犯	執行猶予
5	応報	社会防衛	累犯	執行猶予

問題2　法令の効力に関する次の記述のうち、妥当なものはどれか。
. . . .

1　法律の内容を一般国民に広く知らせるには、法律の公布から施行まで一定の期間を置くことが必要であるため、公布日から直ちに法律を施行することはできない。

2　法律の効力発生日を明確にする必要があるため、公布日とは別に、必ず施行期日を定めなければならない。

3　日本国の法令は、その領域内でのみ効力を有し、外国の領域内や公海上においては、日本国の船舶および航空機内であっても、その効力を有しない。

4　一般法に優先する特別法が制定され、その後に一般法が改正されて当該特別法が適用される範囲について一般法の規定が改められた場合には、当該改正部分については、後法である一般法が優先して適用され、当該特別法は効力を失う。

5　法律の有効期間を当該法律の中で明確に定めている場合には、原則としてその時期の到来により当該法律の効力は失われる。

問題3 インフルエンザウイルス感染症まん延防止のため、政府の行政指導により集団的な予防接種が実施されたところ、それに伴う重篤な副反応により死亡したXの遺族が、国を相手取り損害賠償もしくは損失補償を請求する訴訟を提起した（予防接種と副反応の因果関係は確認済み）場合に、これまで裁判例や学説において主張された憲法解釈論の例として、妥当でないものはどれか。

1 予防接種に伴う特別な犠牲については、財産権の特別犠牲に比べて不利に扱う理由はなく、後者の法理を類推適用すべきである。

2 予防接種自体は、結果として違法だったとしても無過失である場合には、いわゆる谷間の問題であり、立法による解決が必要である。

3 予防接種に伴い、公共の利益のために、生命・身体に対する特別な犠牲を被った者は、人格的自律権の一環として、損失補償を請求できる。

4 予防接種による違法な結果について、過失を認定することは原理的に不可能なため、損害賠償を請求する余地はないというべきである。

5 財産権の侵害に対して損失補償が出され得る以上、予防接種がひき起こした生命・身体への侵害についても同様に扱うのは当然である。

問題4　捜査とプライバシーに関する次の記述のうち、最高裁判所の判例に照らし、妥当なものはどれか。

1　個人の容ぼうや姿態は公道上などで誰もが容易に確認できるものであるから、個人の私生活上の自由の一つとして、警察官によって本人の承諾なしにみだりにその容ぼう・姿態を撮影されない自由を認めることはできない。

2　憲法は、住居、書類および所持品について侵入、捜索および押収を受けることのない権利を定めるが、その保障対象には、住居、書類および所持品に限らずこれらに準ずる私的領域に侵入されることのない権利が含まれる。

3　電話傍受は、通信の秘密や個人のプライバシーを侵害するが、必要性や緊急性が認められれば、電話傍受以外の方法によって当該犯罪に関する重要かつ必要な証拠を得ることが可能な場合であっても、これを行うことが憲法上広く許容される。

4　速度違反車両の自動撮影を行う装置により運転者本人の容ぼうを写真撮影することは憲法上許容されるが、運転者の近くにいるため除外できないことを理由としてであっても、同乗者の容ぼうまで撮影することは許されない。

5　GPS端末を秘かに車両に装着する捜査手法は、車両使用者の行動を継続的・網羅的に把握するものであるが、公道上の所在を肉眼で把握したりカメラで撮影したりする手法と本質的に異ならず、憲法が保障する私的領域を侵害するものではない。

問題5 地方公共団体がその土地を神社の敷地として無償で提供することの合憲
性に関連して、最高裁判所判決で考慮要素とされたものの例として、妥当
でないものはどれか。

1 国または地方公共団体が国公有地を無償で宗教的施設の敷地として提供す
る行為は、一般に、当該宗教的施設を設置する宗教団体等に対する便宜の供
与として、憲法89条*との抵触が問題となる行為であるといわなければなら
ない。

2 一般的には宗教的施設としての性格を有する施設であっても、同時に歴史
的、文化財的な保護の対象となったり、観光資源、国際親善、地域の親睦の
場としての意義を有するなど、文化的・社会的な価値に着目して国公有地に
設置されている場合もあり得る。

3 日本では、多くの国民に宗教意識の雑居性が認められ、国民の宗教的関心
が必ずしも高いとはいえない一方、神社神道には、祭祀儀礼に専念し、他の
宗教にみられる積極的な布教・伝道などの対外活動をほとんど行わないとい
う特色がみられる。

4 明治初期以来、一定の社寺領を国等に上知（上地）させ、官有地に編入し、
または寄附により受け入れるなどの施策が広く採られたこともあって、国公
有地が無償で社寺等の敷地として供される事例が多数生じており、これが解
消されないまま残存している例もある。

5 当該神社を管理する氏子集団が、宗教的行事等を行うことを主たる目的と
する宗教団体であり、寄附等を集めて当該神社の祭事を行っている場合、憲
法89条*の「宗教上の組織若しくは団体」に該当するものと解される。

（注）＊ 憲法 89 条
公金その他の公の財産は、宗教上の組織若しくは団体の使用、便
益若しくは維持のため、又は公の支配に属しない慈善、教育若しく
は博愛の事業に対し、これを支出し、又はその利用に供してはなら
ない。

問題6 次の文章の空欄 ア ・ イ に当てはまる語句の組合せとして、妥当なものはどれか。

　憲法で、国会が国の「唯一の」立法機関であるとされるのは、憲法自身が定める例外を除き、 ア 、かつ、 イ を意味すると解されている。

	ア	イ
1	内閣の法案提出権を否定し （国会中心立法の原則）	議員立法の活性化を求めること （国会単独立法の原則）
2	国権の最高機関は国会であり （国会中心立法の原則）	内閣の独立命令は禁止されること （国会単独立法の原則）
3	法律は国会の議決のみで成立し （国会単独立法の原則）	天皇による公布を要しないこと （国会中心立法の原則）
4	国会が立法権を独占し （国会中心立法の原則）	法律は国会の議決のみで成立すること （国会単独立法の原則）
5	国権の最高機関は国会であり （国会中心立法の原則）	立法権の委任は禁止されること （国会単独立法の原則）

問題**7**　次の文章の空欄 ア ～ オ に当てはまる語句の組合せとして、妥当なものはどれか。

（この部分に記載されている文章については、
著作権上の問題から掲載することができません。）

（出典　河村又介「新憲法と民主主義」国立書院、1948年から〈原文の表記の一部を改めた。〉）

	ア	イ	ウ	エ	オ
1	レファレンダム	国民発案	国民拒否	命令委任	プレビシット
2	イニシアティブ	国民拒否	不信任投票	直接民主制	代議制
3	レファレンダム	国民発案	国民拒否	代議制	直接民主制
4	イニシアティブ	国民拒否	解職投票	プレビシット	命令委任
5	レファレンダム	国民発案	解職投票	代議制	直接民主制

問題**8**　法の一般原則に関わる最高裁判所の判決に関する次の記述のうち、妥当なものはどれか。

1　地方公共団体が、将来にわたって継続すべき一定内容の施策を決定した場合、その後社会情勢が変動したとしても、当該施策を変更することは住民や関係者の信頼保護の観点から許されないから、当該施策の変更は、当事者間に形成された信頼関係を不当に破壊するものとして、それにより損害を被る者との関係においては、違法となる。

2　租税法律主義の原則が貫かれるべき租税法律関係においては、租税法規に適合する課税処分について、法の一般原則である信義則の法理の適用がなされることはなく、租税法規の適用における納税者の平等、公平という要請を犠牲にしてもなお保護しなければ正義に反するといえるような特別の事情が存する場合であっても、課税処分が信義則の法理に反するものとして違法と

なることはない。

3　法の一般原則として権利濫用の禁止が行政上の法律関係において例外的に適用されることがあるとしても、その適用は慎重であるべきであるから、町からの申請に基づき知事がなした児童遊園設置認可処分が行政権の著しい濫用によるものであっても、それが、地域環境を守るという公益上の要請から生じたものである場合には、当該処分が違法とされることはない。

4　地方自治法により、金銭の給付を目的とする普通地方公共団体の権利につきその時効消滅については援用を要しないとされているのは、当該権利の性質上、法令に従い適正かつ画一的にこれを処理することが地方公共団体の事務処理上の便宜および住民の平等的取扱の理念に資するものであり、当該権利について時効援用の制度を適用する必要がないと判断されたことによるものと解されるから、普通地方公共団体に対する債権に関する消滅時効の主張が信義則に反し許されないとされる場合は、極めて限定されるものというべきである。

5　国家公務員の雇傭関係は、私人間の関係とは異なる特別の法律関係において結ばれるものであり、国には、公務の管理にあたって公務員の生命および健康等を危険から保護するよう配慮する義務が認められるとしても、それは一般的かつ抽象的なものにとどまるものであって、国家公務員の公務上の死亡について、国は、法律に規定された補償等の支給を行うことで足り、それ以上に、上記の配慮義務違反に基づく損害賠償義務を負うことはない。

問題9 行政裁量に関する次のア～オの記述のうち、最高裁判所の判例に照らし、妥当なものの組合せはどれか。

ア　教科書検定の審査、判断は、申請図書について、内容が学問的に正確であるか、中立・公正であるか、教科の目標等を達成する上で適切であるか、児童、生徒の心身の発達段階に適応しているか、などの観点から行われる学術的、教育的な専門技術的判断であるから、事柄の性質上、文部大臣（当時）の合理的な裁量に委ねられる。

イ　国家公務員に対する懲戒処分において、処分要件にかかる処分対象者の行為に関する事実は、平素から庁内の事情に通暁し、配下職員の指揮監督の衝にあたる者が最もよく把握しうるところであるから、懲戒処分の司法審査にあたり、裁判所は懲戒権者が当該処分に当たって行った事実認定に拘束される。

ウ　公害健康被害の補償等に関する法律に基づく水俣病の認定は、水俣病の罹患の有無という現在または過去の確定した客観的事実を確認する行為であって、この点に関する処分行政庁の判断はその裁量に委ねられるべき性質のものではない。

エ　生活保護法に基づく保護基準が前提とする「最低限度の生活」は、専門的、技術的な見地から客観的に定まるものであるから、保護基準中の老齢加算に係る部分を改定するに際し、最低限度の生活を維持する上で老齢であることに起因する特別な需要が存在するといえるか否かを判断するに当たって、厚生労働大臣に政策的な見地からの裁量権は認められない。

オ　学校施設の目的外使用を許可するか否かについては、原則として、管理者の裁量に委ねられており、学校教育上支障があれば使用を許可することができないことは明らかであるが、集会の開催を目的とする使用申請で、そのような支障がないものについては、集会の自由の保障の趣旨に鑑み、これを許可しなければならない。

1　ア・ウ
2　ア・オ
3　イ・ウ
4　イ・エ
5　エ・オ

問題10 行政立法についての最高裁判所の判決に関する次の記述のうち、妥当なものはどれか。

1 国家公務員の退職共済年金受給に伴う退職一時金の利子相当額の返還について定める国家公務員共済組合法の規定において、その利子の利率を政令で定めるよう委任をしていることは、直接に国民の権利義務に変更を生じさせる利子の利率の決定という、本来法律で定めるべき事項を政令に委任するものであり、当該委任は憲法41条に反し許されない。

2 監獄法(当時)の委任を受けて定められた同法施行規則(省令)において、原則として被勾留者と幼年者との接見を許さないと定めていることは、事物を弁別する能力のない幼年者の心情を害することがないようにという配慮の下に設けられたものであるとしても、法律によらないで被勾留者の接見の自由を著しく制限するものであって、法の委任の範囲を超えるものといえ、当該施行規則の規定は無効である。

3 薬事法(当時)の委任を受けて、同法施行規則(省令)において一部の医薬品について郵便等販売をしてはならないと定めることについて、当該施行規則の規定が法律の委任の範囲を逸脱したものではないというためには、もっぱら法律中の根拠規定それ自体から、郵便等販売を規制する内容の省令の制定を委任する授権の趣旨が明確に読み取れることを要するものというべきであり、その判断において立法過程における議論を考慮したり、根拠規定以外の諸規定を参照して判断をすることは許されない。

4 児童扶養手当法の委任を受けて定められた同法施行令(政令)の規定において、支給対象となる婚姻外懐胎児童について「(父から認知された児童を除く。)」という括弧書きが設けられていることについては、憲法に違反するものでもなく、父の不存在を指標として児童扶養手当の支給対象となる児童の範囲を画することはそれなりに合理的なものともいえるから、それを設けたことは、政令制定者の裁量の範囲内に属するものであり、違憲、違法ではない。

5 銃砲刀剣類所持等取締法が、銃砲刀剣類の所持を原則として禁止した上で、美術品として価値のある刀剣類の所持を認めるための登録の方法や鑑定

基準等を定めることを銃砲刀剣類登録規則（省令）に委任している場合に、当該登録規則において登録の対象を日本刀に限定したことについては、法律によらないで美術品の所有の自由を著しく制限するものであって、法の委任の範囲を超えるものといえ、当該登録規則の規定は 無効である。

問題11 行政手続法が定める意見公募手続に関する次の記述のうち、正しいものはどれか。

1 命令等制定機関は、命令等を定めようとする場合には、当該命令等の案およびこれに関連する資料をあらかじめ公示して、広く一般の意見を求めなければならない。

2 命令等制定機関は、定めようとする命令等が、他の行政機関が意見公募手続を実施して定めた命令等と実質的に同一の命令等であったとしても、自らが意見公募手続を実施しなければならない。

3 命令等制定機関は、命令等を定める根拠となる法令の規定の削除に伴い当然必要とされる当該命令等の廃止をしようとするときでも、意見公募手続を実施しなければならない。

4 命令等制定機関は、意見公募手続の実施後に命令等を定めるときには所定の事項を公示する必要があるが、意見公募手続の実施後に命令等を定めないこととした場合には、その旨につき特段の公示を行う必要はない。

5 命令等制定機関は、所定の事由に該当することを理由として意見公募手続を実施しないで命令等を定めた場合には、当該命令等の公布と同時期に、命令等の題名及び趣旨について公示しなければならないが、意見公募手続を実施しなかった理由については公示する必要はない。

問題12 理由の提示に関する次の記述のうち、行政手続法の規定または最高裁
判所の判例に照らし、妥当なものはどれか。

1 行政庁は、申請により求められた許認可等の処分をする場合、当該申請を
した者以外の当該処分につき利害関係を有するものと認められる者から請求
があったときは、当該処分の理由を示さなければならない。

2 行政庁は、申請により求められた許認可等を拒否する処分をする場合で
も、当該申請が法令に定められた形式上の要件に適合しないことを理由とす
るときは、申請者に対して当該処分の理由を示す必要はない。

3 行政庁は、理由を示さないで不利益処分をすべき差し迫った必要がある場
合であれば、処分と同時にその理由を示す必要はなく、それが困難である場
合を除き、当該処分後の相当の期間内にこれを示せば足りる。

4 公文書の非開示決定に付記すべき理由については、当該公文書の内容を秘
匿する必要があるため、非開示の根拠規定を示すだけで足りる。

5 旅券法に基づく一般旅券の発給拒否通知書に付記すべき理由については、
いかなる事実関係に基づきいかなる法規を適用して拒否されたかに関し、そ
の申請者が事前に了知しうる事情の下であれば、単に発給拒否の根拠規定を
示すだけで足りる。

問題13　行政指導についての行政手続法の規定に関する次のア〜エの記述のうち、正しいものの組合せはどれか。

ア　行政指導に携わる者は、その相手方が行政指導に従わなかったことを理由として、不利益な取扱いをしてはならないとされているが、その定めが適用されるのは当該行政指導の根拠規定が法律に置かれているものに限られる。

イ　行政指導に携わる者は、当該行政指導をする際に、行政機関が許認可等をする権限を行使し得る旨を示すときは、その相手方に対して、行政手続法が定める事項を示さなければならず、当該行政指導が口頭でされた場合において、これら各事項を記載した書面の交付をその相手方から求められたときは、行政上特別の支障がない限り、これを交付しなければならない。

ウ　行政指導をすることを求める申出が、当該行政指導をする権限を有する行政機関に対して適法になされたものであったとしても、当該行政機関は、当該申出に対して諾否の応答をすべきものとされているわけではない。

エ　地方公共団体の機関がする行政指導については、その根拠となる規定が法律に置かれているものであれば、行政指導について定める行政手続法の規定は適用される。

1　ア・イ
2　ア・ウ
3　イ・ウ
4　イ・エ
5　ウ・エ

問題14　行政不服審査法が定める執行停止に関する次の記述のうち、正しいものはどれか。

1　審査請求人の申立てがあった場合において、処分、処分の執行または手続の続行により生ずる重大な損害を避けるために緊急の必要があると認めるときは、本案について理由がないとみえるときでも、審査庁は、執行停止をしなければならない。

2　審査庁は、いったんその必要性を認めて執行停止をした以上、その後の事情の変更を理由として、当該執行停止を取り消すことはできない。

3　審理員は執行停止をすべき旨の意見書を審査庁に提出することができ、提出を受けた当該審査庁は、速やかに、執行停止をするかどうかを決定しなければならない。

4　再調査の請求は、処分庁自身が簡易な手続で事実関係の調査をする手続であるから、再調査の請求において、請求人は執行停止を申し立てることはできない。

5　審査庁が処分庁または処分庁の上級行政庁のいずれでもない場合には、審査庁は、審査請求人の申立てにより執行停止を行うことはできない。

問題15　再調査の請求について定める行政不服審査法の規定に関する次の記述のうち、正しいものはどれか。

1　行政庁の処分につき処分庁以外の行政庁に対して審査請求をすることができる場合に審査請求を行ったときは、法律に再調査の請求ができる旨の規定がある場合でも、審査請求人は、当該処分について再調査の請求を行うことができない。

2　行政庁の処分につき処分庁に対して再調査の請求を行ったときでも、法律に審査請求ができる旨の規定がある場合には、再調査の請求人は、当該再調査の請求と並行して、審査請求もすることができる。

3　法令に基づく処分についての申請に対して、当該申請から相当の期間が経過したにもかかわらず、行政庁が何らの処分をもしない場合、申請者は当該不作為につき再調査の請求を行うことができる。

4　再調査の請求については、審理員による審理または行政不服審査会等への諮問は必要ないが、処分庁は決定を行った後に、行政不服審査会等への報告を行う必要がある。

5　再調査の請求においては、請求人または参加人が口頭で意見を述べる機会を与えられるのは、処分庁がこれを必要と認めた場合に限られる。

問題16 行政不服審査法が定める審査請求に関する次のア～オの記述のうち、誤っているものの組合せはどれか。

ア　処分の取消しを求める審査請求は、所定の審査請求期間を経過したときは、正当な理由があるときを除き、することができないが、審査請求期間を経過した後についても処分の無効の確認を求める審査請求ができる旨が規定されている。

イ　審査請求は、他の法律または条例にこれを口頭ですることができる旨の定めがある場合を除き、審査請求書を提出してしなければならない。

ウ　処分についての審査請求に理由があり、当該処分を変更する裁決をすることができる場合であっても、審査請求人の不利益に当該処分を変更することはできない。

エ　審査請求に対する裁決の裁決書に記載する主文が、審理員意見書または行政不服審査会等の答申書と異なる内容である場合であっても、異なることとなった理由を示すことまでは求められていない。

オ　処分の効力、処分の執行または手続の続行の全部または一部の停止その他の措置をとるよう求める申立ては、当該処分についての審査請求をした者でなければすることができない。

1　ア・イ
2　ア・エ
3　イ・オ
4　ウ・エ
5　ウ・オ

問題17　次に掲げる行政事件訴訟法の条文の空欄 ア ～ オ に当てはまる語句の組合せとして、正しいものはどれか。

第25条第２項　処分の取消しの訴えの提起があった場合において、処分、処分の執行又は手続の続行により生ずる ア を避けるため緊急の必要があるときは、裁判所は、申立てにより、決定をもって、処分の効力、処分の執行又は手続の続行の全部又は一部の停止・・・（略）・・・をすることができる。（以下略）

第36条　無効等確認の訴えは、当該処分又は裁決に続く処分により イ を受けるおそれのある者その他当該処分又は裁決の無効等の確認を求めるにつき法律上の利益を有する者で、当該処分若しくは裁決の存否又はその効力の有無を前提とする ウ に関する訴えによって目的を達することができないものに限り、提起することができる。

第37条の２第１項　第３条第６項第１号に掲げる場合〔直接型ないし非申請型義務付け訴訟〕において、義務付けの訴えは、一定の処分がされないことにより エ を生ずるおそれがあり、かつ、その オ を避けるため他に適当な方法がないときに限り、提起することができる。

	ア	イ	ウ	エ	オ
1	重大な損害	重大な損害	私法上の法律関係	損害	拡大
2	償うことのできない損害	重大な損害	現在の法律関係	重大な損害	損害
3	重大な損害	損害	現在の法律関係	重大な損害	損害
4	償うことのできない損害	損害	私法上の法律関係	損害	拡大
5	重大な損害	償うことのできない損害	公法上の法律関係	重大な損害	拡大

問題18 行政事件訴訟法が定める処分取消訴訟に関する次の記述のうち、正しいものはどれか。

1 処分をした行政庁が国または公共団体に所属する場合における処分取消訴訟は、当該処分をした行政庁を被告として提起しなければならない。

2 処分取消訴訟は、原告の普通裁判籍の所在地を管轄する裁判所または処分をした行政庁の所在地を管轄する裁判所の管轄に属する。

3 処分をした行政庁が国または公共団体に所属しない場合における処分取消訴訟は、法務大臣を被告として提起しなければならない。

4 裁判所は、訴訟の結果により権利を害される第三者があるときは、決定をもって、当該第三者を訴訟に参加させることができるが、この決定は、当該第三者の申立てがない場合であっても、職権で行うことができる。

5 処分取消訴訟は、当該処分につき法令の規定により審査請求をすることができる場合においては、特段の定めがない限り、当該処分についての審査請求に対する裁決を経た後でなければこれを提起することができない。

問題19　取消訴訟の原告適格に関する次の記述のうち、最高裁判所の判例に照
らし、妥当なものはどれか。

1　地方鉄道法（当時）による鉄道料金の認可に基づく鉄道料金の改定は、当
該鉄道の利用者に直接の影響を及ぼすものであるから、路線の周辺に居住
し、特別急行を利用している者には、地方鉄道業者の特別急行料金の改定に
ついての認可処分の取消しを求める原告適格が認められる。

2　文化財保護法は、文化財の研究者が史跡の保存・活用から受ける利益につ
いて、同法の目的とする一般的、抽象的公益のなかに吸収・解消させずに、
特に文化財の学術研究者の学問研究上の利益の保護について特段の配慮をし
ている規定を置いているため、史跡を研究の対象とする学術研究者には、史
跡の指定解除処分の取消しを求める原告適格が認められる。

3　不当景品類及び不当表示防止法は、公益保護を目的とし、個々の消費者の
利益の保護を同時に目的とするものであるから、消費者が誤認をする可能性
のある商品表示の認定によって不利益を受ける消費者には、当該商品表示の
認定の取消しを求める原告適格が認められる。

4　航空機の騒音の防止は、航空機騒音防止法*の目的であるとともに、航空
法の目的でもあるところ、定期航空運送事業免許の審査にあたっては、申請
事業計画を騒音障害の有無および程度の点からも評価する必要があるから、
航空機の騒音によって社会通念上著しい障害を受ける空港周辺の住民には、
免許の取消しを求める原告適格が認められる。

5　都市計画事業の認可に関する都市計画法の規定は、事業地の周辺に居住す
る住民の具体的利益を保護するものではないため、これらの住民であって騒
音、振動等による健康または生活環境に係る著しい被害を直接的に受けるお
それのあるものであっても、都市計画事業認可の取消しを求める原告適格は
認められない。

（注）＊　公共用飛行場周辺における航空機騒音による障害の防止等に関す
る法律

問題20 次の文章は、消防署の職員が出火の残り火の点検を怠ったことに起因して再出火した場合において、それにより損害を被ったと主張する者から提起された国家賠償請求訴訟にかかる最高裁判所の判決の一節である。空欄 ア ～ オ に当てはまる語句の組合せとして、妥当なものはどれか。

　　失火責任法は、失火者の責任条件について民法709条 ア を規定したものであるから、国家賠償法４条の「民法」に イ と解するのが相当である。また、失火責任法の趣旨にかんがみても、公権力の行使にあたる公務員の失火による国又は公共団体の損害賠償責任についてのみ同法の適用を ウ 合理的理由も存しない。したがって、公権力の行使にあたる公務員の失火による国又は公共団体の損害賠償責任については、国家賠償法４条により失火責任法が エ され、当該公務員に重大な過失のあることを オ ものといわなければならない。

（最二小判昭和53年７月17日民集32巻５号1000頁）

	ア	イ	ウ	エ	オ
1	の特則	含まれる	排除すべき	適用	必要とする
2	が適用されないこと	含まれない	認めるべき	排除	必要としない
3	が適用されないこと	含まれない	排除すべき	適用	必要としない
4	が適用されないこと	含まれる	認めるべき	排除	必要とする
5	の特則	含まれない	排除すべき	適用	必要としない

問題21　規制権限の不行使（不作為）を理由とする国家賠償請求に関する次のア～エの記述のうち、最高裁判所の判例に照らし、妥当なものの組合せはどれか。

ア　石綿製品の製造等を行う工場または作業場の労働者が石綿の粉じんにばく露したことにつき、一定の時点以降、労働大臣（当時）が労働基準法に基づく省令制定権限を行使して罰則をもって上記の工場等に局所排気装置を設置することを義務付けなかったことは、国家賠償法1条1項の適用上違法である。

イ　鉱山労働者が石炭等の粉じんを吸い込んでじん肺による健康被害を受けたことにつき、一定の時点以降、通商産業大臣（当時）が鉱山保安法に基づき粉じん発生防止策の権限を行使しなかったことは、国家賠償法1条1項の適用上違法である。

ウ　宅地建物取引業法に基づき免許を更新された業者が不正行為により個々の取引関係者に対して被害を負わせたことにつき、免許権者である知事が事前に更新を拒否しなかったことは、当該被害者との関係において国家賠償法1条1項の適用上違法である。

エ　いわゆる水俣病による健康被害につき、一定の時点以降、健康被害の拡大防止のために、水質規制に関する当時の法律に基づき指定水域の指定等の規制権限を国が行使しなかったことは、国家賠償法1条1項の適用上違法とはならない。

1　ア・イ
2　ア・ウ
3　イ・ウ
4　イ・エ
5　ウ・エ

問題22 地方自治法が定める公の施設に関する次のア〜エの記述のうち、法令
および最高裁判所の判例に照らし、妥当なものの組合せはどれか。

ア 普通地方公共団体は、法律またはこれに基づく政令に特別の定めがあるも
のを除くほか、公の施設の設置に関する事項を、条例で定めなければならな
い。

イ 普通地方公共団体の長以外の機関（指定管理者を含む。）がした公の施設
を利用する権利に関する処分についての審査請求は、審査請求制度の客観性
を確保する観点から、総務大臣に対してするものとされている。

ウ 普通地方公共団体が公の施設のうち条例で定める特に重要なものについ
て、これを廃止したり、特定の者に長期の独占的な使用を認めようとしたり
するときは、議会の議決に加えて総務大臣の承認が必要となる。

エ 普通地方公共団体は、住民が公の施設を利用することについて不当な差別
的取扱いをしてはならないが、この原則は、住民に準ずる地位にある者にも
適用される。

　　1　ア・イ
　　2　ア・エ
　　3　イ・ウ
　　4　イ・エ
　　5　ウ・エ

問題23　普通地方公共団体に適用される法令等に関する次の記述のうち、憲法
および地方自治法の規定に照らし、正しいものはどれか。

1　国会は、当該普通地方公共団体の議会の同意を得なければ、特定の地方公
共団体にのみ適用される法律を制定することはできない。

2　普通地方公共団体は、法定受託事務についても条例を制定することができ
るが、条例に違反した者に対する刑罰を規定するには、個別の法律による委
任を必要とする。

3　普通地方公共団体の長は、その権限に属する事務に関し、規則を制定する
ことができ、条例による委任のある場合には、規則で刑罰を規定することも
できる。

4　条例の制定は、普通地方公共団体の議会の権限であるから、条例案を議会
に提出できるのは議会の議員のみであり、長による提出は認められていな
い。

5　普通地方公共団体の議会の議員および長の選挙権を有する者は、法定数の
連署をもって、当該普通地方公共団体の長に対し、条例の制定または改廃の
請求をすることができるが、地方税の賦課徴収等に関する事項はその対象か
ら除外されている。

問題24 地方自治法が定める普通地方公共団体の長と議会の関係に関する次の
ア～オの記述のうち、正しいものの組合せはどれか。

ア　普通地方公共団体の議会による長の不信任の議決に対して、長が議会を解
　　散した場合において、解散後に招集された議会において再び不信任が議決さ
　　れた場合、長は再度議会を解散することができる。

イ　普通地方公共団体の議会の議決が法令に違反していると認めた場合、長は
　　裁量により、当該議決を再議に付すことができる。

ウ　普通地方公共団体の議会の議長が、議会運営委員会の議決を経て、臨時会
　　の招集を請求した場合において、長が法定の期間内に臨時会を招集しないと
　　きは、議長がこれを招集することができる。

エ　普通地方公共団体の議会が成立し、開会している以上、議会において議決
　　すべき事件が議決されないことを理由に、長が当該事件について処分（専決
　　処分）を行うことはできない。

オ　地方自治法には、普通地方公共団体の議会が長の決定によらずに、自ら解
　　散することを可能とする規定はないが、それを認める特例法が存在する。

1　ア・イ
2　ア・オ
3　イ・エ
4　ウ・エ
5　ウ・オ

問題25 墓地埋葬法*13条は、「墓地、納骨堂又は火葬場の管理者は、埋葬、
埋蔵、収蔵又は火葬の求めを受けたときは、正当の理由がなければこれ
を拒んではならない。」と定めているところ、同条の「正当の理由」に
ついて、厚生省（当時）の担当者が、従来の通達を変更し、依頼者が他
の宗教団体の信者であることのみを理由として埋葬を拒否することは
「正当の理由」によるものとは認められないという通達（以下「本件通

達」という。）を発した。本件通達は、当時の制度の下で、主務大臣が
その権限に基づき所掌事務について、知事をも含めた関係行政機関に対
し、その職務権限の行使を指揮したものであるが、この通達の取消しを
求める訴えに関する最高裁判所判決（最三小判昭和43年12月24日民
集22巻13号3147頁）の内容として、妥当なものはどれか。

1　通達は、原則として、法規の性質をもつものであり、上級行政機関が関係
　下級行政機関および職員に対してその職務権限の行使を指揮し、職務に関し
　て命令するために発するものであって、本件通達もこれに該当する。
2　通達は、関係下級機関および職員に対する行政組織内部における命令であ
　るが、その内容が、法令の解釈や取扱いに関するものであって、国民の権利
　義務に重大なかかわりをもつようなものである場合には、法規の性質を有す
　ることとなり、本件通達の場合もこれに該当する。
3　行政機関が通達の趣旨に反する処分をした場合においても、そのことを理
　由として、その処分の効力が左右されるものではなく、その点では本件通達
　の場合も同様である。
4　本件通達は従来とられていた法律の解釈や取扱いを変更するものであり、
　下級行政機関は当該通達に反する行為をすることはできないから、本件通達
　は、これを直接の根拠として墓地の経営者に対し新たに埋葬の受忍義務を課
　すものである。
5　取消訴訟の対象となりうるものは、国民の権利義務、法律上の地位に直接
　具体的に法律上の影響を及ぼすような行政処分等でなければならないのであ
　るから、本件通達の取消しを求める訴えは許されないものとして棄却される
　べきものである。

（注）＊　墓地、埋葬等に関する法律

問題26 公立学校に関する次のア～エの記述のうち、最高裁判所の判例に照らし、妥当なものの組合せはどれか。

ア　公立高等専門学校の校長が、必修科目を履修しない学生を原級留置処分または退学処分にするに際しては、その判断は校長の合理的な教育的裁量に委ねられる。

イ　公立中学校の校庭が一般に開放され、校庭を利用していた住民が負傷したとしても、当該住民は本来の利用者とはいえないことから、その設置管理者が国家賠償法上の責任を負うことはない。

ウ　公立小学校を廃止する条例について、当該条例は一般的規範を定めるにすぎないものの、保護者には特定の小学校で教育を受けさせる権利が認められることから、その処分性が肯定される。

エ　市が設置する中学校の教員が起こした体罰事故について、当該教員の給与を負担する県が賠償金を被害者に支払った場合、県は国家賠償法に基づき、賠償金の全額を市に求償することができる。

1　ア・イ
2　ア・エ
3　イ・ウ
4　イ・エ
5　ウ・エ

問題27　意思表示に関する次の記述のうち、民法の規定および判例に照らし、妥当なものはどれか。

1　意思表示の相手方が、正当な理由なく意思表示の通知が到達することを妨げたときは、その通知は通常到達すべきであった時に到達したものとみなされ、相手方が通知の受領を拒絶した場合には意思表示の到達が擬制される。これに対して、意思表示を通知する内容証明郵便が不在配達されたが、受取人が不在配達通知に対応しないまま留置期間が経過して差出人に還付され、通知が受領されなかった場合には、意思表示が到達したものと認められることはない。

2　契約の取消しの意思表示をしようとする者が、相手方の所在を知ることができない場合、公示の方法によって行うことができる。この場合、当該取消しの意思表示は、最後に官報に掲載した日またはその掲載に代わる掲示を始めた日から2週間を経過した時に相手方に到達したものとみなされるが、表意者に相手方の所在を知らないことについて過失があった場合には到達の効力は生じない。

3　契約の申込みの意思表示に対して承諾の意思表示が郵送でなされた場合、当該意思表示が相手方に到達しなければ意思表示が完成せず契約が成立しないとすると取引の迅速性が損なわれることになるから、当該承諾の意思表示が発信された時点で契約が成立する。

4　意思表示は、表意者が通知を発した後に制限行為能力者となった場合でもその影響を受けないが、契約の申込者が契約の申込み後に制限行為能力者となった場合において、契約の相手方がその事実を知りつつ承諾の通知を発したときには、当該制限行為能力者は契約を取り消すことができる。

5　意思表示の相手方が、その意思表示を受けた時に意思能力を有しなかったとき、または制限行為能力者であったときは、その意思表示をもってその相手方に対抗することができない。

問題28　Aが従来の住所または居所を去って行方不明となった場合に関する次の記述のうち、民法の規定に照らし、誤っているものはどれか。

1　Aは自己の財産につき管理人を置いていたが、権限について定めていなかった場合であっても、管理人は、保存行為およびその財産の性質を変えない範囲内において利用または改良を行うことができる。

2　Aが自己の財産につき管理人を置かなかったときは、利害関係人または検察官の請求により、家庭裁判所は、その財産の管理について必要な処分を命ずることができる。

3　Aが自己の財産につき管理人を置いた場合において、Aの生死が明らかでないときは、利害関係人または検察官の請求により、家庭裁判所は、管理人を改任することができる。

4　Aの生死が7年間明らかでないときは、利害関係人の請求により、家庭裁判所はAについて失踪の宣告をすることができ、これにより、Aは、失踪の宣告を受けた時に死亡したものとみなされる。

5　Aについて失踪の宣告が行われた場合、Aは死亡したものとみなされるが、Aが生存しているときの権利能力自体は、これによって消滅するものではない。

問題29　物権的請求権に関する次の記述のうち、民法の規定および判例に照らし、妥当でないものはどれか。

1　A所有の甲土地上に権原なくB所有の登記済みの乙建物が存在し、Bが乙建物をCに譲渡した後も建物登記をB名義のままとしていた場合において、その登記がBの意思に基づいてされていたときは、Bは、Aに対して乙建物の収去および甲土地の明渡しの義務を免れない。

2　D所有の丙土地上に権原なくE所有の未登記の丁建物が存在し、Eが丁建物を未登記のままFに譲渡した場合、Eは、Dに対して丁建物の収去および丙土地の明渡しの義務を負わない。

3　工場抵当法により工場に属する建物とともに抵当権の目的とされた動産が、抵当権者に無断で同建物から搬出された場合には、第三者が即時取得しない限り、抵当権者は、目的動産をもとの備付場所である工場に戻すことを請求することができる。

4　抵当権設定登記後に設定者が抵当不動産を他人に賃貸した場合において、その賃借権の設定に抵当権の実行としての競売手続を妨害する目的が認められ、賃借人の占有により抵当不動産の交換価値の実現が妨げられて優先弁済請求権の行使が困難となるような状態があるときは、抵当権者は、賃借人に対して、抵当権に基づく妨害排除請求をすることができる。

5　動産売買につき売買代金を担保するために所有権留保がされた場合において、当該動産が第三者の土地上に存在してその土地所有権を侵害しているときは、留保所有権者は、被担保債権の弁済期到来の前後を問わず、所有者として当該動産を撤去する義務を免れない。

問題30 留置権に関する次の記述のうち、民法の規定および判例に照らし、妥当なものはどれか。

1 留置権者は、善良な管理者の注意をもって留置物を占有すべきであるが、善良な管理者の注意とは、自己の財産に対するのと同一の注意より軽減されたものである。

2 留置権者は、債務者の承諾を得なければ、留置物について使用・賃貸・担保供与をなすことができず、留置権者が債務者の承諾を得ずに留置物を使用した場合、留置権は直ちに消滅する。

3 建物賃借人が賃料不払いにより賃貸借契約を解除された後に当該建物につき有益費を支出した場合、賃貸人による建物明渡請求に対して、賃借人は、有益費償還請求権を被担保債権として当該建物を留置することはできない。

4 Aが自己所有建物をBに売却し登記をB名義にしたものの代金未払のためAが占有を継続していたところ、Bは、同建物をCに転売し、登記は、C名義となった。Cが所有権に基づき同建物の明渡しを求めた場合、Aは、Bに対する売買代金債権を被担保債権として当該建物を留置することはできない。

5 Dが自己所有建物をEに売却し引渡した後、Fにも同建物を売却しFが所有権移転登記を得た。FがEに対して当該建物の明渡しを求めた場合、Eは、Dに対する履行不能を理由とする損害賠償請求権を被担保債権として当該建物を留置することができる。

問題31 AとBは、令和3年7月1日にAが所有する絵画をBに1000万円で売却する売買契約を締結した。同契約では、目的物は契約当日引き渡すこと、代金はその半額を目的物と引き換えに現金で、残金は後日、銀行振込の方法で支払うこと等が約定され、Bは、契約当日、約定通りに500万円をAに支払った。この契約に関する次のア～オのうち、民法の規定および判例に照らし、妥当でないものの組合せはどれか。

ア　残代金の支払期限が令和3年10月1日と定められていたところ、Bは正当な理由なく残代金500万円の支払いをしないまま2か月が徒過した。この場合、Aは、Bに対して、2か月分の遅延損害金について損害の証明をしなくとも請求することができる。

イ　残代金の支払期限が令和3年10月1日と定められていたところ、Bは正当な理由なく残代金500万円の支払いをしないまま2か月が徒過した場合、Aは、Bに対して、遅延損害金のほか弁護士費用その他取立てに要した費用等を債務不履行による損害の賠償として請求することができる。

ウ　残代金の支払期限が令和3年10月1日と定められていたところ、Bは残代金500万円の支払いをしないまま2か月が徒過した。Bは支払いの準備をしていたが、同年9月30日に発生した大規模災害の影響で振込システムに障害が発生して振込ができなくなった場合、Aは、Bに対して残代金500万円に加えて2か月分の遅延損害金を請求することができる。

エ　Aの母の葬儀費用にあてられるため、残代金の支払期限が「母の死亡日」と定められていたところ、令和3年10月1日にAの母が死亡した。BがAの母の死亡の事実を知らないまま2か月が徒過した場合、Aは、Bに対して、残代金500万円に加えて2か月分の遅延損害金を請求することができる。

オ　残代金の支払期限について特段の定めがなかったところ、令和3年10月1日にAがBに対して残代金の支払いを請求した。Bが正当な理由なく残代金の支払いをしないまま2か月が徒過した場合、Aは、Bに対して、残代金500万円に加えて2か月分の遅延損害金を請求することができる。

1　ア・イ
2　ア・オ
3　イ・エ
4　ウ・エ
5　ウ・オ

問題32 債権者代位権に関する次の記述のうち、民法の規定に照らし、正しい
ものはどれか。

1　債権者は、債務者に属する権利（以下「被代位権利」という。）のうち、
債務者の取消権については、債務者に代位して行使することはできない。

2　債権者は、債務者の相手方に対する債権の期限が到来していれば、自己の
債務者に対する債権の期限が到来していなくても、被代位権利を行使するこ
とができる。

3　債権者は、被代位権利を行使する場合において、被代位権利が動産の引渡
しを目的とするものであっても、債務者の相手方に対し、その引渡しを自己
に対してすることを求めることはできない。

4　債権者が、被代位権利の行使に係る訴えを提起し、遅滞なく債務者に対し
訴訟告知をした場合には、債務者は、被代位権利について、自ら取立てその
他の処分をすることはできない。

5　債権者が、被代位権利を行使した場合であっても、債務者の相手方は、被
代位権利について、債務者に対して履行をすることを妨げられない。

問題33　Aが甲建物（以下「甲」という。）をBに売却する旨の売買契約に関する次のア〜オの記述のうち、民法の規定に照らし、誤っているものはいくつあるか。

ア　甲の引渡しの履行期の直前に震災によって甲が滅失した場合であっても、Bは、履行不能を理由として代金の支払いを拒むことができない。

イ　Bに引き渡された甲が契約の内容に適合しない場合、Bは、Aに対して、履行の追完または代金の減額を請求することができるが、これにより債務不履行を理由とする損害賠償の請求は妨げられない。

ウ　Bに引き渡された甲が契約の内容に適合しない場合、履行の追完が合理的に期待できるときであっても、Bは、その選択に従い、Aに対して、履行の追完の催告をすることなく、直ちに代金の減額を請求することができる。

エ　Bに引き渡された甲が契約の内容に適合しない場合において、その不適合がBの過失によって生じたときであっても、対価的均衡を図るために、BがAに対して代金の減額を請求することは妨げられない。

オ　Bに引き渡された甲が契約の内容に適合しない場合において、BがAに対して損害賠償を請求するためには、Bがその不適合を知った時から1年以内に、Aに対して請求権を行使しなければならない。

1　一つ
2　二つ
3　三つ
4　四つ
5　五つ

問題34　不法行為に関する次の記述のうち、民法の規定および判例に照らし、妥当でないものはどれか。

1　訴訟上の因果関係の立証は、一点の疑義も許されない自然科学的証明ではなく、経験則に照らして全証拠を総合検討し、特定の事実が特定の結果発生を招来した関係を是認しうる高度の蓋然性を証明することであり、その判定は、通常人が疑いを差し挟まない程度に真実性の確信を持ちうるものであることを必要とし、かつ、それで足りる。

2　損害賠償の額を定めるにあたり、被害者が平均的な体格ないし通常の体質と異なる身体的特徴を有していたとしても、身体的特徴が疾患に当たらない場合には、特段の事情の存しない限り、被害者の身体的特徴を斟酌することはできない。

3　過失相殺において、被害者たる未成年の過失を斟酌する場合には、未成年者に事理を弁識するに足る知能が具わっていれば足りる。

4　不法行為の被侵害利益としての名誉とは、人の品性、徳行、名声、信用等の人格的価値について社会から受ける客観的評価であり、名誉毀損とは、この客観的な社会的評価を低下させる行為をいう。

5　不法行為における故意・過失を認定するにあたり、医療過誤事件では診療当時のいわゆる臨床医学の実践における医療水準をもって、どの医療機関であっても一律に判断される。

問題35　Aが死亡し、Aの妻B、A・B間の子CおよびDを共同相続人として相続が開始した。相続財産にはAが亡くなるまでAとBが居住していた甲建物がある。この場合に関する次のア～オの記述のうち、民法の規定に照らし、正しいものの組合せはどれか。なお、次の各記述はそれぞれが独立した設例であり相互に関連しない。

ア　Aが、Aの死後、甲建物をBに相続させる旨の遺言をしていたところ、Cが相続開始後、法定相続分を持分とする共同相続登記をしたうえで、自己の持分4分の1を第三者Eに譲渡して登記を了した。この場合、Bは、Eに対し、登記なくして甲建物の全部が自己の属することを対抗することができる。

イ　Aの死後、遺産分割協議が調わない間に、Bが無償で甲建物の単独での居住を継続している場合、CおよびDは自己の持分権に基づき、Bに対して甲建物を明け渡すよう請求することができるとともに、Bの居住による使用利益等について、不当利得返還請求権を有する。

ウ　Aが遺言において、遺産分割協議の結果にかかわらずBには甲建物を無償で使用および収益させることを認めるとしていた場合、Bは、原則として終身にわたり甲建物に無償で居住することができるが、甲建物が相続開始時にAとAの兄Fとの共有であった場合には、Bは配偶者居住権を取得しない。

エ　家庭裁判所に遺産分割の請求がなされた場合において、Bが甲建物に従前通り無償で居住し続けることを望むときには、Bは、家庭裁判所に対し配偶者居住権の取得を希望する旨を申し出ることができ、裁判所は甲建物の所有者となる者の不利益を考慮してもなおBの生活を維持するために特に必要があると認めるときには、審判によってBに配偶者居住権を与えることができる。

オ　遺産分割の結果、Dが甲建物の所有者と定まった場合において、Bが配偶者居住権を取得したときには、Bは、単独で同権利を登記することができる。

1　ア・イ
2　ア・オ
3　イ・エ
4　ウ・エ
5　ウ・オ

問題36 商人でない個人の行為に関する次のア～オの記述のうち、商法の規定および判例に照らし、これを営業として行わない場合には商行為とならないものの組合せはどれか。

ア　利益を得て売却する意思で、時計を買い入れる行為

イ　利益を得て売却する意思で、買い入れた木材を加工し、製作した机を売却する行為

ウ　報酬を受ける意思で、結婚式のビデオ撮影を引き受ける行為

エ　賃貸して利益を得る意思で、レンタル用のＤＶＤを買い入れる行為

オ　利益を得て転売する意思で、取得予定の時計を売却する行為

    1　ア・イ
    2　ア・エ
    3　ウ・エ
    4　ウ・オ
    5　エ・オ

問題37 株式会社の設立に係る責任等に関する次の記述のうち、会社法の規定に照らし、誤っているものはどれか。

1　株式会社の成立の時における現物出資財産等の価額が定款に記載または記録された価額に著しく不足するときは、発起人および設立時取締役は、検査役の調査を経た場合および当該発起人または設立時取締役がその職務を行うについて注意を怠らなかったことを証明した場合を除いて、当該株式会社に対して、連帯して、当該不足額を支払う義務を負う。

2　発起人は、その出資に係る金銭の払込みを仮装し、またはその出資に係る金銭以外の財産の給付を仮装した場合には、株式会社に対し、払込みを仮装した出資に係る金銭の全額を支払い、または給付を仮装した出資に係る金銭以外の財産の全部を給付する義務を負う。

3　発起人、設立時取締役または設立時監査役は、株式会社の設立についてその任務を怠ったときは、当該株式会社に対し、これによって生じた損害を賠償する責任を負う。

4　発起人、設立時取締役または設立時監査役がその職務を行うについて過失があったときは、当該発起人、設立時取締役または設立時監査役は、これによって第三者に生じた損害を賠償する責任を負う。

5　発起人、設立時取締役または設立時監査役が株式会社または第三者に生じた損害を賠償する責任を負う場合において、他の発起人、設立時取締役または設立時監査役も当該損害を賠償する責任を負うときは、これらの者は、連帯債務者とする。

問題38　株券が発行されない株式会社の株式であって、振替株式ではない株式の質入れに関する次の記述のうち、会社法の規定に照らし、正しいものはどれか。

1　株主が株式に質権を設定する場合には、質権者の氏名または名称および住所を株主名簿に記載または記録しなければ、質権の効力は生じない。

2　株主名簿に質権者の氏名または名称および住所等の記載または記録をするには、質権を設定した者は、質権者と共同して株式会社に対してそれを請求しなければならない。

3　譲渡制限株式に質権を設定するには、当該譲渡制限株式を発行した株式会社の取締役会または株主総会による承認が必要である。

4　株主名簿に記載または記録された質権者は、債権の弁済期が到来している場合には、当該質権の目的物である株式に対して交付される剰余金の配当（金銭に限る。）を受領し、自己の債権の弁済に充てることができる。

5　株主名簿に記載または記録された質権者は、株主名簿にしたがって株式会社から株主総会の招集通知を受け、自ら議決権を行使することができる。

314

問題39　社外取締役および社外監査役の設置に関する次のア～オの記述のうち、会社法の規定に照らし、誤っているものの組合せはどれか。

ア　監査役設置会社（公開会社であるものに限る。）が社外監査役を置いていない場合には、取締役は、当該事業年度に関する定時株主総会において、社外監査役を置くことが相当でない理由を説明しなければならない。

イ　監査役会設置会社においては、3人以上の監査役を置き、そのうち半数以上は、社外監査役でなければならない。

ウ　監査役会設置会社（公開会社であり、かつ、大会社であるものに限る。）であって金融商品取引法の規定によりその発行する株式について有価証券報告書を内閣総理大臣に提出しなければならないものにおいては、3人以上の取締役を置き、その過半数は、社外取締役でなければならない。

エ　監査等委員会設置会社においては、3人以上の監査等委員である取締役を置き、その過半数は、社外取締役でなければならない。

オ　指名委員会等設置会社においては、指名委員会、監査委員会または報酬委員会の各委員会は、3人以上の取締役である委員で組織し、各委員会の委員の過半数は、社外取締役でなければならない。

1　ア・ウ
2　ア・エ
3　イ・エ
4　イ・オ
5　ウ・オ

問題40　剰余金の株主への配当に関する次のア～オの記述のうち、会社法の規定に照らし、正しいものの組合せはどれか。

ア　株式会社は、剰余金の配当をする場合には、資本金の額の4分の1に達するまで、当該剰余金の配当により減少する剰余金の額に10分の1を乗じて得た額を、資本準備金または利益準備金として計上しなければならない。

イ　株式会社は、金銭以外の財産により剰余金の配当を行うことができるが、当該株式会社の株式等、当該株式会社の子会社の株式等および当該株式会社の親会社の株式等を配当財産とすることはできない。

ウ　株式会社は、純資産額が300万円を下回る場合には、剰余金の配当を行うことができない。

エ　株式会社が剰余金の配当を行う場合には、中間配当を行うときを除いて、その都度、株主総会の決議を要し、定款の定めによって剰余金の配当に関する事項の決定を取締役会の権限とすることはできない。

オ　株式会社が最終事業年度において当期純利益を計上した場合には、当該純利益の額を超えない範囲内で、分配可能額を超えて剰余金の配当を行うことができる。

 1　ア・ウ
 2　ア・エ
 3　イ・エ
 4　イ・オ
 5　ウ・オ

[問題41～問題43は択一式（多肢選択式）]

問題41　次の文章の空欄 ア ～ エ に当てはまる語句を、枠内の選択肢（1～20）から選びなさい。

　問題は、裁判員制度の下で裁判官と国民とにより構成される裁判体が、 ア に関する様々な憲法上の要請に適合した「 イ 」といい得るものであるか否かにある。・・・（中略）・・・。

　以上によれば、裁判員裁判対象事件を取り扱う裁判体は、身分保障の下、独立して職権を行使することが保障された裁判官と、公平性、中立性を確保できるよう配慮された手続の下に選任された裁判員とによって構成されるものとされている。また、裁判員の権限は、裁判官と共に公判廷で審理に臨み、評議において事実認定、 ウ 及び有罪の場合の刑の量定について意見を述べ、 エ を行うことにある。これら裁判員の関与する判断は、いずれも司法作用の内容をなすものであるが、必ずしもあらかじめ法律的な知識、経験を有することが不可欠な事項であるとはいえない。さらに、裁判長は、裁判員がその職責を十分に果たすことができるように配慮しなければならないとされていることも考慮すると、上記のような権限を付与された裁判員が、様々な視点や感覚を反映させつつ、裁判官との協議を通じて良識ある結論に達することは、十分期待することができる。他方、憲法が定める ア の諸原則の保障は、裁判官の判断に委ねられている。

　このような裁判員制度の仕組みを考慮すれば、公平な「 イ 」における法と証拠に基づく適正な裁判が行われること（憲法31条、32条、37条1項）は制度的に十分保障されている上、裁判官は ア の基本的な担い手とされているものと認められ、憲法が定める ア の諸原則を確保する上での支障はないということができる。

（最大判平成23年11月16日刑集65巻8号1285頁）

1	憲法訴訟	2	民事裁判	3	裁決	4	行政裁判
5	情状酌量	6	判例との関係	7	司法権	8	公開法廷

9	判決	10	紛争解決機関	11	決定	12	法令の解釈
13	裁判所	14	人身の自由	15	立法事実	16	評決
17	参審制	18	議決	19	法令の適用	20	刑事裁判

問題42 感染症法*の令和３年２月改正に関する次の会話の空欄 ア ～ エ に
当てはまる語句を、枠内の選択肢（１～20）から選びなさい。

教授Ａ： 今日は最近の感染症法改正について少し検討してみましょう。

学生Ｂ： はい、新型コロナウイルスの感染症防止対策を強化するために、感
染症法が改正されたことはニュースで知りました。

教授Ａ： そうですね。改正のポイントは幾つかあったのですが、特に、入院
措置に従わなかった者に対して新たに制裁を科することができるよう
になりました。もともと、入院措置とは、感染者を感染症指定医療機
関等に強制的に入院させる措置であることは知っていましたか。

学生Ｂ： はい、それは講学上は ア に当たると言われていますが、直接強制
に当たるとする説もあって、講学上の位置づけについては争いがある
ようです。

教授Ａ： そのとおりです。この問題には決着がついていないようですので、
これ以上は話題として取り上げないことにしましょう。では、改正の
ポイントについて説明してください。

学生Ｂ： 確か、当初の政府案では、懲役や100万円以下の イ を科すことが
できるとなっていました。

教授Ａ： よく知っていますね。これらは、講学上の分類では ウ に当たりま
すね。その特徴はなんでしょうか。

学生Ｂ： はい、刑法総則が適用されるほか、制裁を科す手続に関しても刑事
訴訟法が適用されます。

教授Ａ： そのとおりですね。ただし、制裁として重すぎるのではないか、と
いう批判もあったところです。

学生Ｂ： 結局、与野党間の協議で当初の政府案は修正されて、懲役や イ で
はなく、 エ を科すことになりました。この エ は講学上の分類では
行政上の秩序罰に当たります。

教授Ａ： そうですね、制裁を科すとしても、その方法には様々なものがある
ことに注意しましょう。

（注）　＊　感染症の予防及び感染症の患者に対する医療に関する法律

1	罰金	2	過料	3	科料	4	死刑
5	公表	6	即時強制	7	行政代執行	8	仮処分
9	仮の義務付け	10	間接強制	11	課徴金	12	行政刑罰
13	拘留	14	損失補償	15	負担金	16	禁固
17	民事執行	18	執行罰	19	給付拒否	20	社会的制裁

2021年度　問題

問題43　次の文章の空欄 ア ～ エ に当てはまる語句を、枠内の選択肢（1～20）から選びなさい。

　　行政手続法14条1項本文が、不利益処分をする場合に同時にその理由を名宛人に示さなければならないとしているのは、名宛人に直接に義務を課し又はその権利を制限するという不利益処分の性質に鑑み、行政庁の判断の ア と合理性を担保してその恣意を抑制するとともに、処分の理由を名宛人に知らせて イ に便宜を与える趣旨に出たものと解される。そして、同項本文に基づいてどの程度の理由を提示すべきかは、上記のような同項本文の趣旨に照らし、当該処分の根拠法令の規定内容、当該処分に係る ウ の存否及び内容並びに公表の有無、当該処分の性質及び内容、当該処分の原因となる事実関係の内容等を総合考慮してこれを決定すべきである。

　　この見地に立って建築士法・・・（略）・・・による建築士に対する懲戒処分について見ると、・・・（略）・・・処分要件はいずれも抽象的である上、これらに該当する場合に・・・（略）・・・所定の戒告、1年以内の業務停止又は免許取消しのいずれの処分を選択するかも処分行政庁の裁量に委ねられている。そして、建築士に対する上記懲戒処分については、処分内容の決定に関し、本件 ウ が定められているところ、本件 ウ は、エ の手続を経るなど適正を担保すべき手厚い手続を経た上で定められて公にされており、・・・（略）・・・多様な事例に対応すべくかなり複雑なものとなっている。

　　そうすると、建築士に対する上記懲戒処分に際して同時に示されるべき理由としては、処分の原因となる事実及び処分の根拠法条に加えて、本件 ウ の適用関係が示されなければ、処分の名宛人において、上記事実及び根拠法条の提示によって処分要件の該当性に係る理由は知り得るとしても、いかなる理由に基づいてどのような ウ の適用によって当該処分が選択されたのかを知ることは困難であるのが通例であると考えられる。

（最三小判平成23年6月7日民集65巻4号2081頁）

1　公平	2　審査基準	3　名宛人以外の第三者	4　弁明
5　条例	6　意見公募	7　説明責任	8　根拠

9	慎重	10	紛争の一回解決	11	要綱		12	諮問
13	処分基準	14	利害関係人	15	議会の議決		16	規則
17	不服の申立て	18	審査請求	19	適法性		20	聴聞

２０２１年度　問題

322

[問題44〜問題46は記述式]　（解答は、必ず答案用紙裏面の解答欄（マス目）に記述すること。なお、字数には、句読点を含む。）

問題44　私立の大学であるＡ大学は、その設備、授業その他の事項について、法令の規定に違反しているとして、学校教育法15条1項に基づき、文部科学大臣から必要な措置をとるべき旨の書面による勧告を受けた。しかしＡ大学は、指摘のような法令違反はないとの立場で、勧告に不服をもっている。この文部科学大臣の勧告は、行政手続法の定義に照らして何に該当するか。また、それを前提に同法に基づき、誰に対して、どのような手段をとることができるか。40字程度で記述しなさい。なお、当該勧告に関しては、Ａ大学について弁明その他意見陳述のための手続は規定されておらず、運用上もなされなかったものとする。

（参照条文）

学校教育法

第15条第1項　文部科学大臣は、公立又は私立の大学及び高等専門学校が、設備、授業その他の事項について、法令の規定に違反していると認めるときは、当該学校に対し、必要な措置をとるべきことを勧告することができる。（以下略）

（下書用）

問題45　Aは、Bに対して100万円の売掛代金債権（以下「本件代金債権」といい、解答にあたっても、この語を用いて解答すること。）を有し、本件代金債権については、A・B間において、第三者への譲渡を禁止することが約されていた。しかし、Aは、緊急に資金が必要になったため、本件代金債権をCに譲渡し、Cから譲渡代金90万円を受領するとともに、同譲渡について、Bに通知し、同通知は、Bに到達した。そこで、Cは、Bに対して、本件代金債権の履行期後に本件代金債権の履行を請求した。Bが本件代金債権に係る債務の履行を拒むことができるのは、どのような場合か。民法の規定に照らし、40字程度で記述しなさい。

　　なお、BのAに対する弁済その他の本件代金債権に係る債務の消滅事由はなく、また、Bの本件代金債権に係る債務の供託はないものとする。

（下書用）

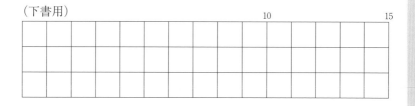

問題46　Aが所有する甲家屋につき、Bが賃借人として居住していたところ、甲家屋の2階部分の外壁が突然崩落して、付近を通行していたCが負傷した。甲家屋の外壁の設置または管理に瑕疵があった場合、民法の規定に照らし、誰がCに対して損害賠償責任を負うことになるか。必要に応じて場合分けをしながら、40字程度で記述しなさい。

（下書用）

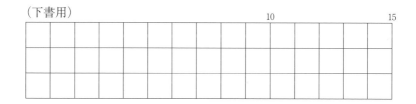

▶一般知識等　[問題47〜問題60は択一式（5肢択一式）]

問題47　以下の各年に開催された近代オリンピック大会と政治に関する次の記述のうち、妥当なものはどれか。

1　ベルリン大会（1936年）は、ナチス・ドイツが政権を取る前に、不戦条約と国際協調のもとで実施された。

2　ロンドン大会（1948年）は、第2次世界大戦後の初めての大会で、平和の祭典であるため日本やドイツも参加した。

3　東京大会（1964年）には、日本とソ連・中華人民共和国との間では第2次世界大戦に関する講和条約が結ばれていなかったので、ソ連と中華人民共和国は参加しなかった。

4　モスクワ大会（1980年）は、ソ連によるアフガニスタン侵攻に反発した米国が参加をボイコットし、日本なども不参加となった。

5　サラエボ（冬季）大会（1984年）は、ボスニア・ヘルツェゴビナ紛争終結の和平を記念して、国際連合停戦監視団のもとに開催された。

問題48　日本における新型コロナウイルス感染症対策と政治に関する次の記述のうち、妥当なものはどれか。

1　2020年3月には、緊急に対処する必要があるとして、新型コロナウイルス感染症対策に特化した新規の法律が制定された。

2　2020年4月には、雇用の維持と事業の継続、生活に困っている世帯や個人への支援などを盛り込んだ、緊急経済対策が決定された。

3　2020年4月には、法令に基づき、緊急事態宣言が発出され、自宅から外出するためには、都道府県知事による外出許可が必要とされた。

4　2020年12月末には、首相・大臣・首長およびその同居親族へのワクチンの優先接種が終了し、翌年１月末には医療従事者・高齢者に対するワクチン接種が完了した。

5　2021年２月には、新型インフルエンザ等対策特別措置法が改正され、まん延防止等重点措置が導入されたが、同措置に関する命令や過料の制度化は見送られた。

問題49　以下の公的役職の任命に関する次のア～オの記述のうち、誤っているものの組合せはどれか。

ア　内閣法制局長官は、両議院の同意を得て内閣が任命する。

イ　日本銀行総裁は、両議院の同意を得て内閣が任命する。

ウ　検事総長は、最高裁判所の推薦に基づき内閣総理大臣が任命する。

エ　ＮＨＫ（日本放送協会）経営委員は、両議院の同意を得て内閣総理大臣が任命する。

オ　日本学術会議会員は、同会議の推薦に基づき内閣総理大臣が任命する。

1　ア・イ
2　ア・ウ
3　イ・オ
4　ウ・エ
5　エ・オ

問題50　いわゆる「ふるさと納税」に関する次のア〜オの記述のうち、誤っているものの組合せはどれか。

ア　ふるさと納税とは、居住する自治体に住民税を納めずに、自分が納付したい自治体を選んで、その自治体に住民税を納めることができる制度である。

イ　ふるさと納税は、個人が納付する個人住民税および固定資産税を対象としている。

ウ　ふるさと納税により税収が減少した自治体について、地方交付税の交付団体には減収分の一部が地方交付税制度によって補填される。

エ　納付を受けた市町村は、納付者に返礼品を贈ることが認められており、全国の9割以上の市町村では、返礼品を提供している。

オ　高額な返礼品を用意する自治体や、地場産品とは無関係な返礼品を贈る自治体が出たことから、国は、ふるさと納税の対象自治体を指定する仕組みを導入した。

1　ア・イ
2　ア・ウ
3　イ・エ
4　ウ・オ
5　エ・オ

問題51　国際収支に関する次の記述のうち、誤っているものはどれか。

1　海外旅行先における現地ホテルへの宿泊料を支払った場合、その金額は、自国の経常収支上で、マイナスとして計上される。

2　発展途上国への社会資本整備のために無償資金協力を自国が行なった場合、その金額は、自国の資本移転等収支上で、マイナスとして計上される。

3　海外留学中の子どもの生活費を仕送りした場合、その金額は、自国の経常収支上で、プラスとして計算される。

　4　海外への投資から国内企業が配当や利子を得た場合、その金額は、自国の
　　　経常収支上で、プラスとして計算される。
　5　日本企業が海外企業の株式を購入した場合、その金額は、日本の金融収支
　　　上で、プラスとして計算される。

問題52　エネルギー需給動向やエネルギー政策に関する次のア～オの記述のう
　　　　　ち、妥当なものの組合せはどれか。

ア　2010年代後半の日本では、一次エネルギーの7割以上を化石エネルギーに
　　依存しており、再生可能エネルギーは3割にも満たない。
イ　2010年代後半以降、日本では、原油ならびに天然ガスいずれもの大半を、
　　中東から輸入している。
ウ　パリ協定に基づき、2050年までに温室効果ガスの80％排出削減を通じて
　　「脱炭素社会」の実現を目指す長期戦略を日本政府はとりまとめた。
エ　現在、世界最大のエネルギー消費国は米国であり、中国がそれに続いてい
　　る。
オ　2020年前半には、新型コロナウイルス感染症拡大による先行き不安によ
　　り、原油価格が高騰した。

　　1　ア・イ
　　2　ア・ウ
　　3　イ・オ
　　4　ウ・エ
　　5　エ・オ

問題53 先住民族に関する次の記述のうち、妥当でないものはどれか。

1 2019年制定のいわゆるアイヌ新法*で、アイヌが先住民族として明記された。

2 2020年開設の国立アイヌ民族博物館は、日本で初めてのアイヌ文化の展示や調査研究などに特化した国立博物館である。

3 2007年の国際連合総会で「先住民族の権利に関する宣言」が採択され、2014年には「先住民族世界会議」が開催された。

4 カナダでは、過去における先住民族に対する同化政策の一環として寄宿学校に強制入学させたことについて、首相が2008年に公式に謝罪した。

5 マオリはオーストラリアの先住民族であり、アボリジニはニュージーランドの先住民族である。

（注） ＊ アイヌの人々の誇りが尊重される社会を実現するための施策の推進に関する法律

問題54 ジェンダーやセクシュアリティに関する次の記述のうち、妥当でないものはどれか。

1 「ＬＧＢＴ」は、レズビアン、ゲイ、バイセクシュアル、トランスジェンダーを英語で表記したときの頭文字による語で、性的少数者を意味する。

2 日本の女子大学の中には、出生時の性別が男性で自身を女性と認識する学生の入学を認める大学もある。

3 米国では、連邦最高裁判所が「同性婚は合衆国憲法の下の権利であり、州は同性婚を認めなければならない」との判断を下した。

4 日本では、同性婚の制度が立法化されておらず、同性カップルの関係を条例に基づいて証明する「パートナーシップ制度」を導入している自治体もない。

5 台湾では、アジアで初めて同性婚の制度が立法化された。

問題55 次の文章の空欄 $\boxed{\text{I}}$ ～ $\boxed{\text{V}}$ には、それぞれあとのア～コのいずれかの語句が入る。その組合せとして妥当なものはどれか。

「顔認識（facial recognition）システム」とは、撮影された画像の中から人間の顔を検出し、その顔の性別や年齢、$\boxed{\text{I}}$ などを識別するシステムのことをいう。「顔認証（facial identification）システム」とは、検出した顔データを事前に登録しているデータと照合することにより $\boxed{\text{II}}$ を行うものをいう。

日本の場合、こうした $\boxed{\text{III}}$ の利用については、$\boxed{\text{IV}}$ の規制を受ける場合もある。たとえば、監視カメラによって、本人の同意を得ることなく撮影された顔情報を犯罪歴と照合したり、照合する目的で撮影したりすると、$\boxed{\text{IV}}$ における要配慮個人情報に該当する問題となりうる。

既に米国のいくつかの州では、$\boxed{\text{V}}$ 保護の観点から生体特定要素に「顔の形状」が含まれるとして、顔データの収集について事前の同意を必要とし第三者への生体データの販売に制限を設けるようになっている。欧州でも、欧州委員会から公共空間で取得した顔認識を含む $\boxed{\text{III}}$ を利用した捜査を禁止する方針が明らかにされた。

ア	表情	イ	大きさ	ウ	前歴確認	エ	本人確認
オ	生体情報	カ	特定個人情報	キ	個人情報保護法	ク	刑事訴訟法
ケ	匿名性	コ	プライバシー				

	I	II	III	IV	V
1	ア	ウ	オ	キ	ケ
2	ア	ウ	カ	ク	ケ
3	ア	エ	オ	キ	コ
4	イ	エ	カ	ク	コ
5	イ	エ	オ	キ	コ

問題56 国土交通省自動車局による自動運転ガイドラインに定められた車両の自動運転化の水準（レベル）に関する次の記述のうち、妥当でないものはどれか。

1 レベル1は、縦方向か横方向か、いずれかの車両運動制御に限定された機能についてシステムが運転支援を行い、安全運転については運転者が主体となる。

2 レベル2は、縦方向・横方向、両方の方向の車両運動制御について自動運転機能を有するが、安全運転については運転者が主体となる。

3 レベル3は、全ての方向の車両運動制御について自動運転機能を有し、人の介入を排除し、安全運転についてもシステム側が完全に主体となる。

4 レベル4は、限られた領域で無人自動運転を実施し、システム側が安全運転主体となる。

5 レベル5は、自動運転に関わるシステムが全ての運転タスクを実施し、システム側が安全運転主体となる。

問題57　国の行政機関の個人情報保護制度に関する次の記述のうち、正しいものはどれか。

1　行政機関の長は、保有個人情報の利用停止請求があった場合には、当該利用停止請求者の求めに応じ、すべての事案において一時的に利用の停止を決定し、その上で利用停止の必要性、相当性について行政機関内において検討し、その必要がないと認められるときには、利用停止を解除する必要がある。

2　行政機関の長は、開示請求に係る保有個人情報に不開示情報が含まれている場合において、不開示情報に該当する部分を容易に区分して除くことができ、かつ、不開示情報に該当する箇所に関係する関係機関の同意が得られたときは、開示可能な部分について開示しなければならない。

3　行政機関の長は、開示請求に係る保有個人情報に不開示情報が含まれている場合には、個人の権利利益を保護するための特別の必要性の有無を考慮しても、開示請求者に対して開示することは一切認められない。

4　行政機関の長は、開示請求に係る保有個人情報に開示請求者以外のものに関する情報が含まれているときは、開示決定等をするにあたって、当該第三者に関する情報の内容等を当該情報に係る第三者に対して通知するとともに、聴聞の機会を付与しなければならない。

5　行政機関の長は、保有個人情報の開示について、当該保有個人情報が電磁的記録に記録されているときは、その種別、情報化の進展状況等を勘案して行政機関が定める方法により行う。

　本文中の空欄 Ⅰ 〜 Ⅴ には、それぞれあとのア〜オのいずれかの文が入る。その組合せとして妥当なものはどれか。

　「彼は大いに勉強したが、落第した。」という場合は、大いに勉強したという事実と、落第したという事実とが同時に指摘されている。「彼は大いに勉強したが、合格した。」という場合は、大いに勉強したという事実と、合格したという事実とが同時に指摘されている。 Ⅰ 。それが正直な気持というものである。そして、この二つの事実は「が」で結ばれて、そのまま表現されたのである。つまり、「が」は、こうした無規定的直接性をその通り表現するのに役立つのである。「が」で結ばれた二つの句も、これはこれで文章である。 Ⅱ 。「彼は大いに勉強したのに、落第した。」「彼は大いに勉強したので、合格した。」こう書き換えると、「が」で繋いでいた時とは違って、二つの句の関係がクッキリと浮かび上がって来る。「のに」――もっと強く言えば、「にも拘わらず」――を使えば、大いに勉強したという事実と、落第したという事実とがただ一瞬に現われるのではなく、ハッキリした反対の関係に立つことになり、こうなると、今後は、大いに勉強したという事実は少し怪しいのではないか、あの程度の勉強では不十分なのではないかという風に考えが進み始めるであろう。また、大いに勉強したという事実と、合格したという事実との間を「ので」――もっと強く言えば、「結果」――で繋げば、一つの因果関係が設定されることになり、運不運ではなく、立派に勉強さえすれば合格するものだという考えへ導かれるであろう。こちらの考えが決まり、態度が決まって来る。 Ⅲ 。無規定的直接性というのは、一種の抽象的な原始状態であって、それはやがて、「のに」や「にも拘わらず」、「ので」や「ゆえに」を初めとして、多くの具体的関係がそこから成長し分化して行く母胎である。

　 Ⅳ 。人間の精神が強く現実へ踏み込んで、その力で現実を成長させ、分化させるのである。人間の精神が受身の姿勢でいる間は、外部の事態にしろ、自分の気持にしろ、ただボンヤリと「が」で結ばれた諸部分から成り立っている。これらの諸部分の間に、「のに」や「にも拘わらず」、「ので」や「ゆえに」を嵌め込むのには、精神が能動的姿勢にならなければ駄目である。 Ⅴ 。本当に文章を書くというのは、無規定的直接性を克服すること、モヤモヤの原始状態

を抜け出ることである。

（出典　清水幾太郎「論文の書き方」岩波新書、1959年から）

ア　しかし、この成長や分化は自然に行われるものではない

イ　精神が多くのエネルギーを放出し、強く緊張しなければならぬ

ウ　しかし、「が」をやめて、次のように表現してみたら、どうであろう

エ　「が」は無規定的直接性をそのまま表現するのに適している言葉である

オ　最初の実感としては、それぞれ二つの事実が一度に眼前や心中に現われる
　　に違いない

	I	II	III	IV	V
1	イ	ア	エ	ウ	オ
2	ウ	イ	エ	ア	オ
3	ウ	エ	イ	オ	ア
4	オ	エ	ア	ウ	イ
5	オ	ウ	エ	ア	イ

2021年度　問題

問題59 本文中の空欄 Ⅰ 〜 Ⅴ に入る語句の組合せとして、妥当なものはどれか。

いじめ対策として昨今とくに注目されているのは、いじめは決して許さないという Ⅰ たる態度を示すために、いじめの加害者を出席停止処分にするような強い措置を徹底すべきだという、たとえば教育再生会議の提言だろう。いじめ被害の深刻な生徒がしばしば転校を強いられているという事実からすれば、この発想はじゅうぶんに理解できる。加害者ではなく被害者にしわ寄せが行くような対処の仕方は、あまりに理不尽であって Ⅱ ともいえるからである。

出席停止にした加害者にもじゅうぶんな教育的指導のケアがなされるなら、このような処分が有効なケースも確かにあるだろう。しかし、それはあくまで加害と被害の関係が固定化した特殊なケースに対する緊急措置にすぎず、あらゆるいじめに対する Ⅲ 策ではない。

特定の加害者を見つけ出して処分したからといって、それだけで問題の Ⅳ 的な解決に至るわけではない。現象の上面に引きずられることなく、その本質にまで迫ろうとするなら、そのような Ⅴ 療法だけで終わりにせず、生徒たちがつねに晒されている人間関係のあり方にまで視野を広げていかなければならない。

（出典　土井隆義「友だち地獄」ちくま新書、2008年から）

	Ⅰ	Ⅱ	Ⅲ	Ⅳ	Ⅴ
1	厳然	荒唐無稽	一般	抜擢	対蹠
2	毅然	本末転倒	万能	抜本	対症
3	毅然	換骨奪胎	弥縫	抜粋	対処
4	浩然	本末転倒	弥縫	抜擢	対症
5	厳然	荒唐無稽	一般	抜本	対処

問題60　本文中の空欄　Ⅰ　には、あとのア〜ウのいずれかの文が入り、空欄　Ⅱ　には、あとのA〜Cのいずれかの文が入る。その組合せとして妥当なものはどれか。

　ことばの「定義」の一番基本的なものは、何かを示して、「これは——です」と言うことである。それは普通「指定定義」と呼ばれている。「指定定義」は、「定義」の内では最も簡単なものではあるけれども、またいろいろと不完全な点も多い。目の前に対象がなければならないことは勿論であるが、もっと重要な欠点は、そのことばを教える人が、眼前にある対象の持つ、どの部分に注目してそのことばを使っているのかが、教えられる人に分らないことである。

　たとえば、小さな幼児に、ボールを見せて、「これはまりだよ」と教えたとしよう。　Ⅰ　。

　しかしこの子供は、「まり」ということばをいろいろなものに使うたびに、ほめられたり笑われたりしながら、ある球形をした対象が、どのような条件を持っている場合にのみ、「まり」と呼ばれるものかを悟っていくのである。

　指示の代りに、ことばを使って或ることばを人に教えることは、本質的には「指示定義」をいろいろな情況の下で繰返すことの代りであると考えられる。つまり、自分がある特定のことばに関して持っている経験と、同等の経験を、他の人が持てるように、あれこれと、情況の範囲を制限し、条件をつけていくのである。したがって、ことばによることばの「定義」は、教える人の経験と、教わる人の経験の差、および「定義」をする目的などの条件で千差万別の形をとり得る。

　たとえばライオンを知らない子供にライオンとは何かを、ことばだけで教えようとする。　Ⅱ　。しかしこれだけでは虎との区別、ヒョウとの区別を子供がつけることはできないから、そこで、更に詳しい説明が必要となる。しかしいくら詳しく説明しても絶対的な意味での充分ということはないのである。

（出典　鈴木孝夫「ことばと文化」岩波新書、1973年から）

336

ア　子供は「まり」とは球技の用具を呼ぶのかと思い込んで、次に野球のボールを見ても、テニスのラケットを見ても「まり」と言うようになることがある

イ　子供は球状をしたものを「まり」と呼ぶのかと思い込んで、次に西瓜を見ても、豆を見ても「まり」と言うようになることがある

ウ　子供はボールを別名「まり」と呼ぶのかと思い込んで、次にアメリカ人に見せても、フランス人に見せても「まり」と言うようになることがある

A　もしその子がライオンの生態をあまり知らなかった場合でも、ライオンは猫のお友だちであるということで対象の範囲はかなり狭められる

B　もしその子が猫とライオンが虎やヒョウの仲間だと知っている場合には、ライオンは百獣の王だということで対象の範囲はかなり狭められる

C　もしその子が猫をすでに知っている場合には、ライオンとはとても大きな猫の一種だということで対象の範囲はかなり狭められる

	I	II
1	ア	C
2	イ	B
3	イ	C
4	ウ	A
5	ウ	C

2021（令和3）年度

試験問題
解答・解説

問題1	刑罰論 （基礎法学）	ランク B	正解 5

　刑罰の基礎理論をめぐっては、伝統的に、応報刑論と目的刑論との対立がある。

　応報刑論によれば、刑罰とは、犯罪をしたことを理由として行為者に加えられる非難としての害悪であるとされる。ここでいう応報とは、責任の程度に見合った苦痛を与えることであり、応報刑とは、責任に応じた刑を意味する。

　これに対して、目的刑論によれば、刑罰は、行為者が再び犯罪をすることを防ぐための手段であり、再犯防止という社会的に有益な目的のために必要な手段であるからこそ正当化されるものと解する。そして、刑罰は非難とは無関係であり、社会に害が及ばないようにするために、再犯の危険性の限度で刑罰が科されるべきとする。

ア　応報　空欄アは、「悪因に悪果あるべきは当然」と考える理論である。悪因悪果とは、悪い行為には、必ず悪い結果や報いがあることを意味し、上述の応報刑の考え方と親和性のある表現といえる。したがって、空欄アには、「応報」が当てはまる。

イ　社会防衛　空欄イには、空欄ア「応報（刑論）」に対する「目的刑論」の考え方が入る。上述のとおり、目的刑論は、刑罰の正当化の根拠について、社会的に有益な目的のために必要な手段であることに求めるものである。したがって、空欄イには、「社会防衛」が当てはまる。

ウ　累犯　空欄ウには、目的刑論の考え方によれば、小さな犯罪であっても「重く罰する必要」があるとされる類型が入る。上述のとおり、目的刑論は、再犯の危険性の限度で刑罰が科されるべきとする理論である。したがって、空欄ウには、「累犯」（広義では、犯罪を繰り返して犯す者を意味する）が当てはまる。

エ　執行猶予　空欄エには、目的刑論の考え方に基づき、犯罪が偶発的なものである場合に執るべき措置が入る。上述のとおり、目的刑論は、再犯の危険性の限度で刑罰が科されるべきとする理論であるところ、偶発的な犯罪の場合、行為者の再犯の危険性は小さいことから、刑罰も軽いもので良いとする

結論に結びつきやすい。したがって、空欄エには、「執行猶予」（刑の言渡しはするが、情状によって刑の執行を一定期間猶予し、猶予期間を経過したときは刑罰権を消滅させること）が当てはまる。

....

以上により、空欄に当てはまる語句の組み合わせとして正しいものは5であり、正解は5となる。

正解	1	2	3	4	5
解答率（％）	20.5	3.2	8.4	2.5	65.1

問題2 ｜ 法令の効力
（基礎法学）

ランク **A**　正解 **5**

1　**妥当でない**　法の適用に関する通則法2条は、「法律は、公布の日から起算して20日を経過した日から施行する。ただし、法律でこれと異なる施行期日を定めたときは、その定めによる。」と規定している。本記述のように、公布日から直ちに法律を施行することはできない旨の規定はない。

　なお、公布の日から即日施行されることが定められた法律の効力が問題となった事案において、最高裁判所は、成文の法令が一般的に国民に対し、現実にその拘束力を生ずるためには、その法令の内容が一般国民の知り得べき状態に置かれることを前提要件とするものである旨を述べた上で、公布の日における官報の最初の閲読可能時から施行されるとしている（最大判昭33.10.15）。

2　**妥当でない**　記述1の解説のとおり、法の適用に関する通則法2条は、「法律は、公布の日から起算して20日を経過した日から施行する。ただし、法律でこれと異なる施行期日を定めたときは、その定めによる。」と規定している。本記述のように、公布日とは別に施行期日を定めなければならないとはされていない。

3　**妥当でない**　刑法1条1項は、「この法律は、日本国内において罪を犯し

たすべての者に適用する。」と規定し、同条２項は、「日本国外にある日本船舶又は日本航空機内において罪を犯した者についても、前項と同様とする。」と規定している。このように、外国の領域内や公海上にある日本国の船舶や航空機内において、日本国の法令が効力を有する場合がある。

4　**妥当でない**　法令が新たに制定され又は改正された場合には、「後法は前法を破る」の原則により、後法が優先することになる。もっとも、これは双方が同等の形式的効力を持つ法規の間の原則であり、本記述のように、特別法が前法で一般法が後法である場合には、特別法優先の原理により、特別法が優先して適用されるのが原則である。

5　**妥当である**　本記述のように、有効期間が限定されている法令を限時法（時限立法）という。例えば、「市町村の合併の特例に関する法律」（平成16年法律第59号）がこれにあたる。同法は附則２条１項本文において、「この法律は、令和12年３月31日限り、その効力を失う。」と規定している。

・・・・・・・・・・・・・・・

以上により、妥当なものは５であり、正解は５となる。

正解	1	2	3	4	5
解答率（%）	5.1	13.2	0.5	4.4	76.6

問題3	国家賠償・損失補償 （憲法）	ランク A	正解 4

1　**妥当である**　本選択肢は、損失補償説について述べたものである。予防接種は伝染病から社会を集団的に防衛するための公益的性格を持つ施策であり、他方で、そうした公益のために生命や身体に特別の犠牲を強いられる被害者が生ずる点について、特別犠牲の存在が肯定される。ただし、憲法29条３項は財産権侵害について補償を定めた規定であるので、直接適用できない。そこで、裁判例の中には同項を類推適用して救済を図っているものがある（東京地判昭59.5.18参照）。

2　**妥当である**　予防接種に伴う犠牲については、国家賠償及び損失補償によっても十分な補償を与えることができない事例が存在する。そこで、予防接種法は、接種の違法や過失を問わずに結果責任を認める規定を設けている（15条1項）。

3　**妥当である**　人格的自律権は、憲法13条後段で保障されると解されるところ、裁判例には、「憲法13条後段、25条1項の規定の趣旨に照らせば、財産上特別の犠牲が課せられた場合と生命、身体に対し特別の犠牲が課せられた場合とで、後者の方を不利に扱うことが許されるとする合理的理由は全くない」として、憲法29条3項を類推適用し、損失補償を請求できるとしたものがある（東京地判昭59.5.18）。

4　**妥当でない**　現在は禁忌者の推定という形で、接種を担当する医師の過失認定を容易にする国家賠償構成による救済が定着している。裁判例として、予防接種禍の被害者が禁忌者と推定されるという解釈を土台に、厚生大臣（当時）が「禁忌該当者に予防接種を実施させないための充分な措置をとることを怠った過失」（組織過失）を認定することにより、国家賠償責任を肯定したものがある（東京高判平4.12.18）。

5　**妥当である**　裁判例は、「憲法13条、25条1項、29条の各規定をみると、憲法は、国民の生命、身体を財産権よりも格段に厚く保障していることが明らかであり、その憲法が14条1項で国民が法の下に平等であることを保障し、29条3項で公共のために財産権につきなされた特別な犠牲に対して損失補償の必要を規定しているところよりすれば、憲法は、右29条3項の規定の当然の含意として、公共のためになされた本件各予防接種のような予防接種により本件各被害児がその生命、身体に受けたような特別な犠牲である副作用による重篤な被害に対して……財産権につき保障している補償と少なくとも同程度の損失補償が必要であることを規定しているものと解するのが相当である」としている（大阪地判昭62.9.30）。

....

以上により、妥当でないものは4であり、正解は4となる。

正解	1	2	3	4	5
解答率（%）	1.9	3.6	8.3	81.4	4.4

| 問題4 | 捜査とプライバシー
（憲法） | ランク
A | 正解
2 |

1　**妥当でない**　判例は、「憲法13条は、『すべて国民は、個人として尊重される。生命、自由及び幸福追求に対する国民の権利については、公共の福祉に反しない限り、立法その他の国政の上で、最大の尊重を必要とする。』と規定しているのであつて、これは、国民の私生活上の自由が、警察権等の国家権力の行使に対しても保護されるべきことを規定しているものということができる。そして、個人の私生活上の自由の一つとして、何人も、その承諾なしに、みだりにその容ぼう・姿態（以下『容ぼう等』という。）を撮影されない自由を有するものというべきである」としている（最大判昭44.12.24）。

2　**妥当である**　判例は、「憲法35条は、『住居、書類及び所持品について、侵入、捜索及び押収を受けることのない権利』を規定しているところ、この規定の保障対象には、『住居、書類及び所持品』に限らずこれらに準ずる私的領域に『侵入』されることのない権利が含まれるものと解するのが相当である」としている（最大判平29.3.15）。

3　**妥当でない**　判例は、「電話傍受は、通信の秘密を侵害し、ひいては、個人のプライバシーを侵害する強制処分であるが、一定の要件の下では、捜査の手段として憲法上全く許されないものではないと解すべきであって、……重大な犯罪に係る被疑事件について、被疑者が罪を犯したと疑うに足りる十分な理由があり、かつ、当該電話により被疑事実に関連する通話の行われる蓋然性があるとともに、電話傍受以外の方法によってはその罪に関する重要かつ必要な証拠を得ることが著しく困難であるなどの事情が存する場合において、電話傍受により侵害される利益の内容、程度を慎重に考慮した上で、なお電話傍受を行うことが犯罪の捜査上真にやむを得ないと認められるときには、法律の定める手続に従ってこれを行うことも憲法上許される」としている（最決平11.12.16）。

4　**妥当でない**　判例は、「速度違反車両の自動撮影を行う本件自動速度監視装置による運転者の容ぼうの写真撮影は、現に犯罪が行われている場合にな

され、犯罪の性質、態様からいつて緊急に証拠保全をする必要性があり、その方法も一般的に許容される限度を超えない相当なものであるから、憲法13条に違反せず、また、右写真撮影の際、運転者の近くにいるため除外できない状況にある同乗者の容ぼうを撮影することになつても、憲法13条、21条に違反しない」としている（最判昭61.2.14）。

5　**妥当でない**　判例は、「ＧＰＳ捜査は、対象車両の時々刻々の位置情報を検索し、把握すべく行われるものであるが、その性質上、公道上のもののみならず、個人のプライバシーが強く保護されるべき場所や空間に関わるものも含めて、対象車両及びその使用者の所在と移動状況を逐一把握することを可能にする。このような捜査手法は、個人の行動を継続的、網羅的に把握することを必然的に伴うから、個人のプライバシーを侵害し得るものであり、また、そのような侵害を可能とする機器を個人の所持品に秘かに装着することによって行う点において、公道上の所在を肉眼で把握したりカメラで撮影したりするような手法とは異なり、公権力による私的領域への侵入を伴うものというべきである」としている（最大判平29.3.15）。

以上により、妥当な記述は２であり、正解は２となる。

正解	1	2	3	4	5
解答率（%）	3.3	87.5	2.4	1.7	4.8

問題5	政教分離 （憲法）	ランク B	正解 3

本問は、砂川政教分離訴訟（最大判平22.1.20）を題材とするものである。

1　**妥当である**　判例は、「国又は地方公共団体が国公有地を無償で宗教的施設の敷地としての用に供する行為は、一般的には、当該宗教的施設を設置する宗教団体等に対する便宜の供与として、憲法89条との抵触が問題となる行為であるといわなければならない」としている。

2 **妥当である** 判例は、「一般的には宗教的施設としての性格を有する施設であっても、同時に歴史的、文化財的な建造物として保護の対象となるものであったり、観光資源、国際親善、地域の親睦の場などといった他の意義を有していたりすることも少なくなく、それらの文化的あるいは社会的な価値や意義に着目して当該施設が国公有地に設置されている場合もあり得」るとしている。

3 **妥当でない** 砂川政教分離訴訟では、本選択肢のようには述べていない。なお、津地鎮祭事件判決（最大判昭52.7.13）は、「わが国においては、多くの国民は、……宗教意識の雑居性が認められ、国民一般の宗教的関心度は必ずしも高いものとはいいがたい。他方、神社神道自体については、祭祀儀礼に専念し、他の宗教にみられる積極的な布教・伝道のような対外活動がほとんど行われることがないという特色がみられる」と述べているが、同判例は、地方公共団体がその土地を神社の敷地として無償で提供することの合憲性に関連したものではない。

4 **妥当である** 判例は、「我が国においては、明治初期以来、一定の社寺領を国等に上知（上地）させ、官有地に編入し、又は寄附により受け入れるなどの施策が広く採られたこともあって、国公有地が無償で社寺等の敷地として供される事例が多数生じた。このような事例については、戦後、国有地につき『社寺等に無償で貸し付けてある国有財産の処分に関する法律』（昭和22年法律第53号）が公布され、公有地についても同法と同様に譲与等の処分をすべきものとする内務文部次官通牒が発出された上、これらによる譲与の申請期間が経過した後も、譲与、売払い、貸付け等の措置が講じられてきたが、それにもかかわらず、現在に至っても、なおそのような措置を講ずることができないまま社寺等の敷地となっている国公有地が相当数残存していることがうかがわれる」としている。

5 **妥当である** 判例は、「本件神社物件を管理し、……祭事を行っているのは、本件利用提供行為の直接の相手方である本件町内会ではなく、本件氏子集団である。本件氏子集団は、前記のとおり、町内会に包摂される団体ではあるものの、町内会とは別に社会的に実在しているものと認められる。そして、この氏子集団は、宗教的行事等を行うことを主たる目的としている宗教

団体であって、寄附を集めて本件神社の祭事を行っており、憲法89条にいう『宗教上の組織若しくは団体』に当たるものと解される」としている。

....

以上により、妥当でないものは３であり、正解は３となる。

正解	1	2	3	4	5
解答率（%）	6.5	4.5	59.2	15.5	14.0

問題6	唯一の立法機関 （憲法）	ランク B	正解 4

憲法41条は、「国会は、国権の最高機関であつて、国の唯一の立法機関である。」と定めているところ、本問は「唯一の」についての解釈を問うものである。同条にいう「唯一」とは、（１）国会中心立法の原則と、（２）国会単独立法の原則を意味している。

（１）国会中心立法の原則とは、憲法で定める例外（各議院規則、裁判所規則）を除いては、国会以外による立法を認めない原則である。行政による命令の形での立法を許さない趣旨と考えられるが、個別的・具体的な委任がある委任立法の場合は、国会による民主的コントロールが及ぶため許容されると解されている。

（２）国会単独立法の原則とは、憲法で定める例外（憲法95条の住民投票）を除いては、国会以外の機関が関与することなく、国会の議決だけで法律が成立するという原則である。内閣の法案提出権は立法に対する内閣の関与にみえるが、国会が自由に修正・否決できるため許容されると解されている。

1　**妥当でない**　上記の解説より、本選択肢は妥当でない。

2　**妥当でない**　上記の解説より、本選択肢は妥当でない。

3　**妥当でない**　上記の解説より、本選択肢は妥当でない。

4　**妥当である**　上記の解説より、本選択肢は妥当である。

5　**妥当でない**　上記の解説より、本選択肢は妥当でない。

....

以上により、空欄に当てはまる語句の組合せとして妥当なものは4であり、正解は4となる。

正解	1	2	3	4	5
解答率（％）	0.7	10.8	3.6	**61.7**	23.1

問題7	国民投票制 （憲法）	ランク A	正解 5

ア 「**レファレンダム**」 選択肢の語句のうち、イニシアティブ（国民発案）とは、有権者が法令の制定や改廃について提案することをいい、レファレンダム（国民投票）とは、憲法改正や法令の制定について、その可否を直接に有権者の投票により決定することをいう。問題文の「広く国民投票一般を意味する」との記載から、空欄アには「レファレンダム」が当てはまる。

イ 「**国民発案**」 問題文の「議会が為さないことの怠慢を補完する方法」との記載から、空欄イには「国民発案」が当てはまる。

ウ 「**解職投票**」 問題文の「罷免する制度」「国民の投票によって」との記載から、空欄ウには「解職投票」が当てはまる。

エ 「**代議制**」 空欄エには、解職投票の前提となる制度が入るので、国民が投票によって代表者を選出する「代議制」が当てはまる。

オ 「**直接民主制**」 空欄オには、代議制を前提とすると厳密な意味では当てはまらない制度が入る。そこで、代議制と対比される、国民が直接政治に参加し政策等を決定できる制度である「直接民主制」が当てはまる。

以上により、妥当なものは5であり、正解は5となる。

正解	1	2	3	4	5
解答率（％）	1.6	2.5	6.7	1.5	**87.3**

問題8	一般的法理論（法の一般原則） （行政法）	ランク A	正解 4

1　**妥当でない**　判例は、「地方公共団体……が一定内容の将来にわたつて継続すべき施策を決定した場合でも、右施策が社会情勢の変動等に伴つて変更されることがあることはもとより当然であつて、地方公共団体は原則として右決定に拘束されるものではない」としている（最判昭56.1.27）。したがって、施策を変更することが許されないわけではない。

2　**妥当でない**　判例は、「租税法規に適合する課税処分について、法の一般原理である信義則の法理の適用により、右課税処分を違法なものとして取り消すことができる場合があるとしても、……租税法律主義の原則が貫かれるべき租税法律関係においては、右法理の適用については慎重でなければならず、租税法規の適用における納税者間の平等、公平という要請を犠牲にしてもなお当該課税処分に係る課税を免れしめて納税者の信頼を保護しなければ正義に反するといえるような特別の事情が存する場合に、初めて右法理の適用の是非を考えるべきものである」としている（最判昭62.10.30）。したがって、特別の事情が存する場合であれば、課税処分が信義則の法理に反するものとして違法となり得る。

3　**妥当でない**　判例は、個室付浴場業の営業を阻止することを主たる動機とする、児童遊園に対する知事の設置認可処分につき、「行政権の濫用に相当する違法性があり、……効力を有しない」としている（最判昭53.6.16）。したがって、児童遊園設置認可処分が行政権の著しい濫用によるものであれば違法となり得る。

4　**妥当である**　判例は、「地方自治法236条2項所定の普通地方公共団体に対する権利で金銭の給付を目的とするもの……の時効消滅につき当該普通地方公共団体による援用を要しないこととしたのは、上記権利については、その性質上、法令に従い適正かつ画一的にこれを処理することが、当該普通地方公共団体の事務処理上の便宜及び住民の平等的取扱いの理念……に資することから、時効援用の制度……を適用する必要がないと判断されたことによる

ものと解される。このような趣旨にかんがみると、普通地方公共団体に対する債権に関する消滅時効の主張が信義則に反し許されないとされる場合は、極めて限定される」としている（最判平19.2.6）。

5 **妥当でない** 判例は、「国は、公務員に対し、国が公務遂行のために設置すべき場所、施設もしくは器具等の設置管理又は公務員が……遂行する公務の管理にあたつて、公務員の生命及び健康等を危険から保護するよう配慮すべき義務……を負つているものと解すべきである」と述べ、その上で、「国が、公務員に対する安全配慮義務を懈怠し違法に公務員の生命、健康等を侵害して損害を受けた公務員に対し損害賠償の義務を負う」としている（最判昭50.2.25）。したがって、国は、配慮義務違反に基づく損害賠償義務を負うことがある。

....

以上により、妥当な記述は4であり、正解は4となる。

正解	1	2	3	4	5
解答率（％）	10.1	3.8	4.5	78.8	2.5

問題9	**一般的法理論（行政裁量）** （行政法）	ランク **A**	正解 **1**

ア **妥当である** 判例は、「本件検定の審査、判断は、申請図書について、内容が学問的に正確であるか、中立・公正であるか、教科の目標等を達成する上で適切であるか、児童、生徒の心身の発達段階に適応しているか、などの様々な観点から多角的に行われるもので、学術的、教育的な専門技術的判断であるから、事柄の性質上、文部大臣〔当時〕の合理的な裁量に委ねられる」としている（最判平5.3.16）。

イ **妥当でない** 判例は、「懲戒権者は、……諸般の事情を考慮して、懲戒処分をすべきかどうか、また、懲戒処分をする場合にいかなる処分を選択すべきか、を決定することができるものと考えられるのであるが、その判断は、

右のような広範な事情を総合的に考慮してされるものである以上、平素から庁内の事情に通暁し、部下職員の指揮監督の衝にあたる者の裁量に任せるのでなければ、とうてい適切な結果を期待することができないものといわなければならない」としているものの、「裁判所が右の処分の適否を審査するにあたつては、……懲戒権者の裁量権の行使に基づく処分が社会観念上著しく妥当を欠き、裁量権を濫用したと認められる場合に限り違法であると判断すべきものである」としており、裁判所が懲戒権者の行った事実認定に拘束されるとはしていない（最判昭52.12.20）。

ウ　**妥当である**　判例は、「上記の認定〔公害健康被害の補償等に関する法律に基づく水俣病の認定〕自体は、……客観的事象としての水俣病のり患の有無という現在又は過去の確定した客観的事実を確認する行為であって、この点に関する処分行政庁の判断はその裁量に委ねられるべき性質のものではない」としている（最判平25.4.16）。

エ　**妥当でない**　判例は、「保護基準中の老齢加算に係る部分を改定するに際し、最低限度の生活を維持する上で老齢であることに起因する特別な需要が存在するといえるか否か及び高齢者に係る改定後の生活扶助基準の内容が健康で文化的な生活水準を維持することができるものであるか否かを判断するに当たっては、厚生労働大臣に……専門技術的かつ政策的な見地からの裁量権が認められる」としている（最判平24.2.28）。

オ　**妥当でない**　判例は、「学校施設の目的外使用を許可するか否かは、原則として、管理者の裁量にゆだねられているものと解するのが相当である。すなわち、学校教育上支障があれば使用を許可することができないことは明らかであるが、そのような支障がないからといって当然に許可しなくてはならないものではなく、行政財産である学校施設の目的及び用途と目的外使用の目的、態様等との関係に配慮した合理的な裁量判断により使用許可をしないこともできる」としている（最判平18.2.7）。

....

以上により、妥当なものの組合せは１であり、正解は１となる。

正解	1	2	3	4	5
解答率（%）	76.5	19.8	1.8	1.0	1.0

| 問題10 | 一般的法理論（行政立法）
（行政法） | ランク
A | 正解
2 |

1　**妥当でない**　退職一時金に付加して返還すべき利子の利率の定めを政令に委任する国家公務員共済組合法の規定につき、判例は、「退職一時金に付加して返還すべき利子の利率の定めを白地で包括的に政令に委任するものということはできず、憲法41条……に違反するものではない」としている（最判平27.12.14）。

2　**妥当である**　旧監獄法50条による委任を受けて、被拘留者と幼年者（14歳未満の者）との接見を原則とし禁止することとした旧監獄法施行規則120条につき、判例は、「たとえ事物を弁別する能力の未発達な幼年者の心情を害することがないようにという配慮の下に設けられたものであるとしても、それ自体、法律によらないで、被勾留者の接見の自由を著しく制限するものであって、法〔旧監獄法〕50条の委任の範囲を超えるものといわなければならない」とした上で、「そうだとすれば、規則〔旧監獄法施行規則〕120条は、……法〔旧監獄法〕50条の委任の範囲を超えた無効のもの」としている（最判平3.7.9）。

3　**妥当でない**　薬事法（当時）の委任を受けて、同法施行規則（省令）において一部の医薬品について郵便等販売をしてはならないと定めることについて、判例は、「新施行規則の規定が、これを定める根拠となる新薬事法の……委任の範囲を逸脱したものではないというためには、立法過程における議論をもしんしゃくした上で、……新薬事法中の諸規定を見て、そこから、郵便等販売を規制する内容の省令の制定を委任する授権の趣旨が、上記規制の範囲や程度等に応じて明確に読み取れることを要するものというべきである」としている（最判平25.1.11）。

4　**妥当でない**　児童扶養手当法旧4条1項5号（現1号ホ）による委任を受けて、「父から認知された児童」を支給対象児童から除外した児童扶養手当施行令旧1条の2第3号括弧書（現4号）について、判例は、「法の委任の趣旨に反し、本件括弧書は法の委任の範囲を逸脱した違法な規定として無効

と解すべきである」としている（最判平14.1.31）。

5　　**妥当でない**　判例は、「規則〔銃砲刀剣類登録規則〕が文化財的価値のある刀剣類の鑑定基準として、……美術品として文化財的価値を有する日本刀に限る旨を定め、この基準に合致するもののみを我が国において前記の価値を有するものとして登録の対象にすべきものとしたことは、法〔銃砲刀剣類所持等取締法〕14条１項の趣旨に沿う合理性を有する鑑定基準を定めたものというべきであるから、これをもって法の委任の趣旨を逸脱する無効のものということはできない」としている（最判平2.2.1）。

以上により、妥当な記述は２であり、正解は２となる。

正解	1	2	3	4	5
解答率（％）	2.1	80.1	7.1	8.4	2.1

問題11 ┃ **行政手続法（意見公募手続）**
（行政法）　　ランク **A**　正解 **1**

1　　**正しい**　行政手続法39条１項は、「命令等制定機関は、命令等を定めようとする場合には、当該命令等の案……及びこれに関連する資料をあらかじめ公示し、意見……の提出先及び意見の提出のための期間……を定めて広く一般の意見を求めなければならない。」と規定している。

2　　**誤り**　命令等制定機関は、他の行政機関が意見公募手続を実施して定めた命令等と実質的に同一の命令等を定めようとするときは、自ら意見公募手続を実施する必要はない（行政手続法39条４項５号）。

3　　**誤り**　命令等制定機関は、命令等を定める根拠となる法令の規定の削除に伴い当然必要とされる当該命令等の廃止をしようとするときは、意見公募手続を実施する必要はない（39条４項７号）。

4　　**誤り**　43条４項は、「命令等制定機関は、意見公募手続を実施したにもかかわらず命令等を定めないこととした場合には、その旨（別の命令等の案に

ついて改めて意見公募手続を実施しようとする場合にあっては、その旨を含む。）並びに第１項第１号及び第２号に掲げる事項〔命令等の題名及び命令等の案の公示の日〕を速やかに公示しなければならない。」と規定している。

5　**誤り**　43条５項柱書本文は、「命令等制定機関は、第39条第４項各号のいずれかに該当することにより意見公募手続を実施しないで命令等を定めた場合には、当該命令等の公布と同時期に、次に掲げる事項を公示しなければならない。」と規定しており、43条５項１号で、「命令等の題名及び趣旨」を、２号で、「意見公募手続を実施しなかった旨及びその理由」を掲げている。

以上により、正しい記述は１であり、正解は１となる。

正解	1	2	3	4	5
解答率（％）	91.5	1.3	1.2	1.1	4.8

問題12	行政手続法（理由の提示） （行政法）	ランク **B**	正解 **3**

1　**妥当でない**　行政手続法８条１項本文は、「行政庁は、申請により求められた許認可等を拒否する処分をする場合は、申請者に対し、同時に、当該処分の理由を示さなければならない。」と規定しており、本記述のように利害関係を有すると認められる者から請求があったときは、理由を示す旨の規定は置かれていない。なお、申請により求められた許認可等の処分をする場合には、理由の提示義務は課されていない。

2　**妥当でない**　８条１項ただし書は、「ただし、法令に定められた許認可等の要件又は公にされた審査基準が数量的指標その他の客観的指標により明確に定められている場合であって、当該申請がこれらに適合しないことが申請書の記載又は添付書類その他の申請の内容から明らかであるときは、申請者の求めがあったときにこれを示せば足りる。」と規定している。申請が法令に定められた形式上の要件に適合しないことを理由に、当該申請により求め

られた許認可等を拒否する処分をする場合であっても、同項ただし書には該当しないため、申請者に対して当該処分の理由を示さなければならない。

3　**妥当である**　14条1項は、「行政庁は、不利益処分をする場合には、その名あて人に対し、同時に、当該不利益処分の理由を示さなければならない。ただし、当該理由を示さないで処分をすべき差し迫った必要がある場合は、この限りでない。」と規定しており、同条2項は、「行政庁は、前項ただし書の場合においては、当該名あて人の所在が判明しなくなったときその他処分後において理由を示すことが困難な事情があるときを除き、処分後相当の期間内に、同項の理由を示さなければならない。」と規定している。

4　**妥当でない**　判例は、東京都公文書の開示等に関する条例7条（現11条）に基づいてされた公文書の非開示決定が理由付記の要件を欠き違法であるとされた事例において、「理由付記制度の趣旨にかんがみれば、公文書の非開示決定通知書に付記すべき理由としては、開示請求者において、本条例9条〔現7条〕各号所定の非開示事由のどれに該当するのかをその根拠とともに了知し得るものでなければならず、単に非開示の根拠規定を示すだけでは、当該公文書の種類、性質等とあいまって開示請求者がそれらを当然知り得るような場合は別として、本条例7条4項〔現13条1項〕の要求する理由付記としては十分でないといわなければならない」としている（最判平4.12.10）。

5　**妥当でない**　判例は、「一般旅券発給拒否通知書に付記すべき理由としては、いかなる事実関係に基づきいかなる法規を適用して一般旅券の発給が拒否されたかを、申請者においてその記載自体から了知しうるものでなければならず、単に発給拒否の根拠規定を示すだけでは、それによつて当該規定の適用の基礎となつた事実関係をも当然知りうるような場合を別として、旅券法の要求する理由付記として十分でないといわなければならない」としている（最判昭60.1.22）。

以上により、妥当な記述は3であり、正解は3となる。

正解	1	2	3	4	5
解答率（％）	10.1	18.2	60.0	4.9	6.8

問題13	行政手続法（行政指導）	ランク	正解
	（行政法）	A	3

ア　誤り　行政手続法32条2項は、「行政指導に携わる者は、その相手方が行政指導に従わなかったことを理由として、不利益な取扱いをしてはならない。」と規定しており、当該規定が適用されるのは当該行政指導の根拠規定が法律に置かれているものに限られない。

イ　正しい　行政指導に携わる者は、当該行政指導をする際に、行政機関が許認可等をする権限又は許認可等に基づく処分をする権限を行使し得る旨を示すときは、その相手方に対して、当該権限を行使し得る根拠となる法令の条項等の事項を示さなければならない（行政手続法35条2項）。また、行政指導が口頭でされた場合において、その相手方からこれら各事項を記載した書面の交付を求められたときは、当該行政指導に携わる者は、行政上特別の支障がない限り、これを交付しなければならない（同条3項）。

ウ　正しい　36条の3第1項は、「何人も、法令に違反する事実がある場合において、その是正のためにされるべき処分又は行政指導（その根拠となる規定が法律に置かれているものに限る。）がされていないと思料するときは、当該処分をする権限を有する行政庁又は当該行政指導をする権限を有する行政機関に対し、その旨を申し出て、当該処分又は行政指導をすることを求めることができる。」と規定している。また、同条3項は、「当該行政庁又は行政機関は、第1項の規定による申出があったときは、必要な調査を行い、その結果に基づき必要があると認めるときは、当該処分又は行政指導をしなければならない。」と規定しており、当該行政機関が、当該申出に対して諾否の応答をすべきものとされているわけではない。

エ　誤り　3条3項は、「第1項各号及び前項各号に掲げるもののほか、地方公共団体の機関がする処分（その根拠となる規定が条例又は規則に置かれているものに限る。）及び行政指導、地方公共団体の機関に対する届出（前条第7号の通知の根拠となる規定が条例又は規則に置かれているものに限る。）並びに地方公共団体の機関が命令等を定める行為については、次章から第6

章までの規定は、適用しない。」と規定しており、地方公共団体の機関がする行政指導は、すべて同法の適用外とされている。

....

以上により、正しいものの組合せは3であり、正解は3となる。

正解	1	2	3	4	5
解答率（％）	10.7	4.7	72.4	9.0	3.2

問題14 ｜ 行政不服審査法（執行停止）（行政法）

1 **誤り** 行政不服審査法25条4項は、「審査請求人の申立てがあった場合において、処分、処分の執行又は手続の続行により生ずる重大な損害を避けるために緊急の必要があると認めるときは、審査庁は、執行停止をしなければならない。ただし、公共の福祉に重大な影響を及ぼすおそれがあるとき、又は本案について理由がないとみえるときは、この限りでない。」と規定している。したがって、本案について理由がないとみえるときは、執行停止は義務づけられていない。

2 **誤り** 26条は、「執行停止をした後において、執行停止が公共の福祉に重大な影響を及ぼすことが明らかとなったとき、その他事情が変更したときは、審査庁は、その執行停止を取り消すことができる。」と規定している。

3 **正しい** 25条7項は、「執行停止の申立てがあったとき、又は審理員から第40条〔審理員による執行停止の意見書の提出〕に規定する執行停止をすべき旨の意見書が提出されたときは、審査庁は、速やかに、執行停止をするかどうかを決定しなければならない。」と規定している。

4 **誤り** 61条前段は、「第25条〔執行停止〕（第3項を除く。）……の規定は、再調査の請求について準用する。」と規定しており、25条は、3項以外は準用される。したがって、再調査の請求においても、請求人は執行停止を申し立てることができる。

356

5　**誤り**　25条３項本文は、「処分庁の上級行政庁又は処分庁のいずれでもな
　　い審査庁は、必要があると認める場合には、審査請求人の申立てにより、処
　　分庁の意見を聴取した上、執行停止をすることができる。」と規定している。

以上により、正しい記述は３であり、正解は３となる。

正解	1	2	3	4	5
解答率（％）	1.8	1.1	82.3	6.6	8.1

問題15　行政不服審査法（再調査の請求）（行政法）　ランク B　正解 1

1　**正しい**　行政不服審査法５条１項本文は、「行政庁の処分につき処分庁以
　　外の行政庁に対して審査請求をすることができる場合において、法律に再調
　　査の請求をすることができる旨の定めがあるときは、当該処分に不服がある
　　者は、処分庁に対して再調査の請求をすることができる。」と規定している
　　が、同項ただし書は、「ただし、当該処分について第２条〔処分についての
　　審査請求〕の規定により審査請求をしたときは、この限りでない。」と規定
　　している。したがって、行政庁の処分につき審査請求を行ったときは、当該
　　処分について再調査の請求を行うことができない。

2　**誤り**　５条２項柱書は、「再調査の請求をしたときは、当該再調査の請求
　　についての決定を経た後でなければ、審査請求をすることができない。ただ
　　し、次の各号のいずれかに該当する場合は、この限りでない。」と規定して
　　いる。そして、同項各号には、法律に審査請求ができる旨の規定がある場合
　　は掲げられていない。

3　**誤り**　５条１項本文は、「行政庁の処分につき処分庁以外の行政庁に対し
　　て審査請求をすることができる場合において、法律に再調査の請求をするこ
　　とができる旨の定めがあるときは、当該処分に不服がある者は、処分庁に対
　　して再調査の請求をすることができる。」と規定している。したがって、不

作為につき再調査の請求を行うことはできない。

4　　**誤り**　61条は、審査請求に関する一部の規定を再調査の請求に準用する旨規定しているところ、審理員による審理に関する規定（行政不服審査法9条1項、2項、3項）及び行政不服審査会等への諮問に関する規定（43条）は準用されていない。したがって、本記述の前段は正しい。もっとも、行政不服審査法には、再調査の請求について処分庁が決定を行った後に、行政不服審査会等への報告を行う必要がある旨の規定は存在しない。したがって、本記述の後段は誤りである。

5　　**誤り**　61条前段は、「第31条〔口頭意見陳述〕（第5項を除く。）……の規定は、再調査の請求について準用する。」と規定しており、31条1項は、「審査請求人又は参加人の申立てがあった場合には、審理員は、当該申立てをした者……に口頭で審査請求に係る事件に関する意見を述べる機会を与えなければならない。ただし、当該申立人の所在その他の事情により当該意見を述べる機会を与えることが困難であると認められる場合には、この限りでない。」と規定している。したがって、再調査の請求においても、申立てがあれば、当該意見を述べる機会を与えることが困難であると認められる場合を除き、原則として口頭で意見を述べる機会が与えられる。

以上により、正しい記述は1であり、正解は1となる。

正解	1	2	3	4	5
解答率（%）	62.8	5.5	8.2	5.1	18.4

問題16　行政不服審査法（審査請求）（行政法）　ランク **A**　正解 **2**

ア　　**誤り**　行政不服審査法18条1項は、「処分についての審査請求は、処分があったことを知った日の翌日から起算して3月（当該処分について再調査の請求をしたときは、当該再調査の請求についての決定があったことを知った

日の翌日から起算して1月）を経過したときは、することができない。ただ
し、正当な理由があるときは、この限りでない。」と規定しており、同条2
項は、「処分についての審査請求は、処分（当該処分について再調査の請求
をしたときは、当該再調査の請求についての決定）があった日の翌日から起
算して1年を経過したときは、することができない。ただし、正当な理由が
あるときは、この限りでない。」と規定している。もっとも、審査請求期間
を経過した後についても処分の無効の確認を求める審査請求ができる旨は規
定されていない。

イ　**正しい**　19条1項は、「審査請求は、他の法律（条例に基づく処分につい
ては、条例）に口頭ですることができる旨の定めがある場合を除き、政令で
定めるところにより、審査請求書を提出してしなければならない。」と規定
している。

ウ　**正しい**　処分についての審査請求に理由があり、審査庁が、裁決で、当該
処分の全部若しくは一部を変更する場合において、審査庁は、審査請求人の
不利益に当該処分を変更することはできない（行政不服審査法46条1項本
文、48条）。

エ　**誤り**　50条1項柱書は、「裁決は、次に掲げる事項を記載し、審査庁が記
名押印した裁決書によりしなければならない。」と規定し、同項4号は、「理
由（第1号の主文が審理員意見書又は行政不服審査会等若しくは審議会等の
答申書と異なる内容である場合には、異なることとなった理由を含む。）」を
掲げている。したがって、裁決書の主文に理由を記載する際に、審理員意見
書又は行政不服審査会等の答申書と異なることとなった理由を示すことまで
求められている。

オ　**正しい**　執行停止の申立てが認められるのは、審査請求人のみである（25
条2項、3項本文参照）。

以上により、誤っているものの組合せは2であり、正解は2となる。

正解	1	2	3	4	5
解答率（％）	12.8	70.0	8.5	3.5	5.0

問題17 行政事件訴訟法（条文）（行政法）

ランク **A** ／ 正解 **3**

ア 「重大な損害」　　イ 「損害」
ウ 「現在の法律関係」　エ 「重大な損害」　オ 「損害」

2021年度 解答・解説

　本問の各条文は、以下のとおりである。

第25条第2項　処分の取消しの訴えの提起があつた場合において、処分、処分の執行又は手続の続行により生ずる「重大な損害」を避けるため緊急の必要があるときは、裁判所は、申立てにより、決定をもつて、処分の効力、処分の執行又は手続の続行の全部又は一部の停止……をすることができる。（以下略）

第36条　無効等確認の訴えは、当該処分又は裁決に続く処分により「損害」を受けるおそれのある者その他当該処分又は裁決の無効等の確認を求めるにつき法律上の利益を有する者で、当該処分若しくは裁決の存否又はその効力の有無を前提とする「現在の法律関係」に関する訴えによつて目的を達することができないものに限り、提起することができる。

第37条の2第1項　第3条第6項第1号に掲げる場合において、義務付けの訴えは、一定の処分がされないことにより「重大な損害」を生ずるおそれがあり、かつ、その「損害」を避けるため他に適当な方法がないときに限り、提起することができる。

　以上により、空欄に当てはまる語句の組合せとして正しいものは3であり、正解は3となる。

正解	1	2	3	4	5
解答率（%）	3.6	9.3	**83.7**	0.9	2.5

問題18　行政事件訴訟法（処分取消訴訟）（行政法）　ランク A　正解 4

1　**誤り**　行政事件訴訟法11条1項柱書は、「処分又は裁決をした行政庁（処分又は裁決があつた後に当該行政庁の権限が他の行政庁に承継されたときは、当該他の行政庁。以下同じ。）が国又は公共団体に所属する場合には、取消訴訟は、次の各号に掲げる訴えの区分に応じてそれぞれ当該各号に定める者を被告として提起しなければならない。」と規定しており、同項1号は、「処分の取消しの訴え　当該処分をした行政庁の所属する国又は公共団体」を掲げている。

2　**誤り**　12条1項は、「取消訴訟は、被告の普通裁判籍の所在地を管轄する裁判所又は処分若しくは裁決をした行政庁の所在地を管轄する裁判所の管轄に属する。」と規定している。したがって、本記述は、「原告の普通裁判籍の所在地を管轄する裁判所」としている点で、誤っている。

3　**誤り**　11条2項は、「処分又は裁決をした行政庁が国又は公共団体に所属しない場合には、取消訴訟は、当該行政庁を被告として提起しなければならない。」と規定している。したがって、本記述は、「法務大臣を被告として」としている点で、誤っている。

4　**正しい**　22条1項は、「裁判所は、訴訟の結果により権利を害される第三者があるときは、当事者若しくはその第三者の申立てにより又は職権で、決定をもつて、その第三者を訴訟に参加させることができる。」と規定している。

5　**誤り**　8条1項本文は、「処分の取消しの訴えは、当該処分につき法令の規定により審査請求をすることができる場合においても、直ちに提起することを妨げない。」と規定している。

....

以上により、正しい記述は4であり、正解は4となる。

正解	1	2	3	4	5
解答率（%）	4.7	13.0	1.2	74.3	6.7

２０２１年度　解答・解説

| 問題19 | 行政事件訴訟法
（取消訴訟の原告適格）
（行政法） | ランク
A | 正解
4 |

1　**妥当でない**　判例は、鉄道株式会社の路線の周辺に居住し、通勤定期券を購入するなどした上、日常同社が運行している特別急行旅客列車を利用している者について、「特別急行料金の改定（変更）の認可処分によつて自己の権利利益を侵害され又は必然的に侵害されるおそれのある者に当たるということができず、右認可処分の取消しを求める原告適格を有しないというべきである」としている（最判平元.4.13）。

2　**妥当でない**　判例は、「本件史跡指定解除処分の根拠である静岡県文化財保護条例（昭和36年静岡県条例第23号。以下『本件条例』という。）は、文化財保護法（以下『法』という。）98条2項〔現182条2項〕の規定に基づくものであるが、……本件条例及び法は、文化財の保存・活用から個々の県民あるいは国民が受ける利益については、本来本件条例及び法がその目的としている公益の中に吸収解消させ、その保護は、もつぱら右公益の実現を通じて図ることとしているものと解される。そして、本件条例及び法において、文化財の学術研究者の学問研究上の利益の保護について特段の配慮をしていると解しうる規定を見出すことはできない」とした上で、遺跡を研究の対象としてきた学術研究者について、「本件史跡指定解除処分の取消しを求めるにつき法律上の利益を有せず、本件訴訟における原告適格を有しない」としている（最判平元.6.20）。

3　**妥当でない**　判例は、「単に一般消費者であるというだけでは、公正取引委員会による公正競争規約の認定につき景表法〔旧〕10条6項による不服申立をする法律上の利益をもつ者であるということはできない」としている（最判昭53.3.14）。本判例は行政不服申立ての当事者適格に関する判例であるが、行政事件訴訟の原告適格についても同じように考えられる。

4　**妥当である**　判例は、「新たに付与された定期航空運送事業免許に係る路線の使用飛行場の周辺に居住していて、当該免許に係る事業が行われる結

果、当該飛行場を使用する各種航空機の騒音の程度、当該飛行場の1日の離着陸回数、離着陸の時間帯等からして、当該免許に係る路線を航行する航空機の騒音によって社会通念上著しい障害を受けることとなる者は、当該免許の取消しを求めるにつき法律上の利益を有する者として、その取消訴訟における原告適格を有する」としている（最判平元.2.17）。

5　**妥当でない**　判例は、「都市計画事業の事業地の周辺に居住する住民のうち当該事業が実施されることにより騒音、振動等による健康又は生活環境に係る著しい被害を直接的に受けるおそれのある者は、当該事業の認可の取消しを求めるにつき法律上の利益を有する者として、その取消訴訟における原告適格を有する」としている（最大判平17.12.7）。

....

以上により、妥当な記述は4であり、正解は4となる。

正解	1	2	3	4	5
解答率（%）	0.9	0.8	2.8	93.7	1.8

問題20	国家賠償法（公務員の失火と失火の責任に関する法律の適用） （行政法）	ランク **A**	正解 **1**

ア　「の特則」　　　イ　「含まれる」
ウ　「排除すべき」　エ　「適用」　　　　オ　「必要とする」

　本問は、公権力の行使にあたる公務員の失火と失火ノ責任ニ関スル法律（以下「失火責任法」という）の適用に関する最高裁判所判決（最判昭53.7.17）を題材にしたものである。

　判例は、「失火責任法は、失火者の責任条件について民法709条「の特則」を規定したものであるから、国家賠償法4条の『民法』に「含まれる」と解するのが相当である。また、失火責任法の趣旨にかんがみても、公権力の行使にあたる公

務員の失火による国又は公共団体の損害賠償責任についてのみ同法の適用を「排除すべき」合理的理由も存しない。したがつて、公権力の行使にあたる公務員の失火による国又は公共団体の損害賠償責任については、国家賠償法４条により失火責任法が「適用」され、当該公務員に重大な過失のあることを「必要とする」ものといわなければならない」としている。

....

　以上により、空欄に当てはまる語句の組合せとして正しいものは１であり、正解は１となる。

正解	1	2	3	4	5
解答率（％）	85.3	2.6	7.4	2.2	2.5

問題21	国家賠償法（規制権限の不行使を理由とする国家賠償請求）（行政法）	ランク A	正解 1

ア　**妥当である**　判例は、「本件における……事情を総合すると、労働大臣は、……旧労基法に基づく省令制定権限を行使して、罰則をもって石綿工場に局所排気装置を設置することを義務付けるべきであったのであり、……労働大臣が旧労基法に基づく上記省令制定権限を行使しなかったことは、旧労基法の趣旨、目的や、その権限の性質等に照らし、著しく合理性を欠くものであって、国家賠償法１条１項の適用上違法であるというべきである」としている（最判平26.10.9）。

イ　**妥当である**　判例は、「通商産業大臣は、遅くとも、昭和35年３月31日のじん肺法成立の時までに、……じん肺に関する医学的知見及びこれに基づくじん肺法制定の趣旨に沿った石炭鉱山保安規則の内容の見直しをして、石炭鉱山においても、……有効な粉じん発生防止策を一般的に義務付ける等の新たな保安規制措置を執った上で、鉱山保安法に基づく監督権限を適切に行使して、上記粉じん発生防止策の速やかな普及、実施を図るべき状況にあった

というべきである。そして、上記の時点までに、上記の保安規制の権限（省令改正権限等）が適切に行使されていれば、それ以降の炭坑労働者のじん肺の被害拡大を相当程度防ぐことができたものということができる。本件における以上の事情を総合すると、昭和35年4月以降、鉱山保安法に基づく上記の保安規制の権限を直ちに行使しなかったことは、その趣旨、目的に照らし、著しく合理性を欠くものであって、国家賠償法1条1項の適用上違法というべきである」としている（最判平16.4.27）。

ウ　**妥当でない**　判例は、宅地建物取引業法の免許制度について、「知事等による免許の付与ないし更新それ自体は、法所定の免許基準に適合しない場合であっても、当該業者との個々の取引関係者に対する関係において直ちに国家賠償法1条1項にいう違法な行為に当たるものではない」としている（最判平元.11.24）。

エ　**妥当でない**　判例は、「昭和34年……12月末には、主務大臣として定められるべき通商産業大臣において、……規制権限を行使して、……必要な措置を執ることを命ずることが可能であり、しかも、水俣病による健康被害の深刻さにかんがみると、直ちにこの権限を行使すべき状況にあったと認めるのが相当である。また、この時点で上記規制権限が行使されていれば、それ以降の水俣病の被害拡大を防ぐことができたこと、ところが、実際には、その行使がされなかったために、被害が拡大する結果となったことも明らかである。……本件における以上の諸事情を総合すると、昭和35年1月以降、水質二法〔水質保全法及び工場排水規制法〕に基づく上記規制権限を行使しなかったことは、上記規制権限を定めた水質二法の趣旨、目的や、その権限の性質等に照らし、著しく合理性を欠くものであって、国家賠償法1条1項の適用上違法というべきである」としている（最判平16.10.15）。

以上により、妥当なものの組合せは1であり、正解は1となる。

正解	1	2	3	4	5
解答率（%）	85.5	2.5	4.2	6.8	0.8

問題22 地方自治法（公の施設）（行政法）　ランク A　正解 2

ア　妥当である　地方自治法244条の2第1項は、「普通地方公共団体は、法律又はこれに基づく政令に特別の定めがあるものを除くほか、公の施設の設置及びその管理に関する事項は、条例でこれを定めなければならない。」と規定している。

イ　妥当でない　244条の4第1項は、「普通地方公共団体の長以外の機関（指定管理者を含む。）がした公の施設を利用する権利に関する処分についての審査請求は、普通地方公共団体の長が当該機関の最上級行政庁でない場合においても、当該普通地方公共団体の長に対してするものとする。」と規定している。したがって、「総務大臣に対してする」としている本記述は妥当ではない。

ウ　妥当でない　244条の2第2項は、「普通地方公共団体は、条例で定める重要な公の施設のうち条例で定める特に重要なものについて、これを廃止し、又は条例で定める長期かつ独占的な利用をさせようとするときは、議会において出席議員の3分の2以上の者の同意を得なければならない。」と規定している。したがって、「総務大臣の承認が必要」としている本記述は妥当ではない。

エ　妥当である　244条3項は、「普通地方公共団体は、住民が公の施設を利用することについて、不当な差別的取扱いをしてはならない。」と規定している。また、判例は、「普通地方公共団体の住民ではないが、その区域内に事務所、事業所、家屋敷、寮等を有し、その普通地方公共団体に対し地方税を納付する義務を負う者など住民に準ずる地位にある者……による公の施設の利用……について、当該公の施設の性質やこれらの者と当該普通地方公共団体との結び付きの程度等に照らし合理的な理由なく差別的取扱いをすることは、同項〔地方自治法244条3項〕に違反するものというべきである」としている（最判平18.7.14）。

以上により、妥当なものの組合せは2であり、正解は2となる。

正解	1	2	3	4	5
解答率（％）	1.5	95.0	0.2	1.8	1.5

問題23 地方自治法（普通地方公共団体に適用される法令等）（行政法）　ランクA　正解5

1　**誤り**　憲法95条は、「一の地方公共団体のみに適用される特別法は、法律の定めるところにより、その地方公共団体の住民の投票においてその過半数の同意を得なければ、国会は、これを制定することができない。」と規定している。したがって、当該地方公共団体の議会の同意を得る必要はない。

2　**誤り**　地方自治法14条1項は、「普通地方公共団体は、法令に違反しない限りにおいて第2条第2項の事務に関し、条例を制定することができる。」と規定している。そして、この事務は、自治事務、法定受託事務を問わない。したがって、本記述の前段は正しい。もっとも、判例は、「条例によって刑罰を定める場合には、法律の授権が相当な程度に具体的であり、限定されておればたりる」としている（最大判昭37.5.30）。したがって、条例によって刑罰を定める際には、個別の法律による委任までは必要とされていないため、本記述の後段は誤りである。

3　**誤り**　15条2項は、「普通地方公共団体の長は、法令に特別の定めがあるものを除くほか、普通地方公共団体の規則中に、規則に違反した者に対し、5万円以下の過料を科する旨の規定を設けることができる。」と規定している。したがって、普通地方公共団体の長は、規則で過料を科する旨を規定することはできるが、刑罰を規定することはできない。

4　**誤り**　普通地方公共団体の長が担任する事務として「普通地方公共団体の議会の議決を経べき事件につきその議案を提出すること。」が挙げられているところ（地方自治法149条1号）、「普通地方公共団体の議会の議決を経べ

き事件」の中には、「条例を設け又は改廃すること。」（96条1項1号）が含まれるから、長には条例案の提出権が認められる。

5　**正しい**　制定又は改廃の請求ができる条例の内容については、74条1項かっこ書において「地方税の賦課徴収並びに分担金、使用料及び手数料の徴収に関するものを除く。」とされており、その制約が明示されている。

....

以上により、正しい記述は5であり、正解は5となる。

正解	1	2	3	4	5
解答率（%）	4.3	4.9	2.5	1.1	87.1

問題24 ｜ 地方自治法（長と議会の関係）（行政法）

ランク	正解
B	5

ア　**誤り**　地方自治法178条2項は、「議会において当該普通地方公共団体の長の不信任の議決をした場合において、……その解散後初めて招集された議会において再び不信任の議決があり、議長から当該普通地方公共団体の長に対しその旨の通知があつたときは、普通地方公共団体の長は、……その職を失う。」と規定しており、再度の解散はできないとされている。

イ　**誤り**　176条4項は、「普通地方公共団体の議会の議決……が……法令……に違反すると認めるときは、当該普通地方公共団体の長は、理由を示してこれを再議に付し又は再選挙を行わせなければならない。」と規定しており、再議に付すことは義務とされている。

ウ　**正しい**　議長は、議会運営委員会の議決を経て、当該普通地方公共団体の長に対し、会議に付議すべき事件を示して臨時会の招集を請求することができる（地方自治法101条2項）。この場合、当該普通地方公共団体の長は、請求のあった日から20日以内に臨時会を招集しなければならない（同条4項）。そして、請求のあった日から20日以内に当該普通地方公共団体の長が臨時会を招集しないときは、議長は、臨時会を招集することができる（同条5項）。

エ　**誤り**　議会が成立し、開会している場合でも、「議会において議決すべき事件を議決しないとき」は、長は専決処分をすることができる（179条1項）。

オ　**正しい**　地方自治法には、普通地方公共団体の議会が長の決定によらずに、自ら解散することを可能とする規定は存在しない。もっとも、「地方公共団体の議会の解散に関する特例法」が存在し、2条1項の規定に基づき、議会は自らの議決に基づき自主解散することができる。

以上により、正しいものの組合せは5であり、**正解は5となる。**

正解	1	2	3	4	5
解答率（%）	7.4	1.1	20.3	29.5	41.6

問題25 | 通達 （行政法）　　ランク C　　正解 3

　本問は、通達の取消しを求める訴えに関する最高裁判所判決（最判昭43.12.24）を題材にしたものである。

1　**妥当でない**　判例は、「元来、通達は、原則として、法規の性質をもつものではなく、上級行政機関が関係下級行政機関および職員に対してその職務権限の行使を指揮し、職務に関して命令するために発するもの」としている。したがって、通達は、原則として、法規の性質を持つものではない。

2　**妥当でない**　判例は、「通達は右機関〔関係下級行政機関〕および職員に対する行政組織内部における命令にすぎないから、これらのものがその通達に拘束されることはあつても、一般の国民は直接これに拘束されるものではなく、このことは、通達の内容が、法令の解釈や取扱いに関するもので、国民の権利義務に重大なかかわりをもつようなものである場合においても別段異なるところはない」としている。したがって、通達は、国民の権利義務に重大なかかわりをもつようなものである場合であっても、法規の性質を有することはない。

3　**妥当である**　判例は、「通達は、元来、法規の性質をもつものではないから、行政機関が通達の趣旨に反する処分をした場合においても、そのことを理由として、その処分の効力が左右されるものではない」としている。

4　**妥当でない**　判例は、「本件通達は従来とられていた法律の解釈や取扱いを変更するものではあるが、それはもっぱら知事以下の行政機関を拘束するにとどまるもので、これらの機関は右通達に反する行為をすることはできないにしても、国民は直接これに拘束されることはなく、従つて、右通達が直接に上告人の所論墓地経営権、管理権を侵害したり、新たに埋葬の受忍義務を課したりするものとはいいえない」としている。したがって、本件通達は、これを直接の根拠として墓地の経営者に対し新たに埋葬の受忍義務を課すものではない。

5　**妥当でない**　判例は、「現行法上行政訴訟において取消の訴の対象となりうるものは、国民の権利義務、法律上の地位に直接具体的に法律上の影響を及ぼすような行政処分等でなければならないのであるから、本件通達中所論の趣旨部分の取消を求める本件訴は許されないものとして却下すべきものである」としている。したがって、本件通達の取消しを求める訴えは、棄却されるべきものではなく、却下すべきものである。

以上により、妥当な記述は3であり、正解は3となる。

正解	1	2	3	4	5
解答率（％）	7.5	26.3	**38.6**	9.0	18.0

問題26	公立学校に関する判例（行政法）	ランク B	正解 2

ア　**妥当である**　判例は、「高等専門学校の校長が学生に対し原級留置処分又は退学処分を行うかどうかの判断は、校長の合理的な教育的裁量にゆだねられるべきものであ」るとしている（最判平8.3.8）。

イ　**妥当でない**　判例は、一般市民に開放中の町立中学校校庭内のテニスコートで幼児が、審判台の下敷きになって死亡した事案において、「幼児を含む一般市民の校庭内における安全につき、校庭内の設備等の設置管理者に全面的に責任があるとするのは当を得ない」としつつも、「公の営造物の設置管理者は、本件の例についていえば、審判台が本来の用法に従って安全であるべきことについて責任を負うのは当然」としている（最判平5.3.30）。したがって、本記述の場合、設置管理者が国家賠償法上の責任を負うことがあり得る。

ウ　**妥当でない**　判例は、既存の公立小学校を廃止し、新たに8校の公立小学校を設置すること等を内容とする条例（以下「本件条例」という。）の処分性が問題となった事案において、「本件条例は一般的規範にほかならず、上告人ら〔注：保護者ら〕は、被上告人東京都千代田区が社会生活上通学可能な範囲内に設置する小学校においてその子らに法定年限の普通教育を受けさせる権利ないし法的利益を有するが、具体的に特定の区立小学校で教育を受けさせる権利ないし法的利益を有するとはいえないとし」て、本件条例は抗告訴訟の対象となる処分にはあたらないとしている（最判平14.4.25）。したがって、本件条例の処分性は否定される。

エ　**妥当である**　判例は、「市町村が設置する中学校の教諭がその職務を行うについて故意又は過失によって違法に生徒に損害を与えた場合において、当該教諭の給料その他の給与を負担する都道府県が国家賠償法1条1項、3条1項に従い上記生徒に対して損害を賠償したときは、当該都道府県は、同条2項に基づき、賠償した損害の全額を当該中学校を設置する市町村に対して求償することができる」としている（最判平21.10.23）。

以上により、妥当なものの組合せは2であり、正解は2となる。

正解	1	2	3	4	5
解答率（%）	13.1	62.2	5.2	3.2	16.3

問題27	意思表示	ランク	正解
	（民法）	C	2

1　**妥当でない**　民法97条2項の「意思表示の通知が到達することを妨げたとき」とは、意思表示が了知可能な状態に置かれることを相手方が妨げたことをいう。したがって、本記述の前段は妥当である。しかし、判例は、内容証明郵便を受領することができたなど判示の事情の下においては、意思表示は、社会通念上、受取人の了知可能な状態に置かれ、遅くとも留置期間が満了した時点で受取人に到達したものと認められるとしている（最判平10.6.11）。したがって、本記述の後段が妥当でない。

2　**妥当である**　98条1項は、「意思表示は、表意者が相手方を知ることができず、又はその所在を知ることができないときは、公示の方法によってすることができる。」と規定しており、同条3項は、「公示による意思表示は、最後に官報に掲載した日又はその掲載に代わる掲示を始めた日から2週間を経過した時に、相手方に到達したものとみなす。ただし、表意者が相手方を知らないこと又はその所在を知らないことについて過失があったときは、到達の効力を生じない。」と規定している。

3　**妥当でない**　意思表示は、相手方への到達によって効力を生じる（民法97条1項）。申込みに対する承諾も、申込者に承諾が到達することによって契約が成立するため、意思表示が発信された時点ではない。

4　**妥当でない**　意思表示後に表意者が死亡し、あるいは意思能力や行為能力を失ったときであっても、意思表示の効力に影響はないのが原則である（97条3項）。しかし、526条は、契約の申込みの意思表示に関して、「申込者が申込みの通知を発した後に死亡し、意思能力を有しない常況にある者となり、又は行為能力の制限を受けた場合において、……相手方が承諾の通知を発するまでにその事実が生じたことを知ったときは、その申込みは、その効力を有しない。」と規定している。したがって、当該申込みは無効であり、本記述は、取り消すことができるとしている点が妥当でない。

5　**妥当でない**　98条の2柱書本文は、「意思表示の相手方がその意思表示を

受けた時に意思能力を有しなかったとき又は未成年者若しくは成年被後見人であったときは、その意思表示をもってその相手方に対抗することができない。」と規定している。制限行為能力者であっても、被保佐人及び被補助人には意思表示の受領能力が認められるため、その意思表示をもってその相手方に対抗することができる。したがって、本記述は妥当でない。

....

以上により、妥当な記述は2であり、正解は2となる。

正解	1	2	3	4	5
解答率（%）	3.7	20.8	8.3	40.8	26.3

問題28 ┃ 不在者財産管理人・失踪宣告 （民法） ┃ ランク B ┃ 正解 4

1 **正しい** 管理人は、民法103条に規定する権限を超える行為を必要とするときは、家庭裁判所の許可を得て、その行為をすることができる（民法28条前段）。そして、103条各号は、「保存行為」、「代理の目的である物又は権利の性質を変えない範囲内において、その利用又は改良を目的とする行為」をそれぞれ掲げている。

2 **正しい** 25条1項前段は、「従来の住所又は居所を去った者……がその財産の管理人……を置かなかったときは、家庭裁判所は、利害関係人又は検察官の請求により、その財産の管理について必要な処分を命ずることができる。」と規定している。

3 **正しい** 26条は、「不在者が管理人を置いた場合において、その不在者の生死が明らかでないときは、家庭裁判所は、利害関係人又は検察官の請求により、管理人を改任することができる。」と規定している。

4 **誤り** 普通失踪により失踪宣告を受けた者は7年の期間が満了した時に、死亡したものとみなされる（30条1項、31条）。したがって、本記述は、死亡したものとみなされる時期を「失踪の宣告を受けた時」としている点が誤

りである。

5　**正しい**　失踪宣告は、失踪者の権利能力そのものを奪うものではない。失踪宣告による死亡擬制の効果は、あくまでも不在者の不在前の住所において形成された不在者をめぐる私法上の法律関係に限り及ぶ。

....

以上により、誤っている記述は4であり、正解は4となる。

正解	1	2	3	4	5
解答率（％）	5.3	10.0	24.8	**53.6**	6.1

問題29	物権的請求権 （民法）	ランク C	正解 5

1　**妥当である**　判例は、「他人の土地上の建物の所有権を取得した者が自らの思に基づいて所有権取得の登記を経由した場合には、たとい建物を他に譲渡したとしても、引き続き右登記名義を保有する限り、土地所有者に対し、右譲渡による建物所有権の喪失を主張して建物収去・土地明渡しの義務を免れることはできない」としている（最判平6.2.8）。

2　**妥当である**　判例は、「未登記建物の所有者が未登記のままこれを第三者に譲渡した場合には、これにより確定的に所有権を失うことになるから、その後、その意思に基づかずに譲渡人名義に所有権取得の登記がされても、右譲渡人は、土地所有者による建物収去・土地明渡しの請求につき、建物の所有権の喪失により土地を占有していないことを主張することができる」としている（最判平6.2.8）。

3　**妥当である**　判例は、工場抵当法2条の規定により工場に属する土地又は建物とともに抵当権の目的とされた動産が、備え付けられた工場から抵当権者の同意を得ないで搬出された場合には、第三者において即時取得をしない限りは、抵当権者は、搬出された目的動産を元の備付場所である工場に戻すことを請求することができるとしている（最判昭57.3.12）。

4 **妥当である** 判例は、「抵当権設定登記後に抵当不動産の所有者から占有権原の設定を受けてこれを占有する者についても、その占有権原の設定に抵当権の実行としての競売手続を妨害する目的が認められ、その占有により抵当不動産の交換価値の実現が妨げられて抵当権者の優先弁済請求権の行使が困難となるような状態があるときは、抵当権者は、当該占有者に対し、抵当権に基づく妨害排除請求として、上記状態の排除を求めることができる」としている（最判平17.3.10）。

5 **妥当でない** 判例は、「所有権を留保した者（以下、『留保所有権者』といい、留保所有権者の有する所有権を『留保所有権』という。）の有する権原が、期限の利益喪失による残債務全額の弁済期（以下『残債務弁済期』という。）の到来の前後で……異なるときは、留保所有権者は、残債務弁済期が到来するまでは、当該動産が第三者の土地上に存在して第三者の土地所有権の行使を妨害しているとしても、特段の事情がない限り、当該動産の撤去義務や不法行為責任を負うことはないが、残債務弁済期が経過した後は、留保所有権が担保権の性質を有するからといって上記撤去義務や不法行為責任を免れることはない」としている（最判平21.3.10）。したがって、本記述は、被担保債権の弁済期到来の前後を問わず、所有者として当該動産を撤去する義務を免れないとしている点が妥当でない。

....

以上により、妥当でない記述は5であり、正解は5となる。

正解	1	2	3	4	5
解答率（％）	3.3	43.0	16.7	3.6	32.7

問題30	留置権 （民法）	ランク **A**	正解 **3**

1 **妥当でない** 善良な管理者の注意（民法298条1項）とは、社会において一般人につきその職業や地位に応じて取引上要求される程度の注意をいう。

これと区別して、軽減された注意義務を、自己の財産に対するのと同一の注意という（659条等参照）。

2　**妥当でない**　民法298条2項本文は、「留置権者は、債務者の承諾を得なければ、留置物を使用し、賃貸し、又は担保に供することができない。」と規定し、同条3項は、「留置権者が前2項の規定に違反したときは、債務者は、留置権の消滅を請求することができる。」と規定している。留置権の消滅を請求することができるのであって、直ちに消滅するのではない。

3　**妥当である**　判例は、「〔建物賃借人が〕本件建物の賃貸借契約が解除された後は右建物を占有すべき権原のないことを知りながら不法にこれを占有していた……状況のもとに本件建物につき支出した有益費の償還請求権については、民法295条2項の類推適用により、……本件建物につき、右請求権に基づく留置権を主張することができない」としている（最判昭46.7.16）。

4　**妥当でない**　判例は、「留置権が成立したのち債務者からその目的物を譲り受けた者に対しても、債権者がその留置権を主張しうることは、留置権が物権であることに照らして明らかである」としている（最判昭47.11.16）。したがって、Aは、Cからの建物の明渡請求に対し、Bに対する売買代金債権を被担保債権として当該建物を留置することができる。

5　**妥当でない**　判例は、不動産が二重売買され、第二売買の買主が先に所有権移転登記を経由したため、第一売買の買主が所有権を取得できなくなったことにより、売主に対し取得した履行不能による損害賠償請求権は、「いずれもその物自体を目的とする債権がその態様を変じたものであり、このような債権はその物に関し生じた債権とはいえない」とし、留置権の成立を否定している（最判昭43.11.21）。したがって、Eは、Fからの建物の明渡請求に対し、Dに対する履行不能を理由とする損害賠償請求権を被担保債権として当該建物を留置することはできない。

2021年度 解答・解説

....

以上により、妥当な記述は3であり、正解は3となる。

正解	1	2	3	4	5
解答率（%）	0.4	4.8	82.4	9.1	3.2

問題31 債務不履行に基づく損害賠償（民法）

ランク	正解
C	3

ア　妥当である　金銭債務の不履行に基づく損害賠償については、債権者は、損害の証明をすることを要しない（民法419条2項）。したがって、Aは、Bに対して、2か月分の遅延損害金について損害の証明をしなくても請求することができる。

イ　妥当でない　判例は、「債権者は、金銭債務の不履行による損害賠償として、債務者に対し弁護士費用その他の取立費用を請求することはできない」としている（最判昭48.10.11）。したがって、Aは、Bに対して、遅延損害金のほか弁護士費用その他取立てに要した費用等を債務不履行による損害の賠償として請求することはできない。

ウ　妥当である　金銭債務の不履行に基づく損害賠償については、債務者は、不可抗力をもって抗弁とすることができない（419条3項）。したがって、大規模災害の影響で振込システムに障害が発生して振込ができなくなったというような不可抗力の場合であったとしても、Aは、Bに対して残代金500万円に加えて2か月分の遅延損害金を請求することができる。

エ　妥当でない　「母の死亡日」という支払期限は、不確定期限である。民法412条2項は、「債務の履行について不確定期限があるときは、債務者は、その期限の到来した後に履行の請求を受けた時又はその期限の到来したことを知った時のいずれか早い時から遅滞の責任を負う。」と規定している。本記述において、Bは期限の到来したことを知らず、また、Aは期限の到来から2か月を経過して初めて履行の請求をしているので、Bは未だ履行遅滞の責任を負っていない。したがって、Aは、Bに対して残代金500万円に加えて2か月分の遅延損害金を請求することはできない。

オ　妥当である　412条3項は、「債務の履行について期限を定めなかったときは、債務者は、履行の請求を受けた時から遅滞の責任を負う。」と規定している。本記述では、令和3年10月1日、Aは、Bに対して、残代金の支払請求をしている。そのため、Bは、Aの請求時から遅滞の責任を負うことにな

る。したがって、Bが正当な理由なく残代金の支払いをしないまま2か月が
徒過した場合、Aは、Bに対して、残代金500万円に加えて2か月分の遅延
損害金を請求することができる。

....

以上により、妥当でないものの組合せは3であり、正解は3となる。

正解	1	2	3	4	5
解答率（%）	3.0	6.3	33.3	51.5	5.4

問題32 | 債権者代位権
（民法）

ランク	正解
A	5

問1　**誤り**　被代位権利は、「債務者に属する権利」（民法423条1項本文）で
あれば、原則としてその種類を問わず、取消権のような形成権でもよいとさ
れている。

2　**誤り**　民法423条2項本文は、「債権者は、その債権の期限が到来しない間
は、被代位権利を行使することができない。」と規定している。

3　**誤り**　423条の3前段は、「債権者は、被代位権利を行使する場合において、
被代位権利が……動産の引渡しを目的とするものであるときは、相手方に対
し、その……引渡しを自己に対してすることを求めることができる。」と規
定している。

4　**誤り**　423条の5前段は、「債権者が被代位権利を行使した場合であって
も、債務者は、被代位権利について、自ら取立てその他の処分をすることを
妨げられない。」と規定している。したがって、本記述の場合でも、債務者は、
被代位権利について、自ら取立てその他の処分をすることができる。

5　**正しい**　債権者が被代位権利を行使した場合であっても、相手方は、被代
位権利について、債務者に対して履行をすることを妨げられない（423条の
5後段）。

....

以上により、正しい記述は5であり、正解は5となる。

正解	1	2	3	4	5
解答率（%）	3.7	5.8	2.3	6.8	81.1

問題33 危険負担・契約不適合責任（民法）　ランク C　正解 4

ア　誤り　民法536条1項は、「当事者双方の責めに帰することができない事由によって債務を履行することができなくなったときは、債権者は、反対給付の履行を拒むことができる。」と規定している。本記述は、甲の引渡しの履行期の直前に震災によって甲が滅失していることから、当事者双方の責めに帰することができない事由によって債務を履行することができなくなったといえる。したがって、Bは、反対給付である代金の支払いを拒むことができる。

イ　正しい　契約の不適合を理由に、履行の追完請求又は代金の減額請求をしたとしても、債務不履行に基づく損害賠償及び契約の解除権の行使が妨げられるわけではない（民法564条）。

ウ　誤り　563条1項は、「……買主が相当の期間を定めて履行の追完の催告をし、その期間内に履行の追完がないときは、買主は、その不適合の程度に応じて代金の減額を請求することができる。」と規定している。また、同条2項柱書は、「前項の規定にかかわらず、次に掲げる場合には、買主は、同項の催告をすることなく、直ちに代金の減額を請求することができる。」と規定しているが、履行の追完が合理的に期待できるときであっても、債権者がその選択に従い、債務者に対して履行の追完の催告をすることなく、直ちに代金の減額を請求することができる旨の規定は存在しない。

エ　誤り　契約不適合責任について、その不適合が買主の責めに帰すべき事由によるものであるときは、買主は、代金の減額の請求をすることができない（563条3項）。

オ　誤り　民法上、このような規定はない。なお、566条本文は、「売主が種類又は品質に関して契約の内容に適合しない目的物を買主に引き渡した場合において、買主がその不適合を知った時から1年以内にその旨を売主に通知しないときは、買主は、その不適合を理由として、履行の追完の請求、代金の減額の請求、損害賠償の請求及び契約の解除をすることができない。」と規定している。本規定は、種類又は品質の不適合について、1年以内に通知をしなかった場合の制限規定であり、権利の消滅時効について定めたものではない。

以上により、誤っているものは4つあり、正解は4となる。

正解	1	2	3	4	5
解答率（%）	3.2	12.9	37.1	**41.4**	5.3

問題34 ┃ 不法行為（民法）

ランク **A**　正解 **5**

1　妥当である　判例は、「訴訟上の因果関係の立証は、一点の疑義も許されない自然科学的証明ではなく、経験則に照らして全証拠を総合検討し、特定の事実が特定の結果発生を招来した関係を是認しうる高度の蓋然性を証明することであり、その判定は、通常人が疑を差し挟まない程度に真実性の確信を持ちうるものであることを必要とし、かつ、それで足りるものである」としている（最判昭50.10.24）。

2　妥当である　判例は、「被害者が平均的な体格ないし通常の体質と異なる身体的特徴を有していたとしても、それが疾患に当たらない場合には、特段の事情の存しない限り、被害者の右身体的特徴を損害賠償の額を定めるに当たり斟酌することはできないと解すべきである」としている（最判平8.10.29）。

3　妥当である　判例は、「民法722条2項の過失相殺の問題は、……公平の見

地から、損害発生についての被害者の不注意をいかにしんしやくするかの問題に過ぎないのであるから、被害者たる未成年者の過失をしんしやくする場合においても、未成年者に事理を弁識するに足る知能が具わつていれば足り、未成年者に対し不法行為責任を負わせる場合のごとく、行為の責任を弁識するに足る知能が具わつていることを要しない」としている（最判昭39.6.24）。

4　**妥当である**　判例は、「名誉」とは「各人ガ社会ニ於テ有スル位置即チ品格名声信用等ヲ指ス」ものであり、被害者の「性質行状信用等ニ付キ世人ヨリ相当ニ受クベキ評価ヲ標準」として個別に判断すべきものであることを前提に、名誉侵害の成立を認めた（大判明38.12.8）。

5　**妥当でない**　判例は、「人の生命及び健康を管理すべき業務に従事する者は、その業務の性質に照らし、危険防止のため実験上必要とされる最善の注意義務を要求されるが……、右注意義務の基準となるべきものは、診療当時のいわゆる臨床医学の実践における医療水準である……」とする（最判昭57.3.30）が、「医療機関に要求される医療水準であるかどうかを決するについては、当該医療機関の性格、所在地域の医療環境の特性等の諸般の事情を考慮すべきであり、右の事情を捨象して、すべての医療機関について診療契約に基づき要求される医療水準を一律に解するのは相当でない」としている（最判平7.6.9）。

以上により、妥当でない記述は5であり、正解は5となる。

正解	1	2	3	4	5
解答率（%）	5.4	7.4	5.7	2.6	78.7

問題35　配偶者居住権等（民法）　ランク B　正解 4

ア　**誤り**　民法899条の2第1項は、「相続による権利の承継は、遺産の分割に

2021年度 解答・解説

よるものかどうかにかかわらず、次条及び第901条の規定により算定した相続分を超える部分については、登記、登録その他の対抗要件を備えなければ、第三者に対抗することができない。」と規定している。したがって、Bは、甲建物を相続したとしても、登記をしなければ、Eに対して、甲建物の全部が自己に属することを対抗することができない。

イ　誤り　配偶者は、被相続人の財産に属した建物に相続開始の時に無償で居住していた場合において、居住建物について配偶者を含む共同相続人間で遺産の分割をするときは、遺産の分割により居住建物の帰属が確定した日から6か月を経過する日までは、居住建物の所有権を相続又は遺贈により取得した者に対し、居住建物について無償で使用する権利（配偶者短期居住権）を有する（民法1037条1項1号参照）。本記述において、Aの配偶者であるBは、Aの相続財産である甲建物に無償で居住しているため、遺産分割協議の間及びそれが確定した日から6か月を経過するまでは、配偶者短期居住権を有する。したがって、C及びDは、遺産分割協議が調わない間に、Bに対して、甲建物の明渡しを請求することはできず、Bの居住による使用利益等について、不当利得返還請求権を有することもない。

ウ　正しい　被相続人の配偶者は、被相続人の財産に属した建物に相続開始の時に居住していた場合において、配偶者居住権が遺贈の目的とされたときは、その居住していた建物の全部について無償で使用及び収益をする権利（配偶者居住権）を取得する（1028条1項2号）。もっとも、被相続人が相続開始の時に居住建物を配偶者以外の者と共有していた場合にあっては、配偶者居住権を取得しない（同項ただし書）。本記述では、相続財産である甲建物が相続開始時にAとAの兄Fとの共有であったため、Bは、配偶者居住権を取得しない。

エ　正しい　遺産の分割の請求を受けた家庭裁判所は、配偶者が家庭裁判所に対して配偶者居住権の取得を希望する旨を申し出た場合において、居住建物の所有者の受ける不利益の程度を考慮してもなお配偶者の生活を維持するために特に必要があると認めるとき、配偶者が配偶者居住権を取得する旨を定めることができる（1029条2号）。

オ　誤り　1031条1項は、「居住建物の所有者は、配偶者（配偶者居住権を取

得した配偶者に限る。以下この節において同じ。）に対し、配偶者居住権の
設定の登記を備えさせる義務を負う。」と規定している。また、不動産登記
法60条は、「権利に関する登記の申請は、法令に別段の定めがある場合を除
き、登記権利者及び登記義務者が共同してしなければならない。」と規定し
ている。

....

以上により、正しいものの組合せは4であり、正解は4となる。

正解	1	2	3	4	5
解答率（％）	2.5	12.4	10.5	51.4	22.6

問題36 | 絶対的商行為
 （商法）　　　　　　ランク C ｜ 正解 3

ア　**商行為となる**　商法501条柱書は、「次に掲げる行為は、商行為とする。」
　　としており、商人でなくても、また営業として行わなくても商行為となる絶
　　対的商行為について規定している。そして、同条1号は、「利益を得て譲渡
　　する意思をもってする動産、不動産若しくは有価証券の有償取得又はその取
　　得したものの譲渡を目的とする行為」を掲げている。

イ　**商行為となる**　判例は、他から取得した物を製造加工した上で売却する行
　　為も、501条1号の「利益を得て譲渡する意思をもってする動産、不動産若
　　しくは有価証券の有償取得又はその取得したものの譲渡を目的とする行為」
　　に該当するとしている（大判昭4.9.28）。

ウ　**商行為とならない**　記述ウの行為は、501条の絶対的商行為には該当しな
　　い（商法502条6号参照）。

エ　**商行為とならない**　記述エの行為は、営業としてするときは、商行為に該
　　当する（502条1号）が、営業としてしないときは、商行為には該当しない
　　（501条）。

オ　**商行為となる**　501条柱書は、「次に掲げる行為は、商行為とする。」とし

ており、商人でなくても、また営業として行わなくても商行為となる絶対的
商行為について規定している。そして、同条2号は、「他人から取得する動
産又は有価証券の供給契約及びその履行のためにする有償取得を目的とする
行為」を掲げている。

....

以上により、商行為とならないものの組合せは3であり、正解は3となる。

正解	1	2	3	4	5
解答率（%）	7.7	12.0	**39.1**	35.7	4.9

問題37	会社法（株式会社の設立に係る責任等）（商法）	ランク C	正解 4

1　**正しい**　会社法52条1項は、「株式会社の成立の時における現物出資財産
等の価額が当該現物出資財産等について定款に記載され、又は記録された価
額……に著しく不足するときは、発起人及び設立時取締役は、当該株式会社
に対し、連帯して、当該不足額を支払う義務を負う。」と規定している。そ
して、同条2項柱書は、「前項の規定にかかわらず、次に掲げる場合には、
発起人……及び設立時取締役は、現物出資財産等について同項の義務を負わ
ない。」と規定し、同項1号は、「第28条第1号又は第2号に掲げる事項〔現
物出資事項等〕について第33条第2項の検査役の調査を経た場合」、52条2
項2号は、「当該発起人又は設立時取締役がその職務を行うについて注意を
怠らなかったことを証明した場合」を掲げている。

　なお、現物出資者又は財産の譲渡人である発起人、設立時取締役は、検査
役の調査を経た場合又は職務を行うについて注意を怠らなかったことを証明
した場合でも、同条1項の責任は免れない（同条2項柱書かっこ書）。また、
募集設立の場合は、発起人及び設立時取締役は、注意を怠らなかったことを
証明しても、責任を免れることができない（103条1項）。

また、当該発起人等の責任は、総株主の同意によって免除される場合がある（55条、52条1項）。

2　**正しい**　52条の2第1項柱書は、「発起人は、次の各号に掲げる場合には、株式会社に対し、当該各号に定める行為をする義務を負う。」と規定し、同項1号は、「第34条第1項〔出資の履行〕の規定による払込みを仮装した場合　払込みを仮装した出資に係る金銭の全額の支払」、同項2号は、「第34条第1項の規定による給付を仮装した場合　給付を仮装した出資に係る金銭以外の財産の全部の給付」を掲げている。

3　**正しい**　53条1項は、「発起人、設立時取締役又は設立時監査役は、株式会社の設立についてその任務を怠ったときは、当該株式会社に対し、これによって生じた損害を賠償する責任を負う。」と規定している。

4　**誤り**　53条2項は、「発起人、設立時取締役又は設立時監査役がその職務を行うについて悪意又は重大な過失があったときは、当該発起人、設立時取締役又は設立時監査役は、これによって第三者に生じた損害を賠償する責任を負う。」と規定している。本記述は、単に「過失」としている点が誤りである。

5　**正しい**　54条は、「発起人、設立時取締役又は設立時監査役が株式会社又は第三者に生じた損害を賠償する責任を負う場合において、他の発起人、設立時取締役又は設立時監査役も当該損害を賠償する責任を負うときは、これらの者は、連帯債務者とする。」と規定している。

以上により、誤っている記述は4であり、正解は4となる。

正解	1	2	3	4	5
解答率（％）	38.3	8.9	14.5	21.0	16.1

問題38 （商法）	会社法（株式の質入れ）	ランク C	正解 4

1　**誤り**　株券が発行されない株式会社において、株式の質入れは当事者間の契約のみで効力が生じる（会社法146条1項、2項参照）。

2　**誤り**　株券が発行されない株式会社の株式であって、振替株式でないものについて、株主名簿への質権の記載又は記録は、質権設定者の請求によりなされる（148条）。

3　**誤り**　譲渡制限株式とは、株式を譲渡することに対する制限であって、株式の質入れを制限するものではないと解されている。したがって、譲渡制限株式に質権を設定するには、当該譲渡制限株式を発行した株式会社の取締役会又は株主総会による承認は不要である。

4　**正しい**　会社法151条1項柱書は、「株式会社が次に掲げる行為をした場合には、株式を目的とする質権は、当該行為によって当該株式の株主が受けることのできる金銭等（金銭その他の財産をいう。以下同じ。）について存在する。」と規定し、同項8号は、「剰余金の配当」を掲げている。そして、154条1項は、「登録株式質権者は、第151条第1項の金銭等（金銭に限る。）……を受領し、他の債権者に先立って自己の債権の弁済に充てることができる。」と規定している。

5　**誤り**　会社法上、株主名簿に記載又は記録された質権者は、株主名簿にしたがって株式会社から株主総会の招集通知を受け、自ら議決権を行使することができるとする旨の規定はない（105条1項3号、299条1項、151条、154条等参照）。

以上により、正しい記述は4であり、正解は4となる。

正解	1	2	3	4	5
解答率（％）	15.0	19.0	22.0	**36.9**	5.5

問題39	会社法（社外取締役及び 社外監査役の設置） （商法）	ランク C	正解 1

ア　**誤り**　会社法上、本記述のような規定はない。

イ　**正しい**　会社法335条3項は、「監査役会設置会社においては、監査役は、3人以上で、そのうち半数以上は、社外監査役でなければならない。」と規定している。

ウ　**誤り**　監査役会設置会社は、取締役会を設置しなければならないため、本記述の会社は取締役会設置会社である（会社法327条1項2号）。取締役会設置会社は、3人以上の取締役を置く必要がある（331条5項）。また、327条の2は、「監査役会設置会社（公開会社であり、かつ、大会社であるものに限る。）であって金融商品取引法……の規定によりその発行する株式について有価証券報告書を内閣総理大臣に提出しなければならないものは、社外取締役を置かなければならない。」と規定している。この場合、過半数が社外取締役であることまでは要求されていない。

エ　**正しい**　331条6項は、「監査等委員会設置会社においては、監査等委員である取締役は、3人以上で、その過半数は、社外取締役でなければならない。」と規定している。

オ　**正しい**　指名委員会、監査委員会又は報酬委員会の各委員会は、委員3人以上で組織し、各委員会の委員の過半数は、社外取締役でなければならない（400条1項、3項）。

以上により、誤ったものの組合せは1であり、正解は1となる。

正解	1	2	3	4	5
解答率（%）	31.3	18.2	11.9	18.9	18.4

問題40 ┃ 会社法（剰余金の配当）（商法）

ランク	正解
C	1

ア　正しい　会社法445条４項は、「剰余金の配当をする場合には、株式会社は、法務省令で定めるところにより、当該剰余金の配当により減少する剰余金の額に10分の１を乗じて得た額を資本準備金又は利益準備金……として計上しなければならない。」と規定している。また、同条項の「法務省令で定めるところにより」とは、資本金の額の４分の１に達するまでということである（会社計算規則22条１項１号）。

イ　誤り　株式会社は、剰余金の配当をしようとするときは、株主総会の決議によって、配当財産の種類等を定める必要がある（会社法454条１項１号）。ここで、配当財産の種類として、一定の要件を満たせば、金銭以外の財産（現物配当）を定めることはできるが、当該会社の株式等（株式・社債・新株予約権）を定めることはできない。

ウ　正しい　剰余金の配当は、純資産額が300万円を下回る場合には、することができない（458条）。

エ　誤り　会計監査人設置会社である監査役会設置会社であって取締役の任期が１年である会社又は委員会型の会社（指名委員会等設置会社・監査等委員会設置会社）であれば、取締役会の決議で、剰余金の配当をすることができる旨を定款で定めることができる（459条１項４号）。

オ　誤り　剰余金の配当は、分配可能額を超えてすることができない（461条１項８号）。

....

以上により、正しいものの組合せは１であり、正解は１となる。

正解	1	2	3	4	5
解答率（％）	37.4	7.9	14.2	16.4	22.9

問題41 裁判員制度
（憲法）

	ランク	正解
	C	ア：20 イ：13 ウ：19 エ：16

　本問は、裁判員制度の合憲性が争われた事案における、最高裁判所の判例（最大判平23.11.16）を題材としたものである。

ア　「**20　刑事裁判**」　裁判員制度は、「国民の中から選任された裁判員が裁判官と共に刑事訴訟手続に関与する」（裁判員の参加する刑事裁判に関する法律〔以下、裁判員法〕1条）制度であり、憲法が定める刑事裁判の諸原則との関係が問題となり得る。

イ　「**13　裁判所**」　憲法37条1項は、「すべて刑事事件においては、被告人は、公平な裁判所の迅速な公開裁判を受ける権利を有する。」と規定し、公平な裁判所による刑事裁判が行われることを要請している。

ウ　「**19　法令の適用**」　裁判員法6条1項は、一定の場合の事実の認定、法令の適用、刑の量定の判断（裁判員の関与する判断）は、構成裁判官及び裁判員の合議による旨を定めている。なお、同条2項は、法令の解釈に係る判断等については、構成裁判官の合議による旨を定めている。

エ　「**16　評決**」　裁判員制度において、裁判員は、裁判員の関与する判断について、構成裁判官と評議を行う（66条1項）。そして、その判断は、構成裁判官及び裁判員の双方の意見を含む合議体の員数の過半数の意見による（67条1項）。

　以上により、アには20、イには13、ウには19、エには16が当てはまる。

ア	正解	1	2	3	4	5	6	7	8	9	10
	解答率（%）	0.7	0.9	0.1	0.3		0.3	59.6	1.5	0.4	1.2
		11	12	13	14	15	16	17	18	19	20
		0.1	5.6	3.1	1.9	0.4	0.2	1.0		4.0	17.8

イ	正解	1	2	3	4	5	6	7	8	9	10
	解答率（%）	0.6	1.0	1.0	0.3	0.3	0.2	3.6	10.4	5.0	18.4
		11	12	13	14	15	16	17	18	19	20
		0.1	1.9	29.1	0.1	0.3	0.5	5.9		1.9	18.9

ウ	正解	1	2	3	4	5	6	7	8	9	10
	解答率(%)	0.1	0.2	0.8	0.1	28.5	2.7	0.1	0.4	5.3	0.1
		11	12	13	14	15	16	17	18	19	20
		0.4	13.4	0.2		2.5	5.9		0.6	37.8	0.2
エ	正解	1	2	3	4	5	6	7	8	9	10
	解答率(%)	0.1	0.3	4.7	0.2	1.7			0.5	37.9	0.1
		11	12	13	14	15	16	17	18	19	20
		2.2	0.8	0.1		0.3	42.9		3.3	2.4	1.7

問題42　一般的法理論（行政上の義務履行確保・行政罰）（行政法）

ランク A

正解 ア：6　イ：1　ウ：12　エ：2

ア　「6　即時強制」　感染者を感染症指定医療機関等に強制的に入院させる措置である入院措置は、講学上は即時強制にあたるといわれている。即時強制とは、義務の存在を前提とせず、行政上の目的を達するため、直接身体又は財産に対して有形力を行使することをいう。

イ　「1　罰金」　ウ　「12　行政刑罰」　エ「2　過料」　行政罰とは、行政上の義務の不履行に対する制裁であり、刑法上の刑罰を科す行政刑罰（刑法に定める死刑、懲役、禁錮、罰金、拘留及び科料）と、刑法上の刑罰以外の制裁を科す秩序罰（過料）の2種類がある。そして、行政刑罰は刑法に刑名のある刑罰である以上、刑法総則の適用があるとともに（刑法8条）、その執行は刑事訴訟法の定める手続によるのが原則である。

以上により、アには6、イには1、ウには12、エには2が当てはまる。

ア	正解	1	2	3	4	5	6	7	8	9	10
	解答率(%)	0.2	0.1		0.1	0.1	82.5	1.4		0.2	9.3
		11	12	13	14	15	16	17	18	19	20
			0.9	1.6			0.2	0.2	3.0		0.1

イ	正解	1	2	3	4	5	6	7	8	9	10
	解答率(%)	80.4	1.6	16.1	0.1			0.2	0.1		0.1
		11	12	13	14	15	16	17	18	19	20
		0.2		0.3			0.4	0.1	0.1		

ウ	正解	1	2	3	4	5	6	7	8	9	10
	解答率(%)	0.4	1.0	2.4	0.2		0.2				0.5
		11	12	13	14	15	16	17	18	19	20
		0.2	89.6	0.1					4.8	0.1	0.2

エ	正解	1	2	3	4	5	6	7	8	9	10
	解答率(%)	1.0	92.4	2.4	0.3	0.1	0.1				
		11	12	13	14	15	16	17	18	19	20
		0.9	1.1	0.1		0.1	0.2		0.7	0.1	0.2

問題43	行政手続法 （不利益処分の理由の提示） （行政法）	ランク B	正解 ア:9 イ:17 ウ:13 エ:6

　本問は、一級建築士免許取消処分が、行政手続法14条1項本文の定める理由提示の要件を欠き、違法であるとされた事例に関する最高裁判所判決（最判平23.6.7）を題材にしたものである。

ア　「**9　慎重**」　イ　「**17　不服の申立て**」　判例は、まず、理由の提示の趣旨について、「行政手続法14条1項本文が、不利益処分をする場合に同時にその理由を名宛人に示さなければならないとしているのは、名宛人に直接に義務を課し又はその権利を制限するという不利益処分の性質に鑑み、行政庁の判断の「**慎重**」と合理性を担保してその恣意を抑制するとともに、処分の理由を名宛人に知らせて「**不服の申立て**」に便宜を与える趣旨に出たものと解される」とする。

ウ　「**13　処分基準**」　エ　「**6　意見公募**」　その上で、理由の提示の程

度について、「同項本文に基づいてどの程度の理由を提示すべきかは、上記のような同項本文の趣旨に照らし、当該処分の根拠法令の規定内容、当該処分に係る「処分基準」の存否及び内容並びに公表の有無、当該処分の性質及び内容、当該処分の原因となる事実関係の内容等を総合考慮してこれを決定すべきである。

　この見地に立って建築士法……による建築士に対する懲戒処分について見ると、……処分要件はいずれも抽象的である上、これらに該当する場合に……所定の戒告、１年以内の業務停止又は免許取消しのいずれの処分を選択するかも処分行政庁の裁量に委ねられている。そして、建築士に対する上記懲戒処分については、処分内容の決定に関し、本件「処分基準」が定められているところ、本件「処分基準」は、「意見公募」の手続を経るなど適正を担保すべき手厚い手続を経た上で定められて公にされており、……多様な事例に対応すべくかなり複雑なものとなっている。

　そうすると、建築士に対する上記懲戒処分に際して同時に示されるべき理由としては、処分の原因となる事実及び処分の根拠法条に加えて、本件「処分基準」の適用関係が示されなければ、処分の名宛人において、上記事実及び根拠法条の提示によって処分要件の該当性に係る理由は知り得るとしても、いかなる理由に基づいてどのような「処分基準」の適用によって当該処分が選択されたのかを知ることは困難であるのが通例であると考えられる」としている。

....

以上により、アには9、イには17、ウには13、エには6が当てはまる。

ア	正解	1	2	3	4	5	6	7	8	9	10
	解答率 (%)	20.1	0.7	0.2	0.3			2.5	13.4	25.2	0.1
		11	12	13	14	15	16	17	18	19	20
			0.2	1.6						34.9	0.1

イ	正解	1	2	3	4	5	6	7	8	9	10
	解答率 (%)	5.3	0.3	3.7	4.4	0.1		1.8	0.4	1.6	1.1
		11	12	13	14	15	16	17	18	19	20
			0.1	0.3	9.8	0.1	0.1	63.1	4.7	0.3	2.1

ウ	正解	1	2	3	4	5	6	7	8	9	10
	解答率(%)	0.3	5.4	0.5	0.3	0.8	0.1	0.2	1.9		
		11	12	13	14	15	16	17	18	19	20
		0.3	0.3	85.4	0.2		1.1	0.9	0.5	0.7	0.5

エ	正解	1	2	3	4	5	6	7	8	9	10
	解答率(%)	0.2	0.4	0.1	1.3	0.1	70.6	0.1			0.1
		11	12	13	14	15	16	17	18	19	20
			1.4	0.6	0.1	0.9	0.3	0.6	1.8	0.1	20.5

問題44 ｜ 行政手続法（行政指導の中止等の求め）（行政法） ｜ ランク B

【解答例】行政指導に該当し、文部科学大臣に対し、行政指導の中止を求めることができる。（37字）

【注】「文部科学大臣」は、「文部科学省」としても、正解になると解することができる。

....

　本問は、行政機関からの行政指導に対して、法令の違反はないとの立場で不服がある場合に、行政手続法上、どのような手段があるかが問われている。

　行政指導とは、行政機関がその任務又は所掌事務の範囲内において一定の行政目的を実現するため特定の者に一定の作為又は不作為を求める指導、勧告、助言その他の行為であって処分に該当しないものをいう（行政手続法2条6号）。

　また、行政手続法36条の2第1項本文は、「法令に違反する行為の是正を求める行政指導（その根拠となる規定が法律に置かれているものに限る。）の相手方は、当該行政指導が当該法律に規定する要件に適合しないと思料するときは、当該行政指導をした行政機関に対し、その旨を申し出て、当該行政指導の中止その他必要な措置をとることを求めることができる。」と規定している。

　ここで、「行政機関」とは、「法律の規定に基づき内閣に置かれる機関若しくは内閣の所轄の下に置かれる機関、宮内庁、内閣府設置法……に規定する機関、国家行政組織法……第３条第２項に規定する機関、会計検査院若しくはこれらに置かれる機関又はこれらの機関の職員であって法律上独立に権限を行使することを認められた職員」を指す（２条５号イ）。

　また、国家行政組織法３条２項では、「行政組織のため置かれる国の行政機関は、省、委員会及び庁」であるとされている。

　本問では、Ａ大学は、その設備、授業、その他の事項について、法令の規定に違反しているとして、学校教育法15条１項に基づき、文部科学大臣から必要な措置をとるべき旨の勧告を受けている。当該勧告は、Ａ大学に一定の作為を求めるものであるから、行政手続法上の「行政指導」に該当する。

　これに対して、Ａ大学は、指摘のような法令違反はないとの立場であり、当該勧告に不服があるというのであるから、その中止その他必要な措置を求めるという手段をとることができる。

　当該勧告は、文部科学省の長である文部科学大臣によってなされている。上記の「行政機関」の定義に照らせば、中止等の求めは、国家行政組織法上の国の行政機関である文部科学省に対してなすこととなる。

　この点について、上記の「行政機関」の定義の１つである「これらの機関の職員であって法律上独立に権限を行使することを認められた職員」に関しては、権限を行使する各行政機関の長又は行政庁は含まれないとする見解が有力である〔コンメンタール行政法Ⅰ　行政手続法・行政不服審査法（第３版）、条解（第２版）〕。もっとも、広く行政機関の長又は行政庁も含めるとする見解もある〔ＩＡＭ逐条解説行政手続法、行政手続法の一部を改正する法律の施行について（総管管第93号平成26年11月28日参照）〕。後者の見解に従えば、「職員」に文部科学大臣も含まれることになり、中止等の求めは、文部科学大臣に対してするべきであるということになる。

問題45 | 債権譲渡
（民法）

ランク
B

【解答例】 Ｃが、本件代金債権の譲渡禁止特約につき、知り、又は重大過失により知らなかった場合（40字）

　本問は、譲渡禁止の特約がされている場合、債権の自由譲渡性の原則とともに、債務者がとり得る対抗手段で譲受人その他第三者の主観の要件が問われている。

　民法466条２項は、「当事者が債権の譲渡を禁止し、又は制限する旨の意思表示（以下『譲渡制限の意思表示』という。）をしたときであっても、債権の譲渡は、その効力を妨げられない。」と規定している。

　本問では、Ａ・Ｂ間の本件代金債権は、第三者への譲渡を禁止することが約されているにもかかわらず、ＡはＣに当該債権を譲渡している。この場合であっても、当該債権の譲渡は有効である。

　他方、466条３項は、「前項に規定する場合には、譲渡制限の意思表示がされたことを知り、又は重大な過失によって知らなかった譲受人その他の第三者に対しては、債務者は、その債務の履行を拒むことができ……。」と規定している。

　本問では、Ｂは、ＣがＡ・Ｂ間の譲渡禁止の特約について悪意又は善意重過失である場合、Ｃからの本件代金債権の履行の請求に対して、その履行を拒むことができる。

　以上により、Ｂが本件代金債権に係る債務の履行を拒むことができるのは、ＣがＡ・Ｂ間の譲渡禁止の特約について悪意又は善意重過失であった場合である。

問題46 ｜ 土地工作物責任
（民法）

ランク C

【解答例】甲の占有者Ｂが責任を負い、Ｂが損害発生防止のために必要な注意を
したときは所有者Ａが負う。（44字）

....

　本問は、土地工作物の設置又は保存（管理）に瑕疵があることによって他人に
損害を生じたときに、その占有者及び所有者は、民法上、どのような場合に損害
賠償責任を負うかが問われている。

　民法717条１項本文は、「土地の工作物の設置又は保存に瑕疵があることによっ
て他人に損害を生じたときは、その工作物の占有者は、被害者に対してその損害
を賠償する責任を負う。」と規定している。すなわち、第一次的には、土地工作
物の占有者が被害者に対する損害賠償責任を負うことになる。

　もっとも、717条１項ただし書は、「ただし、占有者が損害の発生を防止するの
に必要な注意をしたときは、所有者がその損害を賠償しなければならない。」と
規定している。すなわち、被害者から損害賠償請求を受けた工作物の占有者は、
自らが損害の発生を防止するのに必要な注意をしたことを立証できれば免責さ
れ、第二次的に、土地工作物の所有者が被害者に対する損害賠償責任を負うこと
になる。なお、この所有者の責任は、免責が認められない無過失責任である。

　したがって、本問の場合、第一次的には甲家屋の賃借人（占有者）であるＢが
Ｃに対して損害賠償責任を負うが、Ｂが損害の発生を防止するのに必要な注意を
していれば、第二次的に所有者であるＡが損害賠償責任を負うことになる。

問題47 近代オリンピック大会と政治 （政治・経済・社会） | ランク A | 正解 4

1 　**妥当でない**　ベルリン大会（1936年）は、1933年にナチス・ドイツが政権を掌握して以降の開催である。

2 　**妥当でない**　ロンドン大会（1948年）は、1940年と1944年の2大会が第2次世界大戦のため中止された後、12年ぶりに開催された大会であるが、日本とドイツは招待されなかった。

3 　**妥当でない**　東京大会（1964年）当時は、日本とソ連・中華人民共和国との間での第2次世界大戦に関する講和条約は結ばれていなかった。もっとも、中華人民共和国は不参加であったが、ソ連は参加している。

4 　**妥当である**　そのとおりである。モスクワ大会（1980年）は、1979年12月に起こったソ連軍のアフガニスタン侵攻に対する制裁措置として米国をはじめとする西側諸国がボイコットし、日本も不参加となった。

5 　**妥当でない**　サラエボ（冬季）大会は1984年に開催されているが、ボスニア・ヘルツェゴビナ紛争は1992年に勃発し、1995年に終結した紛争である。

以上により、妥当な記述は4であり、正解は4となる。

正解	1	2	3	4	5
解答率（%）	3.2	13.3	7.8	66.4	8.4

問題48 新型コロナウイルス感染症対策と政治 （政治・経済・社会） | ランク B | 正解 2

1 　**妥当でない**　新型コロナウイルス感染症対策の法律としては、新型インフルエンザ等対策特別措置法等の一部を改正する法律が、2021年2月に成立し

ており、新型コロナウイルス感染症対策に特化した新規の法律が制定されてはいない。

2　**妥当である**　2020年4月に「新型コロナウイルス感染症緊急経済対策」が閣議決定された。この対策では、緊急支援フェーズとして、雇用の維持と事業の継続が定められ、そこに生活に困っている人々への支援が盛り込まれている。

3　**妥当でない**　2020年4月、改正新型インフルエンザ等対策特別措置法に基づき、内閣総理大臣により緊急事態宣言が発令された。緊急事態宣言の指定を受けた地域の都道府県知事は、住民に対する外出自粛要請ができるが、これに強制力はなく、外出に都道府県知事の許可は必要とされていない。

4　**妥当でない**　新型コロナワクチンについて、首相・大臣・首長及びその同居親族へのワクチンの優先接種が行われたということはない。また、医療従事者に対する優先接種が行われたのは、2021年2月〜7月であり、高齢者に対する優先接種は、2021年4月から行われ、2021年11月現在、希望する高齢者への2回接種の目標はおおむね達成したとされている。

5　**妥当でない**　2021年2月に、新型インフルエンザ等対策特別措置法等の一部を改正する法律が成立し、まん延防止等重点措置が導入され、同措置に関する命令や過料も規定されている。

....

以上により、妥当な記述は2であり、正解は2となる。

正解	1	2	3	4	5
解答率（%）	6.0	66.7	0.5	0.6	25.7

問題49　公的役職の任命
（政治・経済・社会）

ランク **C**　正解 **2**

ア　**誤り**　内閣法制局長官は、内閣が任命する（内閣法制局設置法2条1項）。同法上、内閣が任命するにあたって、両議院の同意を得ることは必要とされ

てはいない。したがって、両議院の同意を得て内閣が任命するわけではなく、本記述は誤っている。

イ　正しい　日本銀行総裁は、両議院の同意を得て、内閣が任命する（日本銀行法23条1項）。

ウ　誤り　検事総長の任命は、内閣が行うとされている（検察庁法15条1項）。同法上、内閣が任命するにあたって、最高裁判所の推薦に基づくことは必要とされてはいない。したがって、最高裁判所の推薦に基づき内閣総理大臣が任命するわけではなく、本記述は誤っている。

エ　正しい　ＮＨＫ（日本放送協会）経営委員は、両議院の同意を得て、内閣総理大臣が任命する（放送法31条1項前段）。

オ　正しい　日本学術会議会員は、同会議の推薦に基づき内閣総理大臣が任命する（日本学術会議法7条2項、17条）。

以上により、誤っているものの組合せは2であり、正解は2となる。

正解	1	2	3	4	5
解答率（％）	15.2	14.2	5.5	46.9	17.9

問題50	ふるさと納税 （政治・経済・社会）	ランク B	正解 1

ア　誤り　ふるさと納税とは、自分の選んだ自治体に寄附（ふるさと納税）を行った場合に、寄附額のうち2,000円を超える部分について、所得税と住民税から原則として全額（一定の上限あり）が控除される制度である。

イ　誤り　記述アの解説のとおり、ふるさと納税とは、寄附額のうち2,000円を超る部分について、所得税と住民税から原則として全額（一定の上限あり）が控除される制度であり、個人住民税は対象であるが、固定資産税は対象とされてはいない。

ウ　正しい　地方交付税交付金を受けている自治体の場合、減収額の75％が国

からの地方交付税交付金によって補塡される。

エ　**正しい**　多くの自治体が寄附（ふるさと納税）の見返りに返礼品を送付しており、平成29年度実績では、全1788自治体のうち、1716団体（全体の約96％）が返礼品を送付しているという状況がある。

オ　**正しい**　2019年6月から、「ふるさと納税に係る指定制度」が導入された。これは、総務大臣が一定の基準に適合した自治体をふるさと納税の対象として指定する仕組みである。この制度が導入された背景には、高額な返礼品や地場産品とは無関係な返礼品を贈る自治体が出たことがある。

以上により、誤っているものの組合せは1であり、正解は1となる。

正解	1	2	3	4	5
解答率（％）	48.8	12.1	20.5	15.5	2.7

問題51　国際収支（政治・経済・社会）　ランクA　正解3

国際収支とは、一国の一定期間（主に1年間）の外国とのモノ・サービス・カネの取引の収支のことをいう。国際収支は、経常収支、資本移転等収支、金融収支、誤差脱漏で構成される。

経常収支とは、財・サービスなどの取引、所得の受払などの収支であり、自国に資金が流入する場合をプラス、自国から資金が流出する場合をマイナスに計上する。

資本移転等収支とは、社会資本形成や債務免除などの収支であり、経常収支と同じく、自国に資金が流入する場合をプラス、自国から資金が流出する場合をマイナスに計上する。

金融収支とは、金融資産・負債の取引であり、資産（日本から海外への投資）と、負債（海外から日本への投資）が増加する場合をともにプラス、これらが減少する場合をともにマイナスに計上する。

なお、誤差脱漏は、差額の調整額である。

1 　**正しい**　海外旅行先における現地ホテルへの宿泊料を支払った場合、自国から資金が流出することになるから、その金額は、自国の経常収支上で、マイナスとして計上される。

2 　**正しい**　発展途上国への社会資本整備のために無償資金協力を自国が行った場合、自国から資金が流出することになるから、その金額は、自国の資本移転等収支上で、マイナスとして計上される。

3 　**誤り**　海外留学中の子どもの生活費を仕送りした場合、自国から資金が流出することになるから、その金額は、自国の経常収支上で、マイナスとして計算される。

4 　**正しい**　海外への投資から国内企業が配当や利子を得た場合、自国に資金が流入することになるから、その金額は、自国の経常収支上で、プラスとして計算される。

5 　**正しい**　日本企業が海外企業の株式を購入した場合、日本が外国に対して保有する資産である対外資産と、外国が日本に対して保有する資産である対外負債が増加することになるから、その金額は、日本の金融収支上で、プラスとして計算される。

………………

以上により、誤っている記述は3であり、正解は3となる。

正解	1	2	3	4	5
解答率（％）	8.0	7.0	68.7	3.4	11.7

問題52	エネルギー需給動向・エネルギー政策（政治・経済・社会）	ランク C	正解 2

ア　**妥当である**　2018年度の日本の一次エネルギー供給構成では、化石燃料依存度は85.5％であり、再生可能エネルギー等は8.2％である。

イ　**妥当でない**　2019年のデータによると、日本の原油は、35.9％をサウジアラビア、31.2％をＵＡＥ、11.0％をクウェート、10.4％をカタール、3.2％をオマーンから輸入しており、合計約92％をこれら中東地域から輸入している。しかし、2019年のデータによると、日本がエネルギーとしている液化天然ガスは、36.7％をオーストラリア、17.2％をマレーシア、12.3％をカタール、7.2％をロシアから輸入しており、天然ガスの大半を中東から輸入してはいない。

ウ　**妥当である**　2019年6月、日本政府は、「パリ協定に基づく成長戦略としての長期戦略」を閣議決定した。これは、2050年までに温室効果ガスの80％排出削減を通じて「脱炭素社会」の実現を目指すものである。

エ　**妥当でない**　2020年の世界最大のエネルギー消費国は中国であり、それに続くのが米国である。

オ　**妥当でない**　原油価格は、2020年4月、世界的な新型コロナウイルス感染症の拡大を受け、高騰したのではなく、大きく落ち込んだ。

....

以上により、妥当なものの組合せは2であり、正解は2となる。

正解	1	2	3	4	5
解答率（％）	30.7	24.9	15.4	16.5	12.2

問題53　先住民族（政治・経済・社会）　ランク B　正解 5

1　**妥当である**　2019年4月にいわゆるアイヌ新法（正式名称：アイヌの人々の誇りが尊重される社会を実現するための施策の推進に関する法律）が成立した。同法は、「北海道の先住民族であるアイヌの人々」として、アイヌを先住民族として法的に明記している（1条）。

2　**妥当である**　国立アイヌ民族博物館は、先住民族アイヌの歴史と文化を主題とした日本初・日本最北の国立博物館として、2020年に開設された。同博

物館は、アイヌ文化の展示・紹介や、アイヌ文化、先住民族文化についての調査研究の成果等の紹介を行っている。

3　**妥当である**　2007年、国際連合総会で「先住民族の権利に関する宣言（Declaration on the Rights of Indigenous Peoples）」が採択された。この宣言は、文化、アイデンティティ、言語、雇用、健康、教育に対する権利を含め、先住民族の個人及び集団の権利を規定している。また、2014年、国際連合総会は、「先住民族世界会議（World Conference on Indigenous Peoples）」を開催し、「先住民族の権利に関する宣言」の目標達成のコミットメントを載せた成果文書を採択した。

4　**妥当である**　カナダでは、1874年以来、国内に住む先住民族の子どもは、寄宿学校に強制的に入学させられ、独自の文化や言語が禁止され、英語を話し、キリスト教を信じるよう強要された。このような過去の同化政策について、2008年6月11日、同国のハーパー首相（当時）は先住民族を深く傷つけてきたことを認め、公式に謝罪した。

5　**妥当でない**　マオリは、ニュージーランドの先住民族であり、アボリジニは、オーストラリアの先住民族の総称である。

………………………

以上により、妥当でない記述は5であり、正解は5となる。

正解	1	2	3	4	5
解答率（％）	8.0	6.3	4.9	11.5	**68.8**

問題54　ジェンダー・セクシュアリティ（政治・経済・社会）　ランク A　正解 4

1　**妥当である**　そのとおりである。「LGBT」とは、Lesbian（レズビアン）、Gay（ゲイ）、Bisexual（バイセクシュアル）、Transgender（トランスジェンダー）の頭文字をとって組み合わせた語であり、性的少数者をあらわす言葉の1つとして使われることがある。

2　**妥当である**　そのとおりである。日本の女子大学の中には、戸籍又はパスポート上男性であっても性自認が女性である人（トランスジェンダー学生）の入学を認める大学もある。

3　**妥当である**　そのとおりである。2015年6月26日、米国の連邦最高裁判所は、「同性婚は合衆国憲法の下の権利であり、州は同性婚を認めなければならない」との判断を下した。

4　**妥当でない**　日本では、2021年11月現在、同性婚の制度は立法化されてはいない。しかし、東京都の渋谷区のように、同性カップルの関係を条例に基づいて証明する「パートナーシップ制度」を導入している自治体はある。

5　**妥当である**　そのとおりである。台湾では、2019年5月にアジアで初めて同性婚の制度が立法化された。

....

以上により、妥当でない記述は4であり、正解は4となる。

正解	1	2	3	4	5
解答率（％）	1.6	2.6	7.3	87.1	1.1

問題55	顔認識・顔認証システム	ランク	正解
....	（情報通信・個人情報保護）	**A**	**3**

Ⅰ　「**ア　表情**」　顔認識（facial recognition）システムは、撮影画像の中にある人間の顔を認識するシステムであり、その顔の性別・年齢・気分（表情）を識別するものである。

Ⅱ　「**エ　本人確認**」　顔認証（facial identification）システムは、検出した顔データを事前に登録しているデータと照合することで本人確認を行うシステムである。

Ⅲ　「**オ　生体情報**」　生体情報は、生体が発する種々の生理学的・解剖学的情報から、生体を調節するために入力する情報のことをいい、顔認識システムで検出した顔データは生体情報に含まれる。また、2021年4月、欧州連合（E

Ｕ）の行政府である欧州委員会は、公の場で顔認証技術などを犯罪捜査に使うのを原則禁止することなどを定める人工知能（ＡＩ）利用をめぐるＥＵ初の規制案を発表した。なお、特定個人情報は、個人番号（マイナンバー）をその内容に含む個人情報である（行政手続における特定の個人を識別するための番号の利用等に関する法律〔マイナンバー法〕2条8項）。

Ⅳ 「キ 個人情報保護法」 要配慮個人情報とは、本人の人種、信条、社会的身分、病歴、犯罪の経歴、犯罪により害を被った事実その他本人に対する不当な差別、偏見その他の不利益が生じないようにその取扱いに特に配慮を要するものとして政令で定める記述等が含まれる個人情報をいい（個人情報保護法2条3項）、個人情報取扱事業者は、原則として、あらかじめ本人の同意を得ないで、要配慮個人情報を取得してはならないとされている（20条2項）。

Ⅴ 「コ プライバシー」 米国では、イリノイ州、テキサス州及びワシントン州が、指紋、網膜スキャンなどの生体特定要素に特に着目した法律を制定している。イリノイ州の生体情報プライバシー法は、「生体特定要素」に「顔の形状」が含まれるとして、顔データの収集につき事前の同意を必要とし、第三者への生体データの販売を制限している。

....

以上により、空欄に入る語句の組合せとして妥当なものは3であり、正解は3となる。

正解	1	2	3	4	5
解答率（%）	1.2	0.4	78.3	1.0	19.0

問題56	車両の自動運転化の水準（レベル）（情報通信・個人情報保護）	ランク A	正解 3

1 **妥当である** 2018年9月に国土交通省自動車局が制定した「自動運転車の

安全技術ガイドライン」（以下、自動運転ガイドライン）における車両の自動運転化レベル1は、「運転支援」という名称であり、その定義は「システムが縦方向又は横方向のいずれかの車両運動制御のサブタスクを限定領域において実行」とされ、安全運転にかかる監視・対応主体は運転者とされている。

2　**妥当である**　自動運転ガイドラインにおける車両の自動運転化レベル2は、「部分運転自動化」という名称であり、その定義は「システムが縦方向及び横方向両方の車両運動制御のサブタスクを限定領域において実行」とされ、安全運転にかかる監視・対応主体は運転者とされている。

3　**妥当でない**　自動運転ガイドラインにおける車両の自動運転化レベル3は、「条件付運転自動化」という名称であり、その定義は「システムが全ての動的運転タスクを限定領域において実行（作動継続が困難な場合は、システムの介入要求等に適切に応答）」とされ、安全運転にかかる監視・対応主体はシステムとされているが、作動継続が困難な場合は運転者とされており、安全運転についてもシステム側が完全に主体となるわけではない。

4　**妥当である**　自動運転ガイドラインにおける車両の自動運転化レベル4は、「高度運転自動化」という名称であり、その定義は「システムが全ての動的運転タスク及び作動継続が困難な場合への応答を限定領域において実行」とされ、安全運転にかかる監視・対応主体はシステムとされている。

5　**妥当である**　自動運転ガイドラインにおける車両の自動運転化レベル5は、「完全運転自動化」という名称であり、その定義は「システムが全ての動的運転タスク及び作動継続が困難な場合への応答を無制限に（すなわち、限定領域内ではない）実行」とされ、安全運転にかかる監視・対応主体はシステムとされている。

....

以上により、妥当でない記述は3であり、正解は3となる。

正解	1	2	3	4	5
解答率（%）	2.2	2.5	85.5	5.1	4.1

問題57 | 国の行政機関の個人情報保護制度 | ランク B | 正解 5
（情報通信・個人情報保護）

1 　**誤り**　個人情報の保護に関する法律（以下、個人情報保護法）100条本文は、「行政機関の長等は、利用停止請求があった場合において、当該利用停止請求に理由があると認めるときは、当該行政機関の長等の属する行政機関等における個人情報の適正な取扱いを確保するために必要な限度で、当該利用停止請求に係る保有個人情報の利用停止をしなければならない。」と規定しているから、行政機関の長は、保有個人情報の利用停止請求があった場合には、すべての事案において一時的に利用の停止を決定する必要があるとはされていない。

2 　**誤り**　79条1項は、「行政機関の長等は、開示請求に係る保有個人情報に不開示情報が含まれている場合において、不開示情報に該当する部分を容易に区分して除くことができるときは、開示請求者に対し、当該部分を除いた部分につき開示しなければならない。」と部分開示につき規定しているが、当該部分開示について「不開示情報に該当する箇所に関係する関係機関の同意が得られたとき」を要件とする規定はない。

3 　**誤り**　80条は、「行政機関の長等は、開示請求に係る保有個人情報に不開示情報が含まれている場合であっても、個人の権利利益を保護するため特に必要があると認めるときは、開示請求者に対し、当該保有個人情報を開示することができる。」と規定しているから、開示請求に係る保有個人情報に不開示情報が含まれている場合には、開示請求者に対し、当該保有個人情報を開示することが一切認められないとはされていない。

4 　**誤り**　86条1項は、「開示請求に係る保有個人情報に国、独立行政法人等、地方公共団体、地方独立行政法人及び開示請求者以外の者（以下……『第三者』という。）に関する情報が含まれているときは、行政機関の長等は、開示決定等をするに当たって、当該情報に係る第三者に対し、政令で定めるところにより、当該第三者に関する情報の内容その他政令で定める事項を通知して、意見書を提出する機会を与えることができる。」と規定している。ま

た、同条２項柱書本文は、「行政機関の長等は、次の各号のいずれかに該当するときは、開示決定に先立ち、当該第三者に対し、政令で定めるところにより、開示請求に係る当該第三者に関する情報の内容その他政令で定める事項を書面により通知して、意見書を提出する機会を与えなければならない。」と規定している。したがって、行政機関の長は、開示請求に係る保有個人情報に第三者に関する情報が含まれている場合に開示決定等をするにあたっては、第三者に意見書を提出する機会を与えなければならないときがあるが、聴聞の機会を付与しなければならないとはされていない。

5　　**正しい**　87条１項本文は、「保有個人情報の開示は、当該保有個人情報が、文書又は図画に記録されているときは閲覧又は写しの交付により、電磁的記録に記録されているときはその種別、情報化の進展状況等を勘案して行政機関等が定める方法により行う。」と規定している。

2021年度 解答・解説

以上により、正しい記述は５であり、正解は５となる。

正解	1	2	3	4	5
解答率（%）	3.2	37.3	3.6	3.2	52.2

問題58	**短文挿入** （文章理解）	ランク **A**	正解 **5**

Ⅰ　　**オ**　空欄Ⅰの直前では、「大いに勉強した」という事実と「合格した」という事実の二つの事実が示されているところ、オの文中の「それぞれ二つの事実」は、これらを受けたものといえる。したがって、空欄Ⅰには、オの文が入る。

Ⅱ　　**ウ**　空欄Ⅱの前では、「大いに勉強した」という文言と「落第した」（又は「合格した」）という文言について、これらを「が」で結んだ文が示されている。これに対して、空欄Ⅱの直後では、「が」の部分を、「のに」や「ので」に書き換えた文が示されている。ウの文は、「が」をやめて次のような表現

はどうか、とする旨が述べられており、空欄Ⅱの前後をつなぐ文として適切
である。したがって、空欄Ⅱには、ウの文が入る。

Ⅲ　エ　空欄Ⅲの直後では、「無規定的直接性というのは」として、「無規定的
直接性」の説明を展開し、「のに」「ので」等の具体的関係がそこから成長・
分化するとしている。エは、「が」は無規定的直接性をそのまま表現するの
に適しているとしており、無規定的直接性の説明、及び「が」と「のに」「の
で」等との相違に関する文の導入として適切である。したがって、空欄Ⅲに
は、エの文が入る。

Ⅳ　ア　空欄Ⅳの直前では、「無規定的直接性」を「原始状態」と表現し、「の
に」「ので」等の具体的関係がそこから成長・分化するとしている。アの文
は、「この成長や分化」とあり、空欄Ⅳ直前の「成長」「分化」を受けた文と
いえる。したがって、空欄Ⅳには、アの文が入る。

Ⅴ　イ　空欄Ⅴの直前では、「精神が能動的姿勢に」なることが必要とある。
イの文は、「精神が多くのエネルギーを放出」とあり、これと同様の表現を
していることから、空欄Ⅴに入る文として適切である。したがって、空欄Ⅴ
には、イの文が入る。

以上により、空欄に入る組合せとして妥当なものは5であり、正解は5となる。

正解	1	2	3	4	5
解答率（％）	0.4	0.6	2.0	2.5	94.2

問題59 ｜ 空欄補充（文章理解）　ランク A｜正解 2

Ⅰ　毅然　「毅然」は、「物事に動じず、しっかりとしているさま」を表す語で
ある。空欄Ⅰはいじめを「けっして許さない」という態度を示す語が入るこ
とから「毅然」が適切である。

　なお、「厳然」は、「いかめしく、おごそかなさま」、「浩然」は、「心が広く、

ゆったりしているさま」を表す語である。

Ⅱ　**本末転倒**　「本末転倒」は、「根本的な事柄とささいな事柄とを取り違えること」を表す語である。空欄Ⅱは、いじめ対策として「被害者にしわ寄せが行くような対処の仕方」を評する語が入ることから、「本末転倒」が適切である。

　なお、「荒唐無稽」は、「言説や考えが、とりとめなく根拠のないこと」、「換骨奪胎」は、「詩文を作る際に、古人の作品の趣意は変えずに語句だけを換えること」を表す語である。

Ⅲ　**万能**　「万能」は、「すべての物事に効能のあること」を表す語である。空欄Ⅲは、「あらゆるいじめに対する」策・対処法を示す語が入ることから、「万能」が適切である。

　なお、「一般」は、「広く認められて成り立つこと」、「弥縫」（びほう）は、「失敗・欠点などを一時的に取り繕うこと」を表す語である。

Ⅳ　**抜本**　「抜本」は、「根本の原因を抜き去ること」を表す語である。空欄Ⅳは、いじめ問題の本質的な解決を示す語が入ることから、「抜本」が適切である。

　なお、「抜擢」は、「多くの中から特に引き抜いて登用すること」、「抜粋」は、「書物や作品から要所を抜き出すこと」を表す語である。

Ⅴ　**対症**　「対症」は、「ある症状に対する」という意味であり、「対症療法」は、「患者の症状に対応して行う療法」のことを指す。空欄Ⅴは、いじめ対策として「特定の加害者」を処分することを表現する語が入ることから、（抜本的な解決方法ではなく）その場のみの対応を比喩的に示す語として、「対症療法」が適切である。

　なお、「対蹠」（たいしょ）は、「ある事に対して反対であること」、「対処」は、「あるものや情勢に対して適当な処置をすること」を表す語である。

....

　以上により、空欄に入る語句の組合せとして妥当なものは２であり、正解は２となる。

正解	1	2	3	4	5
解答率（％）	0.4	85.2	0.3		14.0

問題60	短文挿入 （文章理解）	ランク **A**	正解 **3**

Ⅰ　**イ**　本文第3段落（空欄Ⅰの直後）の文において、本文の子供は、「ある球形をした対象」について、それが「どのような条件を持っている場合にのみ、『まり』と呼ばれるものかを悟っていく」とある。そうすると、この子供は、「球形」「球状」は形として認識しつつも、それが「まり」と呼ばれるためには、他にどのような条件・要素が必要かということまでは認識しておらず、それゆえに、「『まり』ということばをいろいろなものに使」ってしまう（同段落冒頭）ということがわかる。この点について、記述イは、子供は「『球状』をしたものを『まり』と呼ぶ」のだと思い込んでしまう旨を述べているところ、これは、「球状」のものであることは認識しつつも、「まり」の条件を考慮していないという点で、上記の内容と同趣旨であるといえる。

　　　　したがって、空欄Ⅰに入る文としては、記述イが妥当である。

Ⅱ　**C**　空欄Ⅱの直後の文において、ライオンの説明を聞いた子供が、「これだけでは、ライオンと虎との区別、ヒョウとの区別を子供がつけることはできない」旨が述べられている。そうすると、空欄Ⅱには、ライオン、虎及びヒョウに共通する「説明」が入ることがわかる。この点について、記述Cは、ライオンが「大きな猫の一種」であるという説明を掲げているところ、この「大きな猫の一種」というのは、虎及びヒョウにも共通する説明であるといえる。

　　　　これに対して、「猫のお友だち」（記述A）との説明は、本文の趣旨とは異なっており、また、「百獣の王」（記述B）との説明は、虎及びヒョウにも共通する説明であるとはいえない。

　　　　したがって、空欄Ⅱに入る文としては、記述Cが妥当である。

....

以上により、空欄に入る組合せとして妥当なものは3であり、正解は3となる。

正解	1	2	3	4	5
解答率（%）	3.2	22.6	**70.9**	0.7	2.3

2020^(令和2)年度

試験問題

▶法令等　[問題1〜問題40は択一式（5肢択一式）]

問題1　次の文章の空欄 ア 〜 エ に当てはまる語句の組合せとして、正しいものはどれか。

　　現代の法律上の用語として「 ア 」というのは、紛争当事者以外の第三者が イ の条件（内容）を紛争当事者に示して、当事者の合意（ イ ）によって紛争を解決するように当事者にはたらきかけること、を意味する。このような意味での ア は、法律上の用語としての「 ウ 」とは区別されなければならない。「 ウ 」というのは、紛争解決の手段として、紛争当事者以外の第三者たる私人（ ウ 人）・・・が紛争に対し或る決定を下すこと、を意味する。

　　「 ア 」は、紛争当事者の合意によって紛争を解決すること（ イ ）を第三者が援助し促進することであって、紛争を終わらせるかどうかの最終決定権は当事者にあるのに対し、「 ウ 」においては、 ウ 人が紛争について決定を下したときは、紛争当事者はそれに拘束されるのであって・・・、この点で ウ は エ に似ている・・・。

　　（中略）

　　しかし、このような用語法は、西洋の法意識を前提としそれに立脚したものであって、わが国の日常用語では、「 ア 」と「 ウ 」という二つのことばの間には明確な区別がない。『広辞苑』には、「 ア 」ということばの説明として、「双方の間に立って争いをやめさせること。中に立って双方を円くまとめること。 ウ 」と書かれている。そうして、奇しくもこの説明は、日本の伝統的な紛争解決方法においては ア と ウ とが明確に分化していなかったという事実を、巧まずして示しているのである。

（出典　川島武宜「日本人の法意識」岩波新書、1967年から〈送り仮名を改めた部分がある。〉）

	ア	イ	ウ	エ
1	調停	和解	仲裁	裁判
2	仲裁	和解	調停	裁判
3	和解	示談	仲裁	調停
4	示談	仲裁	和解	調停
5	調停	示談	和解	仲裁

問題2　簡易裁判所に関する次のア～オの記述のうち、正しいものの組合せはどれか。

ア　簡易裁判所は、禁固刑および懲役刑を科すことができず、これらを科す必要を認めたときは、事件を地方裁判所へ移送しなければならない。

イ　簡易裁判所における一部の民事事件の訴訟代理業務は、法務大臣の認定を受けた司法書士および行政書士にも認められている。

ウ　簡易裁判所で行う民事訴訟では、訴えは口頭でも提起することができる。

エ　少額訴訟による審理および裁判には、同一人が同一の簡易裁判所において同一の年に一定の回数を超えて求めることができないとする制限がある。

オ　簡易裁判所判事は、金銭その他の代替物または有価証券の一定の数量の給付を目的とする請求について、債権者の申立てにより、支払督促を発することができる。

1　ア・イ
2　ア・ウ
3　イ・オ
4　ウ・エ
5　エ・オ

問題3 次の文章の空欄 ア ～ オ に当てはまる語句の組合せとして、妥当なものはどれか。

　未決勾留は、刑事訴訟法の規定に基づき、逃亡又は罪証隠滅の防止を目的として、被疑者又は被告人の ア を監獄内に限定するものであつて、右の勾留により拘禁された者は、その限度で イ 的行動の自由を制限されるのみならず、前記逃亡又は罪証隠滅の防止の目的のために必要かつ ウ 的な範囲において、それ以外の行為の自由をも制限されることを免れない・・・。また、監獄は、多数の被拘禁者を外部から エ して収容する施設であり、右施設内でこれらの者を集団として管理するにあたつては、内部における規律及び秩序を維持し、その正常な状態を保持する必要があるから、・・・この面からその者の イ 的自由及びその他の行為の自由に一定の制限が加えられることは、やむをえないところというべきである・・・被拘禁者の新聞紙、図書等の閲読の自由を制限する場合・・・具体的事情のもとにおいて、その閲読を許すことにより監獄内の規律及び秩序の維持上放置することのできない程度の障害が生ずる相当の オ 性があると認められることが必要であり、かつ、・・・制限の程度は、右の障害発生の防止のために必要かつ ウ 的な範囲にとどまるべきものと解するのが相当である。

（最大判昭和58年6月22日民集第37巻5号793頁）

	ア	イ	ウ	エ	オ
1	居住	身体	合理	隔離	蓋然
2	活動	身体	蓋然	遮断	合理
3	居住	日常	合理	遮断	蓋然
4	活動	日常	蓋然	隔離	合理
5	居住	身体	合理	遮断	蓋然

問題4　表現の自由の規制に関する次の記述のうち、妥当でないものはどれか。

1　表現の内容規制とは、ある表現が伝達しようとするメッセージを理由とした規制であり、政府の転覆を煽動する文書の禁止、国家機密に属する情報の公表の禁止などがその例である。

2　表現の内容を理由とした規制であっても、高い価値の表現でないことを理由に通常の内容規制よりも緩やかに審査され、規制が許されるべきだとされる場合があり、営利を目的とした表現や、人種的憎悪をあおる表現などがその例である。

3　表現内容中立規制とは、表現が伝達しようとするメッセージの内容には直接関係なく行われる規制であり、学校近くでの騒音の制限、一定の選挙運動の制限などがその例である。

4　表現行為を事前に規制することは原則として許されないとされ、検閲は判例によれば絶対的に禁じられるが、裁判所による表現行為の事前差し止めは厳格な要件のもとで許容される場合がある。

5　表現行為の規制には明確性が求められるため、表現行為を規制する刑罰法規の法文が漠然不明確であったり、過度に広汎であったりする場合には、そうした文言の射程を限定的に解釈し合憲とすることは、判例によれば許されない。

問題5 次の文章の下線部の趣旨に、最も適合しないものはどれか。

　議院が独立的機関であるなら、みずからの権能について、行使・不行使をみずから決定しえなければならない。議院の権能行使は、議院の自律にまかせられるを要する。けれども、憲法典は、通常、議院が、このような自律権を有することを明文で規定しない。独立の地位をもつことの、当然の帰結だからである。これに比べれば制度上の意味の限定的な議員の不逮捕特権や免責特権がかえって憲法典に規定されるのは、それが、独立的機関の構成員とされることからする当然の帰結とは考ええないことによる。憲法典に規定されなくても、議院の自律権は、議院の存在理由を確保するために不可欠で、議員特権などより重い意味をもっている。

　しかし、日本国憲法典をじっくり味読するなら、議院に自律権あることを前提とし、これあることを指示する規定がある。

（出典　小嶋和司「憲法学講話」有斐閣、1982年から）

1　両議院は、各々その会議その他の手続及び内部の規律に関する規則を定めることができる。

2　両議院は、各々国政に関する調査を行い、これに関して、証人の出頭及び証言並びに記録の提出を要求することができる。

3　両議院は、各々その議長その他の役員を選任する。

4　両議院は、各々その議員の資格に関する争訟を裁判する。

5　両議院は、各々院内の秩序をみだした議員を懲罰することができる。

問題6 衆議院の解散に関する次の記述のうち、妥当なものはどれか。

1　衆議院議員総選挙は、衆議院議員の任期が満了した場合と衆議院が解散された場合に行われるが、実際の運用では、任期満了による総選挙が過半数を占め、解散による総選挙は例外となっている。

2　内閣による衆議院の解散は、高度の政治性を有する国家行為であるから、

解散が憲法の明文規定に反して行われるなど、一見極めて明白に違憲無効と認められる場合を除き、司法審査は及ばないとするのが判例である。

3　最高裁判所が衆議院議員選挙における投票価値の不均衡について憲法違反の状態にあると判断した場合にも、内閣の解散権は制約されないとするのが政府見解であるが、実際には、不均衡を是正しないまま衆議院が解散された例はない。

4　衆議院が内閣不信任案を可決し、または信任案を否決したとき、内閣は衆議院を解散できるが、この場合には、内閣によりすでに解散が決定されているので、天皇は、内閣の助言と承認を経ず、国事行為として衆議院議員選挙の公示を行うことができると解される。

5　天皇の国事行為は本来、厳密に形式的儀礼的性格のものにすぎない、と考えるならば、国事行為としての衆議院の解散の宣言について内閣が助言と承認の権能を有しているからといって、内閣が憲法上当然に解散権を有していると決めつけることはできない、という結論が導かれる。

問題7　憲法訴訟における違憲性の主張適格が問題となった第三者没収に関する最高裁判所判決*について、次のア～オの記述のうち、法廷意見の見解として、正しいものをすべて挙げた組合せはどれか。

ア　第三者の所有物の没収は、所有物を没収される第三者にも告知、弁解、防禦の機会を与えることが必要であり、これなしに没収することは、適正な法律手続によらないで財産権を侵害することになる。

イ　かかる没収の言渡を受けた被告人は、たとえ第三者の所有物に関する場合であっても、それが被告人に対する附加刑である以上、没収の裁判の違憲を理由として上告をすることができる。

ウ　被告人としても、その物の占有権を剥奪され、これを使用・収益できない状態におかれ、所有権を剥奪された第三者から賠償請求権等を行使される危険に曝される等、利害関係を有することが明らかであるから、上告により救済を求めることができるものと解すべきである。

エ　被告人自身は本件没収によって現実の具体的不利益を蒙ってはいないから、現実の具体的不利益を蒙っていない被告人の申立に基づき没収の違憲性に判断を加えることは、将来を予想した抽象的判断を下すものに外ならず、憲法81条が付与する違憲審査権の範囲を逸脱する。

オ　刑事訴訟法では、被告人に対して言い渡される判決の直接の効力が被告人以外の第三者に及ぶことは認められていない以上、本件の没収の裁判によって第三者の所有権は侵害されていない。

（注）　＊最大判昭和37年11月28日刑集16巻11号1593頁

1　ア・イ
2　ア・エ
3　イ・オ
4　ア・イ・ウ
5　ア・エ・オ

問題8　次の文章は、食中毒事故の原因食材を厚生大臣（当時）が公表したこと（以下「本件公表」という。）について、その国家賠償責任が問われた訴訟の判決文である。この判決の内容に明らかに反しているものはどれか。

　食中毒事故が起こった場合、その発生原因を特定して公表することに関して、直接これを定めた法律の規定が存在しないのは原告の指摘するとおりである。しかし、行政機関が私人に関する事実を公表したとしても、それは直接その私人の権利を制限しあるいはその私人に義務を課すものではないから、行政行為には当たらず、いわゆる非権力的事実行為に該当し、その直接の根拠となる法律上の規定が存在しないからといって、それだけで直ちに違法の問題が生じることはないというべきである。もちろん、その所管する事務とまったくかけ離れた事項について公表した場合には、それだけで違法の問題が生じることも考えられるが、本件各報告の公表はそのような場合ではない。すなわち、厚

生省は、公衆衛生行政・食品衛生行政を担い、その所管する食品衛生法は、「飲食に起因する衛生上の危害の発生を防止し、公衆衛生の向上及び増進に寄与すること」を目的としている（法１条）のであるから、本件集団下痢症の原因を究明する本件各報告の作成・公表は、厚生省及び厚生大臣の所管する事務の範囲内に含まれることは明らかである。このように、厚生大臣がその所管する事務の範囲内において行い、かつ、国民の権利を制限し、義務を課すことを目的としてなされたものではなく、またそのような効果も存しない本件各報告の公表について、これを許容する法律上の直接の根拠がないからといって、それだけで直ちに法治主義違反の違法の問題が生じるとはいえない。

（大阪地裁平成14年３月15日判決・判例時報1783号97頁）

1　法律の留保に関するさまざまな説のうち、いわゆる「侵害留保説」が前提とされている。
2　行政庁がその所掌事務からまったく逸脱した事項について公表を行った場合、当該公表は違法性を帯びることがありうるとの立場がとられている。
3　義務違反に対する制裁を目的としない情報提供型の「公表」は、非権力的事実行為に当たるとの立場がとられている。
4　集団下痢症の原因を究明する本件各報告の公表には、食品衛生法の直接の根拠が存在しないとの立場がとられている。
5　本件公表は、国民の権利を制限し、義務を課すことを直接の目的とするものではないが、現実には特定の国民に重大な不利益をもたらす事実上の効果を有するものであることから、法律上の直接の根拠が必要であるとの立場がとられている。

問題9 行政行為（処分）に関する次の記述のうち、最高裁判所の判例に照らし、妥当なものはどれか。

1 処分に重大かつ明白な瑕疵があり、それが当然に無効とされる場合において、当該瑕疵が明白であるかどうかは、当該処分の外形上、客観的に誤認が一見看取し得るものであるかどうかにより決すべきである。

2 行政庁の処分の効力の発生時期については、特別の規定のない限り、その意思表示が相手方に到達した時ではなく、それが行政庁から相手方に向けて発信された時と解するのが相当である。

3 課税処分における内容の過誤が課税要件の根幹にかかわる重大なものである場合であっても、当該瑕疵に明白性が認められなければ、当該課税処分が当然に無効となることはない。

4 相手方に利益を付与する処分の撤回は、撤回の対象となる当該処分について法令上の根拠規定が定められていたとしても、撤回それ自体について別途、法令上の根拠規定が定められていなければ、適法にすることはできない。

5 旧自作農創設特別措置法に基づく農地買収計画の決定に対してなされた訴願を認容する裁決は、これを実質的に見れば、その本質は法律上の争訟を裁判するものであるが、それが処分である以上、他の一般的な処分と同様、裁決庁自らの判断で取り消すことを妨げない。

問題10 普通地方公共団体が締結する契約に関する次の記述のうち、地方自治法の定めに照らし、妥当なものはどれか。

1 売買、賃借、請負その他の契約は、一般競争入札、指名競争入札、随意契約、せり売りのほか、条例で定める方法によっても締結することができる。

2 売買、賃借、請負その他の契約を、指名競争入札、随意契約またはせり売りの方法により締結することができるのは、政令が定める場合に該当するときに限られる。

3　一般競争入札により契約を締結する場合においては、政令の定めるところにより、契約の目的に応じ、予定価格の制限の範囲内で最高または最低の価格をもって申込みをした者を契約の相手方とするものとされており、この点についての例外は認められていない。

4　随意契約の手続に関し必要な事項は、当該普通地方公共団体が条例でこれを定める。

5　契約を締結する場合に議会の議決を要するのは、種類および金額について政令で定める基準に従い条例で定めるものを締結するときであって、かつ指名競争入札による場合に限られる。

問題11　行政手続法の用語に関する次の記述のうち、同法の定義に照らし、正しいものはどれか。

1　「不利益処分」とは、申請により求められた許認可等を拒否する処分など、申請に基づき当該申請をした者を名あて人としてされる処分のほか、行政庁が、法令に基づき、特定の者を名あて人として、直接に、これに義務を課し、またはその権利を制限する処分をいう。

2　「行政機関」には、国の一定の機関およびその職員が含まれるが、地方公共団体の機関はこれに含まれない。

3　「処分基準」とは、不利益処分をするかどうか、またはどのような不利益処分とするかについてその法令の定めに従って判断するために必要とされる基準をいう。

4　「申請」とは、法令に基づき、申請者本人または申請者以外の第三者に対し何らかの利益を付与する処分を求める行為であって、当該行為に対して行政庁が諾否の応答をすべきこととされているものをいう。

5　「届出」とは、行政庁に対し一定の事項の通知をする行為であって、当該行政庁にそれに対する諾否の応答が義務づけられているものをいう。

問題12　行政手続法の規定する聴聞と弁明の機会の付与に関する次の記述のうち、正しいものはどれか。

1　聴聞、弁明の機会の付与のいずれの場合についても、当事者は代理人を選任することができる。
2　聴聞は許認可等の取消しの場合に行われる手続であり、弁明の機会の付与は許認可等の拒否処分の場合に行われる手続である。
3　聴聞が口頭で行われるのに対し、弁明の機会の付与の手続は、書面で行われるのが原則であるが、当事者から求めがあったときは、口頭により弁明する機会を与えなければならない。
4　聴聞、弁明の機会の付与のいずれの場合についても、当該処分について利害関係を有する者がこれに参加することは、認められていない。
5　聴聞、弁明の機会の付与のいずれの場合についても、当事者は処分の原因に関するすべての文書を閲覧する権利を有する。

問題13　行政手続法の定める申請の取扱いに関する次のア〜オの記述のうち、正しいものの組合せはどれか。

ア　申請がそれをすることができる期間内にされたものではない場合、当該申請は当然に不適法なものであるから、行政庁は、これに対して諾否の応答を行わず、その理由を示し、速やかに当該申請にかかる書類を申請者に返戻しなければならない。
イ　許認可等を求める申請に必要な書類が添付されていない場合、行政庁は、速やかに、相当の期間を定めて当該申請の補正を求めるか、あるいは当該申請により求められた許認可等を拒否しなければならない。
ウ　行政庁は、申請により求められた許認可等のうち行政手続法に列挙されたものについて、これを拒否する処分を行おうとするときは、予めその旨を申請者に対し通知し、当該申請者に弁明書の提出による意見陳述の機会を与えなければならない。

エ　行政庁が申請の取下げまたは内容の変更を求める行政指導を行うことは、申請者がそれに従う意思がない旨を表明したにもかかわらずこれを継続すること等により当該申請者の権利の行使を妨げるものでない限り、直ちに違法とされるものではない。

オ　行政庁が、申請の処理につき標準処理期間を設定し、これを公表した場合において、当該標準処理期間を経過してもなお申請に対し何らの処分がなされないときは、当該申請に対して拒否処分がなされたものとみなされる。

1　ア・イ
2　ア・オ
3　イ・エ
4　ウ・エ
5　ウ・オ

問題14　行政不服審査法に関する次のア～オの記述のうち、正しいものの組合せはどれか。

ア　審査請求の目的である処分に係る権利を譲り受けた者は、審査請求人の地位を承継することができるが、その場合は、審査庁の許可を得ることが必要である。

イ　処分についての審査請求に関する審査請求期間については、処分があったことを知った日から起算するものと、処分があった日から起算するものの2つが定められているが、いずれについても、その初日が算入される。

ウ　法令に違反する事実がある場合において、その是正のためにされるべき処分がなされないときは、当該行政庁の不作為について、当該処分をすることを求める審査請求をすることができる。

エ　一定の利害関係人は、審理員の許可を得て、参加人として当該審査請求に参加することができるが、参加人は、審査請求人と同様に、口頭で審査請求に係る事件に関する意見を述べる機会を与えられ、証拠書類または証拠物を

提出することができる。

オ　多数人が共同して行った審査請求においては、法定数以内の総代を共同審査請求人により互選することが認められているが、その場合においても、共同審査請求人各自が、総代を通じることなく単独で当該審査請求に関する一切の行為を行うことができる。

1　ア・エ
2　ア・オ
3　イ・ウ
4　イ・オ
5　ウ・エ

問題15　再審査請求について定める行政不服審査法の規定に関する次の記述のうち、正しいものはどれか。

1　法律に再審査請求をすることができる旨の定めがない場合であっても、処分庁の同意を得れば再審査請求をすることが認められる。

2　審査請求の対象とされた処分（原処分）を適法として棄却した審査請求の裁決（原裁決）があった場合に、当該審査請求の裁決に係る再審査請求において、原裁決は違法であるが、原処分は違法でも不当でもないときは、再審査庁は、裁決で、当該再審査請求を棄却する。

3　再審査請求をすることができる処分について行う再審査請求の請求先（再審査庁）は、行政不服審査会となる。

4　再審査請求をすることができる処分について、審査請求の裁決が既になされている場合には、再審査請求は当該裁決を対象として行わなければならない。

5　再審査請求の再審査請求期間は、原裁決があった日ではなく、原処分があった日を基準として算定する。

問題16　不作為についての審査請求について定める行政不服審査法の規定に関する次のア〜エの記述のうち、正しいものの組合せはどれか。

ア　不作為についての審査請求が当該不作為に係る処分についての申請から相当の期間が経過しないでされたものである場合、審査庁は、裁決で、当該審査請求を棄却する。

イ　不作為についての審査請求について理由がない場合には、審査庁は、裁決で、当該審査請求を棄却する。

ウ　不作為についての審査請求について理由がある場合には、審査庁は、裁決で、当該不作為が違法または不当である旨を宣言する。

エ　不作為についての審査請求について理由がある場合、不作為庁の上級行政庁ではない審査庁は、当該不作為庁に対し、当該処分をすべき旨を勧告しなければならない。

1　ア・イ
2　ア・エ
3　イ・ウ
4　イ・エ
5　ウ・エ

問題17　狭義の訴えの利益に関する次のア〜エの記述のうち、最高裁判所の判例に照らし、正しいものの組合せはどれか。

ア　森林法に基づく保安林指定解除処分の取消しが求められた場合において、水資源確保等のための代替施設の設置によって洪水や渇水の危険が解消され、その防止上からは当該保安林の存続の必要性がなくなったと認められるとしても、当該処分の取消しを求める訴えの利益は失われない。

イ　土地改良法に基づく土地改良事業施行認可処分の取消しが求められた場合において、当該事業の計画に係る改良工事及び換地処分がすべて完了したた

め、当該認可処分に係る事業施行地域を当該事業施行以前の原状に回復することが、社会的、経済的損失の観点からみて、社会通念上、不可能であるとしても、当該認可処分の取消しを求める訴えの利益は失われない。

ウ　建築基準法に基づく建築確認の取消しが求められた場合において、当該建築確認に係る建築物の建築工事が完了した後でも、当該建築確認の取消しを求める訴えの利益は失われない。

エ　都市計画法に基づく開発許可のうち、市街化調整区域内にある土地を開発区域とするものの取消しが求められた場合において、当該許可に係る開発工事が完了し、検査済証の交付がされた後でも、当該許可の取消しを求める訴えの利益は失われない。

1　ア・イ
2　ア・ウ
3　イ・ウ
4　イ・エ
5　ウ・エ

問題18　行政事件訴訟法が定める出訴期間に関する次の記述のうち、正しいものはどれか。

1　処分または裁決の取消しの訴えは、処分または裁決の日から6箇月を経過したときは提起することができないが、正当な理由があるときはこの限りでない。

2　処分につき審査請求をすることができる場合において審査請求があったときは、処分に係る取消訴訟は、その審査請求をした者については、これに対する裁決があったことを知った日から6箇月を経過したときは提起することができないが、正当な理由があるときはこの限りではない。

3　不作為の違法確認の訴えは、当該不作為に係る処分または裁決の申請をした日から6箇月を経過したときは提起することができないが、正当な理由が

あるときはこの限りではない。

4　義務付けの訴えは、処分または裁決がされるべきことを知った日から6箇月を経過したときは提起することができないが、正当な理由があるときはこの限りではない。

5　差止めの訴えは、処分または裁決がされようとしていることを知った日から6箇月を経過したときは提起することができないが、正当な理由があるときはこの限りではない。

問題19　行政事件訴訟法が定める義務付け訴訟に関する次の記述のうち、正しいものはどれか。

1　申請拒否処分がなされた場合における申請型義務付け訴訟は、拒否処分の取消訴訟と併合提起しなければならないが、その無効確認訴訟と併合提起することはできない。

2　行政庁が義務付け判決に従った処分をしない場合には、裁判所は、行政庁に代わって当該処分を行うことができる。

3　義務付け判決には、取消判決の拘束力の規定は準用されているが、第三者効の規定は準用されていない。

4　処分がされないことにより生ずる償うことのできない損害を避けるため緊急の必要がある場合には、当該処分につき義務付け訴訟を提起しなくとも、仮の義務付けのみを単独で申し立てることができる。

5　義務付け訴訟は、行政庁の判断を待たず裁判所が一定の処分を義務付けるものであるから、申請型、非申請型のいずれの訴訟も、「重大な損害を生じるおそれ」がある場合のみ提起できる。

問題20 国家賠償法に関する次のア～エの記述のうち、最高裁判所の判例に照らし、正しいものの組合せはどれか。

ア　同一の行政主体に属する複数の公務員のみによって一連の職務上の行為が行われ、その一連の過程で他人に損害が生じた場合、損害の直接の原因となった公務員の違法行為が特定できないときには、当該行政主体は国家賠償法1条1項に基づく損害賠償責任を負うことはない。

イ　税務署長が行った所得税の更正処分が、所得金額を過大に認定したものであるとして取消訴訟で取り消されたとしても、当該税務署長が更正処分をするに際して職務上通常尽くすべき注意義務を尽くしていた場合は、当該更正処分に国家賠償法1条1項にいう違法があったとはされない。

ウ　国家賠償法1条1項に基づく賠償責任は、国または公共団体が負うのであって、公務員個人が負うものではないから、公務員個人を被告とする賠償請求の訴えは不適法として却下される。

エ　国家賠償法1条1項が定める「公務員が、その職務を行うについて」という要件については、公務員が主観的に権限行使の意思をもってする場合に限らず、自己の利をはかる意図をもってする場合であっても、客観的に職務執行の外形をそなえる行為をしたときは、この要件に該当する。

　　1　ア・イ
　　2　ア・ウ
　　3　イ・ウ
　　4　イ・エ
　　5　ウ・エ

問題21　国家賠償法に関する次の記述のうち、最高裁判所の判例に照らし、妥当なものはどれか。

1　宅地建物取引業法は、宅地建物取引業者の不正な行為によって個々の取引関係者が被る具体的な損害の防止、救済を制度の直接の目的とするものであるから、不正な行為をした業者に対する行政庁の監督権限の不行使は、被害者との関係においても、直ちに国家賠償法1条1項の適用上違法の評価を受ける。

2　建築基準法に基づく指定を受けた民間の指定確認検査機関による建築確認は、それに関する事務が行政庁の監督下において行われているものではないため、国家賠償法1条1項の「公権力の行使」に当たらない。

3　公害に係る健康被害の救済に関する特別措置法、または同法を引き継いだ公害健康被害補償法*に基づいて水俣病患者の認定申請をした者が水俣病の認定処分を受けた場合でも、申請処理の遅延により相当の期間内に応答がなかったという事情があれば、当該遅延は、直ちに国家賠償法1条1項の適用上違法の評価を受ける。

4　裁判官がおこなう争訟の裁判については、その裁判の内容に上訴等の訴訟法上の救済方法で是正されるべき瑕疵が存在し、当該裁判官が付与された権限の趣旨に明らかに背いてこれを行使したと認め得るような事情がみられたとしても、国家賠償法1条1項の適用上違法の評価を受けることはない。

5　検察官が公訴を提起した裁判において、無罪の判決が確定したとしても、そのことから直ちに、起訴前の逮捕や勾留とその後の公訴の提起などが国家賠償法1条1項の適用上違法の評価を受けるということにはならない。

（注）＊公害健康被害の補償等に関する法律

問題22 住民について定める地方自治法の規定に関する次のア～オの記述のうち、正しいものの組合せはどれか。

ア　市町村の区域内に住所を有する者は、当該市町村およびこれを包括する都道府県の住民とする。

イ　住民は、日本国籍の有無にかかわらず、その属する普通地方公共団体の選挙に参与する権利を有する。

ウ　住民は、法律の定めるところにより、その属する普通地方公共団体の役務の提供をひとしく受ける権利を有し、その負担を分任する義務を負う。

エ　日本国民たる普通地方公共団体の住民は、その属する普通地方公共団体のすべての条例について、その内容にかかわらず、制定または改廃を請求する権利を有する。

オ　都道府県は、別に法律の定めるところにより、その住民につき、住民たる地位に関する正確な記録を常に整備しておかなければならない。

1　ア・ウ
2　ア・オ
3　イ・ウ
4　イ・エ
5　エ・オ

問題23 地方自治法の定める自治事務と法定受託事務に関する次の記述のうち、正しいものはどれか。

1　都道府県知事が法律に基づいて行政処分を行う場合、当該法律において、当該処分を都道府県の自治事務とする旨が特に定められているときに限り、当該処分は自治事務となる。

2　都道府県知事が法律に基づいて自治事務とされる行政処分を行う場合、当該法律に定められている処分の要件については、当該都道府県が条例によっ

てこれを変更することができる。

3　普通地方公共団体は、法定受託事務の処理に関して法律またはこれに基づく政令によらなければ、国または都道府県の関与を受けることはないが、自治事務の処理に関しては、法律またはこれに基づく政令によることなく、国または都道府県の関与を受けることがある。

4　自治紛争処理委員は、普通地方公共団体の自治事務に関する紛争を処理するために設けられたものであり、都道府県は、必ず常勤の自治紛争処理委員をおかなければならない。

5　都道府県知事は、市町村長の担任する自治事務の処理が法令の規定に違反していると認めるとき、または著しく適正を欠き、かつ明らかに公益を害していると認めるときは、当該市町村に対し、当該自治事務の処理について違反の是正または改善のため必要な措置を講ずべきことを勧告することができる。

問題24　地方自治法に基づく住民訴訟に関する次の記述のうち、法令および最高裁判所の判例に照らし、妥当なものはどれか。

1　住民訴訟を提起した者が当該訴訟の係属中に死亡したとき、その相続人は、当該地方公共団体の住民である場合に限り、訴訟を承継することができる。

2　住民訴訟を提起する者は、その対象となる財務会計行為が行われた時点において当該普通地方公共団体の住民であることが必要である。

3　住民訴訟の前提となる住民監査請求は、条例で定める一定数の当該地方公共団体の住民の連署により、これをする必要がある。

4　普通地方公共団体の議会は、住民訴訟の対象とされた当該普通地方公共団体の不当利得返還請求権が裁判において確定したのちは、当該請求権に関する権利放棄の議決をすることはできない。

5　住民訴訟を提起した者は、当該住民訴訟に勝訴した場合、弁護士に支払う報酬額の範囲内で相当と認められる額の支払いを当該普通地方公共団体に対して請求することができる。

問題25 情報公開をめぐる最高裁判所の判例に関する次の記述のうち、妥当なものはどれか。

1 条例に基づく公文書非公開決定の取消訴訟において、被告は、当該決定が適法であることの理由として、実施機関が当該決定に付した非公開理由とは別の理由を主張することも許される。

2 行政機関情報公開法*に基づく開示請求の対象とされた行政文書を行政機関が保有していないことを理由とする不開示決定の取消訴訟において、不開示決定時に行政機関が当該文書を保有していなかったことについての主張立証責任は、被告が負う。

3 条例に基づく公文書非公開決定の取消訴訟において、当該公文書が書証として提出された場合には、当該決定の取消しを求める訴えの利益は消滅する。

4 条例に基づく公文書非開示決定に取消し得べき瑕疵があった場合には、そのことにより直ちに、国家賠償請求訴訟において、当該決定は国家賠償法1条1項の適用上違法であるとの評価を受ける。

5 条例に基づき地方公共団体の長が建物の建築工事計画通知書についてした公開決定に対して、国が当該建物の所有者として有する固有の利益が侵害されることを理由としてその取消しを求める訴えは、法律上の争訟には当たらない。

（注）＊行政機関の保有する情報の公開に関する法律

問題26 自動車の運転免許に関する次の記述のうち、正しいものはどれか。

1 自動車の運転免許の交付事務を担当する都道府県公安委員会は合議制の機関であることから、免許の交付の権限は都道府県公安委員会の委員長ではなく、都道府県公安委員会が有する。

2　道路交通法に違反した行為を理由として運転免許停止処分を受けた者が、その取消しを求めて取消訴訟を提起したところ、訴訟係属中に免許停止期間が終了した場合、当該違反行為を理由とする違反点数の効力が残っていたとしても、当該訴訟の訴えの利益は消滅する。

3　運転免許証の「〇年〇月〇日まで有効」という記載は、行政行為に付される附款の一種で、行政法学上は「条件」と呼ばれるものである。

4　自動車の運転免許は、免許を受けた者に対し、公道上で自動車を運転できるという権利を付与するものであるから、行政法学上の「特許」に当たる。

5　都道府県公安委員会は国家公安委員会の地方支分部局に当たるため、内閣総理大臣は、閣議にかけた方針に基づき都道府県公安委員会の運転免許交付事務を指揮監督することができる。

問題27　制限行為能力者に関する次の記述のうち、民法の規定および判例に照らし、誤っているものはどれか。

1　未成年者について、親権を行う者が管理権を有しないときは、後見が開始する。

2　保佐人は、民法が定める被保佐人の一定の行為について同意権を有するほか、家庭裁判所が保佐人に代理権を付与する旨の審判をしたときには特定の法律行為の代理権も有する。

3　家庭裁判所は、被補助人の特定の法律行為につき補助人の同意を要する旨の審判、および補助人に代理権を付与する旨の審判をすることができる。

4　被保佐人が保佐人の同意を要する行為をその同意を得ずに行った場合において、相手方が被保佐人に対して、一定期間内に保佐人の追認を得るべき旨の催告をしたが、その期間内に回答がなかったときは、当該行為を追認したものと擬制される。

5　制限行為能力者が、相手方に制限行為能力者であることを黙秘して法律行為を行った場合であっても、それが他の言動と相まって相手方を誤信させ、または誤信を強めたものと認められるときは、詐術にあたる。

問題28 占有改定等に関する次のア～オの記述のうち、民法の規定および判例に照らし、妥当でないものの組合せはどれか。

ア 即時取得が成立するためには占有の取得が必要であるが、この占有の取得には、外観上従来の占有事実の状態に変更を来さない、占有改定による占有の取得は含まれない。

イ 留置権が成立するためには他人の物を占有することが必要であるが、この占有には、債務者を占有代理人とした占有は含まれない。

ウ 先取特権の目的動産が売買契約に基づいて第三取得者に引き渡されると、その後は先取特権を当該動産に対して行使できないこととなるが、この引渡しには、現実の移転を伴わない占有改定による引渡しは含まれない。

エ 質権が成立するためには目的物の引渡しが必要であるが、この引渡しには、設定者を以後、質権者の代理人として占有させる、占有改定による引渡しは含まれない。

オ 動産の譲渡担保権を第三者に対抗するためには目的物の引渡しが必要であるが、この引渡しには、公示性の乏しい占有改定による引渡しは含まれない。

1　ア・イ
2　ア・ウ
3　イ・エ
4　ウ・オ
5　エ・オ

問題29 根抵当権に関する次の記述のうち、民法の規定に照らし、正しいものはどれか。

1　被担保債権の範囲は、確定した元本および元本確定後の利息その他の定期金の２年分である。

2　元本確定前においては、被担保債権の範囲を変更することができるが、後

順位抵当権者その他の第三者の承諾を得た上で、その旨の登記をしなければ、変更がなかったものとみなされる。

3　元本確定期日は、当事者の合意のみで変更後の期日を5年以内の期日とする限りで変更することができるが、変更前の期日より前に変更の登記をしなければ、変更前の期日に元本が確定する。

4　元本確定前に根抵当権者から被担保債権を譲り受けた者は、その債権について根抵当権を行使することができないが、元本確定前に被担保債務の免責的債務引受があった場合には、根抵当権者は、引受人の債務について、その根抵当権を行使することができる。

5　根抵当権設定者は、元本確定後においては、根抵当権の極度額の一切の減額を請求することはできない。

問題30　A・B間において、Aが、Bに対して、Aの所有する甲建物または乙建物のうちいずれかを売買する旨の契約が締結された。この場合に関する次の記述のうち、民法の規定に照らし、正しいものはどれか。

1　給付の目的を甲建物とするか乙建物とするかについての選択権は、A・B間に特約がない場合には、Bに帰属する。

2　A・B間の特約によってAが選択権者となった場合に、Aは、給付の目的物として甲建物を選択する旨の意思表示をBに対してした後であっても、Bの承諾を得ることなく、その意思表示を撤回して、乙建物を選択することができる。

3　A・B間の特約によってAが選択権者となった場合において、Aの過失によって甲建物が焼失したためにその給付が不能となったときは、給付の目的物は、乙建物になる。

4　A・B間の特約によって第三者Cが選択権者となった場合において、Cの選択権の行使は、AおよびBの両者に対する意思表示によってしなければならない。

5 　A・B間の特約によって第三者Cが選択権者となった場合において、Cが選択をすることができないときは、選択権は、Bに移転する。

問題31 　Aは、Bに対して金銭債務（以下、「甲債務」という。）を負っていたが、甲債務をCが引き受ける場合（以下、「本件債務引受」という。）に関する次の記述のうち、民法の規定に照らし、誤っているものはどれか。

1 　本件債務引受について、BとCとの契約によって併存的債務引受とすることができる。

2 　本件債務引受について、AとCとの契約によって併存的債務引受とすることができ、この場合においては、BがCに対して承諾をした時に、その効力が生ずる。

3 　本件債務引受について、BとCとの契約によって免責的債務引受とすることができ、この場合においては、BがAに対してその契約をした旨を通知した時に、その効力が生ずる。

4 　本件債務引受について、AとCが契約をし、BがCに対して承諾することによって、免責的債務引受とすることができる。

5 　本件債務引受については、それが免責的債務引受である場合には、Cは、Aに対して当然に求償権を取得する。

問題32 　同時履行の抗弁権に関する次の記述のうち、民法の規定および判例に照らし、妥当なものはどれか。

1 　双務契約が一方当事者の詐欺を理由として取り消された場合においては、詐欺を行った当事者は、当事者双方の原状回復義務の履行につき、同時履行の抗弁権を行使することができない。

2 　家屋の賃貸借が終了し、賃借人が造作買取請求権を有する場合においては、賃貸人が造作代金を提供するまで、賃借人は、家屋の明渡しを拒むこと

ができる。

3　家屋の賃貸借が終了し、賃借人が敷金返還請求権を有する場合においては、賃貸人が敷金を提供するまで、賃借人は、家屋の明渡しを拒むことができる。

4　請負契約においては仕事完成義務と報酬支払義務とが同時履行の関係に立つため、物の引渡しを要する場合であっても、特約がない限り、仕事を完成させた請負人は、目的物の引渡しに先立って報酬の支払を求めることができ、注文者はこれを拒むことができない。

5　売買契約の買主は、売主から履行の提供があっても、その提供が継続されない限り、同時履行の抗弁権を失わない。

問題33　A所有の甲土地をBに対して建物所有の目的で賃貸する旨の賃貸借契約（以下、「本件賃貸借契約」という。）が締結され、Bが甲土地上に乙建物を建築して建物所有権保存登記をした後、AがCに甲土地を売却した。この場合に関する次の記述のうち、民法の規定および判例に照らし、妥当でないものはどれか。

1　本件賃貸借契約における賃貸人の地位は、別段の合意がない限り、AからCに移転する。

2　乙建物の所有権保存登記がBと同居する妻Dの名義であっても、Bは、Cに対して、甲土地の賃借権をもって対抗することができる。

3　Cは、甲土地について所有権移転登記を備えなければ、Bに対して、本件賃貸借契約に基づく賃料の支払を請求することができない。

4　本件賃貸借契約においてAからCに賃貸人の地位が移転した場合、Bが乙建物について賃貸人の負担に属する必要費を支出したときは、Bは、Cに対して、直ちにその償還を請求することができる。

5　本件賃貸借契約の締結にあたりBがAに対して敷金を交付していた場合において、本件賃貸借契約が期間満了によって終了したときは、Bは、甲土地を明け渡した後に、Cに対して、上記の敷金の返還を求めることができる。

問題34 医療契約に基づく医師の患者に対する義務に関する次の記述のうち、民法の規定および判例に照らし、妥当なものはどれか。

1 過失の認定における医師の注意義務の基準は、診療当時のいわゆる臨床医学の実践における医療水準であるとされるが、この臨床医学の実践における医療水準は、医療機関の特性等によって異なるべきではなく、全国一律に絶対的な基準として考えられる。

2 医療水準は、過失の認定における医師の注意義務の基準となるものであるから、平均的医師が現に行っている医療慣行とは必ずしも一致するものではなく、医師が医療慣行に従った医療行為を行ったからといって、医療水準に従った注意義務を尽くしたと直ちにいうことはできない。

3 医師は、治療法について選択の機会を患者に与える必要があるとはいえ、医療水準として未確立の療法については、その実施状況や当該患者の状況にかかわらず、説明義務を負うものではない。

4 医師は、医療水準にかなう検査および治療措置を自ら実施できない場合において、予後（今後の病状についての医学的な見通し）が一般に重篤で、予後の良否が早期治療に左右される何らかの重大で緊急性のある病気にかかっている可能性が高いことを認識できたときであっても、その病名を特定できない以上、患者を適切な医療機関に転送して適切な治療を受けさせるべき義務を負うものではない。

5 精神科医は、向精神薬を治療に用いる場合において、その使用する薬の副作用については、その薬の最新の添付文書を確認しなくても、当該医師の置かれた状況の下で情報を収集すれば足りる。

問題35　特別養子制度に関する次のア～オの記述のうち、民法の規定に照ら
し、正しいものの組合せはどれか。

ア　特別養子は、実父母と養父母の間の合意を家庭裁判所に届け出ることに
よって成立する。

イ　特別養子縁組において養親となる者は、配偶者のある者であって、夫婦い
ずれもが20歳以上であり、かつ、そのいずれかは25歳以上でなければならな
い。

ウ　すべての特別養子縁組の成立には、特別養子となる者の同意が要件であ
り、同意のない特別養子縁組は認められない。

エ　特別養子縁組が成立した場合、実父母及びその血族との親族関係は原則と
して終了し、特別養子は実父母の相続人となる資格を失う。

オ　特別養子縁組の解消は原則として認められないが、養親による虐待、悪意
の遺棄その他養子の利益を著しく害する事由がある場合、または、実父母が
相当の監護をすることができる場合には、家庭裁判所が離縁の審判を下すこ
とができる。

1　ア・ウ
2　ア・オ
3　イ・ウ
4　イ・エ
5　ウ・オ

問題36 運送品が高価品である場合における運送人の責任に関する特則について述べた次のア〜オの記述のうち、商法の規定および判例に照らし、誤っているものの組合せはどれか。

ア 商法にいう「高価品」とは、単に高価な物品を意味するのではなく、運送人が荷送人から収受する運送賃に照らして、著しく高価なものをいう。

イ 運送品が高価品であるときは、荷送人が運送を委託するにあたりその種類および価額を通知した場合を除き、運送人は運送品に関する損害賠償責任を負わない。

ウ 荷送人が種類および価額の通知をしないときであっても、運送契約の締結の当時、運送品が高価品であることを運送人が知っていたときは、運送人は免責されない。

エ 運送人の故意によって高価品に損害が生じた場合には運送人は免責されないが、運送人の重大な過失によって高価品に損害が生じたときは免責される。

オ 高価品について運送人が免責されるときは、運送人の不法行為による損害賠償責任も同様に免除される。

1 ア・イ
2 ア・エ
3 イ・ウ
4 ウ・オ
5 エ・オ

問題37　株式会社の設立等に関する次のア〜オの記述のうち、会社法の規定に照らし、正しいものの組合せはどれか。

ア　発起設立または募集設立のいずれの場合であっても、各発起人は、設立時発行株式を1株以上引き受けなければならない。

イ　株式会社の設立に際して作成される定款について、公証人の認証がない場合には、株主、取締役、監査役、執行役または清算人は、訴えの方法をもって、当該株式会社の設立の取消しを請求することができる。

ウ　現物出資財産等について定款に記載または記録された価額が相当であることについて弁護士、弁護士法人、公認会計士、監査法人、税理士または税理士法人の証明（現物出資財産等が不動産である場合は、当該証明および不動産鑑定士の鑑定評価）を受けた場合には、現物出資財産等については検査役による調査を要しない。

エ　株式会社が成立しなかったときは、発起人および設立時役員等は、連帯して、株式会社の設立に関してした行為について、その責任を負い、株式会社の設立に関して支出した費用を負担する。

オ　発起設立または募集設立のいずれの場合であっても、発起人は、設立時発行株式を引き受けた発起人または設立時募集株式の引受人による払込みの取扱いをした銀行等に対して、払い込まれた金額に相当する金銭の保管に関する証明書の交付を請求することができる。

　　1　ア・ウ
　　2　ア・エ
　　3　イ・エ
　　4　イ・オ
　　5　ウ・オ

問題38 株式会社が自己の発行する株式を取得する場合に関する次の記述のうち、会社法の規定に照らし、誤っているものはどれか。

1 株式会社は、その発行する全部または一部の株式の内容として、当該株式について、株主が当該株式会社に対してその取得を請求することができることを定めることができる。

2 株式会社は、その発行する全部または一部の株式の内容として、当該株式について、当該株式会社が一定の事由が生じたことを条件としてその取得を請求することができることを定めることができる。

3 株式会社が他の会社の事業の全部を譲り受ける場合には、当該株式会社は、当該他の会社が有する当該株式会社の株式を取得することができる。

4 取締役会設置会社は、市場取引等により当該株式会社の株式を取得することを取締役会の決議によって定めることができる旨を定款で定めることができる。

5 株式会社が、株主総会の決議に基づいて、株主との合意により当該株式会社の株式を有償で取得する場合には、当該行為の効力が生ずる日における分配可能額を超えて、株主に対して金銭等を交付することができる。

問題39　株主総会に関する次の記述のうち、会社法の規定に照らし、誤っているものはどれか。

1　株式会社は、基準日を定めて、当該基準日において株主名簿に記載または記録されている株主（以下、「基準日株主」という。）を株主総会において議決権を行使することができる者と定めることができる。

2　株式会社は、基準日株主の権利を害することがない範囲であれば、当該基準日後に株式を取得した者の全部または一部を株主総会における議決権を行使することができる者と定めることができる。

3　株主は、株主総会ごとに代理権を授与した代理人によってその議決権を行使することができる。

4　株主総会においてその延期または続行について決議があった場合には、株式会社は新たな基準日を定めなければならず、新たに定めた基準日における株主名簿に記載または記録されている株主が当該株主総会に出席することができる。

5　株主が議決権行使書面を送付した場合に、当該株主が株主総会に出席して議決権を行使したときには、書面による議決権行使の効力は失われる。

問題40　公開会社であり、かつ大会社に関する次の記述のうち、会社法の規定に照らし、誤っているものはどれか。

1　譲渡制限株式を発行することができない。

2　発行可能株式総数は、発行済株式総数の４倍を超えることはできない。

3　株主総会の招集通知は書面で行わなければならない。

4　会計監査人を選任しなければならない。

5　取締役が株主でなければならない旨を定款で定めることができない。

[問題41～問題43は択一式（多肢選択式）]

問題41　次の文章の空欄 ア ～ エ に当てはまる語句を、枠内の選択肢（1～20）から選びなさい。

　このような労働組合の結成を憲法および労働組合法で保障しているのは、社会的・経済的弱者である個々の労働者をして、その強者である ア との交渉において、対等の立場に立たせることにより、労働者の地位を向上させることを目的とするものであることは、さきに説示したとおりである。しかし、現実の政治・経済・社会機構のもとにおいて、労働者がその経済的地位の向上を図るにあたつては、単に対 ア との交渉においてのみこれを求めても、十分にはその目的を達成することができず、労働組合が右の目的をより十分に達成するための手段として、その目的達成に必要な イ や社会活動を行なうことを妨げられるものではない。

　この見地からいつて、本件のような地方議会議員の選挙にあたり、労働組合が、その組合員の居住地域の生活環境の改善その他生活向上を図るうえに役立たしめるため、その ウ を議会に送り込むための選挙活動をすること、そして、その一方策として、いわゆる統一候補を決定し、組合を挙げてその選挙運動を推進することは、組合の活動として許されないわけではなく、また、統一候補以外の組合員であえて立候補しようとするものに対し、組合の所期の目的を達成するため、立候補を思いとどまるよう勧告または説得することも、それが単に勧告または説得にとどまるかぎり、組合の組合員に対する妥当な範囲の エ 権の行使にほかならず、別段、法の禁ずるところとはいえない。しかし、このことから直ちに、組合の勧告または説得に応じないで個人的に立候補した組合員に対して、組合の エ をみだしたものとして、何らかの処分をすることができるかどうかは別個の問題である。

（最大判昭和43年12月4日刑集22巻13号1425頁）

| 1 | 統制 | 2 | 過半数代表 | 3 | 争議行為 | 4 | 指揮命令 |
| 5 | 政治献金 | 6 | 国民 | 7 | 地域代表 | 8 | 政治活動 |

9	支配	10	公権力	11	職能代表	12	経済活動
13	管理運営	14	自律	15	公益活動	16	純粋代表
17	利益代表	18	国	19	私的政府	20	使用者

問題42　次の文章の空欄 ア ～ エ に当てはまる語句を、枠内の選択肢（1～20）から選びなさい。

　行政指導とは、相手方の任意ないし合意を前提として行政目的を達成しようとする行政活動の一形式である。

　行政手続法は、行政指導につき、「行政機関がその任務又は ア の範囲内において一定の行政目的を実現するために特定の者に一定の作為又は不作為を求める指導、 イ 、助言その他の行為であって処分に該当しないもの」と定義し、行政指導に関する幾つかの条文を規定している。例えば、行政手続法は、行政指導 ウ につき、「同一の行政目的を実現するため一定の条件に該当する複数の者に対し行政指導をしようとするときにこれらの行政指導に共通してその内容となるべき事項」と定義し、これが、 エ 手続の対象となることを定める規定がある。

　行政指導は、一般的には、法的効果をもたないものとして処分性は認められず抗告訴訟の対象とすることはできないと解されているが、行政指導と位置づけられている行政活動に、処分性を認める最高裁判決も出現しており、医療法にもとづく イ について処分性を認めた最高裁判決（最二判平成17年7月15日民集59巻6号1661頁）が注目されている。

1	通知	2	通達	3	聴聞	4	所掌事務
5	告示	6	意見公募	7	担当事務	8	基準
9	勧告	10	命令	11	弁明	12	審理
13	担当事務	14	告知	15	自治事務	16	指針
17	要綱	18	規則	19	所管事務	20	指示

問題43 次の文章は、普通地方公共団体の議会の議員に対する懲罰等が違法であるとして、当該懲罰を受けた議員が提起した国家賠償請求訴訟に関する最高裁判所の判決の一節である（一部修正してある）。空欄 ア ～ エ に当てはまる語句を、枠内の選択肢（1～20）から選びなさい。

　本件は、被上告人（議員）が、議会運営委員会が厳重注意処分の決定をし、市議会議長がこれを公表したこと（以下、これらの行為を併せて「本件措置等」という。）によって、その名誉を毀損され、精神的損害を被ったとして、上告人（市）に対し、国家賠償法1条1項に基づき損害賠償を求めるものである。これは、 ア の侵害を理由とする国家賠償請求であり、その性質上、法令の適用による終局的な解決に適しないものとはいえないから、本件訴えは、裁判所法3条1項にいう イ に当たり、適法というべきである。

　もっとも、被上告人の請求は、本件視察旅行を正当な理由なく欠席したことを理由とする本件措置等が国家賠償法1条1項の適用上違法であることを前提とするものである。

　普通地方公共団体の議会は、憲法の定める ウ に基づき自律的な法規範を有するものであり、議会の議員に対する懲罰その他の措置については、 エ の問題にとどまる限り、その自律的な判断に委ねるのが適当である。そして、このことは、上記の措置が ア を侵害することを理由とする国家賠償請求の当否を判断する場合であっても、異なることはないというべきである。

　したがって、普通地方公共団体の議会の議員に対する懲罰その他の措置が当該議員の ア を侵害することを理由とする国家賠償請求の当否を判断するに当たっては、当該措置が エ の問題にとどまる限り、議会の自律的な判断を尊重し、これを前提として請求の当否を判断すべきものと解するのが相当である。

（最一小判平成31年2月14日民集73巻2号123頁）

1	公法上の地位	2	一般市民法秩序	3	直接民主制
4	既得権	5	地方自治の本旨	6	知る権利
7	制度改革訴訟	8	行政立法	9	立法裁量
10	議会の内部規律	11	私法上の権利利益	12	統治行為
13	公法上の当事者訴訟	14	道州制	15	権力分立原理
16	当不当	17	自己情報コントロール権	18	法律上の争訟
19	抗告訴訟	20	司法権		

448

[問題44〜問題46は記述式]　（解答は、必ず答案用紙裏面の解答欄（マス目）に記述すること。なお、字数には、句読点も含む。）

問題44　A県内の一定区域において、土地区画整理事業（これを「本件事業」という。）が計画された。それを施行するため、土地区画整理法に基づくA県知事の認可（これを「本件認可処分」という。）を受けて、土地区画整理組合（これを「本件組合」という。）が設立され、あわせて本件事業にかかる事業計画も確定された。これを受けて本件事業が施行され、工事の完了などを経て、最終的に、本件組合は、換地処分（これを「本件換地処分」という。）を行った。

　Xは、本件事業の区域内の宅地につき所有権を有し、本件組合の組合員であるところ、本件換地処分は換地の配分につき違法なものであるとして、その取消しの訴えを提起しようと考えたが、同訴訟の出訴期間がすでに経過していることが判明した。

　この時点において、本件換地処分の効力を争い、換地のやり直しを求めるため、Xは、誰を被告として、どのような行為を対象とする、どのような訴訟（行政事件訴訟法に定められている抗告訴訟に限る。）を提起すべきか。40字程度で記述しなさい。

（下書用）

									10					15

問題45　Aは、Bとの間で、A所有の甲土地をBに売却する旨の契約（以下、「本件契約」という。）を締結したが、Aが本件契約を締結するに至ったのは、平素からAに恨みをもっているCが、Aに対し、甲土地の地中には戦時中に軍隊によって爆弾が埋められており、いつ爆発するかわからないといった嘘の事実を述べたことによる。Aは、その爆弾が埋められている事実をBに伝えた上で、甲土地を時価の2分の1程度でBに売却した。売買から1年後に、Cに騙されたことを知ったAは、本件契約に係る意思表示を取り消すことができるか。民法の規定に照らし、40字程度で記述しなさい。なお、記述にあたっては、「本件契約に係るAの意思表示」を「契約」と表記すること。

（下書用）

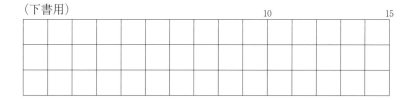

問題46 以下の［設例］および［判例の解説］を読んで記述せよ。
・・・・・・・・・

［設例］

　A所有の甲不動産をBが買い受けたが登記未了であったところ、その事実を知ったCが日頃Bに対して抱いていた怨恨の情を晴らすため、AをそそのかしてもっぱらBを害する目的で甲不動産を二重にCに売却させ、Cは、登記を了した後、これをDに転売して移転登記を完了した。Bは、Dに対して甲不動産の取得を主張することができるか。

［判例の解説］

　上記［設例］におけるCはいわゆる背信的悪意者に該当するが、判例はかかる背信的悪意者からの転得者Dについて、無権利者からの譲受人ではなくD自身が背信的悪意者と評価されるのでない限り、甲不動産の取得をもってBに対抗しうるとしている。

　上記の［設例］について、上記の［判例の解説］の説明は、どのような理由に基づくものか。「背信的悪意者は」に続けて、背信的悪意者の意義をふまえつつ、Dへの譲渡人Cが無権利者でない理由を、40字程度で記述しなさい。

　　（下書用）

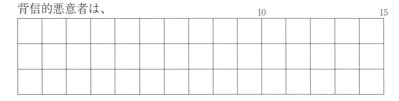

背信的悪意者は、

一般知識等　［問題47〜問題60は択一式（５肢択一式）］

問題47　普通選挙に関する次の記述のうち、妥当なものはどれか。

1　アメリカでは、女性参政権に反対した南軍が南北戦争で敗れたため、19世紀末には男女普通選挙が実現した。

2　ドイツでは、帝政時代には男子についても普通選挙が認められていなかったが、ワイマール共和国になって男女普通選挙が実現した。

3　日本では、第一次世界大戦後に男子普通選挙となったが、男女普通選挙の実現は第二次世界大戦後である。

4　スイスでは、男子国民皆兵制と直接民主主義の伝統があり、現在まで女子普通選挙は行われていない。

5　イギリスでは、三次にわたる選挙法改正が行われ、19世紀末には男女普通選挙が実現していた。

問題48　「フランス人権宣言」に関する次の記述のうち、妥当なものはどれか。

1　個人の権利としての人権を否定して、フランスの第三身分の階級的な権利を宣言したものである。

2　人権の不知、忘却または蔑視が、公共の不幸と政府の腐敗の原因に他ならない、とされている。

3　人は生まれながらに不平等ではあるが、教育をすることによって人としての権利を得る、とされている。

4　あらゆる主権の源泉は、神や国王あるいは国民ではなく、本質的に領土に由来する、とされている。

5　権利の保障が確保されず、権力の分立が規定されないすべての社会は公の武力を持ってはならない、とされている。

問題49 日本のバブル経済とその崩壊に関する次の文章の空欄 Ⅰ ～ Ⅴ に当
てはまる語句の組合せとして、妥当なものはどれか。

　1985年のプラザ合意の後に Ⅰ が急速に進むと、 Ⅱ に依存した日本経済は
大きな打撃を受けた。 Ⅰ の影響を回避するために、多くの工場が海外に移さ
れ、産業の空洞化に対する懸念が生じた。

　G7諸国の合意によって、為替相場が安定を取り戻した1987年半ばから景気
は好転し、日本経済は1990年代初頭まで、平成景気と呼ばれる好景気を持続さ
せた。 Ⅲ の下で調達された資金は、新製品開発や合理化のための投資に充て
られる一方で、株式や土地の購入にも向けられ、株価や地価が経済の実態をは
るかに超えて上昇した。こうした資産効果を通じて消費熱があおられ、高級品
が飛ぶように売れるとともに、さらなる投資を誘発することとなった。

　その後、日本銀行が Ⅳ に転じ、また Ⅴ が導入された。そして、株価や地
価は低落し始め、バブル経済は崩壊、平成不況に突入することとなった。

	Ⅰ	Ⅱ	Ⅲ	Ⅳ	Ⅴ
1	円安	外需	低金利政策	金融引締め	売上税
2	円安	輸入	財政政策	金融緩和	売上税
3	円高	輸出	低金利政策	金融引締め	地価税
4	円高	外需	財政政策	金融緩和	売上税
5	円高	輸入	高金利政策	金融引締め	地価税

問題50　日本の国債制度とその運用に関する次のア～オの記述のうち、妥当なものの組合せはどれか。

ア　東京オリンピックの1964年の開催に向けたインフラ整備にかかる財源調達を目的として、1950年代末から建設国債の発行が始まった。

イ　いわゆる第二次臨時行政調査会の増税なき財政再建の方針のもと、落ち込んだ税収を補填する目的で、1980年代に、初めて特例国債が発行された。

ウ　1990年代初頭のバブル期には、税収が大幅に増大したことから、国債発行が行われなかった年がある。

エ　東日本大震災からの復旧・復興事業に必要な財源を調達する目的で、2011年度から、復興債が発行された。

オ　増大する社会保障給付費等を賄う必要があることから、2014年度の消費税率の引上げ後も、毎年度の新規国債発行額は30兆円を超えている。

1　ア・イ
2　ア・ウ
3　イ・エ
4　ウ・オ
5　エ・オ

問題51 日本の子ども・子育て政策に関する次のア〜オの記述のうち、妥当なものの組合せはどれか。

ア　児童手当とは、次代の社会を担う児童の健やかな成長に資することを目的とし、家庭等における生活の安定に寄与するために、12歳までの子ども本人に毎月一定額の給付を行う制度である。

イ　児童扶養手当とは、母子世帯・父子世帯を問わず、ひとり親家庭などにおける生活の安定と自立の促進に寄与し、子どもの福祉の増進を図ることを目的として給付を行う制度である。

ウ　就学援助とは、経済的理由によって、就学困難と認められる学齢児童生徒の保護者に対し、市町村が学用品費や学校給食費などの必要な援助を与える制度であり、生活保護世帯以外も対象となるが、支援の基準や対象は市町村により異なっている。

エ　小学生以下の子どもが病気やけがにより医療機関を受診した場合、医療費の自己負担分は国費によって賄われることとされ、保護者の所得水準に関係なく、すべての子どもが無償で医療を受けることができる。

オ　幼稚園、保育所、認定こども園の利用料を国費で賄う制度が創設され、0歳から小学校就学前の子どもは、保護者の所得水準に関係なくサービスを無償で利用できることとされた。

    1　ア・エ
    2　ア・オ
    3　イ・ウ
    4　イ・エ
    5　ウ・オ

問題52　新しい消費の形態に関する次のア～エの記述のうち、妥当なものの組
合せはどれか。

　ア　定額の代金を支払うことで、一定の期間内に映画やドラマなどを制限なく
　　視聴できるサービスは、ギグエコノミーの一つの形態である。

　イ　シェアリングエコノミーと呼ばれる、服や車など個人の資産を相互利用す
　　る消費形態が広がりつつある。

　ウ　戸建住宅やマンションの部屋を旅行者等に提供する宿泊サービスを民泊と
　　呼び、ホテルや旅館よりも安く泊まることや、現地の生活体験をすることを
　　目的に利用する人々もいる。

　エ　詰替え用のシャンプーや洗剤などの購入は、自然環境を破壊しないことに
　　配慮したサブスクリプションの一つである。

　　1　ア・イ
　　2　ア・エ
　　3　イ・ウ
　　4　イ・エ
　　5　ウ・エ

問題53　現在の日本における地域再生、地域活性化などの政策や事業に関する
次のア～オの記述のうち、妥当でないものの組合せはどれか。

　ア　まち・ひと・しごと創生基本方針は、地方への新しい人の流れをつくると
　　ともに、地方に仕事をつくり、人々が安心して働けるようにすることなどを
　　目的としている。

　イ　高齢化、過疎化が進む中山間地域や離島の一部では、アート（芸術）のイ
　　ベントの開催など、アートを活用した地域再生の取組みが行われている。

　ウ　地域おこし協力隊は、ドーナツ化や高齢化が進む大都市の都心部に地方の
　　若者を呼び込み、衰退している町内会の活性化や都市・地方の交流を図るこ

とを目的としている。

ア　シャッター街の増加など中心市街地の商店街の衰退が進むなかで、商店街の一部では空き店舗を活用して新たな起業の拠点とする取組みが行われている。

オ　エリアマネジメントは、複数の市町村を束ねた圏域において、中心都市の自治体が主体となって、民間の力を借りずに地域活性化を図ることを目的としている。

1　ア・イ
2　ア・エ
3　イ・ウ
4　ウ・オ
5　エ・オ

問題54　日本の人口動態に関する次のア〜オの記述のうち、妥当なものの組合せはどれか。

ア　死因の中で、近年最も多いのは心疾患で、次に悪性新生物（腫瘍）、脳血管疾患、老衰、肺炎が続く。

イ　婚姻については平均初婚年齢が上昇してきたが、ここ10年では男女共30歳前後で変わらない。

ウ　戦後、ベビーブーム期を二度経験しているが、ベビーブーム期に生まれた世代はいずれも次のベビーブーム期をもたらした。

エ　出生数と死亡数の差である自然増減数を見ると、ここ10年では自然減の程度が拡大している。

オ　出産した母の年齢層別統計を見ると、ここ30年間は一貫して20代が最多を占めている。

1　ア・イ

```
2  ア・ウ
3  イ・エ
4  ウ・オ
5  エ・オ
```

問題55　インターネット通信で用いられる略称に関する次のア〜オの記述のう
ち、妥当なものの組合せはどれか。

ア　ＢＣＣとは、Backup Code for Client の略称。インターネット通信を利用
する場合に利用者のデータのバックアップをおこなう機能。

イ　ＳＭＴＰとは、Simple Mail Transfer Protocol の略称。電子メールを送信
するための通信プロトコル。

ウ　ＳＳＬとは、Social Service Line の略称。インターネット上でＳＮＳを安
全に利用するための専用線。

エ　ＨＴＴＰとは、Hypertext Transfer Protocol の略称。Web上でホストサー
バーとクライアント間で情報を送受信することを可能にする通信プロトコ
ル。

オ　ＵＲＬとは、User Referencing Location の略称。インターネット上の情
報発信ユーザーの位置を特定する符号。

```
1  ア・イ
2  ア・オ
3  イ・エ
4  ウ・エ
5  ウ・オ
```

問題56 個人情報の保護に関する法律に関する次の記述のうち、正しいものは
（改題） どれか。

1 行政機関の長は、開示請求に係る保有個人情報が当該行政機関の長が属す
る行政機関以外の行政機関から提供されたものであるときは、いったん開示
請求を却下しなければならない。

2 行政機関の長は、開示請求に係る保有個人情報の全部を開示する旨の決定
をする場合において、開示することにより、公共の安全と秩序の維持に支障
を及ぼすおそれがあると当該行政機関の長が認めることにつき相当の理由が
ある情報は、開示する必要はない。

3 行政機関の長は、開示請求に係る保有個人情報については、必ず当該保有
個人情報の存否を明らかにしたうえで、開示または非開示を決定しなければ
ならない。

4 行政機関の長は、開示請求に係る保有個人情報に個人識別符号が含まれて
いない場合には、当該開示請求につき情報公開法*にもとづく開示請求をす
るように教示しなければならない。

5 行政機関の長は、開示請求に係る保有個人情報に法令の規定上開示するこ
とができない情報が含まれている場合には、請求を却下する前に、開示請求
者に対して当該請求を取り下げるように通知しなければならない。

（注） ＊ 行政機関の保有する情報の公開に関する法律

問題57 個人情報の保護に関する法律に関する次の記述のうち、正しいものは
どれか。

1 個人情報取扱事業者は、個人データの取扱いの安全管理を図る措置をとっ
た上で、個人データの取扱いについて、その一部を委託することは可能であ
るが、全部を委託することは禁止されている。

2 個人情報取扱事業者は、公衆衛生の向上のため特に必要がある場合には、

個人情報によって識別される特定の個人である本人の同意を得ることが困難でない場合でも、個人データを当該本人から取得することができ、当該情報の第三者提供にあたっても、あらためて、当該本人の同意を得る必要はない。

3　個人情報取扱事業者は、合併その他の事由による事業の承継に伴って個人データの提供を受ける者が生じる場合には、個人情報によって識別される特定の個人である本人の同意を得なければならない。

4　個人情報取扱事業者は、地方公共団体が法令の定める事務を遂行することに対して協力する必要がある場合でも、個人情報によって識別される特定の個人である本人の同意を得た場合に限り、個人データを当該地方公共団体に提供することができる。

5　個人情報取扱事業者は、個人情報の取得にあたって通知し、又は公表した利用目的を変更した場合は、変更した利用目的について、個人情報によって識別される特定の個人である本人に通知し、又は公表しなければならない。

問題58　本文中の空欄　Ⅰ　および　Ⅱ　には、それぞれあとのア～カのいずれかの文が入る。その組合せとして妥当なものはどれか。

　コミュニケーション失調からの回復のいちばん基本的な方法は、いったん口をつぐむこと、いったん自分の立場を「かっこにいれる」ことです。「あなたは何が言いたいのか、私にはわかりません。そこで、しばらく私のほうは黙って耳を傾けることにしますから、私にもわかるように説明してください」。そうやって相手に発言の優先権を譲るのが対話というマナーです。

　でも、この対話というマナーは、今の日本社会ではもうほとんど採択されていません。今の日本でのコミュニケーションの基本的なマナーは、「　Ⅰ　」だからです。相手に「私を説得するチャンス」を与える人間より、相手に何も言わせない人間のほうが社会的に高い評価を得ている。そんな社会でコミュニケーション能力が育つはずがありません。

　「相手に私を説得するチャンスを与える」というのは、コミュニケーションが成り立つかどうかを決する死活的な条件です。それは「　Ⅱ　」ということを

意味するからです。

　それはボクシングの世界タイトルマッチで、試合の前にチャンピオンベルトを返還して、それをどちらにも属さない中立的なところに保管するのに似ています。真理がいずれにあるのか、それについては対話が終わるまで未決にしておく。いずれに理があるのかを、しばらく宙づりにする。これが対話です。論争とはそこが違います。論争というのはチャンピオンベルトを巻いたもの同士が殴り合って、相手のベルトを剥ぎ取ろうとすることだからです。

　対話において、真理は仮説的にではあれ、未決状態に置かれねばなりません。そうしないと説得という手続きには入れない。説得というのは、相手の知性を信頼することです。両者がともに認める前提から出発し、両者がともに認める論理に沿って話を進めれば、いずれ私たちは同じ結論にたどりつくはずだ、そう思わなければ人は「説得」することはできません。

(出典　内田樹「街場の共同体論」潮出版社、2014年から)

ア　自分の言いたいことばかりを必死に情緒に訴えて、相手を感動に導くこと

イ　自分の言いたいことのみを先んじて冷淡に述べ、相手の発言意欲を引き出すこと

ウ　自分の言いたいことだけを大声でがなり立て、相手を黙らせること

エ　あなたの言い分も私の言い分も、どちらも立つように、しばらく判断をキャスティングする

オ　あなたの言い分が正しいのか、私の言い分が正しいのか、しばらく判断をペンディングする

カ　あなたの言い分も正しいけれど、私の言い分はもっと正しいと、しばらく判断をマウンティングする

	I	II
1	ア	エ
2	イ	エ
3	イ	オ
4	ウ	オ

| 5 ウ　　カ

問題59　本文中の空欄 [　　] に入る文章を、あとのア〜オを並べ替えて作る場合、その順序として妥当なものはどれか。

※著作権の都合上、本文は掲載いたしません。

（出典　瀬戸一夫「科学的思考とは何だろうか──ものつくりの視点から」ちくま新書　電子書籍版〈2004年刊行〉から）

ア　深い経験的な知識や知恵が、驚きとともにわたしたちの目を見開かせ、常識の揺らぎを新たな発見へと誘うように、科学にもこれと同様の性格が備わっている。

イ　その客観性は人間の主体的な創造へとつながる「ものの見方」に由来するのである。

ウ　しかし、その性格は、信仰に類する絶対的な客観性や万能性とは違う。

エ　科学はむしろ「控えめな客観性」に留まる点で素晴らしい。

オ　科学がもつのは、もっと控えめな客観性にすぎない。

```
1　ア → ウ → イ → オ → エ
2　エ → ア → ウ → オ → イ
3　エ → ウ → イ → ア → オ
4　オ → イ → ウ → エ → ア
5　オ → ウ → ア → エ → イ
```

問題60 本文中の空欄 Ⅰ ～ Ⅳ に入る語句の組合せとして、妥当なものはどれか。

（この部分に記載されている文章については、
著作権法上の問題から掲載することができません。）

（出典　岡本浩一「会議を制する心理学」中公新書ラクレ、2016年から）

	Ⅰ	Ⅱ	Ⅲ	Ⅳ	Ⅴ
1	波紋	白熱	正確	促進	葛藤
2	波乱	熱中	親密	推進	抑圧
3	波紋	過熱	正常	推進	葛藤
4	波及	白熱	親密	進捗	抑圧
5	波乱	過熱	正確	進捗	懊悩

2020（令和2）年度

試験問題
解答・解説

問題1	紛争解決手段 （基礎法学）	ランク B	正解 1

ア　調停　「調停」とは、民事上の紛争の解決のために、第三者が和解の仲介を行い、当事者間の合意の成立を目指す手続をいい、成立した合意自体を指すこともある。紛争処理に関する合意が成立し、これを調書に記載すると、確定判決や確定した審判と同一の効力が生じる（民事調停法16条、民事訴訟法267条、家事事件手続法268条）。紛争を終わらせるかどうかの最終決定権が当事者にあり、第三者に最終的な判断権限がない点で、仲裁とは異なる。

イ　和解　民事訴訟においては、調停や仲裁と共に、判決以外による紛争解決方法の一類型として規定されており、訴訟上の和解は、判決とならぶ民事訴訟の終了事由である（民事訴訟法267条）。この和解は、判決と比較して、一般に簡易・迅速・低廉な手続きであり、自主的な紛争解決方法として合意を前提とするため債務者による任意の履行も期待でき、実定法の枠にとらわれない新たな救済方法を創造できるという紛争解決上の利点を有する。

ウ　仲裁　「仲裁」とは、当事者が第三者による紛争の解決に服することを合意し、これに基づいて進められる手続をいう。当事者間の相対的解決に任せて差し支えない通常の民事事件について、仲裁の利用が認められる。仲裁の判断は、確定判決と同一の効力を持つ（仲裁法45条1項本文）。仲裁においては、仲裁人が下した決定に、紛争当事者は拘束される点が、調停とは異なり、裁判と類似する。

エ　裁判　「裁判」とは、司法機関である裁判所又は裁判官が、現実の争訟を解決する目的でする、公権的な法的判断の表示をいう。裁判は、既判力という拘束力により、当事者を裁判の結果に拘束させるため、裁判は、紛争当事者以外の第三者が紛争に対し決定を下すといえる。

【補足】　なお、「示談」とは、民事上の紛争を裁判によらずに当事者間で解決する契約をいう。示談の内容に互譲が含まれていれば、その法律的性質は和解となる。また、示談は、裁判上の和解とは異なり、訴訟を終了させる効果はなく、攻撃防御方法として提出できるにすぎない。

．．．．．．．．．．．．．．．．．．．．

以上により、正しい記述は１であり、正解は１となる。

正解	1	2	3	4	5
解答率（％）	53.6	32.3	11.0	0.8	2.2

問題2 ｜ 簡易裁判所 （基礎法学）

ランク **C**　正解 **4**

ア　誤り　裁判所法33条２項本文は、「簡易裁判所は、禁錮以上の刑を科することができない。」と規定している。もっとも、同項ただし書は、「刑法……の罪の刑をもつて処断すべき事件においては、３年以下の懲役を科すことができる。」と規定している。そして、同条３項は、「簡易裁判所は、前項の制限を超える刑を科するのを相当と認めるときは、……事件を地方裁判所に移さなければならない。」と規定している。したがって、裁判所法は、懲役刑を科すことを法律上認めている。本記述は、懲役刑を科すことができず、という点で誤っている。

イ　誤り　司法書士法３条１項６～８号、２項は、簡易裁判所における一部の民事事件の訴訟代理業務は、業務を行うのに必要な能力を有すると法務大臣が認定した司法書士に限り、行うことができると規定している。他方、行政書士は、係る業務を行う権限は認められていない。本記述は、簡易裁判所における一部の民事事件の訴訟代理業務が、行政書士にも認められるとしている点で、誤っている。

ウ　正しい　そのとおりである。民事訴訟法271条は、「訴えは、口頭で提起することができる。」と規定している。

エ　正しい　少額訴訟手続とは、60万円以下の金銭の支払を求める訴えについて、原則として１回の審理で紛争を解決する特別の手続をいう（民事訴訟法368条１項、370条１項）。市民間の規模の小さな紛争を、少ない時間と費用で迅速に解決することを目的として、新しく作られた手続である。そして、

少額訴訟手続の利用回数は、1人につき同じ裁判所に年間10回までと制限されている（同法368条1項ただし書、同規則223条）。

オ　誤り　民事訴訟法382条本文は、「金銭その他の代替物又は有価証券の一定の数量の給付を目的とする請求については、裁判所書記官は、債権者の申立てにより、支払督促を発することができる。」と規定している。本記述は、簡易裁判所判事が支払督促を発することができるとしている点で、誤っている。

以上により、正しいものの組合せは4であり、正解は4となる。

正解	1	2	3	4	5
解答率（％）	7.1	13.4	14.8	15.6	49.0

問題3　被拘禁者の閲読の自由（憲法）

ランク B　正解 1

本問は、被拘禁者の閲読の自由に関する最高裁判所判決（最大判昭58.6.22）を題材としたものである。

判例は、「未決勾留は、刑事訴訟法の規定に基づき、逃亡又は罪証隠滅の防止を目的として、被疑者又は被告人の【（空欄ア）居住】を監獄内に限定するものであつて、右の勾留により拘禁された者は、その限度で【（空欄イ）身体】的行動の自由を制限されるのみならず、前記逃亡又は罪証隠滅の防止の目的のために必要かつ【（空欄ウ）合理】的な範囲において、それ以外の行為の自由をも制限されることを免れない……。また、監獄は、多数の被拘禁者を外部から【（空欄エ）隔離】して収容する施設であり、右施設内でこれらの者を集団として管理するにあたつては、内部における規律及び秩序を維持し、その正常な状態を保持する必要があるから、……この面からその者の【（空欄イ）身体】的自由及びその他の行為の自由に一定の制限が加えられることは、やむをえないところというべきである……被拘禁者の新聞紙、図書等の閲読の自由を制限する場合……具体的事情

のもとにおいて、その閲読を許すことにより監獄内の規律及び秩序の維持上放置することのできない程度の障害が生ずる相当の【(空欄オ) 蓋然】性があると認められることが必要であり、かつ、……の制限の程度は、右の障害発生の防止のために必要かつ【(空欄ウ) 合理】的な範囲にとどまるべきものと解するのが相当である」としている。

....

以上により、妥当なものは1であり、正解は1となる。

正解	1	2	3	4	5
解答率（%）	59.0	3.8	11.0	3.4	22.6

問題4 ｜ 表現の自由の規制 （憲法）　　ランク C ｜ 正解 5

1　**妥当である**　表現の内容規制とは、ある表現をそれが伝達するメッセージを理由に制限する規制をいう。そして、政府の転覆を煽動する文書の禁止や国家機密に属する情報の公表の禁止は、表現の内容規制に当たる。

2　**妥当である**　営利的言論や憎悪的表現（人種差別表現のような少数者に有害で攻撃的と考えられる表現）は、低い価値の表現と考えられ、政治的表現（高い価値の表現）と区別される。したがって、営利を目的とした表現や、人種的憎悪をあおる表現が、高い価値の表現でないことを理由に通常の内容規制よりも緩やかに審査され、規制が許されるべきだとされる場合がある。

3　**妥当である**　表現内容中立規制とは、表現をそれが伝達するメッセージの内容や伝達効果に直接関係なく制限する規制をいう。そして、学校近くでの騒音の制限や一定の選挙運動の制限は、表現内容中立規制に当たる。

4　**妥当である**　判例は、「憲法21条2項前段は、『検閲は、これをしてはならない。』と規定する。憲法が、……検閲の禁止についてかような特別の規定を設けたのは、検閲がその性質上表現の自由に対する最も厳しい制約となるものであることにかんがみ、これについては、公共の福祉を理由とする例外

の許容（憲法12条、13条参照）をも認めない趣旨を明らかにしたものと解すべきである」として、検閲を絶対的に禁じている（税関検査事件　最大判昭59.12.12）。もっとも、判例は、「出版物の頒布等の事前差止めは、……一般にそれが公共の利害に関する事項であるということができ、前示のような憲法21条1項の趣旨……に照らし、その表現が私人の名誉権に優先する社会的価値を含み憲法上特に保護されるべきであることにかんがみると、当該表現行為に対する事前差止めは、原則として許されないものといわなければならない。ただ、右のような場合においても、その表現内容が真実でなく、又はそれが専ら公益を図る目的のものでないことが明白であつて、かつ、被害者が重大にして著しく回復困難な損害を被る虞があるときは、……例外的に事前差止めが許されるものというべきであり」としている（北方ジャーナル事件　最大判昭61.6.11）。

5　　**妥当でない**　判例は、「本条例の全体から読み取ることができる趣旨、さらには本条例施行規則の規定等を総合すれば、本条例が規制の対象としている『暴走族』は、本条例2条7号の定義にもかかわらず、暴走行為を目的として結成された集団である本来的な意味における暴走族の外には、服装、旗、言動などにおいてこのような暴走族に類似し社会通念上これと同視することができる集団に限られるものと解され……このように限定的に解釈すれば、本条例16条1項1号、17条、19条の規定による規制は、……いまだ憲法21条1項、31条に違反するとまではいえない」としている（広島市暴走族追放条例事件　最判平19.9.18）。したがって、判例は、刑罰法規の文言の射程を限定的に解釈し、刑罰法規を合憲としている。

....

以上により、妥当でない記述は5であり、正解は5となる。

正解	1	2	3	4	5
解答率（％）	5.5	33.8	12.1	8.8	**39.3**

問題5　議院自律権
（憲法）

ランク	正解
B	2

　問題文記載の文章は、議院自律権についての記載である。

　そして、議院自律権とは、議院の権能の一つであり、各議院が内閣・裁判所など他の国家機関や他の議院から監督や干渉を受けることなく、その内部組織および運営等に関し自主的に決定できる権能のことをいう。議院自律権は、⑴内部組織に関する自律権、⑵運営に関する自律権から成る。

　⑴内部組織に関する自律権は、①会期前に逮捕された議員の釈放要求権（憲法50条後段）、②議員の資格争訟の裁判権（同法55条）、③役員選任権（同法58条1項）などがこれに属する。

　⑵運営に関する自律権については、④議院規則制定権（同法58条2項）、⑤議員懲罰権（同法58条2項）などがこれに属する。

1　**適合する**　憲法58条2項本文は、「両議院は、各々その会議その他の手続及び内部の規律に関する規則を定め……ることができる。」と規定している。そして、この規定は、⑵④議院規則制定権について定めた規定であるため、本記述は議院自律権についての記載である。したがって、本記述は、問題文の文章の下線部の趣旨に適合する。

2　**適合しない**　憲法62条は、「両議院は、各々国政に関する調査を行ひ、これに関して、証人の出頭及び証言並びに記録の提出を要求することができる。」と規定している。そして、この規定は、議院の権能の一つである国政調査権について定めた規定であるため、本記述は議院自律権についての記載ではない。したがって、本記述は、問題文の文章の下線部の趣旨に適合しない。

3　**適合する**　憲法58条1項は、「両議院は、各々その議長その他の役員を選任する。」と規定している。そして、この規定は、⑴③役員選任権について定めた規定であるため、本記述は議院自律権についての記載である。したがって、本記述は、問題文の文章の下線部の趣旨に適合する。

4　**適合する**　憲法55条本文は、「両議院は、各々その議員の資格に関する争

訟を裁判する。」と規定している。そして、この規定は、(1)②議員の資格争訟の裁判権について定めた規定であるため、本記述は議院自律権についての記載である。したがって、本記述は、問題文の文章の下線部の趣旨に適合する。

5　**適合する**　憲法58条2項本文は、「両議院は、……院内の秩序をみだした議員を懲罰することができる。」と規定している。そして、この規定は、(2)⑤の議員懲罰権について定めた規定であるため、本記述は議院自律権についての記載である。したがって、本記述は、問題文の文章の下線部の趣旨に適合する。

以上により、下線部の趣旨に、最も適合しないものは2であり、正解は2となる。

正解	1	2	3	4	5
解答率（%）	5.0	52.0	17.1	18.1	7.8

問題6	衆議院の解散 （憲法）	ランク C	正解 5

1　**妥当でない**　戦後、令和2年11月8日現在、衆議院総選挙は26回行われているが、その内、解散による総選挙が25回、任期満了による総選挙が1回のみである（衆議院HP参照）。本記述は、任期満了による総選挙が過半数を占め、解散による総選挙は例外となっている、としている点が、妥当でない。

2　**妥当でない**　衆議院解散の効力が争われた事件において、判例は、「かかる国家行為は裁判所の審査権の外にあり、その判断は主権者たる国民に対して政治的責任を負うところの政府、国会等の政治部門の判断に委され、最終的には国民の政治判断に委ねられている」としている（苫米地事件　最大判昭35.6.8）。本記述は、一見極めて明白に違憲無効と認められる場合を除き、という留保を付けている点が、妥当でない。

3　**妥当でない**　判例は、「本件選挙当時の右較差が示す選挙区間における投票価値の不平等は、……一般に合理性を有するものとは考えられない程度に達していたものというべきであり、また、公職選挙法制定後に行われた議員定数配分規定のいずれかの改正の際に、……投票価値の不平等が合理性を有するものと考えられるような改正が行われたものとみることができない……。したがつて、本件選挙当時において……投票価値の不平等状態は、憲法の選挙権の平等の要求に反する程度に至つていたものというべきである」としている（最大判昭60.7.17）。そして、この判例は、昭和58年12月18日に行われた解散総選挙について判示したものである。本記述は、不均衡を是正しないまま衆議院が解散された例はない、としている点が、妥当でない。

4　**妥当でない**　憲法7条柱書は、「天皇は、内閣の助言と承認により、国民のために、左の国事に関する行為を行ふ。」と規定している。そして、同条3号で「衆議院を解散すること。」と規定し、4号で「国会議員の総選挙の施行を公示すること。」と規定している。衆議院議員選挙の公示は、同号の「公示」にあたる。したがって、内閣によりすでに解散が決定されていたとしても、衆議院議員選挙の公示を行う際には、内閣の助言と承認を経る必要がある。

5　**妥当である**　本記述は、天皇の国事行為は本来すべて形式的・儀礼的行為であり、「助言と承認」はそのような形式的行為に対して行うことが要求されているのであるから、「助言と承認」は実質的決定権を含まないと説く見解についての記載である。この説からは、内閣が憲法上当然に解散権を有していると決めつけることができない、という結論が導かれる。

....

以上により、妥当な記述は5であり、正解は5となる。

正解	1	2	3	4	5
解答率（％）	3.3	73.2	4.5	2.1	16.8

問題7　違憲性の主張適格（憲法）

　本問は、第三者所有物没収事件（最大判昭37.11.28）を題材としたものである。

ア　正しい　同判例は、「第三者の所有物の没収は、……所有物を没収せられる第三者についても、告知、弁解、防禦の機会を与えることが必要であつて、これなくして第三者の所有物を没収することは、適正な法律手続によらないで、財産権を侵害する制裁を科するに外ならない」としている。

イ　正しい　同判例は、「かかる没収の言渡を受けた被告人は、たとえ第三者の所有物に関する場合であつても、被告人に対する附加刑である以上、没収の裁判の違憲を理由として上告をなしうることは、当然である」としている。

ウ　正しい　同判例は、「被告人としても没収に係る物の占有権を剥奪され、またはこれが使用、収益をなしえない状態におかれ、……所有権を剥奪された第三者から賠償請求権等を行使される危険に曝される等、利害関係を有することが明らかであるから、上告によりこれが救済を求めることができるものと解すべきである」としている。

エ　誤り　同判例は、「かかる没収の言渡を受けた被告人は、たとえ第三者の所有物に関する場合であつても、……被告人としても没収に係る物の占有権を剥奪され、またはこれが使用、収益をなしえない状態におかれ、更には所有権を剥奪された第三者から賠償請求権等を行使される危険に曝される等、利害関係を有することが明らかであるから、上告によりこれが救済を求めることができるものと解すべきである」としている。したがって、被告人が裁判において第三者への権利侵害についての違憲性の主張をすることを認めている。なお、本記述のような趣旨を述べたのは、下飯坂潤夫裁判官の反対意見においてである。

オ　誤り　同判例は、「第三者の所有物の没収は、被告人に対する附加刑として言い渡され、その刑事処分の効果が第三者に及ぶものであるから、……財産権を侵害する制裁を科するに外ならない」としている。なお、山田作之助裁判官は、少数意見において、「刑事訴訟法では、被告人に対して言い渡さ

れる判決の直接の効力が、被告人以外の第三者に及ぶと言うことは認められていない」と述べている。

・・・・・・・・・・・・・・・・・・・・・

以上により、正しいものをすべて挙げた組合せは4であり、正解は4となる。

正解	1	2	3	4	5
解答率（％）	13.3	16.8	1.8	61.2	6.6

問題8	公表の処分性 （一般的法理論）	ランク A	正解 5

1　**明らかに反しているとはいえない**　侵害留保説とは、個人の権利を制約し、あるいは義務を課すような権力行政（侵害行政）についてのみ法律の根拠を要するとするものである。本問判決は、「直接その私人の権利を制限しあるいはその私人に義務を課すものではないから、行政行為には当たらず、いわゆる非権力的事実行為に該当し、その直接の根拠となる法律上の規定が存在しないからといって、それだけで直ちに違法の問題が生じることはない」としている。したがって、侵害留保説を前提としている。

2　**明らかに反しているとはいえない**　本問判決は、「もちろん、その所管する事務とまったくかけ離れた事項について公表した場合には、それだけで違法の問題が生じることも考えられる」としている。

3　**明らかに反しているとはいえない**　本問判決は、「行政機関が私人に関する事実を公表したとしても、それは直接その私人の権利を制限しあるいはその私人に義務を課すものではないから、行政行為には当たらず、いわゆる非権力的事実行為に該当」するとしている。

4　**明らかに反しているとはいえない**　本問判決は、「本件各報告の公表について、これを許容する法律上の直接の根拠がないからといって、それだけで直ちに法治主義違反の違法の問題が生じるとはいえない」としており、食品衛生法の直接の根拠が存在しないとの立場をとっている。

5 **明らかに反している** 本問判決は、本件公表は「国民の権利を制限し、義務を課すことを目的としてなされたものではな」いとしている。また、「そのような効果も存しない本件各報告の公表について、これを許容する法律上の直接の根拠がないからといって、それだけで直ちに法治主義違反の違法の問題が生じるとはいえない。」としている。

....

　以上により、判決の内容に明らかに反しているものは5であり、正解は5となる。

正解	1	2	3	4	5
解答率（％）	2.4	3.7	3.7	9.5	80.6

問題9	行政行為（処分） （一般的法理論）	ランク C	正解 1

1 **妥当である** 判例は、「瑕疵が明白であるかどうかは、処分の外形上、客観的に、誤認が一見看取し得るものであるかどうかにより決すべきもの」としている（最判昭36.3.7）。したがって、本記述は妥当である。

2 **妥当でない** 判例は、「行政庁の処分については、特別の規定のない限り、意思表示の一般的法理に従い、その意思表示が相手方に到達した時と解するのが相当である」としている（最判昭29.8.24）。したがって、本記述は妥当ではない。

3 **妥当でない** 判例は、「課税処分が課税庁と被課税者との間にのみ存するもので、処分の存在を信頼する第三者の保護を考慮する必要のないこと等を勘案すれば、当該処分における内容上の過誤が課税要件の根幹についてのそれであつて、徴税行政の安定とその円滑な運営の要請を斟酌してもなお、不服申立期間の徒過による不可争的効果の発生を理由として被課税者に右処分による不利益を甘受させることが、著しく不当と認められるような例外的な事情のある場合には、前記の過誤による瑕疵は、当該処分を当然無効ならし

めるものと解するのが相当である」としている（最判昭48.4.26）。したがって、本記述は妥当ではない。

4　**妥当でない**　判例は、相手方に利益を付与する処分である指定医師の指定の撤回に関して、「法令上その撤回について直接明文の規定がなくとも、指定医師の指定の権限を付与されている被上告人医師会は、その権限において上告人に対する右指定を撤回することができる」としている（最判昭63.6.17）。したがって、本記述は妥当ではない。

5　**妥当でない**　判例は、「この裁決が行政処分であることは言うまでもないが、実質的に見ればその本質は法律上の争訟を裁判するものである」としたうえで、「かかる性質を有する裁決は、他の一般行政処分とは異り、特別の規定がない限り、原判決のいうように裁決庁自らにおいて取消すことはできないと解するを相当とする」としている（最判昭29.1.21）。したがって、本記述は妥当ではない。

....

以上により、妥当な記述は1であり、正解は1となる。

正解	1	2	3	4	5
解答率（%）	43.8	6.0	25.0	4.3	20.4

問題10　普通地方公共団体の契約の締結（一般的法理論）

ランク　C　　正解　2

1　**妥当でない**　地方自治法234条1項は、「売買、貸借、請負その他の契約は、一般競争入札、指名競争入札、随意契約又はせり売りの方法により締結するものとする。」と規定している。一方で、条例で定める方法によっても締結することができるとは規定されていない。したがって、本記述は妥当ではない。

2　**妥当である**　地方自治法234条2項は、「前項の指名競争入札、随意契約又はせり売りは、政令で定める場合に該当するときに限り、これによることが

できる。」と規定している。したがって、本記述は妥当である。

3 **妥当でない** 地方自治法234条3項本文は、「普通地方公共団体は、一般競争入札……に付する場合においては、政令の定めるところにより、契約の目的に応じ、予定価格の制限の範囲内で最高又は最低の価格をもつて申込みをした者を契約の相手方とするものとする。」と規定している。そして、同項ただし書において、「ただし、普通地方公共団体の支出の原因となる契約については、政令の定めるところにより、予定価格の制限の範囲内の価格をもつて申込みをした者のうち最低の価格をもつて申込みをした者以外の者を契約の相手方とすることができる。」と規定し、例外を定めている。したがって、本記述は妥当ではない。

4 **妥当でない** 地方自治法234条6項は、「随意契約……の手続その他契約の締結の方法に関し必要な事項は、政令でこれを定める。」と規定している。したがって、本記述は、条例で定めるとしている点で妥当ではない。

5 **妥当でない** 地方自治法96条1項柱書は、「普通地方公共団体の議会は、次に掲げる事件を議決しなければならない。」と規定し、同項5号は、「その種類及び金額について政令で定める基準に従い条例で定める契約を締結すること。」と規定する。一方で、指名競争入札による場合に限られるとの規定はない。したがって、本記述は妥当ではない。

以上により、妥当な記述は2であり、正解は2となる。

正解	1	2	3	4	5
解答率（%）	26.0	29.2	2.4	40.1	1.7

問題11 用語（行政手続法）

ランク **A** 正解 **3**

1 **誤り** 行政手続法2条4号柱書は、「不利益処分 行政庁が、法令に基づき、特定の者を名あて人として、直接に、これに義務を課し、又はその権利

を制限する処分をいう。ただし、次のいずれかに該当するものを除く。」と規定し、同号ロは、「申請により求められた許認可等を拒否する処分その他申請に基づき当該申請をした者を名あて人としてされる処分」を掲げている。したがって、本記述は誤りである。

2　**誤り**　行政手続法2条5号柱書は、「行政機関　次に掲げる機関をいう。」と規定し、「法律の規定に基づき内閣に置かれる機関若しくは内閣の所轄の下に置かれる機関、……国家行政組織法……第3条第2項に規定する機関、会計検査院若しくはこれらに置かれる機関又はこれらの機関の職員であって法律上独立に権限を行使することを認められた職員」（同号イ）と「地方公共団体の機関（議会を除く。）」（同号ロ）を掲げている。したがって、本記述は誤りである。

3　**正しい**　行政手続法は、処分基準について、「処分基準（不利益処分をするかどうか又はどのような不利益処分とするかについてその法令の定めに従って判断するために必要とされる基準をいう。以下同じ。）」と規定している（同法2条8号ハ）。したがって、本記述は正しい。

4　**誤り**　行政手続法2条3号は、「申請　法令に基づき、行政庁の許可、認可、免許その他の自己に対し何らかの利益を付与する処分……を求める行為であって、当該行為に対して行政庁が諾否の応答をすべきこととされているものをいう。」と規定しており、申請者以外の第三者に対し利益を付与する処分を求める行為は含まれない。したがって、本記述は誤りである。

5　**誤り**　行政手続法2条7号は、「届出　行政庁に対し一定の事項の通知をする行為……であって、法令により直接に当該通知が義務付けられているもの……をいう。」と規定しており、行政庁に諾否の応答を義務付けてはいない。したがって、本記述は誤りである。

....

以上により、正しい記述は3であり、正解は3となる。

正解	1	2	3	4	5
解答率（％）	6.7	4.3	73.6	13.5	1.7

問題12	聴聞と弁明の機会の付与 （行政手続法）	ランク **A**	正解 **1**

1 　**正しい**　行政手続法16条１項は、「前条第１項〔聴聞〕の通知を受けた者
　　……は、代理人を選任することができる。」と規定し、この規定は弁明の機
　　会の付与についても準用されている（同法31条）。したがって、本記述は正
　　しい。

2 　**誤り**　行政手続法13条１項柱書は、行政庁が「不利益処分をしようとする
　　場合には、次の各号の区分に従い、この章の定めるところにより、当該不利
　　益処分の名あて人となるべき者について、当該各号に定める意見陳述のため
　　の手続を執らなければならない。」としている。そして、同項１号イは聴聞
　　をしなければならない場合として「許認可等を取り消す不利益処分をしよう
　　とするとき。」を掲げている。一方で、「申請により求められた許認可等を拒
　　否する処分」（同法２条４号ロ）は不利益処分にあたらないため、聴聞や弁
　　明の機会の付与といった意見陳述のための手続を執る義務は課されていな
　　い。したがって、本記述は誤りである。

3 　**誤り**　行政手続法29条１項は、「弁明は、行政庁が口頭ですることを認め
　　たときを除き、弁明を記載した書面……を提出してするものとする。」と規
　　定しており、口頭での弁明の機会の付与の機会を与えるのは義務ではない。
　　したがって、本記述は、口頭により弁明する機会を与えなければならないと
　　している点で誤りである。

4 　**誤り**　行政手続法17条１項は、「聴聞を主宰する者……は、必要があると
　　認めるときは、当事者以外の者であって当該不利益処分の根拠となる法令に
　　照らし当該不利益処分につき利害関係を有するものと認められる者……に対
　　し、当該聴聞に関する手続に参加することを求め、又は当該聴聞に関する手
　　続に参加することを許可することができる。」と規定し、聴聞については、
　　利害関係を有する者の参加を認めている。もっとも、聴聞に関する規定の弁
　　明の機会の付与への準用を定める同法31条は、同法17条１項を準用していな
　　い。したがって、本記述は、聴聞の場合について、利害関係を有する者の参

加を認めていないとしている点で誤りである。

5　**誤り**　行政手続法18条１項前段は、「当事者……は、聴聞の通知があった時から聴聞が終結する時までの間、行政庁に対し、当該事案についてした調査の結果に係る調書その他の当該不利益処分の原因となる事実を証する資料の閲覧を求めることができる。」と規定し、聴聞については、処分の原因に関する文書を閲覧する権利を認めている。もっとも、聴聞に関する規定の弁明の機会の付与への準用を定める同法31条は、同法18条１項を準用していない。したがって、本記述は、弁明の機会の付与にも当事者に文書の閲覧権を認めているとしている点で誤りである。

....

以上により、正しい記述は１であり、正解は１となる。

正解	1	2	3	4	5
解答率（％）	73.5	2.6	19.7	0.7	3.4

問題13　申請の取扱い
（行政手続法）

ランク	正解
A	3

ア　**誤り**　行政手続法７条は、「行政庁は、……申請をすることができる期間内にされたものであることその他の法令に定められた申請の形式上の要件に適合しない申請については、速やかに、申請をした者……に対し相当の期間を定めて当該申請の補正を求め、又は当該申請により求められた許認可等を拒否しなければならない。」と規定している。したがって、本記述は誤りである。

イ　**正しい**　行政手続法７条は、「行政庁は、……申請書に必要な書類が添付されていること……その他の法令に定められた申請の形式上の要件に適合しない申請については、速やかに、申請をした者……に対し相当の期間を定めて当該申請の補正を求め、又は当該申請により求められた許認可等を拒否しなければならない。」と規定している。したがって、本記述は正しい。

ウ **誤り** 行政手続法に、記述ウのような規定は存在しない。したがって、本記述は誤りである。

エ **正しい** 行政手続法33条は、「申請の取下げ又は内容の変更を求める行政指導にあっては、行政指導に携わる者は、申請者が当該行政指導に従う意思がない旨を表明したにもかかわらず当該行政指導を継続すること等により当該申請者の権利の行使を妨げるようなことをしてはならない。」と規定しており、申請の取下げ又は内容の変更を求める行政指導であっても直ちに違法にはならない。したがって、本記述は正しい。

オ **誤り** 行政手続法6条は、「行政庁は、申請がその事務所に到達してから当該申請に対する処分をするまでに通常要すべき標準的な期間……を定めるよう努めるとともに、これを定めたときは、これらの当該申請の提出先とされている機関の事務所における備付けその他の適当な方法により公にしておかなければならない。」と規定している。しかし、申請に対する処分が標準処理期間内に行われない場合でも、申請に対して拒否処分がなされたものとみなされるわけではない。したがって、本記述は誤りである。

以上により、正しいものの組合せは3であり、正解は3となる。

正解	1	2	3	4	5
解答率（%）	8.7	1.4	85.5	3.8	0.4

問題14 審査請求（行政不服審査法）

ランク B　正解 1

ア **正しい** 行政不服審査法15条6項は、「審査請求の目的である処分に係る権利を譲り受けた者は、審査庁の許可を得て、審査請求人の地位を承継することができる。」と規定している。したがって、本記述は正しい。

イ **誤り** 行政不服審査法18条は審査請求期間について規定しているが、処分があったことを知った日から起算する場合も、処分があった日から起算する

場合のどちらも、翌日から起算するとしている（同条１項、２項）。したがって、本記述は、初日を算入するとしている点で誤っている。

ウ　**誤り**　行政不服審査法上、審査請求の対象となる「不作為」とは、「法令に基づく申請に対して何らの処分をもしないことをいう」と規定されており（同法３条括弧書）、法令に違反する事実がある場合において、その是正のためにされるべき処分がなされないときという限定は付されていない。したがって、本記述は誤りである。

エ　**正しい**　行政不服審査法13条１項は、「利害関係人（……当該処分につき利害関係を有するものと認められる者をいう。……）は、審理員の許可を得て、当該審査請求に参加することができる。」と規定しており、本記述前段は正しい。また、同法31条１項本文は、「審査請求人又は参加人の申立てがあった場合には、審理員は、当該申立てをした者……に口頭で審査請求に係る事件に関する意見を述べる機会を与えなければならない。」と規定し、同法32条１項で、「審査請求人又は参加人は、証拠書類又は証拠物を提出することができる。」と規定されている。そのため、本記述後段も正しい。したがって、本記述は正しい。

オ　**誤り**　行政不服審査法11条１項は、「多数人が共同して審査請求をしようとするときは、３人を超えない総代を互選することができる。」と規定し、同条４項は、「総代が選任されたときは、共同審査請求人は、総代を通じてのみ、前項の行為〔審査請求に関する一切の行為〕をすることができる。」と規定しており、総代が選出された場合には、共同審査請求人は、総代を通じることなく単独で審査請求に関する一切の行為をすることができない。したがって、本記述は誤りである。

....

以上により、正しいものの組合せは１であり、正解は１となる。

正解	1	2	3	4	5
解答率（％）	59.3	2.8	5.1	0.8	31.9

問題15 | 再審査請求
（行政不服審査法）

ランク	正解
B	2

1 　**誤り**　行政不服審査法上、再審査請求をすることができるのは、「法律に再審査請求をすることができる旨の定めがある場合」に限定されている（同法6条1項）。したがって、本記述は誤りである。

2 　**正しい**　行政不服審査法64条3項は、「再審査請求に係る原裁決……が違法……である場合において、当該審査請求に係る処分が違法又は不当のいずれでもないときは、再審査庁は、裁決で、当該再審査請求を棄却する。」と規定している。したがって、本記述は正しい。

3 　**誤り**　行政不服審査法6条2項は、再審査請求の請求先として、「前項の法律に定める行政庁に対してするものとする。」と規定しており、行政不服審査会に限定していない。したがって、本記述は誤りである。

4 　**誤り**　再審査請求の対象は、「原裁決（再審査請求をすることができる処分についての審査請求の裁決をいう。以下同じ。）又は当該処分（以下「原裁決等」という。）」である（行政不服審査法6条2項）。したがって、本記述は誤りである。

5 　**誤り**　再審査請求期間は、「原裁決があったことを知った日の翌日から起算して1月」以内（行政不服審査法62条1項本文）又は、「原裁決があった日の翌日から起算して1年」以内（同条2項本文）であり、原処分のあった日からではない。したがって、本記述は誤りである。

....

以上により、正しい記述は2であり、正解は2となる。

正解	1	2	3	4	5
解答率（%）	2.9	58.0	2.8	29.4	6.8

問題16 | 不作為についての審査請求（行政不服審査法） | ランク A | 正解 3

ア　誤り　行政不服審査法49条１項は、「不作為についての審査請求が当該不作為に係る処分についての申請から相当の期間が経過しないでされたものである場合……には、審査庁は、裁決で、当該審査請求を却下する。」と規定しており、棄却ではない。したがって、本記述は誤りである。

イ　正しい　行政不服審査法49条２項は、「不作為についての審査請求が理由がない場合には、審査庁は、裁決で、当該審査請求を棄却する。」と規定している。したがって、本記述は正しい。

ウ　正しい　行政不服審査法49条３項柱書前段は、「不作為についての審査請求が理由がある場合には、審査庁は、裁決で、当該不作為が違法又は不当である旨を宣言する。」と規定している。したがって、本記述は正しい。

エ　誤り　行政不服審査法49条３項柱書後段は、「次の各号に掲げる審査庁は、当該申請に対して一定の処分をすべきものと認めるときは、当該各号に定める措置をとる。」と規定しており、同項１号は、「不作為庁の上級行政庁である審査庁　当該不作為庁に対し、当該処分をすべき旨を命ずること。」、同項２号は、「不作為庁である審査庁　当該処分をすること。」と規定している。

同項から、一定の処分をすべきものと認める場合であって、不作為庁の上級行政庁が審査庁となっているときは、当該不作為庁に対して処分を命ずる措置をとることができ、不作為庁が審査庁であるときは、当該処分をすることができることがあるものの、それ以外の行政庁が審査庁となっている場合には、このような措置をとることができない。したがって、本記述は誤りである。

以上により、正しいものの組合せは３であり、正解は３となる。

正解	1	2	3	4	5
解答率（％）	5.9	2.0	**74.9**	11.6	5.4

問題17 狭義の訴えの利益
（行政事件訴訟法）

ランク	正解
A	4

ア　誤り　判例は、「いわゆる代替施設の設置によつて右の洪水や渇水の危険が解消され、その防止上からは本件保安林の存続の必要性がなくなつたと認められるに至つたときは、もはや乙と表示のある上告人らにおいて右指定解除処分の取消しを求める訴えの利益は失われるに至つたものといわざるをえない」としている（最判昭57.9.9）。したがって、本記述は、訴えの利益は失われないとしている点で誤りである。

イ　正しい　判例は、「本件訴訟において、本件認可処分が取り消された場合に、本件事業施行地域を本件事業施行以前の原状に回復することが、本件訴訟係属中に本件事業計画に係る工事及び換地処分がすべて完了したため、社会的、経済的損失の観点からみて、社会通念上、不可能であるとしても、右のような事情は、行政事件訴訟法31条の適用に関して考慮されるべき事柄であって、本件認可処分の取消しを求める上告人の法律上の利益を消滅させるものではないと解するのが相当である。」としている（最判平4.1.24）。したがって、本記述は正しい。

ウ　誤り　判例は、「建築確認は、それを受けなければ右工事をすることができないという法的効果を付与されているにすぎないものというべきであるから、当該工事が完了した場合においては、建築確認の取消しを求める訴えの利益は失われるものといわざるを得ない。」としている（最判昭59.10.26）。したがって、本記述は、建築確認に係る建築物の建築工事が完了した後でも、当該建築確認の取消しを求める訴えの利益は失われないとしている点で誤りである。

エ　正しい　判例は、「市街化調整区域内にある土地を開発区域とする開発許可に関する工事が完了し、当該工事の検査済証が交付された後においても、当該開発許可の取消しを求める訴えの利益は失われない」としている（最判平27.12.14）。したがって、本記述は正しい。

....

以上により、正しいものの組合せは４であり、正解は４となる。

正解	1	2	3	4	5
解答率（％）	4.1	2.0	3.8	**82.3**	7.6

問題18 ┃ 出訴期間
...............（行政事件訴訟法）

ランク	正解
A	**2**

1　**誤り**　行政事件訴訟法14条１項本文は、出訴期間につき「処分又は裁決があつたことを知つた日から６箇月を経過したとき」と規定している。したがって、本記述は、処分又は裁決の日から、という点が誤りである。

2　**正しい**　行政事件訴訟法14条３項は、「処分又は裁決につき審査請求をすることができる場合……において、審査請求があつたときは、処分又は裁決に係る取消訴訟は、その審査請求をした者については、……これに対する裁決があつたことを知つた日から６箇月を経過したとき……は、提起することができない。ただし、正当な理由があるときは、この限りでない。」と規定している。したがって、本記述は正しい。

3　**誤り**　不作為の違法確認の訴えにおいて出訴期間の規定は準用されていない。したがって、本記述は誤りである。

4　**誤り**　義務付けの訴えにおいて出訴期間の規定は準用されていない。したがって、本記述は誤りである。

5　**誤り**　差止めの訴えにおいて出訴期間の規定は準用されていない。したがって、本記述は誤りである。

....

以上により、正しい記述は２であり、正解は２となる。

正解	1	2	3	4	5
解答率（％）	39.3	**54.7**	1.4	1.8	2.5

問題19 | 義務付け訴訟 （行政事件訴訟法）

ランク	正解
B	3

1 **誤り** 行政事件訴訟法37条の3第3項2号によると、申請型義務付け訴訟は無効確認訴訟と併合提起できる。したがって、本記述は、併合提起できないとする点が誤りである。

2 **誤り** 義務付け判決の執行に関して、行政事件訴訟法は特段の規定を置いていない。したがって、判決が不履行の場合であっても、裁判所が行政庁に代わって処分を行うことはできない。したがって、本記述は、誤りである。

3 **正しい** 行政事件訴訟法38条1項によると、取消訴訟の拘束力の規定（同法33条）が準用されている。また、第三者効の規定（同法32条）は準用されていない。したがって、本記述は正しい。

4 **誤り** 行政事件訴訟法37条の5第1項は「義務付けの訴えの提起があつた場合」に仮の義務付けができると規定している。したがって、本記述は、義務付け訴訟を提起しなくとも、仮の義務付けのみを単独で申し立てることができる、とする点が誤りである。

5 **誤り** 行政事件訴訟法37条の2第1項は、非申請型義務付け訴訟において、「重大な損害を生ずるおそれ」を要求している。しかし、申請型義務付け訴訟では、かかる要件は要求されていない。したがって、本記述は、申請型、非申請型のいずれの訴訟も、とする点が誤りである。

....

以上により、正しい記述は3であり、正解は3となる。

正解	1	2	3	4	5
解答率（％）	7.4	5.9	64.9	9.1	12.6

問題20 | 1条 （国家賠償法）

ランク	正解
C	4

ア　誤り　判例は、「国又は公共団体の公務員による一連の職務上の行為の過程において他人に被害を生ぜしめた場合において、それが具体的にどの公務員のどのような違法行為によるものであるかを特定することができなくても、右の一連の行為のうちのいずれかに行為者の故意又は過失による違法行為があつたのでなければ右の被害が生ずることはなかつたであろうと認められ、かつ、それがどの行為であるにせよこれによる被害につき行為者の属する国又は公共団体が法律上賠償の責任を負うべき関係が存在するときは、国又は公共団体は、加害行為不特定の故をもつて国家賠償法又は民法上の損害賠償責任を免れることができないと解するのが相当」としている（最判昭57.4.1）。したがって、本記述は誤りである。

イ　正しい　判例は、「税務署長のする所得税の更正は、所得金額を過大に認定していたとしても、そのことから直ちに国家賠償法1条1項にいう違法があったとの評価を受けるものではなく、税務署長が資料を収集し、これに基づき課税要件事実を認定、判断する上において、職務上通常尽くすべき注意義務を尽くすことなく漫然と更正をしたと認め得るような事情がある場合に限り、右の評価を受けるものと解するのが相当である」としている（最判平5.3.11）。したがって、本記述は正しい。

ウ　誤り　判例は、「国または公共団体が賠償の責に任ずるのであつて……公務員個人もその責任を負うものではない」とし、「個人を相手方とする請求は理由がない」としている（最判昭30.4.19）。そのため、不適法却下ではなく請求棄却となる。したがって、本記述は誤りである。

エ　正しい　判例は、国家賠償法1条1項が定める「公務員が、その職務を行うについて」の要件につき「公務員が主観的に権限行使の意思をもつてする場合にかぎらず自己の利をはかる意図をもつてする場合でも、客観的に職務執行の外形をそなえる行為をしてこれによつて、他人に損害を加えた場合には、国又は公共団体に損害賠償の責を負わしめて、ひろく国民の権益を擁護

することをもつて、その立法の趣旨とするものと解すべき」としている（最判昭31.11.30）。したがって、本記述は正しい。

....

以上により、正しいものの組合せは4であり、正解は4となる。

正解	1	2	3	4	5
解答率（%）	0.8	0.0	15.0	45.3	38.9

問題21 | 1条（国家賠償法）

ランク A	正解 5

1 **妥当でない** 判例は、宅地建物取引業法の免許制度は、「免許を付与した宅建業者の人格・資質等を一般的に保証し、ひいては当該業者の不正な行為により個々の取引関係者が被る具体的な損害の防止、救済を制度の直接的な目的とするものとはにわかに解し難く、かかる損害の救済は一般の不法行為規範等に委ねられているというべきであるから、知事等による免許の付与ないし更新それ自体は、法所定の免許基準に適合しない場合であっても、当該業者との個々の取引関係者に対する関係において直ちに国家賠償法1条1項にいう違法な行為に当たるものではない」としている（最判平元.11.24）。したがって、本記述は妥当でない。

2 **妥当でない** 判例は、「指定確認検査機関による確認に関する事務は、建築主事による確認に関する事務の場合と同様に、地方公共団体の事務であり、その事務の帰属する行政主体は、当該確認に係る建築物について確認をする権限を有する建築主事が置かれた地方公共団体であると解するのが相当である。」としている（最決平17.6.24）。そうであるならば、民間の指定確認検査機関が行った建築確認も、地方公共団体が行ったものと同様に、「公権力の行使」に当たると解される。したがって、本記述は、民間の指定確認検査機関による建築確認は、国家賠償法1条1項の「公権力の行使」に当たらない、という点が妥当でない。

3　**妥当でない**　判例は、「処分庁が右の意味における作為義務に違反したといえるためには、客観的に処分庁がその処分のために手続上必要と考えられる期間内に処分できなかったことだけでは足りず、その期間に比してさらに長期間にわたり遅延が続き、かつ、その間、処分庁として通常期待される努力によって遅延を解消できたのに、これを回避するための努力を尽くさなかったことが必要であると解すべきである」としている（最判平3.4.26）。したがって、本記述は、相当の期間内に応答がなかったという事情があれば、直ちに国家賠償法1条1項の適用上違法の評価を受ける、という点が妥当でない。

4　**妥当でない**　判例は、「当該裁判官が違法又は不当な目的をもつて裁判をしたなど、裁判官がその付与された権限の趣旨に明らかに背いてこれを行使したものと認めうるような特別の事情がある」場合に国家賠償法1条1項の規定にいう違法な行為があつたものとして損害賠償責任が肯定されるとしている（最判昭57.3.12）。したがって、本記述は妥当でない。

5　**妥当である**　判例は、「刑事事件において無罪の判決が確定したというだけで直ちに起訴前の逮捕・勾留、公訴の提起・追行、起訴後の勾留が違法となるということはない。」としている（最判昭53.10.20）。したがって、本記述は妥当である。

. . . .

以上により、妥当な記述は5であり、正解は5となる。

正解	1	2	3	4	5
解答率（％）	1.4	3.3	4.9	2.1	88.2

問題22 ┃ 住民
（地方自治法）

ランク	正解
A	1

ア　**正しい**　地方自治法10条1項は、「市町村の区域内に住所を有する者は、当該市町村及びこれを包括する都道府県の住民とする。」と規定している。

イ　**誤り**　地方自治法18条は、「日本国民たる年齢満18年以上の者で引き続き
３箇月以上市町村の区域内に住所を有するものは、別に法律の定めるところ
により、その属する普通地方公共団体の議会の議員及び長の選挙権を有す
る。」と規定し、日本国籍であることを要するとしている。したがって、本
記述は、日本国籍の有無にかかわらず、としている点が誤りである。

ウ　**正しい**　地方自治法10条２項は、「住民は、法律の定めるところにより、
その属する普通地方公共団体の役務の提供をひとしく受ける権利を有し、そ
の負担を分任する義務を負う。」と規定している。

エ　**誤り**　地方自治法74条１項は、「普通地方公共団体の議会の議員及び長の
選挙権を有する者……は、政令で定めるところにより、その総数の50分の１
以上の者の連署をもって、その代表者から、普通地方公共団体の長に対し、
条例（地方税の賦課徴収並びに分担金、使用料及び手数料の徴収に関するも
のを除く。）の制定又は改廃の請求をすることができる。」と規定し、選挙権
を有する者である必要があり、また、条例の内容によっては請求することが
できないものもある。したがって、本記述は、日本国民たる普通地方公共団
体の住民は、としている点及び、すべての条例について、その内容にかかわ
らず、としている点が誤りである。

オ　**誤り**　地方自治法13条の２は、「市町村は、別に法律の定めるところによ
り、その住民につき、住民たる地位に関する正確な記録を常に整備しておか
なければならない。」と規定している。したがって、本記述は、都道府県と
している点が誤りである。

....

以上により、正しいものの組合せは１であり、正解は１となる。

正解	1	2	3	4	5
解答率（%）	81.1	13.8	1.3	0.8	2.8

| 問題23 | 自治事務と法定受託事務
（地方自治法） | ランク
A | 正解
5 |

1　**誤り**　地方自治法2条8項は、「『自治事務』とは、地方公共団体が処理する事務のうち、法定受託事務以外のものをいう。」と規定しており、本記述のような定義づけはなされていない。

2　**誤り**　地方自治法14条1項は、「普通地方公共団体は、法令に違反しない限りにおいて第2条第2項の事務に関し、条例を制定することができる。」と規定しており、法律に定められている処分の要件を、条例をもって変更することは許されないと解される。

3　**誤り**　地方自治法245条の2は、「普通地方公共団体は、その事務の処理に関し、法律又はこれに基づく政令によらなければ、普通地方公共団体に対する国又は都道府県の関与を受け、又は要することとされることはない。」と規定しており、普通地方公共団体に対する国又は都道府県の関与の法定主義を定めている。

4　**誤り**　地方自治法251条2項前段は、「自治紛争処理委員は、3人とし、事件ごとに、優れた識見を有する者のうちから、総務大臣又は都道府県知事がそれぞれ任命する。」と規定しており、必ず常勤の委員を置くとはしていない（同条3項参照）。

5　**正しい**　都道府県知事は、市町村の市町村長その他の市町村の執行機関の担任する自治事務の処理が法令の規定に違反していると認めるとき、又は著しく適正を欠き、かつ、明らかに公益を害していると認めるときは、当該市町村に対し、当該自治事務の処理について違反の是正又は改善のため必要な措置を講ずべきことを勧告することができる（同法245条の6第1号）。

2020年度 解答・解説

以上により、正しい記述は5であり、正解は5となる。

正解	1	2	3	4	5
解答率（％）	2.0	14.1	2.9	3.7	76.6

問題24 | 住民訴訟
（地方自治法）

ランク	正解
C	5

1　**妥当でない**　判例は、地方自治法242条の2に規定する住民訴訟は、原告の死亡により終了するとしている（最判昭55.2.22）。

2　**妥当でない**　地方自治法242条の2第1項は、「普通地方公共団体の住民は、前条第1項の規定による請求をした場合において、同条第5項の規定による監査委員の監査の結果若しくは勧告……に不服があるとき……は、裁判所に対し、同条第1項の請求に係る違法な行為又は怠る事実につき、訴えをもつて次に掲げる請求をすることができる」と規定しており、住民訴訟を行うことができる者を、同法242条1項の住民監査請求を行った当該地方公共団体の住民と定めている。

3　**妥当でない**　住民監査請求は、当該普通公共団体の住民であれば、1人でもすることができる（同法242条1項）。なお、直接請求の場合には、有権者の一定数以上の連署が要件となる。

4　**妥当でない**　判例は、「地方自治法においては、普通地方公共団体がその債権の放棄をするに当たって……は、住民による直接の選挙を通じて選出された議員により構成される普通地方公共団体の議決機関である議会の裁量権に基本的に委ねられているものというべきである。もっとも、……住民訴訟の対象とされている損害賠償請求権又は不当利得返還請求権を放棄する旨の議決がされた場合についてみると、このような請求権が認められる場合は様々であり、個々の事案ごとに、当該請求権の発生原因である財務会計行為等の性質、内容、原因、経緯及び影響、当該議決の趣旨及び経緯、当該請求権の放棄又は行使の影響、住民訴訟の係属の有無及び経緯、事後の状況その他の諸般の事情を総合考慮して、これを放棄することが普通地方公共団体の民主的かつ実効的な行政運営の確保を旨とする同法の趣旨等に照らして不合理であって上記の裁量権の範囲の逸脱又はその濫用に当たると認められるときは、その議決は違法となり、当該放棄は無効となる」としている（最判平24.4.20）。したがって、裁量権の範囲内である限り、請求権（債権）を放棄

する旨の議決は有効となる場合がある。

5　**妥当である**　住民訴訟を提起した者が勝訴した場合において、弁護士又は弁護士法人に報酬を支払うべきときは、当該普通地方公共団体に対し、その報酬額の範囲内で相当と認められる額の支払を請求することができる（同法242条の2第12項）。

以上により、妥当な記述は5であり、正解は5となる。

正解	1	2	3	4	5
解答率（％）	7.9	15.0	6.7	27.2	42.8

問題25　情報公開をめぐる判例（行政法）　ランク B　正解 1

1　**妥当である**　判例は、「一たび通知書に理由を付記した以上、実施機関が当該理由以外の理由を非公開決定処分の取消訴訟において主張することを許さないものとする趣旨をも含むと解すべき根拠はない」とし、「上告人が本件処分の通知書に付記しなかった非公開事由を本件訴訟において主張することは許され」るとしている（最判平11.11.19）。したがって、本記述は妥当である。

2　**妥当でない**　判例は、「開示請求の対象とされた行政文書を行政機関が保有していないことを理由とする不開示決定の取消訴訟においては、その取消しを求める者が、当該不開示決定時に当該行政機関が当該行政文書を保有していたことについて主張立証責任を負うものと解するのが相当である」としている（最判平26.7.14）。したがって、本記述は、主張立証責任を被告が負うとしている点で妥当ではない。

3　**妥当でない**　判例は、「請求に係る公文書の非公開決定の取消訴訟において当該公文書が書証として提出されたとしても、当該公文書の非公開決定の取消しを求める訴えの利益は消滅するものではないと解するのが相当であ

2020年度 解答・解説

る」としている（最判平14.2.28）。したがって、本記述は、公文書が書証として提出された場合には、当該決定の取消しを求める訴えの利益は消滅するとしている点で妥当ではない。

4 **妥当でない** 判例は、「条例に基づく公文書の非開示決定に取消し得べき瑕疵があるとしても、そのことから直ちに国家賠償法1条1項にいう違法があったとの評価を受けるものではな」いとしている（最判平18.4.20）。したがって、本記述は、公文書非開示決定に取消し得べき瑕疵があった場合には、そのことにより直ちに、国家賠償請求訴訟において、当該決定は国家賠償法1条1項の適用上違法であるとの評価を受けるとしている点で妥当ではない。

5 **妥当でない** 判例は、地方公共団体の長がした建築工事計画通知書についての公開決定に対して、国が当該建物の所有者として有する固有の利益が侵害されることを理由としてその取消しを求める訴えは、法律上の争訟に当たるとしている（最判平13.7.13）。したがって、本記述は妥当ではない。

以上により、妥当な記述は1であり、正解は1となる。

正解	1	2	3	4	5
解答率（％）	61.9	18.5	6.4	2.2	10.4

問題26 | 自動車の運転免許 （行政法）

ランク	正解
B	1

1 **正しい** 都道府県公安委員会は合議制の機関であり、合議制の機関の権限は、合議体に存する。そのため、免許の交付権限は、都道府県公安委員会が有する。したがって、本記述は正しい。

2 **誤り** 違反点数の効力が残っていた場合には、回復されるべき権利利益があるため訴えの利益は消滅しない。したがって、本記述は、違反点数の効力が残っていたとしても、訴えの利益が消滅するという点が誤りである。

3　　**誤り**　条件とは、行政行為の効力の発生・消滅を発生不確実な事実にかからせる意思表示である。一方で、期限とは、行政行為の効力の発生・消滅を発生確実な事実にかからせる意思表示である。そして、運転免許証の有効期限は、条件ではなく期限であるため、本記述は、これを条件としている点が誤りである。

4　　**誤り**　特許とは、本来国民が自由に有しない特権を私人に付与する行為である。一方で、許可とは、本来国民が自由に有する権利を一般的に禁止しておき特別の場合にこれを解除する行為である。したがって、本記述は、自動車の運転免許は許可であるところ、これを特許としている点が誤りである。

5　　**誤り**　警察法38条１項は「都道府県知事の所轄の下に、都道府県公安委員会を置く。」と規定している。また、同法38条６項は、「都道府県公安委員会は、国家公安委員会及び他の都道府県公安委員会と常に緊密な連絡を保たなければならない。」と規定しているものの、都道府県公安委員会を国家公安委員会の地方支分部局とする規定はない。したがって、本記述は、都道府県公安委員会は国家公安委員会の地方支分部局に当たるとしている点が誤りである。

以上により、正しい記述は１であり、正解は１となる。

正解	1	2	3	4	5
解答率（％）	59.9	21.0	5.1	3.7	10.0

問題27　制限行為能力者（民法）　ランクA　正解4

1　　**正しい**　民法838条柱書は、「後見は、次に掲げる場合に開始する。」と規定し、同条１号で「未成年者に対して親権を行う者がないとき、又は親権を行う者が管理権を有しないとき。」を掲げている。

2　　**正しい**　同法13条１項柱書本文は、「被保佐人が次に掲げる行為をするに

は、その保佐人の同意を得なければならない。」と規定し、同条各号に掲げる一定の行為について、保佐人の同意権を認めている。また、同法876条の4第1項は、「家庭裁判所は、第11条本文に規定する者又は保佐人若しくは保佐監督人の請求によって、被保佐人のために特定の法律行為について保佐人に代理権を付与する旨の審判をすることができる。」と規定している。

3　**正しい**　同法17条1項は、「家庭裁判所は、第15条第1項本文に規定する者又は補助人若しくは補助監督人の請求により、被補助人が特定の法律行為をするにはその補助人の同意を得なければならない旨の審判をすることができる。ただし、その審判によりその同意を得なければならないものとすることができる行為は、第13条第1項に規定する行為の一部に限る。」と規定している。また、同法876条の9第1項は、「家庭裁判所は、第15条第1項本文に規定する者又は補助人若しくは補助監督人の請求によって、被補助人のために特定の法律行為について補助人に代理権を付与する旨の審判をすることができる。」と規定している。

4　**誤り**　同法20条4項は、「制限行為能力者の相手方は、被保佐人又は第17条第1項の審判を受けた被補助人に対しては、第1項の期間内にその保佐人又は補助人の追認を得るべき旨の催告をすることができる。この場合において、その被保佐人又は被補助人がその期間内にその追認を得た旨の通知を発しないときは、その行為を取り消したものとみなす。」としている。したがって、本記述は、「追認したものと擬制される」としている点で誤りである。

5　**正しい**　判例は、無能力者（現制限行為能力者）が「無能力者であることを黙秘していた場合でも、それが、無能力者の他の言動などと相俟って、相手方を誤信させ、または誤信を強めたものと認められるときは、なお詐術に当たるというべきである」としている（最判昭44.2.13）。

以上により、誤っている記述は4であり、正解は4となる。

正解	1	2	3	4	5
解答率（％）	11.6	2.6	2.6	78.8	4.2

問題28 ｜ 占有改定等
（民法）

ランク	正解
B	4

ア　妥当である　判例は、「無権利者から動産の譲渡を受けた場合において、譲受人が民法192条によりその所有権を取得しうるためには、一般外観上従来の占有状態に変更を生ずるがごとき占有を取得することを要し、かかる状態に一般外観上変更を来たさないいわゆる占有改定の方法による取得をもっては足らないものといわなければならない」としている（最判昭35.2.11）。

イ　妥当である　留置権が成立するためには、他人の物を占有する必要があるが（民法295条参照）、この占有は、債権者が物を直接又は間接に占有することの双方を指す。もっとも、債務者を代理人として間接占有する留置権は、債権の弁済を受けるまでその物を留置することによって、債権の弁済を心理的に強制するという留置権の性質上認められない。

ウ　妥当でない　同法333条は、「先取特権は、債務者がその目的である動産をその第三取得者に引き渡した後は、その動産について行使することができない。」と規定している。同条の「引き渡し」には、占有改定も含まれる（大判大6.7.26）。

エ　妥当である　同法344条は、「質権の設定は、債権者にその目的物を引き渡すことによって、その効力を生ずる。」と規定している。もっとも、同法345条は、「質権者は、質権設定者に、自己に代わって質物の占有をさせることができない」と規定している。したがって、占有改定は同法344条の「引き渡すこと」に当たらない。

オ　妥当でない　動産譲渡担保の対抗要件は、引渡しであり（同法178条）、同条の「引渡し」には、占有改定による引渡しが含まれる（最判昭30.6.2）。

以上により、妥当でないものの組合せは4であり、正解は4となる。

正解	1	2	3	4	5
解答率（％）	2.9	5.3	17.6	**55.5**	18.4

問題29 根抵当権
（民法）

ランク	正解
C	3

1 **誤り** 民法398条の３第１項は、「根抵当権者は、確定した元本並びに利息その他の定期金及び債務の不履行によって生じた損害の賠償の全部について、極度額を限度として、その根抵当権を行使することができる。」と規定している。したがって、元本確定後の利息その他の定期金の２年分に限られない。

2 **誤り** 同法398条の４第１項前段は、「元本の確定前においては、根抵当権の担保すべき債権の範囲の変更をすることができる。」と規定している。しかし、同条２項は、「前項の変更をするには、後順位の抵当権者その他の第三者の承諾を得ることを要しない。」と規定している。なお、同条３項は、「第１項の変更について元本の確定前に登記をしなかったときは、その変更をしなかったものとみなす。」と規定している。

3 **正しい** 同法398条の６第１項は、「根抵当権の担保すべき元本については、その確定すべき期日を定め又は変更することができる。」と規定している。また、同条３項は、「第１項の期日は、これを定め又は変更した日から５年以内でなければならない。」と規定している。そして、同条４項は、「第１項の期日の変更についてその変更前の期日より前に登記をしなかったときは、担保すべき元本は、その変更前の期日に確定する。」と規定している。

4 **誤り** 元本の確定前に根抵当権者から債権を取得した者は、その債権について根抵当権を行使することができないとする点は正しい（同法398条の７第１項前段）。しかし、元本の確定前に債務の引受けがあったときも、根抵当権者は、引受人の債務について、その根抵当権を行使することができない（同条２項）。

5 **誤り** 同法398条の21第１項は、「元本の確定後においては、根抵当権設定者は、その根抵当権の極度額を、現に存する債務の額と以後２年間に生ずべき利息その他の定期金及び債務の不履行による損害賠償の額とを加えた額に減額することを請求することができる。」と規定している。

....

以上により、正しい記述は３であり、正解は３となる。

正解	1	2	3	4	5
解答率（%）	15.0	17.7	25.0	**27.1**	14.3

問題30　選択債権
（民法）

ランク	正解
C	3

1　**誤り**　民法406条は、「債権の目的が数個の給付の中から選択によって定まるときは、その選択権は、債務者に属する。」と規定している。したがって、選択権者が定められていないときは、選択権は債務者に帰属するのであって、本記述の場合には、BではなくAに帰属する。

2　**誤り**　同法407条１項は、「選択権は、相手方に対する意思表示によって行使する。」と規定している。そして、同条２項は、「前項の意思表示は、相手方の承諾を得なければ、撤回することができない。」と規定している。したがって、本記述の場合には、Bの承諾がなければ、当該意思表示を撤回することはできない。

3　**正しい**　同法410条は、「債権の目的である給付の中に不能のものがある場合において、その不能が選択権を有する者の過失によるものであるときは、債権は、その残存するものについて存在する。」と規定している。したがって、本記述の場合には、給付の目的物は、乙建物に特定する。

4　**誤り**　同法409条１項は、「第三者が選択をすべき場合には、その選択は、債権者又は債務者に対する意思表示によってする。」と規定している。したがって、本記述の場合には、CはA又はBのいずれかに対して意思表示をすれば足りる。

5　**誤り**　同法409条２項は、第三者が選択をすべき場合において、「第三者が選択をすることができ……ないときは、選択権は、債務者に移転する。」と規定している。したがって、本記述の場合には、選択権はBではなくAに移

転する。

....

以上により、正しい記述は3であり、正解は3となる。

正解	1	2	3	4	5
解答率（％）	13.4	2.5	**48.9**	31.3	3.8

問題31	債務引受 （民法）	ランク A	正解 5

1　**正しい**　民法470条2項は、「併存的債務引受は、債権者と引受人となる者との契約によってすることができる。」と規定している。

2　**正しい**　同法470条3項は、「併存的債務引受は、債務者と引受人となる者との契約によってもすることができる。この場合において、併存的債務引受は、債権者が引受人となる者に対して承諾をした時に、その効力を生ずる。」と規定している。

3　**正しい**　同法472条2項は、「免責的債務引受は、債権者と引受人となる者との契約によってすることができる。この場合において、免責的債務引受は、債権者が債務者に対してその契約をした旨を通知した時に、その効力を生ずる」と規定している。

4　**正しい**　同法472条3項は、「免責的債務引受は、債務者と引受人となる者が契約をし、債権者が引受人となる者に対して承諾をすることによってもすることができる。」と規定している。

5　**誤り**　同法472条の3は、「免責的債務引受の引受人は、債務者に対して求償権を取得しない。」と規定している。

....

以上により、誤っている記述は5であり、正解は5となる。

正解	1	2	3	4	5
解答率（％）	3.9	5.8	11.2	5.4	**73.3**

問題32 同時履行の抗弁権
（民法）

ランク	正解
C	5

1　**妥当でない**　判例は、第三者詐欺（民法96条2項）により売買契約を取り消した事案において、当事者双方の原状回復義務は、同時履行の関係にあるとしている（最判昭47.9.7、民法533条類推適用）。

2　**妥当でない**　判例は、借家法5条（現：借地借家法33条1項）により造作の買取請求をした家屋の賃借人は、その代金の不払を理由として同家屋を留置し、又は代金の提供がないことを理由として同時履行の抗弁により同家屋の明渡を拒むことはできないとしている（最判昭29.7.22）。

3　**妥当でない**　民法622条の2第1項柱書は、「賃貸人は、敷金……を受け取っている場合において、次に掲げるときは、賃借人に対し、その受け取った敷金の額から賃貸借に基づいて生じた賃借人の賃貸人に対する金銭の給付を目的とする債務の額を控除した残額を返還しなければならない。」と規定し、同条1号は、「賃貸借が終了し、かつ、賃貸物の返還を受けたとき。」と規定している。なお、判例は、敷金が賃貸借終了後の明渡義務履行までに賃貸人が賃借人に対して取得することがある一切の債権を担保するものであるとして、明渡義務が先履行であり、両者は同時履行の関係にはないとしている（最判昭49.9.2）。

4　**妥当でない**　同法633条本文は、「報酬は、仕事の目的物の引渡しと同時に、支払わなければならない。」と規定している。したがって、請負人の目的物引渡義務と注文者の報酬支払義務は、同時履行の関係に立つ（大判大5.11.27）。本記述は、仕事完成義務と報酬支払義務とが同時履行の関係に立つとする点が妥当でない。また、物の引渡しを要する場合に、請負人は、目的物の引渡しに先立って報酬の支払を求めることができるとする点も妥当でない。

5　**妥当である**　判例は、「双務契約の当事者の一方は相手方の履行の提供があつても、その提供が継続されない限り同時履行の抗弁権を失うものでない」としている（最判昭34.5.14）。売買契約は双務契約であるから、買主は、

売主から履行の提供があっても、その提供が継続されない限り、同時履行の抗弁を失わない。

‥‥‥‥‥‥‥‥‥

以上により、妥当な記述は５であり、正解は５となる。

正解	1	2	3	4	5
解答率（％）	33.6	18.0	2.0	5.5	**40.7**

問題33 賃貸借契約（民法）

ランク B　正解 2

1 **妥当である**　民法605条の２第１項は、「前条、借地借家法……第10条又は第31条その他の法令の規定による賃貸借の対抗要件を備えた場合において、その不動産が譲渡されたときは、その不動産の賃貸人たる地位は、その譲受人に移転する。」と規定しており、借地借家法10条１項は、「借地権は、その登記がなくても、土地の上に借地権者が登記されている建物を所有するときは、これをもって第三者に対抗することができる。」と規定している。

Bは、賃借した甲土地上に乙建物を建築して所有権保存登記をしているのであるから、借地借家法10条１項による対抗要件を備えたことになる。よって、甲土地の譲受人Cは、民法605条の２第１項により、甲土地の賃貸人たる地位を得ることになる。

2 **妥当でない**　判例は、「地上建物を所有する賃借権者は、自己の名義で登記した建物を有することにより、始めて右賃借権を第三者に対抗し得るものと解すべく、地上建物を所有する賃借権者が、自らの意思に基づき、他人名義で建物の保存登記をしたような場合には、当該賃借権者はその賃借権を第三者に対抗することはできないものといわなければならない」としており（最判昭41.4.27）、同居の親族名義であったとしてもその結論は変わらないとしている。

3 **妥当である**　民法605条の２第３項は、「第１項又は前項後段の規定による

賃貸人たる地位の移転は、賃貸物である不動産について所有権の移転の登記をしなければ、賃借人に対抗することができない。」と規定している。

4　**妥当である**　民法608条1項は、「賃借人は、賃貸物について賃貸人の負担に属する必要費を支出したときは、賃貸人に対し、直ちにその償還を請求することができる。」と規定している。

5　**妥当である**　民法605条の2第4項は、「第1項又は第2項後段の規定により賃貸人たる地位が譲受人又はその承継人に移転したときは、第608条の規定による費用の償還に係る債務及び第622条の2第1項の規定による同項に規定する敷金の返還に係る債務は、譲受人又はその承継人が承継する。」と規定している。

以上により、妥当でない記述は2であり、正解は2となる。

正解	1	2	3	4	5
解答率（%）	8.1	51.5	9.1	17.6	13.1

問題34	医療契約に基づく医師の患者に対する義務 （民法）	ランク B	正解 2

1　**妥当でない**　判例は、「人の生命及び健康を管理すべき業務（医業）に従事する者は、その業務の性質に照らし、……最善の注意義務を要求されるのであるが……、具体的な個々の案件において、債務不履行又は不法行為をもって問われる医師の注意義務の基準となるべきものは、一般的には診療当時のいわゆる臨床医学の実践における医療水準である……。そして、この臨床医学の実践における医療水準は、全国一律に絶対的な基準として考えるべきものではなく、診療に当たった当該医師の専門分野、所属する診療機関の性格、その所在する地域の医療環境の特性等の諸般の事情を考慮して決せられるべきものである」としている（最判平8.1.23）。

2　**妥当である**　判例は、「医療水準は、医師の注意義務の基準（規範）とな

るものであるから、平均的医師が現に行っている医療慣行とは必ずしも一致するものではなく、医師が医療慣行に従った医療行為を行ったからといって、医療水準に従った注意義務を尽くしたと直ちにいうことはできない」としている（最判平8.1.23）。

3　**妥当でない**　判例は、「他の療法（術式）が医療水準として未確立のものである場合には、医師は……常に説明義務を負うと解することはできない。とはいえ、このような未確立の療法（術式）ではあっても、医師が説明義務を負うと解される場合があることも否定できない。少なくとも、当該療法（術式）が少なからぬ医療機関において実施されており、相当数の実施例があり、これを実施した医師の間で積極的な評価もされているものについては、患者が当該療法（術式）の適応である可能性があり、かつ、患者が当該療法（術式）の自己への適応の有無、実施可能性について強い関心を有していることを医師が知った場合などにおいては、たとえ医師自身が当該療法（術式）について消極的な評価をしており、自らはそれを実施する意思を有していないときであっても、なお、患者に対して、医師の知っている範囲で、当該療法（術式）の内容、適応可能性やそれを受けた場合の利害得失、当該療法（術式）を実施している医療機関の名称や所在などを説明すべき義務があるというべきである」としている（最判平13.11.27）。

4　**妥当でない**　判例は、「被上告人としては、その時点で、上告人が、その病名は特定できないまでも、本件医院では検査及び治療の面で適切に対処することができない、……何らかの重大で緊急性のある病気にかかっている可能性が高いことをも認識することができたものとみるべきである。……この重大で緊急性のある病気のうちには、その予後が一般に重篤で極めて不良であって、予後の良否が早期治療に左右される急性脳症等が含まれること等にかんがみると、被上告人は、……高度な医療機器による精密検査及び入院加療等が可能な医療機関へ上告人を転送し、適切な治療を受けさせるべき義務があったものというべきであ」るとしている（最判平15.11.11）。

5　**妥当でない**　判例は、「精神科医は、……向精神薬の副作用についての医療上の知見については、その最新の添付文書を確認し、必要に応じて文献を参照するなど、当該医師の置かれた状況の下で可能な限りの最新情報を収集

する義務があるというべきである」としている（最判平14.11.8）。

．．．．．．．．．．．．．．．．．．．．．．．

以上により、妥当な記述は２であり、正解は２となる。

正解	1	2	3	4	5
解答率（％）	7.9	80.6	5.7	4.1	1.4

問題35 ｜ 特別養子制度
（民法）

ランク A ｜ 正解 4

ア　**誤り**　民法817条の２第１項は、「家庭裁判所は、次条から第817条の７までに定める要件があるときは、養親となる者の請求により、実方の血族との親族関係が終了する縁組（以下この款において「特別養子縁組」という。）を成立させることができる。」と規定しており、特別養子縁組を成立させるには、当事者間の合意では足りず、家庭裁判所の審判による必要がある。

イ　**正しい**　民法817条の４は、「25歳に達しない者は、養親となることができない。ただし、養親となる夫婦の一方が25歳に達していない場合においても、その者が20歳に達しているときは、この限りでない。」と規定している。

ウ　**誤り**　民法817条の５第３項は、「養子となる者が15歳に達している場合においては、特別養子縁組の成立には、その者の同意がなければならない。」と規定しているので、15歳に達していない者が特別養子となる場合には、その者の同意は必要ないことになる。

エ　**正しい**　民法817条の９本文は、「養子と実方の父母及びその血族との親族関係は、特別養子縁組によって終了する。」と規定している。

オ　**誤り**　民法817条の10第１項柱書は、「次の各号のいずれにも該当する場合において、養子の利益のため特に必要があると認めるときは、家庭裁判所は、養子、実父母又は検察官の請求により、特別養子縁組の当事者を離縁させることができる。」と規定しており、同項１号は、「養親による虐待、悪意の遺棄その他養子の利益を著しく害する事由があること。」と規定し、同項２号

は、「実父母が相当の監護をすることができること。」と規定している。した
がって、1号と2号の要件を両方充足する場合にのみ、特別養子縁組の離縁
は認められる。

....

以上により、正しいものの組合せは4であり、正解は4となる。

正解	1	2	3	4	5
解答率（％）	2.1	11.2	2.6	75.8	8.1

問題36 | 運送契約に関する高価品の特則 （商法） | ランク C | 正解 2

ア **誤り** 商法にいう「高価品」とは、単に高価な物品を意味するものではな
く、容積又は重量に比して著しく高価な物品をいう（最判昭45.4.21）。した
がって、運送人が荷送人から収受する運送賃に照らして、著しく高価なもの
をいうわけではない。

イ **正しい** 商法577条1項は、「貨幣、有価証券その他の高価品については、
荷送人が運送を委託するに当たりその種類及び価額を通知した場合を除き、
運送人は、その滅失、損傷又は延着について損害賠償の責任を負わない。」
と規定している。

ウ **正しい** 記述イの解説のとおり、高価品について、荷送人が種類及び価額
の通知をしないときは、運送人は、原則として責任を負わない（商法577条
1項参照）。もっとも、同条2項柱書は、「前項の規定は、次に掲げる場合に
は、適用しない。」と規定し、同項1号は、「物品運送契約の締結の当時、運
送品が高価品であることを運送人が知っていたとき。」を掲げている。した
がって、運送契約の締結当時、運送品が高価品であることを運送人が知って
いたときは、荷送人が種類及び価額の通知をしていないときであっても、運
送人は免責されない。

エ **誤り** 商法577条1項は、「貨幣、有価証券その他の高価品については、荷

送人が運送を委託するに当たりその種類及び価額を通知した場合を除き、運送人は、その滅失、損傷又は延着について損害賠償の責任を負わない。」と規定している。もっとも、同条2項柱書は、「前項の規定は、次に掲げる場合には、適用しない。」と規定し、同項2号は、「運送人の故意又は重大な過失によって高価品の滅失、損傷又は延着が生じたとき。」を掲げている。したがって、運送人の故意による場合はもちろん、重大な過失によって高価品に損害が生じた場合にも、運送人は免責されない。

オ　**正しい**　商法587条本文は、「第576条、第577条、第584条及び第585条の規定は、運送品の滅失等についての運送人の荷送人又は荷受人に対する不法行為による損害賠償の責任について準用する。」と規定している。同法577条が高価品の特則に関する規定であり、これを不法行為による損害賠償の責任について準用するのだから、本記述を運送人の荷送人に対する不法行為責任の問題であると考えれば正しい。

　なお、同法587条ただし書は、「荷受人があらかじめ荷送人の委託による運送を拒んでいたにもかかわらず荷送人から運送を引き受けた運送人の荷受人に対する責任については、この限りでない。」と規定している。荷受人が自ら運送契約を締結したわけではないのに、不法行為責任が軽減されるのは不合理だからである。したがって、本記述を運送人の荷受人に対する不法行為責任と考えれば、高価品について運送人が免責されたとしても、荷受人に対する不法行為責任が免除されるとは限らない。以上のように考えれば、本記述は誤りであると解することもできる。

....

　以上により、明らかに誤っているものを選択した場合、記述アと記述エを選択することとなり、組合せの関係上、正解は2となる。

正解	1	2	3	4	5
解答率（％）	3.9	23.3	7.5	5.4	59.3

問題37 株式会社の設立等（会社法）

	ランク	正解
	C	1

ア　正しい　会社法25条2項は、「各発起人は、株式会社の設立に際し、設立時発行株式を1株以上引き受けなければならない。」と規定している。当該規定は、株式会社の設立についての総則規定であるから、発起設立又は募集設立のいずれにおいても適用される。

イ　誤り　会社法828条1項柱書は、「次の各号に掲げる行為の無効は、当該各号に定める期間に、訴えをもってのみ主張することができる。」と規定し、同項1号は、「会社の設立」を掲げている。そして、株式会社の設立に際して作成される定款は、公証人の認証を受ける必要があるところ（同法30条1項）、当該認証を受けていないことは、設立無効原因になると考えられている。したがって、株式会社の設立の取消しを請求するわけではない。なお、株式会社の設立の取消しという制度は法定されていない。

ウ　正しい　発起人は、定款に現物出資財産等についての記載又は記録があるときは、公証人の認証の後遅滞なく、当該事項を調査させるため、裁判所に対し、検査役の選任の申立てをしなければならない（会社法33条1項、28条1号）。また、同法33条10項柱書は、「前各項の規定は、次の各号に掲げる場合には、当該各号に定める事項については、適用しない。」と規定し、同項3号は、「現物出資財産等について定款に記載され、又は記録された価額が相当であることについて弁護士、弁護士法人、公認会計士……、監査法人、税理士又は税理士法人の証明（現物出資財産等が不動産である場合にあっては、当該証明及び不動産鑑定士の鑑定評価。……）を受けた場合」を掲げている。したがって、本記述の場合、検査役による調査を要しない。

エ　誤り　会社法56条は、「株式会社が成立しなかったときは、発起人は、連帯して、株式会社の設立に関してした行為についてその責任を負い、株式会社の設立に関して支出した費用を負担する。」と規定している。したがって、責任を負うのは発起人であり、設立時役員等が責任を負うわけではない。

オ　誤り　会社法64条1項は、「第57条第1項の募集をした場合には、発起人

は、第34条第１項及び前条第１項の規定による払込みの取扱いをした銀行等に対し、これらの規定により払い込まれた金額に相当する金銭の保管に関する証明書の交付を請求することができる。」と規定している。本条は、募集設立に関する規定であり、発起設立には適用されない。したがって、本記述は、「発起設立または募集設立のいずれの場合であっても」としている点が誤りである。

....

以上により、正しいものの組合せは１であり、正解は１となる。

正解	1	2	3	4	5
解答率（％）	39.0	43.0	5.9	4.2	7.5

問題38 ┃ 自己株式
（会社法）

ランク **B** ／ 正解 **5**

1　**正しい**　本記述のような株式を取得請求権付株式という。取得請求権付株式に関して、会社法107条１項柱書は、「株式会社は、その発行する全部の株式の内容として次に掲げる事項を定めることができる。」と規定し、同項２号は、「当該株式について、株主が当該株式会社に対してその取得を請求することができること。」を掲げている。また、同法108条１項本文は、「株式会社は、次に掲げる事項について異なる定めをした内容の異なる２以上の種類の株式を発行することができる。」と規定しており、同項５号は、「当該種類の株式について、株主が当該株式会社に対してその取得を請求することができること。」を掲げている。

2　**正しい**　本記述のような株式を取得条項付株式という。取得条項付株式に関して、会社法107条１項柱書は、「株式会社は、その発行する全部の株式の内容として次に掲げる事項を定めることができる。」と規定し、同項３号は、「当該株式について、当該株式会社が一定の事由が生じたことを条件としてこれを取得することができること。」を掲げている。また、同法108条１項本

文は、「株式会社は、次に掲げる事項について異なる定めをした内容の異なる2以上の種類の株式を発行することができる。」と規定しており、同項6号は、「当該種類の株式について、当該株式会社が一定の事由が生じたことを条件としてこれを取得することができること。」を掲げている。

3 　**正しい**　会社法155条柱書は、「株式会社は、次に掲げる場合に限り、当該株式会社の株式を取得することができる。」と規定し、同条10号は、「他の会社……の事業の全部を譲り受ける場合において当該他の会社が有する当該株式会社の株式を取得する場合」を掲げている。

4 　**正しい**　会社法165条2項は、「取締役会設置会社は、市場取引等により当該株式会社の株式を取得することを取締役会の決議によって定めることができる旨を定款で定めることができる。」と規定している。

5 　**誤り**　株式会社が株主との合意により当該株式会社の株式を有償で取得するには、あらかじめ、株主総会の決議によって、会社法所定の事項を定める必要がある（同法156条1項）。そして、同法461条1項柱書は、「次に掲げる行為により株主に対して交付する金銭等……の帳簿価額の総額は、当該行為がその効力を生ずる日における分配可能額を超えてはならない。」と規定し、同項2号は、「第156条第1項の規定による決定に基づく当該株式会社の株式の取得」を掲げている。したがって、本記述の場合には、分配可能額を超えて、株主に対して金銭等を交付することはできない。

....

以上により、誤っている記述は5であり、正解は5となる。

正解	1	2	3	4	5
解答率（%）	4.2	5.0	7.5	11.8	70.3

問題39	株主総会 （会社法）	ランク B	正解 4

1 　**正しい**　会社法124条1項は、「株式会社は、……基準日……を定めて、基

準日において株主名簿に記載され、又は記録されている株主（以下この条において「基準日株主」という。）をその権利を行使することができる者と定めることができる。」と規定している。

2　**正しい**　会社法124条4項本文は、「基準日株主が行使することができる権利が株主総会……における議決権である場合には、株式会社は、当該基準日後に株式を取得した者の全部又は一部を当該権利を行使することができる者と定めることができる。」と規定している。また、同項ただし書は、「当該株式の基準日株主の権利を害することができない。」と規定している。したがって、基準日株主の権利を害さない範囲であれば、当該基準日後に株式を取得した者の全部又は一部を株主総会における議決権を行使することができる者と定めることができる。

3　**正しい**　会社法310条1項前段は、「株主は、代理人によってその議決権を行使することができる。」と規定している。また、同条2項は、「前項の代理権の授与は、株主総会ごとにしなければならない。」と規定している。

4　**誤り**　会社法317条は、「株主総会においてその延期又は続行について決議があった場合には、第298条及び第299条の規定は、適用しない。」と規定している。本条は、延期された会については、当初の株主総会と別個の株主総会ではなく、同一の株主総会の一部であることから、同法298条（招集の決定）及び299条（招集の通知）に関する手続をとらなくてもよい旨を定めたものである。本条には、株主総会においてその延期又は続行について決議があった場合に、新たな基準日を定めなければならない旨の規定はない。

5　**正しい**　会社法311条1項は、「書面による議決権の行使は、議決権行使書面に必要な事項を記載し、法務省令で定める時までに当該記載をした議決権行使書面を株式会社に提出して行う。」と規定している。そして、議決権行使書面を提出した株主が株主総会に出席して議決権行使をした場合には、議決権行使書面は撤回されたものと解するのが相当である（東京地判平31.3.8参照）。したがって、この場合、書面による議決権行使の効力は失われる。

....

以上により、誤っている記述は4であり、正解は4となる。

正解	1	2	3	4	5
解答率（%）	1.8	30.0	5.8	49.1	11.8

問題40	公開会社・大会社 （会社法）	ランク B	正解 1

1　**誤り**　公開会社とは、その発行する全部又は一部の株式の内容として譲渡による当該株式の取得について株式会社の承認を要する旨の定款の定め（以下、「譲渡制限株式」という。）を設けていない株式会社をいう（会社法2条5号）。したがって、公開会社は、譲渡制限株式を発行することができないわけではない。一部でも譲渡制限の定めを設けていない株式を発行していれば、それは公開会社といえる。

2　**正しい**　会社法37条3項本文は、「設立時発行株式の総数は、発行可能株式総数の4分の1を下ることができない。」と規定している。したがって、発行可能株式総数は、発行済株式総数の4倍を超えることができない。なお、非公開会社の場合には、当該規定は適用されないため、発行可能株式総数は、発行済株式総数の4倍を超えることができる（同項ただし書）。

3　**正しい**　公開会社は、取締役会を置かなければならない（会社法327条1項1号）。そして、株主総会を招集するには、取締役は、会社法の定める所定の期間内に、株主に対してその通知を発しなければならないところ（同法299条1項）、株式会社が取締役会設置会社であるときは、当該通知は、書面で行わなければならない（同条2項2号）。

4　**正しい**　会社法328条1項は、「大会社（公開会社でないもの、監査等委員会設置会社及び指名委員会等設置会社を除く。）は、監査役会及び会計監査人を置かなければならない。」と規定している。また、同条2項は、「公開会社でない大会社は、会計監査人を置かなければならない。」と規定している。

本問の会社は、大会社であるため、会計監査人を選任する必要がある。なお、本記述の会社は公開会社を前提としているが、同条１項、２項によれば、会計監査人は、大会社であれば必置となるため、公開会社か非公開会社かを問わない点に注意を要する。

5　　**正しい**　会社法331条２項本文は、「株式会社は、取締役が株主でなければならない旨を定款で定めることができない。」と規定している。なお、非公開会社においては、当該規定は適用されないため、取締役が株主でなければならない旨を定款で定めることができる。

....

以上により、誤っている記述は１であり、正解は１となる。

正解	1	2	3	4	5
解答率（%）	48.8	8.4	22.6	6.6	12.7

問題41 ┃ 労働組合の統制権
....................（憲法）

ランク	正解
B	ア：20　イ：8 ウ：17　エ：1

ア　「20　使用者」　　イ　「8　政治活動」
ウ　「17　利益代表」　　エ　「1　統制」

　本問は、労働組合の統制権に関する最高裁判所判決（最大判昭43.12.4）を題材としたものである。

　同判例は、「このような労働組合の結成を憲法および労働組合法で保障しているのは、社会的・経済的弱者である個々の労働者をして、その強者である【（空欄ア）使用者】との交渉において、対等の立場に立たせることにより、労働者の地位を向上させることを目的とするものであることは、さきに説示したとおりである。しかし、現実の政治・経済・社会機構のもとにおいて、労働者がその経済的地位の向上を図るにあたつては、単に対【（空欄ア）使用者】との交渉においてのみこれを求めても、十分にはその目的を達成することができず、労働組合が右の目的をより十分に達成するための手段として、その目的達成に必要な【（空

欄イ）政治活動】や社会活動を行なうことを妨げられるものではない。

　この見地からいつて、本件のような地方議会議員の選挙にあたり、労働組合が、その組合員の居住地域の生活環境の改善その他生活向上を図るうえに役立たしめるため、その【（空欄ウ）利益代表】を議会に送り込むための選挙活動をすること、そして、その一方策として、いわゆる統一候補を決定し、組合を挙げてその選挙運動を推進することは、組合の活動として許されないわけではなく、また、統一候補以外の組合員であえて立候補しようとするものに対し、組合の所期の目的を達成するため、立候補を思いとどまるよう勧告または説得することも、それが単に勧告または説得にとどまるかぎり、組合の組合員に対する妥当な範囲の【（空欄エ）統制】権の行使にほかならず、別段、法の禁ずるところとはいえない。しかし、このことから直ちに、組合の勧告または説得に応じないで個人的に立候補した組合員に対して、組合の【（空欄エ）統制】をみだしたものとして、何らかの処分をすることができるかどうかは別個の問題である」としている。

....

以上により、アには20、イには8、ウには17、エには1が当てはまる。

ア	正解	1	2	3	4	5	6	7	8	9	10
	解答率（%）	0.1	0.1	0.1	0.3						0.9
		11	12	13	14	15	16	17	18	19	**20**
		0.4	0.1	0.8				0.5	2.6	0.4	**93.0**

イ	正解	1	2	3	4	5	6	7	**8**	9	10
	解答率（%）	0.1		24.2	0.1	0.1			**61.0**		
		11	12	13	14	15	16	17	18	19	20
			9.1	1.7	0.3	2.2		0.1	0.3		0.1

ウ	正解	1	2	3	4	5	6	7	8	9	10
	解答率（%）	0.3	3.9		0.3	1.1	0.9	33.1	0.4	0.1	0.1
		11	12	13	14	15	16	**17**	18	19	20
		14.7	0.1	0.1	0.1	0.1	2.8	**39.9**	0.1	0.1	0.9

エ	正解	**1**	2	3	4	5	6	7	8	9	10
	解答率（%）	**81.5**		0.1	5.4			0.1	0.1	0.4	0.4
		11	12	13	14	15	16	17	18	19	20
		0.4	0.1	2.8	7.4	0.1					0.3

問題42	行政指導 （行政手続法）	ランク A	正解 ア：4 イ：9 ウ：16 エ：6

ア 「4　所掌事務」　　イ 「9　勧告」
ウ 「16　指針」　　　エ 「6　意見公募」

　本問は、行政手続法に規定されている行政指導についての理解を問うものである。

　行政手続法2条6号は、行政指導につき、「行政機関がその任務又は所掌事務の範囲内において一定の行政目的を実現するため特定の者に一定の作為又は不作為を求める指導、勧告、助言その他の行為であって処分に該当しないもの」と定義している。したがって、空欄アには、「所掌事務」が入り、空欄イには、「勧告」が入る。

　2条8号ニは、行政指導指針につき「同一の行政目的を実現するため一定の条件に該当する複数の者に対し行政指導をしようとするときにこれらの行政指導に共通してその内容となるべき事項をいう。」と定義している。したがって、空欄ウには、「指針」が入る。

　39条1項、2条8号によると、行政指導指針は意見公募手続の対象になる。したがって、空欄エには、「意見公募」が入る。

　以上により、アには4、イには9、ウには16、エには6が当てはまる。

ア	正解	1	2	3	4	5	6	7	8	9	10
	解答率(%)	0.8	0.3		81.7			1.8	0.7	0.1	1.3
		11	12	13	14	15	16	17	18	19	20
				0.4	0.3	0.7			2.1	9.6	0.1

イ	正解	1	2	3	4	5	6	7	8	9	10
	解答率(%)	1.4	2.2		0.1	0.9	0.1		0.1	86.7	3.3
		11	12	13	14	15	16	17	18	19	20
			0.3		0.8	0.1	0.5	0.3	0.3		2.5

ウ	正解	1	2	3	4	5	6	7	8	9	10
	解答率(%)	1.1	0.1	0.1	0.1		0.1		1.8		0.5
		11	12	13	14	15	**16**	17	18	19	20
		0.4	0.1				**88.8**	5.0	1.2	0.1	

エ	正解	1	2	3	4	5	**6**	7	8	9	10
	解答率(%)	0.4	0.3	3.2	0.7	0.9	**84.0**	0.1	0.8	0.1	1.8
		11	12	13	14	15	16	17	18	19	20
		0.7	4.5	0.3	0.3	0.3		0.3		0.8	0.1

問題43	普通地方公共団体の議会に対する懲罰等と国家賠償（地方自治法）	ランク A	正解 ア:11 イ:18 ウ:5 エ:10

ア 「11 私法上の権利利益」　　イ 「18 法律上の争訟」
ウ 「5 地方自治の本旨」　　エ 「10 議会の内部規律」

　本問は、普通地方公共団体の議会の議員に対する懲罰等が違法であるとして、当該懲罰を受けた議員が提起した国家賠償請求訴訟に関する最高裁判所の判決（最判平31.2.14）の理解を問うものである。

　同判例は、「本件は、被上告人〔議員〕が、議会運営委員会が本件措置をし、市議会議長がこれを公表したこと（本件措置等）によって、その名誉を毀損され、精神的損害を被ったとして、上告人〔市〕に対し、国家賠償法1条1項に基づき損害賠償を求めるものである。これは、【(空欄ア) 私法上の権利利益】の侵害を理由とする国家賠償請求であり、その性質上、法令の適用による終局的な解決に適しないものとはいえないから、本件訴えは、裁判所法3条1項にいう【(空欄イ) 法律上の争訟】に当たり、適法というべきである。

　もっとも、被上告人の請求は、本件視察旅行を正当な理由なく欠席したことを理由とする本件措置等が国家賠償法1条1項の適用上違法であることを前提とするものである。

　普通地方公共団体の議会は、〔憲法の定める〕【(空欄ウ) 地方自治の本旨】に

基づき自律的な法規範を有するものであり、議会の議員に対する懲罰その他の措置については、【（空欄エ）議会の内部規律】の問題にとどまる限り、その自律的な判断に委ねるのが適当である……。そして、このことは、上記の措置が【（空欄ア）私法上の権利利益】を侵害することを理由とする国家賠償請求の当否を判断する場合であっても、異なることはないというべきである。

　したがって、普通地方公共団体の議会の議員に対する懲罰その他の措置が当該議員の【（空欄ア）私法上の権利利益】を侵害することを理由とする国家賠償請求の当否を判断するに当たっては、当該措置が【（空欄エ）議会の内部規律】の問題にとどまる限り、議会の自律的な判断を尊重し、これを前提として請求の当否を判断すべきものと解するのが相当である」としている。

‥‥‥‥‥‥‥‥‥‥

以上により、アには11、イには18、ウには5、エには10が当てはまる。

ア	正解	1	2	3	4	5	6	7	8	9	10
	解答率(%)	37.7	2.8	0.3	2.1	0.1	0.7				0.5
		11	12	13	14	15	16	17	18	19	20
		41.9	0.3			0.3	0.1	11.4	0.3		0.4

イ	正解	1	2	3	4	5	6	7	8	9	10
	解答率(%)	0.4	0.1		0.3	0.4	0.1		0.3	0.4	0.3
		11	12	13	14	15	16	17	**18**	19	20
		1.3	0.1	7.0			0.4		85.9	1.2	0.9

ウ	正解	1	2	3	4	**5**	6	7	8	9	10
	解答率(%)	0.5	0.7	0.7	0.4	86.7	0.4		2.0	2.1	1.7
		11	12	13	14	15	16	17	18	19	20
		0.1	1.2		0.1	1.4			0.1		0.8

エ	正解	1	2	3	4	5	6	7	8	9	**10**
	解答率(%)	1.3	3.0	0.1	0.3	0.9	0.3		0.1	1.6	83.7
		11	12	13	14	15	16	17	18	19	20
		0.7	0.5	0.1			5.5		0.7		0.3

問題44 | 無効等確認の訴え
（行政事件訴訟法）

ランク
C

【解答例】本件組合を被告として、本件換地処分を対象とする無効の確認を求める訴えを提起する。（40字）

....

　本問は、本件換地処分の効力を争い、換地のやり直しを求めるXが、どのような行為を対象として、どのような訴訟を、誰に対して提起するべきかを問うものである。

　本問では、解答の条件が、行政事件訴訟法に定められている抗告訴訟に限定されているため、同法3条各項の抗告訴訟を想起するべきである。

　そして、問題文から、本問のXは、本件換地処分は換地の配分につき違法なものであるとして、その取消しの訴えを提起しようと考えたが、同訴訟の出訴期間（同法14条1項）がすでに経過していることが判明したという事情があり、本問では取消訴訟（同法3条2項）を提起することはできない。

　そこで、本件換地処分を違法と考えているXが、本件換地処分の効力を争い、換地のやり直しを求めるためには、本件換地処分を対象として、無効確認訴訟（同条4項）を提起すべきことになる。

　次に、本問では、本件組合が本件換地処分を行っている。

　土地区画整理組合には、法人格が与えられる（土地区画整理法22条参照）ことから、本件換地処分は、A県に属さない本件組合が行っているということになる。

　したがって、本問においては、本件組合を、無効確認訴訟の被告とすべきである（行政事件訴訟法38条1項、11条参照）。

　以上により、Xは、本件組合を被告として、本件換地処分を対象とする、無効確認訴訟を提起すべきである。

問題45	意思表示 (民法)	ランク C

【解答例】 Bが詐欺の事実を知り又は知ることができたときに限り、Aは、契約を取り消すことができる。(43字)

Aは、Cの第三者詐欺を理由に契約を取り消すことが考えられる。

民法96条2項は、「相手方に対する意思表示について第三者が詐欺を行った場合においては、相手方がその事実を知り、又は知ることができたときに限り、その意思表示を取り消すことができる。」と規定している。「相手方に対する意思表示について第三者が詐欺を行った」といえるには、第三者に、詐欺の事実に加え、詐欺の意思すなわち相手を欺こうとする意思と欺くことによって一定の意思を表示させようとする意思という二重の意思が必要である。

本問では、第三者たるCが、Aに対し、「甲土地の地中には戦時中に軍隊によって爆弾が埋められており、いつ爆発するかわからないといった嘘の事実を述べ」ているため、第三者が詐欺を行った事実はある。また、Cは、平素からAに恨みを持ち嘘の事実をAに述べたことから、相手を欺こうとする意思もある。そして、問題文の事情からは明らかでないが、もしCに、Aを欺くことにより甲土地を売却させようとする意思があれば、Cには詐欺の意思があり、「相手方に対する意思表示について第三者が詐欺を行った」といえる。

したがって、相手方たるBが詐欺の事実を知り、又は知ることができたときは、Aは契約を取り消すことができる。

問題46 | 不動産物権変動
（民法）

ランク
C

【解答例】信義則上登記の欠缺を主張する正当な利益を有しない者であって、Ａ
Ｃ間の売買は有効であるから。（45字）

　判例は、「所有者甲から乙が不動産を買い受け、その登記が未了の間に、丙が当該不動産を甲から二重に買い受け、更に丙から転得者丁が買い受けて登記を完了した場合に、たとい丙が背信的悪意者に当たるとしても、丁は、乙に対する関係で丁自身が背信的悪意者と評価されるのでない限り、当該不動産の所有権取得をもって乙に対抗することができるものと解するのが相当である。けだし、（一）丙が背信的悪意者であるがゆえに登記の欠缺を主張する正当な利益を有する第三者に当たらないとされる場合であっても、乙は、丙が登記を経由した権利を乙に対抗することができないことの反面として、登記なくして所有権取得を丙に対抗することができるというにとどまり、甲丙間の売買自体の無効を来すものではなく、したがって、丁は無権利者から当該不動産を買い受けたことにはならないのであって、また、（二）背信的悪意者が正当な利益を有する第三者に当たらないとして民法177条の「第三者」から排除される所以は、第一譲受人の売買等に遅れて不動産を取得し登記を経由した者が登記を経ていない第一譲受人に対してその登記の欠缺を主張することがその取得の経緯等に照らし信義則に反して許されないということにあるのであって、登記を経由した者がこの法理によって「第三者」から排除されるかどうかは、その者と第一譲受人との間で相対的に判断されるべき事柄であるからである」としている（最判平8.10.29）。

　背信的悪意者とは、第一売買の存在につき悪意で、第一譲受人が登記を有しないことについて主張することが信義則上許されない者であるに過ぎず、上記判例によれば背信的悪意者を譲受人とする売買契約が無効とまではいえない。

問題47 | 普通選挙
（政治・経済・社会）

ランク	正解
A	3

1　**妥当でない**　アメリカでは、1920年に女性の参政権を正式に認めるアメリカ合衆国憲法修正第19条が成立したことにより、男女普通選挙が実現した。

2　**妥当でない**　ドイツでは、1871年にドイツ帝国が成立し、ドイツ帝国憲法では、帝国議会の議員選挙に男子普通選挙が導入されたため、帝政時代には男子については普通選挙が認められていた。なお、その後、1919年のワイマール共和国成立に伴い女性参政権が認められ、1919年男女普通選挙のもと、憲法制定議会選挙が実施されているから、本記述の後半は妥当である。

3　**妥当である**　そのとおりである。日本では、第一次世界大戦後の1925年に成立した普通選挙法（衆議院議員選挙法改正法律）により納税要件が撤廃されて満25歳以上のすべての男子に選挙権が認められた。そして、第二次世界大戦後の1945年に初めて女性参政権が認められ、1946年に男女普通選挙が実施された。

4　**妥当でない**　スイスでは、1971年になって初めて連邦レベルで女性の参政権が認められ、1990年に州レベルでの女性参政権が認められた。なお、スイスでなかなか女性参政権が認められなかった理由としては、直接民主主義、男子国民皆兵制、スイスが中立国であること、スイス国民の保守的な国民性が指摘されており、本記述の前半は妥当である。

5　**妥当でない**　イギリスでは、1928年の第5回選挙法改正により、すべての21歳以上の男女に選挙権が与えられ、男女普通選挙が実現した。

以上により、妥当な記述は3であり、正解は3となる。

正解	1	2	3	4	5
解答率（%）	3.2	11.2	**71.1**	0.9	13.4

問題48 | フランス人権宣言
（政治・経済・社会）

ランク **B**　正解 **2**

1　**妥当でない**　フランス人権宣言の前文は、「人の譲渡不能かつ神聖な自然権を展示することを決意した。」と規定し、同人権宣言4条は、「自由は、他人を害しないすべてをなし得ることに存する。その結果各人の自然権の行使は、社会の他の構成員にこれら同種の権利の享有を確保すること以外の限界をもたない。これらの限界は、法によってのみ、規定することができる。」と規定しており、個人の権利としての基本的人権の不可侵性とその尊重を宣言したものである。また、同人権宣言で掲げられている権利は、人が人である限り保障されるものであって、フランスの第三身分の階級的な権利を宣言したものではない。

2　**妥当である**　そのとおりである。フランス人権宣言の前文は、「国民議会として組織されたフランス人民の代表者達は、人権の不知・忘却または蔑視が公共の不幸と政府の腐敗の諸原因にほかならないことにかんがみて」と規定している。

3　**妥当でない**　フランス人権宣言1条は、「人は、自由かつ権利において平等なものとして出生し、かつ生存する。社会的差別は、共同の利益の上にのみ設けることができる。」と規定している。なお、フランス人権宣言には、「（人は）教育をすることによって人としての権利を得る」という規定は存在しない。

4　**妥当でない**　フランス人権宣言3条は、「あらゆる主権の原理は、本質的に国民に存する。いずれの団体、いずれの個人も、国民から明示的に発するものでない権威を行い得ない。」と規定している。

5　**妥当でない**　フランス人権宣言16条は、「権利の保障が確保されず、権力の分立が規定されないすべての社会は、憲法をもつものでない。」と規定している。

以上により、妥当な記述は2であり、正解は2となる。

正解	1	2	3	4	5
解答率（%）	5.3	62.0	5.8	4.2	22.5

問題49　日本のバブル経済とその崩壊（政治・経済・社会）　ランク A　正解 3

Ⅰ　**円高**　Ⅱ　**輸出**　1985年9月のG5（先進5か国蔵相・中央銀行総裁会議）でアメリカ・イギリス・西ドイツ・フランス・日本は、外国為替市場でドル安誘導のためドル売りの協調介入を行うことに同意した（プラザ合意）。プラザ合意以後、急激な円高によって日本の輸出関連企業は大きな打撃を受けた。

Ⅲ　**低金利政策**　プラザ合意後の円高不況に対し、日本銀行は公定歩合を引き下げて超低金利政策をとり、また、ドル買い円売りを行った。これらにより増大した通貨供給量が株式や土地の購入に向かい、いわゆるバブル景気が発生した（平成景気）。

Ⅳ　**金融引締め**　Ⅴ　**地価税**　1989年のバブル絶頂期から日本銀行が行った株価・地価の異常な上昇に対する修正・調整によって、1990年、実態以上に上昇した資産価値が暴落した（バブル経済の崩壊）。具体的には、日本銀行の公定歩合の引上げによる金融引締め、地価税の導入、不動産向け融資に対する総量規制などが行われたため、株価や地価が50％以上下落し、金融機関は多額の不良債権を抱えて経営不振に陥り、企業は低コストでの資金調達が困難になり、設備投資は減少した。なお、地価税法が1992年1月1日から施行されたことにより導入された地価税は、個人又は法人が課税時期（その年の1月1日午前零時）において保有している国内にある土地等を対象として年々課税される税金である。ただし、1998年以後の各年の課税時期に係る地価税については、臨時的措置として、当分の間、課税されないこととなり、申告書の提出も必要ないこととなっている。

以上により、空欄に当てはまる語句の組合せとして、妥当なものは３であり、正解は３となる。

正解	1	2	3	4	5
解答率（％）	5.8	3.0	75.3	4.2	11.6

問題50 ｜ 日本の国債制度とその運用 （政治・経済・社会） ｜ ランク B ｜ 正解 5

ア　**妥当でない**　財政法４条１項は、国の歳出は原則として国債又は借入金以外の歳入をもって賄うが、公共事業費、出資金及び貸付金の財源については、例外的に国債発行又は借入金により調達することを認めている。同項但書に基づいて発行される国債は「建設国債」と呼ばれる。建設国債は、1966年度から発行されている。

イ　**妥当でない**　建設国債を発行しても、なお歳入の不足が見込まれる場合には、政府は公共事業費以外の歳出に充てる資金の調達を目的として、特別の法律（2016年度予算を例に取れば、「財政運営に必要な財源の確保を図るための公債の発行の特例に関する法律」）により国債を発行することがある。これらの国債は「特例国債」と呼ばれるが、その性質から「赤字国債」と呼ばれることもある。特例国債は、1965年度に初めて発行され、1991年度から３年間は発行されなかったが、1994年度から再発行されている。

ウ　**妥当でない**　1965年以降、国債発行が行われなかった年はない。なお、記述イの解説で述べたように特例国債（赤字国債）に関しては、1990年代初頭のバブル期に、税収が大幅に増大したことから発行されなかった年もある。

エ　**妥当である**　復興債は、「東日本大震災からの復興のための施策を実施するために必要な財源の確保に関する特別措置法」に基づき、2011〜2020年度までに実施する東日本大震災からの復旧・復興事業に必要な財源確保のために、各年度の予算をもって国会の議決を経た金額の範囲内で発行されている。

オ　**妥当である**　医療費や社会保障給付費の増加などにより歳出が増加しているのに対し、1991年のバブル崩壊以降、税収は減少していることから、不足分を賄うために国債が発行されている。消費税率が８％に引き上げられた2014年以降の新規国債発行額（小数点以下切り捨て）は、2014年度が38兆円、2015年度が34兆円、2016年度が38兆円、2017年度が33兆円、2018年度が34兆円、2019年度が32兆円であり、毎年度30兆円を超えている。

....

以上により、妥当なものの組合せは５であり、正解は５となる。

正解	1	2	3	4	5
解答率（%）	5.8	9.9	13.5	7.4	62.8

問題51	日本の子ども・子育て政策 （政治・経済・社会）	ランク **B**	正解 **3**

ア　**妥当でない**　児童手当は、家庭等における生活の安定に寄与するとともに、次代の社会を担う児童の健やかな成長に資することを目的として、中学校卒業まで（15歳の誕生日後の最初の３月31日まで）の児童を養育している者（監護・生計同一要件を満たす父母等や児童が施設に入所している場合はその施設の設置者等）を対象に、毎月一定額の給付を行う制度である。

イ　**妥当である**　そのとおりである。児童扶養手当は、父又は母と生計を同じくしていない児童が育成される家庭の生活の安定と自立の促進に寄与するため、当該児童について児童扶養手当を支給し、もって児童の福祉の増進を図ることを目的としている（児童扶養手当法１条）。

ウ　**妥当である**　そのとおりである。就学援助の対象者は、「生活保護法第６条第２項に規定する要保護者」（令和２年度は約10万人）と「市町村教育委員会が生活保護法第６条第２項に規定する要保護者に準ずる程度に困窮していると認める者」（令和２年度は約123万人）となっている。

エ　**妥当でない**　小学生以下の子どもの医療費の自己負担分については、医療

保険制度において乳幼児等医療費助成制度が設けられており、すべての都道府県が域内の市町村に補助を行い、当該市町村が実施しているが（地方単独事業）、都道府県により、対象年齢、所得制限と一部自己負担の有無には違いがある。

オ　妥当でない　令和元年10月１日から幼児教育・保育の無償化が始まり、幼稚園、保育所、認定こども園を利用する０〜２歳児クラスの住民税非課税世帯の子どもたちと、３〜５歳児クラスのすべての子どもたちの利用料が無料となった。なお、幼児教育・保育の無償化の実施に要する令和元年度の経費については、全額を国費で負担することとされた。

以上により、妥当なものの組合せは３であり、正解は３となる。

正解	1	2	3	4	5
解答率（%）	6.3	3.4	72.0	9.7	8.4

問題52 ｜ 新しい消費の形態（政治・経済・社会）

ランク **A**　正解 **3**

ア　妥当でない　ギグエコノミーとは、フリーランスの立場で、インターネットを利用してその都度単発又は短期の仕事を受注するという働き方や、これらによって成り立つ経済の仕組みのことである。なお、本記述のサービスは、サブスクリプションの一つの形態である。

イ　妥当である　そのとおりである。なお、「平成30年版情報通信白書」によると、矢野経済研究所が実施した調査では、シェアリングエコノミーの国内市場規模は、2015年度に約398億円であったものが、2016年度には約503億円まで拡大しており、2021年までに約1,071億円まで拡大すると予測している。

ウ　妥当である　そのとおりである。なお、民泊サービスを活用する貸主側のメリットには、「空き室・空き家の有効活用」や「世界各国の旅行者との交流」等がある。

エ　**妥当でない**　サブスクリプションとは、消費者がサービス等の購入に当たり、そのサービスの量・回数等ではなく、それらを一定期間利用・享受する権限の提供を受け、その資格を当該期間中保持することに対して対価を支払う契約のことをいい、日本では、「定額制」や「定額課金」と呼ばれることもある。なお、詰替え用のシャンプーや洗剤などの購入など、資源を大切にして環境をできるだけ傷つけない商品を優先的に購入する人を「グリーンコンシューマー」といい、日々の買い物で環境にいいという視点で商品や店を選ぶことを「グリーン購入」、「サステナブルな消費」、「エシカル消費」などという。

以上により、妥当なものの組合せは３であり、正解は３となる。

正解	1	2	3	4	5
解答率（%）	2.4	0.8	87.3	3.7	5.9

問題53　地域再生・地域活性化等の政策や事業（政治・経済・社会）　ランク A　正解 4

ア　**妥当である**　そのとおりである。まち・ひと・しごと創生基本方針では、「地方にしごとをつくり、安心して働けるようにする」、「地方への新しいひとの流れをつくる」、「若い世代の結婚・出産・子育ての希望をかなえる」、「時代に合った地域をつくり、安心なくらしを守るとともに、地域と地域を連携する」の４つが基本目標とされている。

イ　**妥当である**　そのとおりである。高齢化、過疎化が進む中山間地域や離島の一部でのアートを活用した地域再生の取組みの具体例として、新潟県の越後妻有地域を舞台とした「大地の芸術祭」や瀬戸内の島々等を舞台とした「瀬戸内国際芸術祭」などがある。

ウ　**妥当でない**　地域おこし協力隊は、人口減少や高齢化等の進行が著しい地方で、地域外の人材を積極的に受け入れて、地域協力活動を行ってもらい、

その定住や定着を図ることにより、意欲ある都市住民のニーズに応えながら、地域力の維持・強化を図っていくことを目的としている。

エ　妥当である　そのとおりである。シャッター街の増加等による中心市街地商店街の衰退対策として、官民連携または民間主導等により空き店舗や空きビル等への出店や起業を促進することで、商店街全体の活性化を図る取組みが各地域で行われている。

オ　妥当でない　エリアマネジメントは、特定のエリアを単位に、住民・事業主・地権者等の民間が主体となって、地域における良好な環境や地域の価値を維持・向上させることを目的としている。

....

以上により、妥当でないものの組合せは4であり、正解は4となる。

正解	1	2	3	4	5
解答率（％）	1.8	4.6	3.7	85.5	4.2

問題54 ｜ 日本の人口動態 （政治・経済・社会）　ランク B　正解 3

ア　妥当でない　2019年の死因の中で、最も多いのは悪性新生物（腫瘍）で、次に心疾患、老衰、脳血管疾患、肺炎が続く。

イ　妥当である　そのとおりである。平均初婚年齢は、2009年が、夫30.4歳・妻28.6歳、2019年が、夫31.2歳・妻29.6歳となっている。

ウ　妥当でない　「令和2年版厚生労働白書」によると、我が国では戦後、1940年代と1970年代の2回、ベビーブームがある。第一次ベビーブームの子ども世代が第二次ベビーブームであるが、第二次ベビーブームに続く第三次に相当するベビーブームは起きていない。

エ　妥当である　そのとおりである。なお、2009年は約72,000人の自然減、2019年は約512,000人の自然減となっている。

オ　妥当でない　ここ30年間に出産した母の年齢（5歳階級）別にみた出生数

は、2000年までは20代が最多を占めていたが、2005年以降は30代が最多を占めている。

> ....

以上により、妥当なものの組合せは3であり、正解は3となる。

正解	1	2	3	4	5
解答率（％）	6.6	5.7	59.3	7.6	20.9

問題55	インターネット通信で用いられる略称 （情報通信）	ランク B	正解 3

ア　**妥当でない**　BCCとは、Blind Carbon Copy の略であり、電子メールの送信先指定方法の1つである。ブラインドには「隠れた」、カーボンコピーには「複写したもの」という意味がある。通常の宛先であるTOに指定したユーザ以外に同じ内容の電子メールを送信する場合に使用し、CCと違い、電子メールの他の受信者には、同じ内容の電子メールがBCCに指定したユーザにも送信されているということは通知されない。そのため、他の受信者には、そのユーザに電子メールを送っているということを隠しておきたい場合に利用できる。

イ　**妥当である**　SMTPとは、Simple Mail Transfer Protocol の略であり、電子メールの送信と転送を行うためのプロトコルである。Windows OS が搭載されているコンピュータとMac OS が搭載されているコンピュータや、携帯電話とパソコンといった異なった機種の間でも電子メールのやり取りができるのは、このプロトコルに準拠しているためである。

ウ　**妥当でない**　SSLとは、Secure Sockets Layer の略であり、インターネットにおいてデータを暗号化したり、なりすましを防いだりするためのプロトコルのことである。ショッピングサイトやインターネットバンキングなど、個人情報や機密情報をやり取りする際に広く使われている。利用者は、認証機関により発行されたサーバ証明書によって、サーバの真正性を確認する。

2020年現在は、SSL3.0をもとに改良が加えられたTLS1.3が標準的なプロトコルとして利用されている。

エ　**妥当である**　HTTPとは、Hyper Text Transfer Protocol の略であり、Webブラウザが、Webサーバに対してHTML形式のファイルを受け取るためのプロトコルである。トランスファーには「転送する」という意味がある。

オ　**妥当でない**　URLとは、Uniform Resource Locator の略であり、インターネット上で情報が格納されている場所を示すための住所のような役割を果たす文字列のことである。URLは、Webブラウザなどでホームページを閲覧するときの指定に利用され、プロトコル名、ホスト名、パス名で構成される。

⋯⋯⋯⋯⋯⋯⋯⋯

以上により、妥当なものの組合せは3であり、正解は3となる。

正解	1	2	3	4	5
解答率（％）	5.0	11.4	**58.7**	7.1	17.5

問題56 個人情報保護法 （個人情報保護）	ランク A	正解 2

1　**誤り**　個人情報保護法（個人情報の保護に関する法律）85条1項は、「行政機関の長等は、開示請求に係る保有個人情報が当該行政機関の長等が属する行政機関等以外の行政機関等から提供されたものであるとき……は、当該他の行政機関の長等と協議の上、当該他の行政機関の長等に対し、事案を移送することができる。この場合においては、移送をした行政機関の長等は、開示請求者に対し、事案を移送した旨を書面により通知しなければならない。」と規定している。したがって、本記述の場合、行政機関の長は、いったん開示請求を却下しなければならないわけではない。

2　**正しい**　個人情報保護法78条1項柱書は、「行政機関の長等は、開示請求があったときは、開示請求に係る保有個人情報に次の各号に掲げる情報（以下この節において「不開示情報」という。）のいずれかが含まれている場合

を除き、開示請求者に対し、当該保有個人情報を開示しなければならない。」と規定し、同条5号は「行政機関の長又は地方公共団体の機関（都道府県の機関に限る。）が開示決定等をする場合において、開示することにより、犯罪の予防、鎮圧又は捜査、公訴の維持、刑の執行その他の公共の安全と秩序の維持に支障を及ぼすおそれがあると当該行政機関の長又は地方公共団体の機関が認めることにつき相当の理由がある情報」を掲げている。

3　**誤り**　個人情報保護法81条は、「開示請求に対し、当該開示請求に係る保有個人情報が存在しているか否かを答えるだけで、不開示情報を開示することとなるときは、行政機関の長等は、当該保有個人情報の存否を明らかにしないで、当該開示請求を拒否することができる。」と規定している。したがって、行政機関の長は、必ず当該保有個人情報の存否を明らかにする必要はない。

4　**誤り**　個人情報保護法78条1項柱書は、「行政機関の長等は、開示請求があったときは、開示請求に係る保有個人情報に次の各号に掲げる情報（以下この節において「不開示情報」という。）のいずれかが含まれている場合を除き、開示請求者に対し、当該保有個人情報を開示しなければならない。」と規定し、同条2号本文は「開示請求者以外の個人に関する情報……であって、……個人識別符号が含まれるもの」を掲げている。したがって、本記述の場合、行政機関の長は、開示請求者に対し、当該保有個人情報を開示しなければならない。

5　**誤り**　個人情報保護法79条1項は、「行政機関の長等は、開示請求に係る保有個人情報に不開示情報が含まれている場合において、不開示情報に該当する部分を容易に区分して除くことができるときは、開示請求者に対し、当該部分を除いた部分につき開示しなければならない。」と規定し（部分開示）、同法82条2項は、「行政機関の長等は、開示請求に係る保有個人情報の全部を開示しないとき（前条の規定により開示請求を拒否するとき、及び開示請求に係る保有個人情報を保有していないときを含む。）は、開示をしない旨の決定をし、開示請求者に対し、その旨を書面により通知しなければならない。」と規定している（全部不開示）。したがって、本記述の場合、行政機関の長は、開示請求者に当該請求を取り下げるように通知する必要はない。

....

以上により、正しい記述は2であり、正解は2となる。

正解	1	2	3	4	5
解答率（％）	1.2	**87.9**	3.2	5.9	1.7

問題57 個人情報保護法（個人情報保護）　ランク B　正解 5

1　**誤り**　個人情報保護法（個人情報の保護に関する法律）23条は、「個人情報取扱事業者は、その取り扱う個人データの漏えい、滅失又は毀損の防止その他の個人データの安全管理のために必要かつ適切な措置を講じなければならない。」と規定しているから、本記述の前段は正しい。しかし、同法25条は、「個人情報取扱事業者は、個人データの取扱いの全部又は一部を委託する場合は、その取扱いを委託された個人データの安全管理が図られるよう、委託を受けた者に対する必要かつ適切な監督を行わなければならない。」と規定しており、個人データの取扱いの全部を委託することを認めているから、本記述の後段は誤りである。

2　**誤り**　個人情報保護法18条1項は、「個人情報取扱事業者は、あらかじめ本人の同意を得ないで、前条の規定により特定された利用目的の達成に必要な範囲を超えて、個人情報を取り扱ってはならない。」と規定しており、同項の個人情報の取扱いには個人情報の取得も含まれるから、個人情報取扱事業者は、本人の同意を得ないで、個人情報を取得することはできないのが原則である。そして、同条3項柱書は、「前二項の規定は、次に掲げる場合については、適用しない。」と規定し、同項3号は、「公衆衛生の向上……のために特に必要がある場合であって、本人の同意を得ることが困難であるとき。」を掲げている。しかし、本記述の場合は、本人の同意を得ることが困難でない場合であるから、同項の適用はなく、個人情報取扱事業者は、個人データを当該本人から取得することはできず、本記述の前段は誤りである。

また、同法27条1項柱書は、「個人情報取扱事業者は、次に掲げる場合を除くほか、あらかじめ本人の同意を得ないで、個人データを第三者に提供してはならない。」と規定し、同項3号は、「公衆衛生の向上……のために特に必要がある場合であって、本人の同意を得ることが困難であるとき。」を掲げている。しかし、本記述の場合は、本人の同意を得ることが困難でない場合であるから、同項の適用はなく、個人情報取扱事業者は、当該個人データの第三者提供にあたっては、あらためて、当該本人の同意を得る必要があり、本記述の後段は誤りである。なお、同法における「本人」とは、個人情報によって識別される特定の個人をいう（同法2条4項）。

3　　**誤り**　個人情報保護法27条1項柱書は、「個人情報取扱事業者は、次に掲げる場合を除くほか、あらかじめ本人の同意を得ないで、個人データを第三者に提供してはならない。」と規定し、同条5項柱書は、「次に掲げる場合において、当該個人データの提供を受ける者は、前各項の規定の適用については、第三者に該当しないものとする。」と規定し、同項2号は、「合併その他の事由による事業の承継に伴って個人データが提供される場合」を掲げているから、本記述の場合、本人の同意を得る必要はない。

4　　**誤り**　個人情報保護法27条1項柱書は、「個人情報取扱事業者は、次に掲げる場合を除くほか、あらかじめ本人の同意を得ないで、個人データを第三者に提供してはならない。」と規定し、同項4号は、「地方公共団体……が法令の定める事務を遂行することに対して協力する必要がある場合であって、本人の同意を得ることにより当該事務の遂行に支障を及ぼすおそれがあるとき。」を掲げているから、本記述の場合、本人の同意を得なくても、個人データを当該地方公共団体に提供することができる。

5　　**正しい**　個人情報保護法21条3項は、「個人情報取扱事業者は、利用目的を変更した場合は、変更された利用目的について、本人に通知し、又は公表しなければならない。」と規定している。

....

以上により、正しい記述は5であり、正解は5となる。

正解	1	2	3	4	5
解答率（％）	4.5	7.0	11.4	11.4	65.2

問題58 | 短文挿入
（文章理解）

ランク **A** ｜ 正解 **4**

Ⅰ　**ウ**　本文2段落3文目をみると、「相手に何も言わせない」とあることから、「相手を黙らせる」と述べる記述ウが、Ⅰに入る内容として妥当である。

Ⅱ　**オ**　本文4段落1文目をみると、「それは～似ています」とあり、本文3段落目の内容を例示していることがわかる。本文4段落1文目の「中立的なところに保管する」、同段落2文目の「対話が終わるまで未決にしておく」、同段落3文目の「しばらく宙づりにする」という表現から、「しばらく判断をペンディングする」と述べる記述オが、Ⅱに入る内容として妥当である。「ペンディング（pending）」は「保留、先送り」という意味で使われ、「キャスティング（casting）」は「映画や演劇等で役を振り当てること」、「マウンティング（mounting）」は「自分の方が相手よりも優位であることを示そうとする行為や振る舞い」を意味する。

以上により、空欄に入る組合せとして妥当なものは4であり、正解は4となる。

正解	1	2	3	4	5
解答率（％）	3.2	2.9	3.9	88.3	1.6

問題59 | 文章整序
（文章理解）

ランク **A** ｜ 正解 **2**

エ→ア→ウ→オ→イ　空欄前の段落の5文目をみると、「控えめな客観性しか持ち合わせていない」とある。一方、記述エは、「むしろ『控えめな客観性』に留まる点で素晴らしい」と述べている。「むしろ」とは「どちらかといえば」という意味の副詞である。このことから、記述エは、空欄前の内容を受けて述べていることがわかる。したがって、空欄内は記述エから始まる。

　次に、本文・選択肢含め、「性格」という言葉が用いられるのは、記述ア
と記述ウのみである。そして、記述ウは「しかし、その性格は」と述べてい
るため、指示語「その」は、記述アの「同様の性格」を指していると推測で
きる。したがって、ア→ウの順に並ぶ。

　さらに、記述ウ・オに含まれる「客観性」という言葉に着目する。記述ウ
「絶対的な客観性……とは違う」、記述オ「もっと控えめな客観性にすぎない」
と述べており、記述オは記述ウの内容を受けて付言している。したがって、
ウ→オの順に並ぶ。

　最後に、空欄後の内容をみると、「たとえば」で始まることから、直前の
内容を例示していることがわかる。そして、空欄後１文目に「ものの見方」
とあり、選択肢の中では、記述イにのみ同様の言葉が含まれることから、空
欄内最後の文章は、記述イであることがわかる。

　したがって、空欄内の文章は、エ→ア→ウ→オ→イの順序で並ぶ。

以上により、順序として妥当なものは２であり、正解は２となる。

正解	1	2	3	4	5
解答率（%）	5.5	76.7	4.6	5.7	7.2

問題60 ｜ 空欄補充 (文章理解)　ランク A　正解 1

　本問は、選択肢に類義語が含まれ、また、解答するにあたって根拠となる箇所
が少ないため、総合的な判断が求められる。

Ⅰ　**波紋**　本文１段落２文目をみると、「池に小石を投げ入れたときのように、
　　Ⅰ を広げていって」とあることから、Ⅰ には、「水面に物の落ちたときな
　　どに、いく重にも輪を描いて広がる、波の模様」を意味する「波紋」が入る。
　　なお、「波乱」は「大小の波、激しい変化のあること」、「波及」は「物事の
　　影響が、波のように徐々に広がっていくこと」を意味する。

Ⅱ 　**白熱**　本文3段落1文目をみると、「議論が Ⅱ するにつれて、言葉が荒く汚くなる」とあり、また、同段落2文目に「感情的になりすぎない」とある。したがって、 Ⅱ には「雰囲気や感情などが、極度に熱を帯びた状態になること」を意味する「白熱」が入る。なお、「熱中」は「一つの物事に深く心を傾けること」、「過熱」は「必要以上に熱くなること、熱し過ぎること」を意味する。

Ⅲ 　**正確**　本文4段落1～2文目をみると、「議論というのは……意味を持ちます」とあることから、 Ⅲ には、「事実と合っていて間違いのないさま」を意味する「正確」が入る。なお、「親密」は「互いの交際の深いこと」、「正常」は「変わったところがなく、普通であること」を意味する。

Ⅳ 　**促進**　本文5段落2文目をみると、「ユーモアは、社交を Ⅳ し」とあることから、 Ⅳ には、「物事が早くはかどるように、うながしすすめること」を意味する「促進」が入る。なお、「推進」は「事業や計画などの物事を達成するように努めること」、「進捗」は「物事が進みはかどること」を意味する。

Ⅴ 　**葛藤**　本文6段落1文目をみると、「反論や問題提起は……高まります」とあることから、 Ⅴ には、「人と人が互いに譲らず対立し、いがみ合うこと」を意味する「葛藤」が入る。なお、「抑圧」は「抑制し圧迫すること、むりやりおさえつけること」、「懊悩」は「悩みもだえること」を意味する。

··

以上により、空欄に入る語句の組合せとして妥当なものは1であり、正解は1となる。

正解	1	2	3	4	5
解答率（％）	90.9	0.3	6.8	1.4	0.3

2019（令和元）年度
試験問題

▶法令等　[問題１〜問題40は択一式（５肢択一式）]

問題１　次の文章の空欄 ア 〜 エ に当てはまる語の組合せとして、妥当なもの
はどれか。

（この部分に記載されている文章については、
著作権法上の問題から掲載することができません。）

（出典　船田享二「法律思想史」愛文館、1946年から
〈旧漢字・旧仮名遣い等は適宜修正した。〉）

	ア	イ	ウ	エ
1	オランダ	ボアソナード	フランス	ドイツ
2	イタリア	ロエスレル	イギリス	フランス
3	オランダ	ボアソナード	ドイツ	フランス
4	イタリア	ボアソナード	オランダ	ドイツ
5	オランダ	ロエスレル	イギリス	ドイツ

問題２　裁判の審級制度等に関する次のア〜オの記述のうち、妥当なものの組合
せはどれか。

ア　民事訴訟および刑事訴訟のいずれにおいても、簡易裁判所が第１審の裁判
所である場合は、控訴審の裁判権は地方裁判所が有し、上告審の裁判権は高
等裁判所が有する。

イ　民事訴訟における控訴審の裁判は、第１審の裁判の記録に基づいて、その判断の当否を事後的に審査するもの（事後審）とされている。

ウ　刑事訴訟における控訴審の裁判は、第１審の裁判の審理とは無関係に、新たに審理をやり直すもの（覆審）とされている。

エ　上告審の裁判は、原則として法律問題を審理するもの（法律審）とされるが、刑事訴訟において原審の裁判に重大な事実誤認等がある場合には、事実問題について審理することがある。

オ　上級審の裁判所の裁判における判断は、その事件について、下級審の裁判所を拘束する。

1　ア・イ
2　ア・オ
3　イ・ウ
4　ウ・エ
5　エ・オ

問題3　議員の地位に関する次の記述のうち、法令および最高裁判所の判例に照らし、妥当なものはどれか。

1　衆参両議院の比例代表選出議員に欠員が出た場合、当選順位に従い繰上補充が行われるが、名簿登載者のうち、除名、離党その他の事由により名簿届出政党等に所属する者でなくなった旨の届出がなされているものは、繰上補充の対象とならない。

2　両議院の議員は、国会の会期中逮捕されないとの不逮捕特権が認められ、憲法が定めるところにより、院外における現行犯の場合でも逮捕されない。

3　両議院には憲法上自律権が認められており、所属議員への懲罰については司法審査が及ばないが、除名処分については、一般市民法秩序と関連するため、裁判所は審査を行うことができる。

4　地方議会の自律権は、議院の自律権とは異なり法律上認められたものにす

ぎないので、裁判所は、除名に限らず、地方議会による議員への懲罰について広く審査を行うことができる。

5　地方議会の議員は、住民から直接選挙されるので、国会議員と同様に免責特権が認められ、議会で行った演説、討論または表決について議会外で責任を問われない。

問題4　家族・婚姻に関する次の記述のうち、最高裁判所の判例に照らし、妥当なものはどれか。

1　嫡出でない子の法定相続分を嫡出子の2分の1とする民法の規定は、当該規定が補充的に機能する規定であることから本来は立法裁量が広く認められる事柄であるが、法律婚の保護という立法目的に照らすと著しく不合理であり、憲法に違反する。

2　国籍法が血統主義を採用することには合理性があるが、日本国民との法律上の親子関係の存否に加え、日本との密接な結びつきの指標として一定の要件を設け、これを満たす場合に限り出生後の国籍取得を認めるとする立法目的には、合理的な根拠がないため不合理な差別に当たる。

3　出生届に嫡出子または嫡出でない子の別を記載すべきものとする戸籍法の規定は、嫡出でない子について嫡出子との関係で不合理な差別的取扱いを定めたものであり、憲法に違反する。

4　厳密に父性の推定が重複することを回避するための期間（100日）を超えて女性の再婚を禁止する民法の規定は、婚姻および家族に関する事項について国会に認められる合理的な立法裁量の範囲を超え、憲法に違反するに至った。

5　夫婦となろうとする者の間の個々の協議の結果として夫の氏を選択する夫婦が圧倒的多数を占める状況は実質的に法の下の平等に違反する状態といいうるが、婚姻前の氏の通称使用が広く定着していることからすると、直ちに違憲とまではいえない。

問題5 選挙権・選挙制度に関する次の記述のうち、最高裁判所の判例に照らし、妥当でないものはどれか。

1 国民の選挙権それ自体を制限することは原則として許されず、制約が正当化されるためにはやむを得ない事由がなければならないが、選挙権を行使するための条件は立法府が選択する選挙制度によって具体化されるものであるから、選挙権行使の制約をめぐっては国会の広い裁量が認められる。

2 立候補の自由は、選挙権の自由な行使と表裏の関係にあり、自由かつ公正な選挙を維持する上で、きわめて重要な基本的人権であることに鑑みれば、これに対する制約は特に慎重でなければならない。

3 一定の要件を満たした政党にも選挙運動を認めることが是認される以上、そうした政党に所属する候補者とそれ以外の候補者との間に選挙運動上の差異が生じても、それが一般的に合理性を有するとは到底考えられない程度に達している場合に、はじめて国会の裁量の範囲を逸脱し、平等原則に違反することになる。

4 小選挙区制は、死票を多く生む可能性のある制度であることは否定し難いが、死票はいかなる制度でも生ずるものであり、特定の政党のみを優遇する制度とはいえないのであって、選挙を通じて国民の総意を議席に反映させる一つの合理的方法といい得る。

5 比例代表選挙において、選挙人が政党等を選択して投票し、各政党等の得票数の多寡に応じて、政党等があらかじめ定めた当該名簿の順位に従って当選人を決定する方式は、投票の結果、すなわち選挙人の総意により当選人が決定される点で選挙人が候補者個人を直接選択して投票する方式と異ならず、直接選挙といい得る。

問題6 教科書検定制度の合憲性に関する次の記述のうち、最高裁判所の判例に
照らし、妥当でないものはどれか。

1 国は、広く適切な教育政策を樹立、実施すべき者として、また、子供自身
の利益を擁護し、子供の成長に対する社会公共の利益と関心にこたえるた
め、必要かつ相当な範囲で教育内容についてもこれを決定する権能を有す
る。

2 教科書検定による不合格処分は、発表前の審査によって一般図書としての
発行を制限するため、表現の自由の事前抑制に該当するが、思想内容の禁止
が目的ではないから、検閲には当たらず、憲法21条2項前段の規定に違反す
るものではない。

3 教育の中立・公正、教育水準の確保などを実現するための必要性、教科書
という特殊な形態での発行を禁ずるにすぎないという制限の程度などを考慮
すると、ここでの表現の自由の制限は合理的で必要やむを得ない限度のもの
というべきである。

4 教科書は学術研究の結果の発表を目的とするものではなく、検定制度は一
定の場合に教科書の形態における研究結果の発表を制限するにすぎないか
ら、学問の自由を保障した憲法23条の規定に違反しない。

5 行政処分には、憲法31条による法定手続の保障が及ぶと解すべき場合があ
るにしても、行政手続は行政目的に応じて多種多様であるから、常に必ず行
政処分の相手方に告知、弁解、防御の機会を与える必要はなく、教科書検定
の手続は憲法31条に違反しない。

問題7 動物愛護や自然保護に強い関心を持つ裁判官A氏は、毛皮の採取を目的
とした野生動物の乱獲を批判するため、休日に仲間と語らって派手なボ
ディペインティングをした風体でデモ行進を行い、その写真をソーシャル
メディアに掲載したところ、賛否両論の社会的反響を呼ぶことになった。
事態を重く見た裁判所は、A氏に対する懲戒手続を開始した。
　このニュースに関心を持ったBさんは、事件の今後の成り行きを予測す

るため情報収集を試みたところ、裁判官の懲戒手続一般についてインターネット上で次の1～5の出所不明の情報を発見した。このうち、法令や最高裁判所の判例に照らし、妥当なものはどれか。

1　裁判官の身分保障を手続的に確保するため、罷免については国会に設置された弾劾裁判所が、懲戒については独立の懲戒委員会が決定を行う。

2　裁判官の懲戒の内容は、職務停止、減給、戒告または過料とされる。

3　司法権を行使する裁判官に対する政治運動禁止の要請は、一般職の国家公務員に対する政治的行為禁止の要請よりも強い。

4　政治運動を理由とした懲戒が憲法21条に違反するか否かは、当該政治運動の目的や効果、裁判官の関わり合いの程度の3点から判断されなければならない。

5　表現の自由の重要性に鑑みれば、裁判官の品位を辱める行状があったと認定される事例は、著しく品位に反する場合のみに限定されなければならない。

問題8　行政上の義務の履行確保手段に関する次の記述のうち、法令および判例に照らし、正しいものはどれか。

1　即時強制とは、非常の場合または危険切迫の場合において、行政上の義務を速やかに履行させることが緊急に必要とされる場合に、個別の法律や条例の定めにより行われる簡易な義務履行確保手段をいう。

2　直接強制は、義務者の身体または財産に直接に実力を行使して、義務の履行があった状態を実現するものであり、代執行を補完するものとして、その手続が行政代執行法に規定されている。

3　行政代執行法に基づく代執行の対象となる義務は、「法律」により直接に命じられ、または「法律」に基づき行政庁により命じられる代替的作為義務に限られるが、ここにいう「法律」に条例は含まれない旨があわせて規定されているため、条例を根拠とする同種の義務の代執行については、別途、そ

の根拠となる条例を定める必要がある。

4　行政上の秩序罰とは、行政上の秩序に障害を与える危険がある義務違反に対して科される罰であるが、刑法上の罰ではないので、国の法律違反に対する秩序罰については、非訟事件手続法の定めるところにより、所定の裁判所によって科される。

5　道路交通法に基づく違反行為に対する反則金の納付通知について不服がある場合は、被通知者において、刑事手続で無罪を主張するか、当該納付通知の取消訴訟を提起するかのいずれかを選択することができる。

問題9　内閣法および国家行政組織法の規定に関する次の記述のうち、正しいものはどれか。

1　各省大臣は、国務大臣のうちから内閣総理大臣が命ずるが、内閣総理大臣が自ら各省大臣に当たることはできない。

2　各省大臣は、その機関の事務を統括し、職員の服務について、これを統督するが、その機関の所掌事務について、命令または示達をするため、所管の諸機関および職員に対し、告示を発することができる。

3　各省大臣は、主任の行政事務について、法律または政令の制定、改正または廃止を必要と認めるときは、案をそなえて、内閣総理大臣に提出して、閣議を求めなければならない。

4　各省大臣は、主任の行政事務について、法律もしくは政令を施行するため、または法律もしくは政令の特別の委任に基づいて、それぞれその機関の命令として規則その他の特別の命令を発することができる。

5　各省大臣は、主任の大臣として、それぞれ行政事務を分担管理するものとされ、内閣総理大臣が行政各部を指揮監督することはできない。

問題10　次の文章は、公有水面埋立てに関する最高裁判所判決の一節である。次の下線を引いた㈦〜㈺の用語のうち、誤っているものの組合せはどれか。

(1)海は、特定人による独占的排他的支配の許されないものであり、現行法上、海水に覆われたままの状態でその一定範囲を区画してこれを私人の所有に帰属させるという制度は採用されていないから、海水に覆われたままの状態においては、私法上(ア)所有権の客体となる土地に当たらない（略）。また、海面を埋め立てるために土砂が投入されて埋立地が造成されても、原則として、埋立権者が竣功認可を受けて当該埋立地の(ア)所有権を取得するまでは、その土砂は、海面下の地盤に付合するものではなく、公有水面埋立法・・・に定める原状回復義務の対象となり得るものである（略）。これらのことからすれば、海面の埋立工事が完成して陸地が形成されても、同項に定める原状回復義務の対象となり得る限りは、海面下の地盤の上に独立した動産たる土砂が置かれているにすぎないから、この時点ではいまだ当該埋立地は私法上(ア)所有権の客体となる土地に当たらないというべきである。

(2)公有水面埋立法・・・に定める上記原状回復義務は、海の公共性を回復するために埋立てをした者に課せられた義務である。そうすると、長年にわたり当該埋立地が事実上公の目的に使用されることもなく放置され、(イ)公共用財産としての形態、機能を完全に喪失し、その上に他人の平穏かつ公然の(ウ)占有が継続したが、そのため実際上公の目的が害されるようなこともなく、これを(イ)公共用財産として維持すべき理由がなくなった場合には、もはや同項に定める原状回復義務の対象とならないと解すべきである。したがって、竣功未認可埋立地であっても、上記の場合には、当該埋立地は、もはや公有水面に復元されることなく私法上所有権の客体となる土地として存続することが確定し、同時に、(エ)明示的に公用が廃止されたものとして、(オ)消滅時効の対象となるというべきである。

（最二小判平成17年12月16日民集59巻10号2931頁）

1　ア・ウ
2　ア・オ
3　イ・ウ
4　イ・エ
5　エ・オ

問題11 行政指導についての行政手続法の規定に関する次の記述のうち、正しいものはどれか。

1 法令に違反する行為の是正を求める行政指導で、その根拠となる規定が法律に置かれているものが当該法律に規定する要件に適合しないと思料するときは、何人も、当該行政指導をした行政機関に対し、その旨を申し出て、当該行政指導の中止その他必要な措置をとることを求めることができる。

2 行政指導は、行政機関がその任務または所掌事務の範囲内において一定の行政目的を実現するため一定の作為または不作為を求める指導、勧告、助言その他の行為であって処分に該当しないものをいい、その相手方が特定か不特定かは問わない。

3 地方公共団体の機関がする行政指導のうち、その根拠が条例または規則に置かれているものについては、行政手続法の行政指導に関する定めの適用はないが、その根拠が国の法律に置かれているものについては、その適用がある。

4 行政指導が口頭でされた場合において、その相手方から当該行政指導の趣旨および内容ならびに責任者を記載した書面の交付を求められたときは、当該行政指導に携わる者は、行政上特別の支障がない限り、これを交付しなければならない。

5 行政指導指針を定めるに当たって、行政手続法による意見公募手続をとらなければならないとされているのは、当該行政指導の根拠が法律、条例または規則に基づくものに限られ、それらの根拠なく行われるものについては、意見公募手続に関する定めの適用はない。

問題12 聴聞についての行政手続法の規定に関する次のア〜オの記述のうち、正しいものの組合せはどれか。

ア 聴聞は、行政庁が指名する職員その他政令で定める者が主宰するが、当該聴聞の当事者*や参加人など、当該不利益処分の対象者に一定の関連を有す

る者のほか、行政庁の職員のうち、当該不利益処分に係る事案の処理に直接関与した者は、主宰者となることができない。

イ　行政庁は、予定している不利益処分につき、聴聞の主宰者から当該聴聞に係る報告書の提出を受けてから、当該不利益処分を行うか否か決定するまでに通常要すべき標準的な期間を定め、これを当該聴聞の当事者*に通知するよう努めなければならない。

ウ　主宰者は、当事者*の全部または一部が正当な理由なく聴聞の期日に出頭せず、かつ、陳述書または証拠書類等を提出しない場合、これらの者に対し改めて意見を述べ、および証拠書類等を提出する機会を与えることなく、聴聞を終結することができる。

エ　行政庁は、申請に対する処分であって、申請者以外の者の利害を考慮すべきことが当該処分の根拠法令において許認可等の要件とされているものを行う場合には、当該申請者以外の者に対し、不利益処分を行う場合に準じた聴聞を行わなければならない。

オ　聴聞の通知があった時から聴聞が終結する時までの間、当事者*から行政庁に対し、当該不利益処分の原因となる事実を証する資料の閲覧を求められた場合、行政庁は、第三者の利益を害するおそれがあるときその他正当な理由があるときは、その閲覧を拒むことができる。

（注）　＊　当事者　行政庁は、聴聞を行うに当たっては、聴聞を行うべき期日までに相当な期間をおいて、不利益処分の名あて人となるべき者に対し、所定の事項を書面により通知しなければならない。この通知を受けた者を「当事者」という。

1　ア・イ
2　ア・オ
3　イ・エ
4　ウ・エ
5　ウ・オ

問題13 行政手続法に関する次のア～オの記述のうち、正しいものの組合せはどれか。

ア　行政指導指針は、行政機関がこれを定めたときは、行政上特別の支障がない限り、公表しなければならない。

イ　申請に対する処分が標準処理期間内に行われない場合には、そのことを理由として直ちに、不作為の違法確認の訴えにおいて、その請求が認容される。

ウ　行政庁が、処分基準を定めたときは、行政上特別の支障があるときを除き、法令により申請の提出先とされている機関の事務所における備付けその他の適当な方法により公にしておかなければならない。

エ　申請により求められた許認可等を拒否する場合において、申請者に対する理由の提示が必要とされるのは、申請を全部拒否するときに限られ、一部拒否のときはその限りでない。

オ　法律に基づく命令、審査基準、処分基準および行政指導指針を定める場合、公益上、緊急に定める必要がある場合など行政手続法が定める例外を除いて、意見公募手続をとらなければならない。

1　ア・エ
2　ア・オ
3　イ・ウ
4　イ・エ
5　ウ・オ

問題14 裁決および決定についての行政不服審査法の規定に関する次のア～オの記述のうち、正しいものの組合せはどれか。

ア　審査請求人は、処分についての審査請求をした日（審査請求書につき不備の補正を命じられた場合は、当該不備を補正した日）から、行政不服審査法に定められた期間内に裁決がないときは、当該審査請求が審査庁により棄却

されたものとみなすことができる。

イ　審査請求については、裁決は関係行政庁を拘束する旨の規定が置かれており、この規定は、再審査請求の裁決についても準用されているが、再調査の請求に対する決定については、準用されていない。

ウ　審査請求および再審査請求に対する裁決については、認容、棄却、却下の3つの類型があるが、再調査の請求については請求期間の定めがないので、これに対する決定は、認容と棄却の2つの類型のみである。

エ　審査請求においては、処分その他公権力の行使に当たる行為が違法または不当であるにもかかわらず、例外的にこれを認容せず、裁決主文で違法または不当を宣言し、棄却裁決をする制度（いわゆる事情裁決）があるが、再調査の請求に対する決定についても、類似の制度が規定されている。

オ　事実上の行為のうち、処分庁である審査庁に審査請求をすべきとされているものについて、審査請求に理由がある場合には、審査庁は、事情裁決の場合を除き、裁決で、当該事実上の行為が違法または不当である旨を宣言するとともに、当該事実上の行為の全部もしくは一部を撤廃し、またはこれを変更する。

1　ア・ウ
2　ア・エ
3　イ・エ
4　イ・オ
5　ウ・オ

問題15　行政不服審査法が定める審査請求の手続等に関する次の記述のうち、誤っているものはどれか。

1　審査請求は、審査請求をすべき行政庁が処分庁と異なる場合には、処分庁を経由してすることもできるが、処分庁は提出された審査請求書を直ちに審査庁となるべき行政庁に送付しなければならない。

2　審査庁は、審査請求が不適法であって補正をすることができないことが明らかなときは、審理員による審理手続を経ないで、裁決で、当該審査請求を却下することができる。

3　審査請求人は、審理手続が終了するまでの間、審理員に対し、提出書類等の閲覧を求めることができるが、その写しの交付を求めることもできる。

4　審理員は、審査請求人の申立てがあった場合には、口頭意見陳述の機会を与えなければならないが、参加人がこれを申し立てることはできない。

5　行政庁の処分に不服がある者は、当該処分が法律上適用除外とされていない限り、当該処分の根拠となる法律に審査請求をすることができる旨の定めがないものについても、審査請求をすることができる。

問題16　行政不服審査法の規定に関する次の記述のうち、正しいものはどれか。

1　地方公共団体は、行政不服審査法の規定の趣旨にのっとり、国民が簡易迅速かつ公正な手続の下で広く行政庁に対する不服申立てをすることができるために必要な措置を講ずるよう努めなければならない。

2　地方公共団体の行政庁が審査庁として、審理員となるべき者の名簿を作成したときは、それについて当該地方公共団体の議会の議決を経なければならない。

3　不服申立ての状況等に鑑み、地方公共団体に当該地方公共団体の行政不服審査機関*を設置することが不適当または困難であるときは、審査庁は、審査請求に係る事件につき、国の行政不服審査会に諮問を行うことができる。

4　地方公共団体の議会の議決によってされる処分については、当該地方公共団体の議会の議長がその審査庁となる。

5　地方公共団体におかれる行政不服審査機関*の組織及び運営に必要な事項は、当該地方公共団体の条例でこれを定める。

（注）　＊　行政不服審査機関　行政不服審査法の規定によりその権限に属させられた事項を処理するため、地方公共団体に置かれる機関をいう。

問題17　行政事件訴訟法が定める執行停止に関する次の記述のうち、正しいものはどれか。

1　執行停止の決定は、裁判所が疎明に基づいて行うが、口頭弁論を経て行わなければならない。

2　執行停止の決定は、取消訴訟の提起があった場合においては、裁判所が職権で行うことができる。

3　執行停止の決定は、償うことができない損害を避けるための緊急の必要がある場合でなければ、することができない。

4　執行停止の決定は、本案について理由があるとみえる場合でなければ、することができない。

5　執行停止による処分の効力の停止は、処分の執行または手続の続行の停止によって目的を達することができる場合には、することができない。

問題18　行政事件訴訟法が定める行政庁の訴訟上の地位に関する次の記述のうち、誤っているものはどれか。

1　処分をした行政庁が国または公共団体に所属しない場合は、取消訴訟は、当該行政庁を被告として提起しなければならない。

2　処分をした行政庁は、当該処分の取消訴訟について、裁判上の一切の行為をする権限を有する。

3　審査請求の裁決をした行政庁は、それが国または公共団体に所属する場合であっても、当該裁決の取消訴訟において被告となる。

4　裁判所は、義務付けの訴えに係る処分につき、訴えに理由があると認めるときは、当該処分の担当行政庁が当該処分をすべき旨を命ずる判決をする。

5　裁判所は、私法上の法律関係に関する訴訟において処分の効力の有無が争われている場合、決定をもって、その処分に関係する行政庁を当該訴訟に参加させることができる。

552

問題19 抗告訴訟に関する次の記述について、正しいものはどれか。

1 裁判所は、処分または裁決をした行政庁以外の行政庁を訴訟に参加させることが必要であると認めるときは、当事者または当該行政庁の申立てを待たず、当該行政庁を職権で訴訟に参加させることができる。

2 処分の取消しの訴えにおいて、裁判所は職権で証拠調べをすることができるが、その対象は、訴訟要件に関するものに限られ、本案に関するものは含まれない。

3 取消訴訟の訴訟物は、処分の違法性一般であるから、取消訴訟を提起した原告は、自己の法律上の利益に関係のない違法についても、それを理由として処分の取消しを求めることができる。

4 裁判所は、処分の取消しの訴えにおいて、当該処分が違法であっても、これを取り消すことにより公の利益に著しい障害を生ずる場合において、原告の受ける損害の程度、その損害の賠償または防止の程度および方法その他一切の事情を考慮した上、当該処分を取り消すことが公共の福祉に適合しないと認めるときは、当該訴えを却下することができる。

5 行政庁に対して一定の処分を求める申請を拒否された者が、処分の義務付けの訴えを提起する場合、重大な損害を避けるため緊急の必要があるときは、処分の義務付けの訴えのみを単独で提起することができる。

問題20 次の文章は、長期にわたる都市計画法上の建築制限に係る損失補償が請求された事件において、最高裁判所が下した判決に付された補足意見の一部である。空欄 ア ～ ウ に当てはまる語句の組合せとして、正しいものはどれか。

　私人の土地に対する都市計画法・・・に基づく建築制限が、それのみで直ちに憲法29条3項にいう私有財産を「公のために用ひる」ことにはならず、当然に同項にいう「正当な補償」を必要とするものではないことは、原審のいうとおりである。しかし、 ア を理由としてそのような制限が損失補償を伴うこと

なく認められるのは、あくまでも、その制限が都市計画の実現を担保するために必要不可欠であり、かつ、権利者に無補償での制限を受忍させることに合理的な理由があることを前提とした上でのことというべきであるから、そのような前提を欠く事態となった場合には、　イ　であることを理由に補償を拒むことは許されないものというべきである。そして、当該制限に対するこの意味での　ウ　を考えるに当たっては、制限の内容と同時に、制限の及ぶ期間が問題とされなければならないと考えられる・・・。

（最三小判平成17年11月１日判例時報1928号25頁・藤田宙靖裁判官補足意見）

	ア	イ	ウ
1	公共の利益	都市計画制限	受忍限度
2	通常受ける損失に該当すること	特別の犠牲	受忍限度
3	通常受ける損失に該当すること	特別の犠牲	補償の要否
4	財産権の内在的制約	特別の犠牲	補償の要否
5	財産権の内在的制約	都市計画制限	賠償請求権の成否

問題21　次の文章は、国家賠償法２条１項の責任の成否が問題となった事案に関する最高裁判所判決の一節である。空欄　ア　～　エ　に入る語句の組合せとして、正しいものはどれか。

　国家賠償法２条１項の営造物の設置または管理の瑕疵とは、営造物が　ア　を欠いていることをいい、これに基づく国および公共団体の賠償責任については、その　イ　の存在を必要としないと解するを相当とする。ところで、原審の確定するところによれば、本件道路（は）・・・従来山側から屢々落石があり、さらに崩土さえも何回かあったのであるから、いつなんどき落石や崩土が起こるかも知れず、本件道路を通行する人および車はたえずその危険におびやかされていたにもかかわらず、道路管理者においては、「落石注意」等の標識を立て、あるいは竹竿の先に赤の布切をつけて立て、これによって通行車に対し注意を促す等の処置を講じたにすぎず、本件道路の右のような危険性に対して防

護柵または防護覆を設置し、あるいは山側に金網を張るとか、常時山地斜面部分を調査して、落下しそうな岩石があるときは、これを除去し、崩土の起こるおそれのあるときは、事前に通行止めをする等の措置をとったことはない、というのである。・・・かかる事実関係のもとにおいては、本件道路は、その通行の安全性の確保において欠け、その管理に暇疵があったものというべきである旨、・・・そして、本件道路における防護柵を設置するとした場合、その費用の額が相当の多額にのぼり、上告人県としてその ウ に困却するであろうことは推察できるが、それにより直ちに道路の管理の暇疵によって生じた損害に対する賠償責任を免れうるものと考えることはできないのであり、その他、本件事故が不可抗力ないし エ のない場合であることを認めることができない旨の原審の判断は、いずれも正当として是認することができる。

(最一小判昭和45年8月20日民集24巻9号1268頁)

	ア	イ	ウ	エ
1	過渡的な安全性	重過失	予算措置	回避可能性
2	通常有すべき安全性	故意	予算措置	予見可能性
3	過渡的な安全性	重過失	事務処理	予見可能性
4	通常有すべき安全性	過失	事務処理	予見可能性
5	通常有すべき安全性	過失	予算措置	回避可能性

問題22 普通地方公共団体の議会に関する次の記述のうち、正しいものはどれか。

1 議会は、長がこれを招集するほか、議長も、議会運営委員会の議決を経て、自ら臨時会を招集することができる。

2 議員は、法定数以上の議員により、長に対して臨時会の招集を請求することができるが、その場合における長の招集に関し、招集の時期などについて、地方自治法は特段の定めを置いていない。

3 議会は、定例会および臨時会からなり、臨時会は、必要がある場合におい

て、付議すべき事件を長があらかじめ告示し、その事件に限り招集される。

4　議員は、予算を除く議会の議決すべき事件につき、議会に議案を提出することができるが、条例の定めがあれば、1人の議員によってもこれを提出することができる。

5　議会の運営に関する事項のうち、議員の請求による会議の開催、会議の公開については、議会の定める会議規則によるものとし、地方自治法は具体的な定めを置いていない。

問題23　公の施設についての地方自治法の規定に関する次の記述のうち、誤っているものはどれか。

1　公の施設とは、地方公共団体が設置する施設のうち、住民の福祉を増進する目的のため、その利用に供する施設をいう。

2　公の施設の設置およびその管理に関する事項は、条例により定めなければならない。

3　普通地方公共団体は、当該普通地方公共団体が指定する法人その他の団体に、公の施設の管理を行わせることができるが、そのためには長の定める規則によらなければならない。

4　普通地方公共団体は、公の施設の管理を行わせる法人その他の団体の指定をしようとするときは、あらかじめ、当該普通地方公共団体の議会の議決を経なければならない。

5　普通地方公共団体は、適当と認めるときは、当該普通地方公共団体が指定する法人その他の団体に、その管理する公の施設の利用に係る料金をその者の収入として収受させることができる。

問題24　地方自治法が定める監査委員に関する次の記述のうち、正しいものはどれか。

1　普通地方公共団体の常勤の職員は、監査委員を兼務することができない。

2　普通地方公共団体の議会の議員は、条例に特に定めのない限り、当該普通地方公共団体の監査委員となることができない。

3　監査委員は、普通地方公共団体の長が選任し、それについて議会の同意を得る必要はない。

4　監査委員の定数は、条例により、法律上定められている数以上に増加させることはできない。

5　都道府県とは異なり、政令で定める市においては、常勤の監査委員を置く必要はない。

問題25　上水道に関する次のア〜エの記述のうち、最高裁判所の判例に照らし、正しいものの組合せはどれか。

ア　自然的条件において、取水源が貧困で現在の取水量を増加させることが困難である状況等があるとき、水道事業者としての市町村は、需要量が給水量を上回り水不足が生ずることのないように、もっぱら水の供給を保つという観点から水道水の需要の著しい増加を抑制するための施策をとることも、やむを得ない措置として許される。

イ　行政指導として教育施設の充実に充てるために事業主に対して寄付金の納付を求めること自体は、強制にわたるなど事業主の任意性を損なうことがない限り、違法ということはできないが、水道の給水契約の締結等の拒否を背景として、その遵守を余儀なくさせることは、違法である。

ウ　水道事業者である地方公共団体が、建築指導要綱に従わないことを理由に建築中のマンションの給水契約の拒否を行うことも、当該建築指導要綱を遵守させるために行政指導を継続する理由があるといった事情がある場合には、給水契約の拒否を行うについて水道法が定める「正当な理由」があるも

のとして適法なものとされる。

エ　建築基準法に違反し、建築確認を受けずになされた増築部分につき、水道事業者である地方公共団体の職員が給水装置新設工事の申込書を返戻した場合、それが、当該申込みの受理を最終的に拒否する旨の意思表示をしたものではなく、同法違反の状態を是正し、建築確認を受けた上で申込みをするよう一応の勧告をしたものにすぎないものであったとしても、かかる措置は、違法な拒否に当たる。

1　ア・イ
2　ア・ウ
3　イ・ウ
4　イ・エ
5　ウ・エ

問題26　　国公立学校をめぐる行政法上の問題に関する次のア～エの記述のうち、最高裁判所の判例に照らし、妥当なものの組合せはどれか。

ア　公立高等専門学校の校長が学生に対し原級留置処分または退学処分を行うかどうかの判断は、校長の合理的な教育的裁量にゆだねられるべきものであり、裁判所がその処分の適否を審査するに当たっては、校長と同一の立場に立って当該処分をすべきであったかどうか等について判断し、その結果と当該処分とを比較してその適否、軽重等を論ずべきである。

イ　公立中学校教員を同一市内の他の中学校に転任させる処分は、仮にそれが被処分者の法律上の地位に何ら不利益な変更を及ぼすものではないとしても、その名誉につき重大な損害が生じるおそれがある場合は、そのことを理由に当該処分の取消しを求める法律上の利益が認められる。

ウ　公立学校の儀式的行事における教育公務員としての職務の遂行の在り方に関し校長が教職員に対して発した職務命令は、教職員個人の身分や勤務条件に係る権利義務に直接影響を及ぼすものではないから、抗告訴訟の対象とな

る行政処分には当たらない。

エ　国公立大学が専攻科修了の認定をしないことは、一般市民としての学生が
　　国公立大学の利用を拒否することにほかならず、一般市民として有する公の
　　施設を利用する権利を侵害するものであるから、専攻科修了の認定、不認定
　　に関する争いは司法審査の対象となる。

　　1　ア・イ
　　2　ア・ウ
　　3　イ・ウ
　　4　イ・エ
　　5　ウ・エ

問題27　時効の援用に関する次のア〜オの記述のうち、民法の規定および判例
　　　　　に照らし、妥当でないものの組合せはどれか。

ア　時効による債権の消滅の効果は、時効期間の経過とともに確定的に生ずる
　　ものではなく、時効が援用されたときにはじめて確定的に生ずるものであ
　　る。

イ　時効の援用を裁判上行使する場合には、事実審の口頭弁論終結時までにす
　　る必要がある。

ウ　被相続人の占有により取得時効が完成していた場合に、その共同相続人の
　　一人は、自己の相続分の限度においてのみ取得時効を援用することができ
　　る。

エ　保証人や連帯保証人は、主たる債務の消滅時効を援用することはできる
　　が、物上保証人や抵当不動産の第三取得者は、被担保債権の消滅時効を援用
　　することはできない。

オ　主たる債務者である破産者が免責許可決定を受けた場合であっても、その
　　保証人は、自己の保証債務を免れるためには、免責許可決定を受けた破産者
　　の主たる債務について、消滅時効を援用しなければならない。

```
1  ア・イ
2  ア・エ
3  イ・ウ
4  ウ・オ
5  エ・オ
```

問題28　代理に関する次の記述のうち、民法の規定および判例に照らし、妥当
（改題）　でないものはどれか。

1　代理人が代理行為につき、相手方に対して詐欺を行った場合、本人がその
　事実を知らなかったときであっても、相手方はその代理行為を取り消すこと
　ができる。

2　無権代理行為につき、相手方が本人に対し、相当の期間を定めてその期間
　内に追認するかどうかを確答すべき旨の催告を行った場合において、本人が
　確答をしないときは、追認を拒絶したものとみなされる。

3　代理人が本人になりすまして、直接本人の名において権限外の行為を行っ
　た場合に、相手方においてその代理人が本人自身であると信じ、かつ、その
　ように信じたことにつき正当な理由がある場合でも、権限外の行為の表見代
　理の規定が類推される余地はない。

4　代理人が本人の許諾を得て復代理人を選任した場合において、復代理人が
　代理行為の履行として相手方から目的物を受領したときは、同人はこれを本
　人に対して引き渡す義務を負う。

5　無権代理行為につき、相手方はこれを取り消すことができるが、この取消
　しは本人が追認しない間に行わなければならない。

問題29 動産物権変動に関する次の記述のうち、民法等の規定および判例に照らし、妥当でないものはどれか。

1 Aは自己所有の甲機械をBに譲渡したが、その引渡しをしないうちにAの債権者であるCが甲機械に対して差押えを行った。この場合において、Bは、差押えに先立って甲機械の所有権を取得したことを理由として、Cによる強制執行の不許を求めることはできない。

2 Dは自己所有の乙機械をEに賃貸し、Eはその引渡しを受けて使用収益を開始したが、Dは賃貸借期間の途中でFに対して乙機械を譲渡した。FがEに対して所有権に基づいて乙機械の引渡しを求めた場合には、Eは乙機械の動産賃借権をもってFに対抗することができないため、D・F間において乙機械に関する指図による占有移転が行われていなかったとしても、EはFの請求に応じなければならない。

3 Gは自己所有の丙機械をHに寄託し、Hがその引渡しを受けて保管していたところ、GはIに対して丙機械を譲渡した。この場合に、HがGに代って一時丙機械を保管するに過ぎないときには、Hは、G・I間の譲渡を否認するにつき正当な利害関係を有していないので、Iの所有権に基づく引渡しの請求に応じなければならない。

4 Jは、自己所有の丁機械をKに対して負っている貸金債務の担保としてKのために譲渡担保権を設定した。動産に関する譲渡担保権の対抗要件としては占有改定による引渡しで足り、譲渡担保権設定契約の締結後もJが丁機械の直接占有を継続している事実をもって、J・K間で占有改定による引渡しが行われたものと認められる。

5 集合動産譲渡担保が認められる場合において、種類、量的範囲、場所で特定された集合物を譲渡担保の目的とする旨の譲渡担保権設定契約が締結され、占有改定による引渡しが行われたときは、集合物としての同一性が損なわれない限り、後に新たにその構成部分となった動産についても譲渡担保に関する対抗要件の効力が及ぶ。

問題30　A所有の甲土地とB所有の乙土地が隣接し、甲土地の上にはC所有の丙建物が存在している。この場合における次のア～オの記述のうち、民法の規定および判例に照らし、妥当なものの組合せはどれか。

ア　Bが、甲土地に乙土地からの排水のための地役権をA・B間で設定し登記していた場合において、CがAに無断で甲土地に丙建物を築造してその建物の一部が乙土地からの排水の円滑な流れを阻害するときは、Bは、Cに対して地役権に基づき丙建物全部の収去および甲土地の明渡しを求めることができる。

イ　A・B間で、乙土地の眺望を確保するため、甲土地にいかなる工作物も築造しないことを内容とする地役権を設定し登記していた場合において、Cが賃借権に基づいて甲土地に丙建物を築造したときは、Bは地役権に基づき建物の収去を求めることができる。

ウ　甲土地が乙土地を通らなければ公道に至ることができない、いわゆる袋地である場合において、Cが、Aとの地上権設定行為に基づいて甲土地に丙建物を建築し乙土地を通行しようとするときは、Cは、甲土地の所有者でないため、Bとの間で乙土地の通行利用のため賃貸借契約を結ぶ必要がある。

エ　Aは、自己の債務の担保として甲土地に抵当権を設定したが、それ以前に賃借権に基づいて甲土地に丙建物を築造していたCからAが当該抵当権の設定後に丙建物を買い受けた場合において、抵当権が実行されたときは、丙建物のために、地上権が甲土地の上に当然に発生する。

オ　Cが、地上権設定行為に基づいて甲土地上に丙建物を築造していたところ、期間の満了により地上権が消滅した場合において、Aが時価で丙建物を買い取る旨を申し出たときは、Cは、正当な事由がない限りこれを拒むことができない。

1　ア・ウ
2　ア・オ
3　イ・エ
4　イ・オ
5　ウ・エ

問題31 質権に関する次の記述のうち、民法の規定および判例に照らし、妥当でないものはどれか。

1 動産質権者は、継続して質物を占有しなければ、その質権をもって第三者に対抗することができず、また、質物の占有を第三者によって奪われたときは、占有回収の訴えによってのみ、その質物を回復することができる。

2 不動産質権は、目的不動産を債権者に引き渡すことによってその効力を生ずるが、不動産質権者は、質権設定登記をしなければ、その質権をもって第三者に対抗することができない。

3 債務者が他人の所有に属する動産につき質権を設定した場合であっても、債権者は、その動産が債務者の所有物であることについて過失なく信じたときは、質権を即時取得することができる。

4 不動産質権者は、設定者の承諾を得ることを要件として、目的不動産の用法に従ってその使用収益をすることができる。

5 質権は、債権などの財産権の上にこれを設定することができる。

問題32 建物が転貸された場合における賃貸人（建物の所有者）、賃借人（転貸人）および転借人の法律関係に関する次のア〜オの記述のうち、民法の規定および判例に照らし、妥当なものの組合せはどれか。

ア 賃貸人の承諾がある転貸において、賃貸人が当該建物を転借人に譲渡し、賃貸人の地位と転借人の地位とが同一人に帰属したときであっても、賃借人と転借人間に転貸借関係を消滅させる特別の合意がない限り、転貸借関係は当然には消滅しない。

イ 賃貸人の承諾がある転貸において、賃借人による賃料の不払があったときは、賃貸人は、賃借人および転借人に対してその支払につき催告しなければ、原賃貸借を解除することができない。

ウ 賃貸人の承諾がある転貸であっても、これにより賃貸人と転借人間に賃貸借契約が成立するわけではないので、賃貸人は、転借人に直接に賃料の支払

を請求することはできない。

エ　無断転貸であっても、賃借人と転借人間においては転貸借は有効であるので、原賃貸借を解除しなければ、賃貸人は、転借人に対して所有権に基づく建物の明渡しを請求することはできない。

オ　無断転貸において、賃貸人が転借人に建物の明渡しを請求したときは、転借人は建物を使用収益できなくなるおそれがあるので、賃貸人が転借人に相当の担保を提供していない限り、転借人は、賃借人に対して転貸借の賃料の支払を拒絶できる。

1　ア・イ
2　ア・オ
3　イ・ウ
4　ウ・エ
5　エ・オ

問題33　甲建物（以下「甲」という。）を所有するＡが不在の間に台風が襲来し、甲の窓ガラスが破損したため、隣りに住むＢがこれを取り換えた場合に関する次の記述のうち、民法の規定および判例に照らし、妥当でないものはどれか。

1　ＢがＡから甲の管理を頼まれていた場合であっても、Ａ・Ｂ間において特約がない限り、Ｂは、Ａに対して報酬を請求することができない。

2　ＢがＡから甲の管理を頼まれていなかった場合であっても、Ｂは、Ａに対して窓ガラスを取り換えるために支出した費用を請求することができる。

3　ＢがＡから甲の管理を頼まれていなかった場合であっても、Ｂが自己の名において窓ガラスの取換えを業者Ｃに発注したときは、Ｂは、Ａに対して自己に代わって代金をＣに支払うことを請求することができる。

4　ＢがＡから甲の管理を頼まれていなかった場合においては、ＢがＡの名において窓ガラスの取換えを業者Ｄに発注したとしても、Ａの追認がない限

り、Dは、Aに対してその請負契約に基づいて代金の支払を請求することはできない。

5　BがAから甲の管理を頼まれていた場合であっても、A・B間において特約がなければ、窓ガラスを取り換えるに当たって、Bは、Aに対して事前にその費用の支払を請求することはできない。

問題34　不法行為に関する次の記述のうち、民法の規定および判例に照らし、妥当でないものはどれか。

1　精神障害者と同居する配偶者は法定の監督義務者に該当しないが、責任無能力者との身分関係や日常生活における接触状況に照らし、第三者に対する加害行為の防止に向けてその者が当該責任無能力者の監督を現に行い、その態様が単なる事実上の監督を超えているなどその監督義務を引き受けたとみるべき特段の事情が認められる場合には、当該配偶者は法定の監督義務者に準ずべき者として責任無能力者の監督者責任を負う。

2　兄が自己所有の自動車を弟に運転させて迎えに来させた上、弟に自動車の運転を継続させ、これに同乗して自宅に戻る途中に、弟の過失により追突事故が惹起された。その際、兄の同乗後は運転経験の長い兄が助手席に座って、運転経験の浅い弟の運転に気を配り、事故発生の直前にも弟に対して発進の指示をしていたときには、一時的にせよ兄と弟との間に使用関係が肯定され、兄は使用者責任を負う。

3　宅地の崖地部分に設けられたコンクリートの擁壁の設置または保存による瑕疵が前所有者の所有していた際に生じていた場合に、現所有者が当該擁壁には瑕疵がないと過失なく信じて当該宅地を買い受けて占有していたとしても、現所有者は土地の工作物責任を負う。

4　犬の飼主がその雇人に犬の散歩をさせていたところ、当該犬が幼児に噛みついて負傷させた場合には、雇人が占有補助者であるときでも、当該雇人は、現実に犬の散歩を行っていた以上、動物占有者の責任を負う。

5　交通事故によりそのまま放置すれば死亡に至る傷害を負った被害者が、搬

入された病院において通常期待されるべき適切な治療が施されていれば、高度の蓋然性をもって救命されていたときには、当該交通事故と当該医療事故とのいずれもが、その者の死亡という不可分の一個の結果を招来し、この結果について相当因果関係がある。したがって、当該交通事故における運転行為と当該医療事故における医療行為とは共同不法行為に当たり、各不法行為者は共同不法行為の責任を負う。

問題35　氏に関する次のア～オの記述のうち、民法の規定および判例に照らし、妥当なものの組合せはどれか。

ア　甲山太郎と乙川花子が婚姻届に署名捺印した場合において、慣れ親しんだ呼称として婚姻後もそれぞれ甲山、乙川の氏を引き続き称したいと考え、婚姻後の氏を定めずに婚姻届を提出したときは、この婚姻届は受理されない。

イ　夫婦である乙川太郎と乙川花子が離婚届を提出し受理されたが、太郎が慣れ親しんだ呼称として、離婚後も婚姻前の氏である甲山でなく乙川の氏を引き続き称したいと考えたとしても、離婚により復氏が確定し、離婚前の氏を称することができない。

ウ　甲山太郎を夫とする妻甲山花子は、夫が死亡した場合において、戸籍法の定めるところにより届け出ることによって婚姻前の氏である乙川を称することができる。

エ　夫婦である甲山花子と甲山太郎の間に出生した子である一郎は、両親が離婚をして、母花子が復氏により婚姻前の氏である乙川を称するようになった場合には、届け出ることで母と同じ乙川の氏を称することができる。

オ　甲山花子と、婚姻により改氏した甲山太郎の夫婦において、太郎が縁組により丙谷二郎の養子となったときは、太郎および花子は養親の氏である丙谷を称する。

1　ア・イ
2　ア・ウ
3　イ・エ
4　ウ・オ
5　エ・オ

問題36　商行為の代理人が本人のためにすることを示さないでこれをした場合
であって、相手方が、代理人が本人のためにすることを知らなかったと
きの法律関係に関する次の記述のうち、商法の規定および判例に照ら
し、妥当なものはどれか。なお、代理人が本人のためにすることを知ら
なかったことにつき、相手方に過失はないものとする。

1　相手方と本人および代理人とのいずれの間にも法律関係が生じ、本人およ
び代理人は連帯して履行の責任を負う。
2　相手方と代理人との間に法律関係が生じ、本人には何らの効果も及ばな
い。
3　相手方と本人との間に法律関係が生じるが、相手方は代理人に対しても、
履行の請求に限り、これをすることができる。
4　相手方と代理人との間に法律関係が生じるが、相手方は本人に対しても、
履行の請求に限り、これをすることができる。
5　相手方は、その選択により、本人との法律関係または代理人との法律関係
のいずれかを主張することができる。

問題37　株式会社の設立における出資の履行等に関する次のア〜オの記述のう
ち、会社法の規定に照らし、誤っているものの組合せはどれか。

ア　株式会社の定款には、設立に際して出資される財産の価額またはその最低
額を記載または記録しなければならない。

イ　発起人は、設立時発行株式の引受け後遅滞なく、その引き受けた設立時発
行株式につき、出資の履行をしなければならないが、発起人全員の同意があ
るときは、登記、登録その他権利の設定または移転を第三者に対抗するため
に必要な行為は、株式会社の成立後にすることができる。

ウ　発起人が出資の履行をすることにより設立時発行株式の株主となる権利の
譲渡は、成立後の株式会社に対抗することができない。

エ　設立時募集株式の引受人のうち出資の履行をしていないものがある場合に
は、発起人は、出資の履行をしていない引受人に対して、期日を定め、その
期日までに当該出資の履行をしなければならない旨を通知しなければならな
い。

オ　設立時募集株式の引受人が金銭以外の財産により出資の履行をする場合に
は、発起人は、裁判所に対し検査役の選任の申立てをしなければならない。

1　ア・イ
2　ア・オ
3　イ・ウ
4　ウ・エ
5　エ・オ

問題38　公開会社の株主であって、かつ、権利行使の6か月（これを下回る期
間を定款で定めた場合にあっては、その期間）前から引き続き株式を有
する株主のみが権利を行使できる場合について、会社法が定めているの
は、次の記述のうちどれか。

1　株主総会において議決権を行使するとき
2　会計帳簿の閲覧請求をするとき
3　新株発行無効の訴えを提起するとき
4　株主総会の決議の取消しの訴えを提起するとき
5　取締役の責任を追及する訴えを提起するとき

問題39　取締役会設置会社（指名委員会等設置会社および監査等委員会設置会社を除く。）の取締役会に関する次の記述のうち、会社法の規定に照らし、誤っているものの組合せはどれか。なお、定款または取締役会において別段の定めはないものとする。

ア　取締役会は、代表取締役がこれを招集しなければならない。

イ　取締役会を招集する場合には、取締役会の日の1週間前までに、各取締役（監査役設置会社にあっては、各取締役および各監査役）に対して、取締役会の目的である事項および議案を示して、招集の通知を発しなければならない。

ウ　取締役会の決議は、議決に加わることができる取締役の過半数が出席し、その過半数をもって行う。

エ　取締役会の決議について特別の利害関係を有する取締役は、議決に加わることができない。

オ　取締役会の決議に参加した取締役であって、取締役会の議事録に異議をとどめないものは、その決議に賛成したものと推定する。

1　ア・イ
2　ア・オ
3　イ・ウ
4　ウ・エ
5　エ・オ

問題40　公開会社でない株式会社で、かつ、取締役会を設置していない株式会社に関する次の記述のうち、会社法の規定に照らし、誤っているものはどれか。

1　株主総会は、会社法に規定する事項および株主総会の組織、運営、管理その他株式会社に関する一切の事項について決議することができる。
2　株主は、持株数にかかわらず、取締役に対して、当該株主が議決権を行使することができる事項を株主総会の目的とすることを請求することができる。
3　株式会社は、コーポレートガバナンスの観点から、2人以上の取締役を置かなければならない。
4　株式会社は、取締役が株主でなければならない旨を定款で定めることができる。
5　取締役が、自己のために株式会社の事業の部類に属する取引をしようとするときは、株主総会において、当該取引につき重要な事実を開示し、その承認を受けなければならない。

[問題41〜問題43は択一式（多肢選択式）]

問題41　次の文章は、ＮＨＫが原告として受信料の支払等を求めた事件の最高裁判所判決の一節である。空欄　ア　〜　エ　に当てはまる語句を、枠内の選択肢（1〜20）から選びなさい。

　放送は、憲法21条が規定する表現の自由の保障の下で、国民の知る権利を実質的に充足し、健全な民主主義の発達に寄与するものとして、国民に広く普及されるべきものである。放送法が、「放送が国民に最大限に普及されて、その効用をもたらすことを保障すること」、「放送の不偏不党、真実及び　ア　を保障することによって、放送による表現の自由を確保すること」及び「放送に携わる者の職責を明らかにすることによって、放送が健全な民主主義の発達に資するようにすること」という原則に従って、放送を公共の福祉に適合するように規律し、その健全な発達を図ることを目的として（１条）制定されたのは、上記のような放送の意義を反映したものにほかならない。

　上記の目的を実現するため、放送法は、・・・旧法下において社団法人日本放送協会のみが行っていた放送事業について、公共放送事業者と民間放送事業者とが、各々その長所を発揮するとともに、互いに他を啓もうし、各々その欠点を補い、放送により国民が十分福祉を享受することができるように図るべく、　イ　を採ることとしたものである。そして、同法は、　イ　の一方を担う公共放送事業者として原告を設立することとし、その目的、業務、運営体制等を前記のように定め、原告を、民主的かつ　ウ　的な基盤に基づきつつ　ア　的に運営される事業体として性格付け、これに公共の福祉のための放送を行わせることとしたものである。

　放送法が、・・・原告につき、　エ　を目的として業務を行うこと及び他人の営業に関する広告の放送をすることを禁止し・・・、事業運営の財源を受信設備設置者から支払われる受信料によって賄うこととしているのは、原告が公共的性格を有することをその財源の面から特徴付けるものである。

（最大判平成29年12月６日民集71巻10号1817頁）

1	国営放送制	2	党利党略	3	政府広報	4	特殊利益
5	良心	6	自由競争体制	7	品位	8	誠実
9	自律	10	二本立て体制	11	多元	12	国際
13	娯楽	14	全国	15	地域	16	部分規制
17	集中	18	免許制	19	自主管理	20	営利

問題42　次の文章の空欄 ア ～ エ に当てはまる語句を、枠内の選択肢（1～20）から選びなさい。

　行政手続法は、行政運営における ア の確保と透明性の向上を図り、もって国民の権利利益の保護に資することをその目的とし（1条1項）、行政庁は、 イ 処分をするかどうか又はどのような イ 処分とするかについてその法令の定めに従って判断するために必要とされる基準である ウ （2条8号ハ）を定め、かつ、これを公にしておくよう努めなければならないものと規定している（12条1項）。上記のような行政手続法の規定の文言や趣旨等に照らすと、同法12条1項に基づいて定められ公にされている ウ は、単に行政庁の行政運営上の便宜のためにとどまらず、 イ 処分に係る判断過程の ア と透明性を確保し、その相手方の権利利益の保護に資するために定められ公にされるものというべきである。したがって、行政庁が同項の規定により定めて公にしている ウ において、先行の処分を受けたことを理由として後行の処分に係る量定を加重する旨の イ な取扱いの定めがある場合に、当該行政庁が後行の処分につき当該 ウ の定めと異なる取扱いをするならば、 エ の行使における ア かつ平等な取扱いの要請や基準の内容に係る相手方の信頼の保護等の観点から、当該 ウ の定めと異なる取扱いをすることを相当と認めるべき特段の事情がない限り、そのような取扱いは エ の範囲の逸脱又はその濫用に当たることとなるものと解され、この意味において、当該行政庁の後行の処分における エ は当該 ウ に従って行使されるべきことがき束されており、先行の処分を受けた者

が後行の処分の対象となるときは、上記特段の事情がない限り当該 ウ の定めにより所定の量定の加重がされることになるものということができる。以上に鑑みると、行政手続法12条１項の規定により定められ公にされている ウ において、先行の処分を受けたことを理由として後行の処分に係る量定を加重する旨の イ な取扱いの定めがある場合には、上記先行の処分に当たる処分を受けた者は、将来において上記後行の処分に当たる処分の対象となり得るときは、上記先行の処分に当たる処分の効果が期間の経過によりなくなった後においても、当該 ウ の定めにより上記の イ な取扱いを受けるべき期間内はなお当該処分の取消しによって回復すべき法律上の利益を有するものと解するのが相当である。

（最三小判平成27年３月３日民集69巻２号143頁）

1	処分基準	2	合理的	3	衡平	4	適正
5	迅速性	6	公正	7	利益	8	侵害
9	授益	10	不平等	11	審査基準	12	不利益
13	解釈基準	14	行政規則	15	法規命令	16	解釈権
17	判断権	18	処分権	19	裁量権	20	決定権

問題43 次の文章の空欄 ア 〜 エ に当てはまる語句を、枠内の選択肢（１〜20）から選びなさい。

　行政事件訴訟法は、行政事件訴訟の類型を、抗告訴訟、 ア 訴訟、民衆訴訟、機関訴訟の４つとしている。

　抗告訴訟は、公権力の行使に関する不服の訴訟をいうものとされる。処分や裁決の取消しを求める取消訴訟がその典型である。

　 ア 訴訟には、 ア 間の法律関係を確認または形成する処分・裁決に関する訴訟で法令の規定によりこの訴訟類型とされる形式的 ア 訴訟と、公法上の法律関係に関する訴えを包括する実質的 ア 訴訟の２種類がある。後者の例を

請求上の内容に性質に照らして見ると、国籍確認を求める訴えのような確認訴訟のほか、公法上の法律関係に基づく金銭の支払を求める訴えのような イ 訴訟もある。

　 ア 訴訟は、公法上の法律関係に関する訴えであるが、私法上の法律関係に関する訴えで処分・裁決の効力の有無が ウ となっているものは、 ウ 訴訟と呼ばれる。基礎となっている法律関係の性質から、 ウ 訴訟は行政事件訴訟ではないと位置付けられる。例えば、土地収用法に基づく収用裁決が無効であることを前提として、起業者に対し土地の明け渡しという イ を求める訴えは、 ウ 訴訟である。

　民衆訴訟は、国または公共団体の機関の法規に適合しない行為の是正を求める訴訟で、選挙人たる資格その他自己の法律上の利益にかかわらない資格で提起するものをいう。例えば、普通地方公共団体の公金の支出が違法だとして エ 監査請求をしたにもかかわらず監査委員が是正の措置をとらない場合に、当該普通地方公共団体の エ としての資格で提起する エ 訴訟は民衆訴訟の一種である。

　機関訴訟は、国または公共団体の機関相互間における権限の存否またはその行使に関する紛争についての訴訟をいう。法定受託事務の管理や執行について国の大臣が提起する地方自治法所定の代執行訴訟がその例である。

1	規範統制	2	財務	3	義務付け	4	給付
5	代表	6	前提問題	7	客観	8	差止め
9	未確定	10	職員	11	審査対象	12	争点
13	要件事実	14	当事者	15	主観	16	国家賠償
17	保留	18	住民	19	民事	20	基準

[問題44～問題46は記述式]（解答は、必ず答案用紙裏面の解答欄（マス目）に記述すること。なお、字数には句読点も含む。）

問題44　A所有の雑居ビルは、消防法上の防火対象物であるが、非常口が設けられていないなど、消防法等の法令で定められた防火施設に不備があり、危険な状態にある。しかし、その地域を管轄する消防署の署長Yは、Aに対して改善するよう行政指導を繰り返すのみで、消防法5条1項所定の必要な措置をなすべき旨の命令（「命令」という。）をすることなく、放置している。こうした場合、行政手続法によれば、Yに対して、どのような者が、どのような行動をとることができるか。また、これに対して、Yは、どのような対応をとるべきこととされているか。40字程度で記述しなさい。

（参照条文）

消防法

第5条第1項　消防長又は消防署長は、防火対象物の位置、構造、設備又は管理の状況について、火災の予防に危険であると認める場合、消火、避難その他の消防の活動に支障になると認める場合、火災が発生したならば人命に危険であると認める場合その他火災の予防上必要があると認める場合には、権限を有する関係者（略）に対し、当該防火対象物の改修、移転、除去、工事の停止又は中止その他の必要な措置をなすべきことを命ずることができる。（以下略）

（下書用）

									10					15

問題45　Aは、木造２階建ての別荘一棟（同建物は、区分所有建物でない建物
である。）をBら4名と共有しているが、同建物は、建築後40年が経過
したこともあり、雨漏りや建物の多くの部分の損傷が目立つようになっ
てきた。そこで、Aは、同建物を建て替えるか、または、いくつかの建
物部分を修繕・改良（以下「修繕等」といい、解答においても「修繕等」
と記すること。）する必要があると考えている。これらを実施するため
には、建替えと修繕等のそれぞれの場合について、前記共有者5名の間
でどのようなことが必要か。「建替えには」に続けて、民法の規定に照
らし、下線部について40字程度で記述しなさい（「建替えには」は、
40字程度に数えない。）。

　なお、上記の修繕等については民法の定める「変更」や「保存行為」
には該当しないものとし、また、同建物の敷地の権利については考慮し
ないものとする。

（下書用）

建替えには、

問題46　Aは、自己所有の時計を代金50万円でBに売る契約を結んだ。その際、Aは、Cから借りていた50万円をまだ返済していなかったので、Bとの間で、Cへの返済方法としてBがCに50万円を支払う旨を合意し、時計の代金50万円はBがCに直接支払うこととした。このようなA・B間の契約を<u>何といい</u>、また、この契約に基づき、Cの上記50万円の代金支払請求権が発生するためには、<u>誰が誰に対してどのようなことをする必要があるか</u>。民法の規定に照らし、下線部について40字程度で記述しなさい。

（下書用）

									10					15

問題47　次の各年に起こった日中関係に関する記述のうち、妥当なものはどれか。

1　1894年に勃発した日清戦争は、翌年のポーツマス条約で講和が成立した。それによれば、清は台湾の独立を認める、清は遼東半島・澎湖諸島などを日本に割譲する、清は日本に賠償金2億両を支払う、などが決定された。

2　1914年の第一次世界大戦の勃発を、大隈重信内閣は、日本が南満州の権益を保持し、中国に勢力を拡大する好機とみて、ロシアの根拠地であるハルビンなどを占領した。1915年には、中国の袁世凱政府に「二十一カ条要求」を突き付けた。

3　1928年に関東軍の一部は、満州軍閥の張作霖を殺害して、満州を占領しようとした。この事件の真相は国民に知らされず、「満州某重大事件」と呼ばれた。田中義一内閣や陸軍は、この事件を日本軍人が関与していないこととして、処理しようとした。

4　1937年の盧溝橋事件に対して、東条英機内閣は不拡大方針の声明を出した。しかし、現地軍が軍事行動を拡大すると、それを追認して戦線を拡大し、ついに、宣戦布告をして日中戦争が全面化していった。

5　1972年に佐藤栄作首相は中華人民共和国を訪れ、日中共同宣言を発表して、日中の国交を正常化したが、台湾の国民政府に対する外交関係をとめた。さらに、1978年に田中角栄内閣は、日中平和友好条約を締結した。

問題48　女性の政治参加に関する次の文章の空欄 ア ～ オ に当てはまる語句
　　　　　　の組合せとして、妥当なものはどれか。

　日本において女性の国政参加が認められたのは、 ア である。その最初の衆
議院議員総選挙の結果、39人の女性議員が誕生した。それから時を経て、2017
年末段階での衆議院議員の女性比率は イ である。列国議会同盟（ＩＰＵ）の
資料によれば、2017年末の時点では、世界193か国のうち、下院または一院制
の議会における女性議員の比率の多い順では、日本はかなり下の方に位置して
いる。

　また、国政の行政府の長（首相など）について見ると、これまで、イギリス、
ドイツ、 ウ 、インドなどで女性の行政府の長が誕生している。しかし、日本
では、女性の知事・市区町村長は誕生してきたが、女性の首相は誕生していな
い。

　2018年には、「政治分野における エ の推進に関する法律」が公布・施行さ
れ、衆議院議員、参議院議員及び オ の議会の議員の選挙において、男女の候
補者の数ができる限り均等になることを目指すことなどを基本原則とし、国・
地方公共団体の責務や、政党等が所属する男女のそれぞれの公職の候補者の数
について目標を定めるなど自主的に取り組むように努めることなどが、定めら
れた。

	ア	イ	ウ	エ	オ
1	第二次世界大戦後	約3割	アメリカ	男女機会均等	都道府県
2	第二次世界大戦後	約1割	タイ	男女共同参画	地方公共団体
3	大正デモクラシー期	約3割	ロシア	男女共同参画	都道府県
4	第二次世界大戦後	約1％	中国	女性活躍	地方公共団体
5	大正デモクラシー期	約1割	北朝鮮	男女機会均等	都道府県

問題49　次の各時期になされた国の行政改革の取組に関する記述のうち、妥当
でないものはどれか。

1　1969年に成立したいわゆる総定員法*1では、内閣の機関ならびに総理府
および各省の所掌事務を遂行するために恒常的に置く必要がある職に充てる
べき常勤職員の定員総数の上限が定められた。

2　1981年に発足したいわゆる土光臨調（第２次臨時行政調査会）を受けて、
1980年代には増税なき財政再建のスローガンの下、許認可・補助金・特殊法
人等の整理合理化や、３公社（国鉄・電電公社・専売公社）の民営化が進め
られた。

3　1990年に発足したいわゆる第３次行革審（第３次臨時行政改革推進審議
会）の答申を受けて、処分、行政指導、行政上の強制執行、行政立法および
計画策定を対象とした行政手続法が制定された。

4　1998年に成立した中央省庁等改革基本法では、内閣機能の強化、国の行政
機関の再編成、独立行政法人制度の創設を含む国の行政組織等の減量・効率
化などが規定された。

5　2006年に成立したいわゆる行政改革推進法*2では、民間活動の領域を拡
大し簡素で効率的な政府を実現するため、政策金融改革、独立行政法人の見
直し、特別会計改革、総人件費改革、政府の資産・債務改革などが規定され
た。

（注）　*1　行政機関の職員の定員に関する法律
　　　　*2　簡素で効率的な政府を実現するための行政改革の推進に関する
　　　　　　法律

問題50 日本の雇用・労働に関する次のア～オの記述のうち、妥当なものの組合せはどれか。

ア　日本型雇用慣行として、終身雇用、年功序列、職能別労働組合が挙げられていたが、働き方の多様化が進み、これらの慣行は変化している。

イ　近年、非正規雇用労働者数は増加する傾向にあり、最近では、役員を除く雇用者全体のおおよそ4割程度を占めるようになった。

ウ　兼業・副業について、許可なく他の企業の業務に従事しないよう法律で規定されていたが、近年、人口減少と人手不足の中で、この規定が廃止された。

エ　いわゆる働き方改革関連法*により、医師のほか、金融商品開発者やアナリスト、コンサルタント、研究者に対して高度プロフェッショナル制度が導入され、残業や休日・深夜の割増賃金などに関する規制対象から外されることとなった。

オ　いわゆる働き方改革関連法*により、年次有給休暇が年10日以上付与される労働者に対して年5日の年次有給休暇を取得させることが、使用者に義務付けられた。

（注）　＊　働き方改革を推進するための関係法律の整備に関する法律

1　ア・ウ
2　ア・エ
3　イ・ウ
4　イ・オ
5　エ・オ

問題51 経済用語に関する次の記述のうち、妥当なものはどれか。

1　信用乗数（貨幣乗数）とは、マネーストックがベースマネーの何倍かを示す比率であり、その値は、預金準備率が上昇すると大きくなる。

2　消費者物価指数とは、全国の世帯が購入する各種の財・サービスの価格の平均的な変動を測定するものであり、基準となる年の物価を100として指数値で表わす。

3　完全失業率とは、就労を希望しているにもかかわらず働くことができない人の割合であり、その値は、失業者数を総人口で除して求められる。

4　労働分配率とは、労働者間で所得がどのように分配されたのかを示した値であり、その値が高いほど、労働者間の所得格差が大きいことを示す。

5　国内総支出とは、一国全体で見た支出の総計であり、民間最終消費支出、国内総資本形成、政府最終消費支出および輸入を合計したものである。

問題52　元号制定の手続に関する次の記述のうち、妥当なものはどれか。

1　元号は、憲法に基づいて内閣総理大臣が告示で定める。

2　元号は、皇室典範に基づいて天皇が布告で定める。

3　元号は、法律に基づいて内閣が政令で定める。

4　元号は、法律に基づいて天皇が勅令で定める。

5　元号は、慣習に基づいて皇室会議が公示で定める。

問題53　日本の廃棄物処理に関する次のア～オの記述のうち、妥当でないものの組合せはどれか。

ア　廃棄物処理法＊では、廃棄物を、産業廃棄物とそれ以外の一般廃棄物とに大きく区分している。

イ　家庭から排出される一般廃棄物の処理は市区町村の責務とされており、排出量を抑制するなどの方策の一つとして、ごみ処理の有料化を実施している市区町村がある。

ウ　産業廃棄物の処理は、排出した事業者ではなく、都道府県が行うこととされており、排出量を抑制するために、産業廃棄物税を課す都道府県がある。

エ　産業廃棄物の排出量増大に加えて、再生利用や減量化が進まないことから、最終処分場の残余容量と残余年数はともに、ここ数年で急減している。

オ　一定の有害廃棄物の国境を越える移動およびその処分の規制について、国際的な枠組みおよび手続等を規定したバーゼル条約があり、日本はこれに加入している。

（注）　＊　廃棄物の処理及び清掃に関する法律

1　ア・イ
2　ア・オ
3　イ・ウ
4　ウ・エ
5　エ・オ

問題54　情報や通信に関する次のア～オの記述にふさわしい略語等の組合せとして、妥当なものはどれか。

ア　現実ではないが、実質的に同じように感じられる環境を、利用者の感覚器官への刺激などによって人工的に作り出す技術

イ　大量のデータや画像を学習・パターン認識することにより、高度な推論や言語理解などの知的行動を人間に代わってコンピュータが行う技術

ウ　ミリ波などの高い周波数帯域も用いて、高速大容量、低遅延、多数同時接続の通信を可能とする次世代無線通信方式

エ　人が介在することなしに、多数のモノがインターネットに直接接続し、相互に情報交換し、制御することが可能となる仕組み

オ　加入している会員同士での情報交換により、社会的なつながりを維持・促進することを可能とするインターネット上のサービス

	ア	イ	ウ	エ	オ
1	SNS	IoT	5G	VR	AI
2	SNS	AI	5G	VR	IoT
3	VR	5G	AI	SNS	IoT
4	VR	5G	AI	IoT	SNS
5	VR	AI	5G	IoT	SNS

問題55　通信の秘密に関する次のア～オの記述のうち、妥当でないものの組合せはどれか。

ア　通信の秘密を守る義務を負うのは電気通信回線設備を保有・管理する電気通信事業者であり、プロバイダなど他の電気通信事業者の回線設備を借りている電気通信事業者には通信の秘密保持義務は及ばない。

イ　電気通信事業者のみならず、通信役務に携わっていない者が通信の秘密を侵した場合にも、処罰の対象となる。

ウ　通信傍受法*によれば、薬物関連、銃器関連、集団密航関連など特定の犯罪に限り、捜査機関が裁判所の令状なしに通信の傍受をすることが認められる。

エ　刑事施設の長は、通信の秘密の原則に対する例外として、受刑者が発受信する信書を検査し、その内容によっては差止めをすることができる。

オ　通信の秘密には、通信の内容のみならず、通信当事者の氏名・住所、通信日時、通信回数も含まれる。

（注）　＊　犯罪捜査のための通信傍受に関する法律

1　ア・イ
2　ア・ウ
3　イ・エ
4　ウ・オ
5　エ・オ

問題56　放送または通信の手法に関する次のア～オのうち、主としてアナログ
　　　　　方式で送られているものの組合せとして、妥当なものはどれか。

ア　AMラジオ放送
イ　公衆交換電話網
ウ　ISDN
エ　無線LAN
オ　イーサネット

　1　ア・イ
　2　ア・エ
　3　イ・オ
　4　ウ・エ
　5　ウ・オ

問題57　個人情報保護委員会に関する次の記述のうち、妥当でないものはどれ
　　　　　か。

1　個人情報保護委員会は、総務大臣、経済産業大臣および厚生労働大臣の共
　管である。
2　個人情報保護委員会は、法律の施行に必要な限度において、個人情報取扱
　事業者に対し、必要な報告または資料の提出を求めることができる。
3　個人情報保護委員会の委員長および委員は、在任中、政党その他の政治団
　体の役員となり、または積極的に政治運動をしてはならない。
4　個人情報保護委員会は、認定個人情報保護団体＊が法律の定める認定取消
　要件に該当する場合には、その認定を取り消すことができる。
5　個人情報保護委員会の委員長、委員、専門委員および事務局の職員は、そ
　の職務を退いた後も、職務上知ることのできた秘密を漏らし、または盗用し
　てはならない。

（注）　＊　認定個人情報保護団体とは、個人情報の適正な取扱いの確保を目的として、個人情報保護委員会の認定（個人情報の保護に関する法律47条1項）を受けた団体を指す。

問題58　本文中の空欄□□に入る文章として、妥当なものはどれか。

　人は悲しいから泣くのだろうか、それとも泣くから悲しいのだろうか。もちろん悲しいとわかっているから泣くのだ、という人がほとんどだろう。しかし心理学者、生理学者たちはむしろ泣くから悲しく感じるのだ、と主張してきた。

　この説は直感に反するように見えるかも知れない。しかし実際に感情（生理反応を含めて情動と呼ぶ）を経験する場面を考えると、案外そうでもない。

また人を好きになるときは、「気がついたらもう好きになっていた」ということがむしろ多いのではないか。身体の情動反応が先にあり、それが原因になって感情経験が自覚されるという訳だ。「身体の情動反応が感情に先立つ」という話の順序が逆に見えるのは、身体の情動反応が無自覚的（不随意的ともいう）であることが多く、気づきにくいからだ。

（出典　朝日新聞2003年12月4日付け夕刊、下條信輔「体と心の相互作用　知らぬ間に、見ることで好きになる」から）

1　たとえば会社のエレベーターで偶然嫌な上司と乗り合わせたとしよう。まず状況を分析し、あの人は本当はいい人なのだ、と言いきかせてからおもむろにエレベーターから降りる人がいるだろうか。その場は表面的にとりつくろい、デスクに戻って落ち着いてからあらためて嫌悪感が込み上げて来る、という方が普通ではないか。

2　たとえば山道で突然クマに出会ったとしよう。まず状況を分析し、自分は

怖いのだ、と結論してからおもむろに逃げる人がいるだろうか。足が反射的に動いて山道を駆け下り、人里に辿り着いて一息ついてから恐怖が込み上げて来る、という方が普通ではないか。

3　たとえば街で突然昔の恋人を見かけたとしよう。まず状況を分析し、自分が好きだった人だ、と確認してからおもむろにすれ違う人がいるだろうか。表情は理性的に装って通り過ぎ、自分の家に戻ってから懐かしさが込み上げて来る、という方が普通ではないか。

4　たとえば台所で偶然ゴキブリを見つけたとしよう。まず状況を分析し、害虫は殺してもいいのだ、と弁別してからおもむろに殺虫剤を探す人がいるだろうか。手が反射的に敲きまくり、ごみ箱の前で我に返ってから生命の重さを考える、という方が普通ではないか。

5　たとえば夜中にトイレで突然幽霊と遭遇したとしよう。まず状況を分析し、あれは人間ではないのだ、と認知してからおもむろに叫び声をあげる人がいるだろうか。目を反射的に覆って用を足して、ベッドに戻って一息ついてから幽霊は存在しないのだと科学的に考える、という方が普通ではないか。

問題59　本文中の空欄　Ⅰ　～　Ⅴ　に入る語句の組合せとして、妥当なものはどれか。

　身体には個人の意図から独立した自然の秩序が存在する。骨格の構造にしても、体内の循環機能にしても、また自然体と言われる姿勢の　Ⅰ　にしても、それらは個人の意図から独立した本来的秩序の上に成り立っている。体内の流れに自然な調和を保つはたらきのことを恒常性機能というが、そのメカニズムについては　Ⅱ　的にも明らかになっている。しかし、人間の身体に「なぜそのような秩序が存在するのか？」という問いについては科学的な説明のおよぶところではなく、「事実としてそうである」としか言いようがない。

　古来、日本人の態度として、人間の力によらないものについては敢えて意味付けをしない風習のようなものがあった。ある意味それは自然に対する　Ⅲ　の

念からでもあっただろうし、つまり、Ⅳ を超えたところではたらいている秩序に対して、人間に理解可能な理屈のなかだけで向き合おうとするのは Ⅴ きわまりない態度である、と昔の日本人ならばそう考えたかも知れない。そこでわれわれの先祖は、理屈で物事を考える前に、まずは「観る」ということを、物事と向き合う基本に据えたのであろう。

（出典　矢田部英正「たたずまいの美学──日本人の身体技法」中公叢書、2004年から）

	Ⅰ	Ⅱ	Ⅲ	Ⅳ	Ⅴ
1	形態	現象学	尊敬	人知	無法
2	形態	遺伝学	尊攘	既知	不遜
3	形態	解剖学	畏敬	人知	不遜
4	態度	遺伝学	畏敬	想定	無法
5	態度	解剖学	尊攘	既知	不埒

問題60　本文中の空欄 Ⅰ ～ Ⅴ には、それぞれあとのア～オのいずれかの文が入る。その組合せとして妥当なものはどれか。

　言葉というのは、人間が持っているコミュニケーション手段であり、これが人間の最大の特徴だといっても良い。言葉によってコミュニケーションが取れない状態というのは、人間的な行為がほとんどできない状況に近い。しかし、それでも、その言葉は、それを発する人の本心だという保証はまったくないのである。故意に嘘をつくこともできるし、また、言い間違える、ついうっかり発言してしまう、無意識に言ってしまう、売り言葉に買い言葉で返してしまう、などなど、多分にエラーを含んだものである。｜　　Ⅰ　　｜。行動で判断できるのは、単に「好意的」か「敵対的」かといった雰囲気でしかない。

　したがって、自分が認められていない、という判断は、多分に主観であるから、自分で自分の寂しさ、孤独感を誘発することになる。仲間の中に自分がいても、孤独を感じることになる。｜　　Ⅱ　　｜。孤独とは、基本的に主観が作るものなのである。

　　　　　Ⅲ 　　　　。大人になれば、あからさまな危害というのは（法律で禁止されているわけだから）滅多に受けないが、子供のうちは、そうともいえない。突然暴力を振るってくる他者がすぐ近くにいるかもしれない。相手にも相手の理屈があって、「目つきが悪い」というような言いがかりをつけられることだってあるだろう（大人でも、不良ややくざならあるかも）。　　　　　Ⅳ 　　　　。こういった物理的な被害があれば、誰でも、「自分はあいつにとっては良い子ではない」と判断するだろう。　　　　　Ⅴ 　　　　。これなどは、客観に近いといえるかもしれない。

（出典　森博嗣「孤独の価値」幻冬舎、2014年から）

ア　しかし、これ以外に、相手の気持ちというのはなかなか認知できない

イ　勝手な主観で、「敵対的」だと判断され、先制攻撃を受けるわけである

ウ　ようするに「気に入られていない」状況であり、つまりは、認められていないわけである

エ　ただ、もちろん、主観とはいえないような状況も存在する

オ　それは、たとえば、都会のような大勢の人々がいる場所でも孤独になれるということだ

	Ⅰ	Ⅱ	Ⅲ	Ⅳ	Ⅴ
1	ア	イ	エ	オ	ウ
2	ア	オ	エ	イ	ウ
3	イ	オ	ウ	ア	エ
4	エ	ウ	オ	イ	ア
5	オ	エ	イ	ア	ウ

2019(令和元)年度

試験問題
解答・解説

問題1 | 法律史
（基礎法学）

ランク	正解
B	1

ア 「オランダ」 江戸時代末期の1862（文久2）年に、西周らがオランダに留学し、自然法や国際公法等を学んだ。

　　したがって、空欄アには「オランダ」が当てはまる。

イ 「ボアソナード」 ウ 「フランス」 フランスの法学者であるボアソナードは、1873（明治6）年に来日した。そして、ボアソナードは、1810年のフランスのナポレオン刑法典をモデルに刑法典の起草にあたり、その後、若干の修正を経て公布・施行されたのが、我が国最初の近代刑法である旧刑法である。また、ボアソナードらの助言のもとに、旧民法典の公布・施行が予定されていたが、民法典論争の激化により、旧民法典の施行は延期された。

　　したがって、空欄イには「ボアソナード」、空欄ウには「フランス」が当てはまる。

エ 「ドイツ」 穂積重信らの起草委員は、ドイツ民法典の第一草案を主に参考にしながら、現行民法典の作成に取り掛かった。

　　したがって、空欄エには「ドイツ」が当てはまる。

....

　以上により、空欄に当てはまる語の組合せとして、妥当な選択肢は1であり、正解は1となる。

正解	1	2	3	4	5
解答率（％）	56.8	2.6	20.4	1.4	18.3

問題2 | 裁判の審級制度等
（基礎法学）

ランク	正解
B	5

ア 妥当でない 民事訴訟における判決手続では、第一審の裁判権は簡易裁判

所、地方裁判所又は家庭裁判所が有する（裁判所法33条1項1号、24条1号等）。これに対応して、控訴審の裁判権は地方裁判所、高等裁判所が有し（同法24条3号、16条1号）、上告審の裁判権は高等裁判所、最高裁判所が有する（同法16条3号、7条1号）。これに対して、刑事訴訟における判決手続では、第一審が簡易裁判所であっても、その控訴審、上告審は、それぞれ高等裁判所と最高裁判所となる（同法16条1号、7条1号）。

イ　妥当でない　ウ　妥当でない　審判の対象についての裁判資料の範囲に関しては、覆審主義、事後審主義、続審主義などの原則が対立している。覆審主義は、第一審の裁判資料とは別個独立に、控訴審が裁判資料を収集し、控訴の当否や請求の当否などを判断する原則である。これに対して、事後審主義は、第一審で提出された資料のみに基づいて、控訴審が第一審判決の当否を判断する原則である。また、続審主義は、両原則の中間にあり、第一審の裁判資料に加えて、控訴審において新たに資料を収集した上で第一審判決の当否を判断し、第一審判決の取消しによって必要が生じたときは、請求の当否についても控訴審が判断するというものである。

現行の民事訴訟法において、同法296条2項は、「当事者は、第一審における口頭弁論の結果を陳述しなければならない。」と規定しており、同法156条は、「攻撃又は防御の方法は、訴訟の進行状況に応じ適切な時期に提出しなければならない。」と規定し、同法297条が控訴審の訴訟手続にこれを準用する旨を定めている。これらの規定は、続審主義を定めたものと解されている。したがって、記述イは、民事訴訟における控訴審の裁判が事後審とされているとしている点で、妥当でない。

他方、現行の刑事訴訟法において、控訴審は続審として運用されている（同法393条1項）ものの、原則的には、事後審主義を採用したものと解されている。したがって、記述ウは、刑事訴訟における控訴審の裁判が覆審とされているとしている点で、妥当でない。

エ　妥当である　刑事訴訟法411条柱書は、「上告裁判所は、第405条各号に規定する事由がない場合であつても、左の事由があつて原判決を破棄しなければ著しく正義に反すると認めるときは、判決で原判決を破棄することができる。」と規定し、同条3号で、「判決に影響を及ぼすべき重大な事実の誤認が

あること。」と規定している。

オ **妥当である** 裁判所法4条は、「上級審の裁判所の裁判における判断は、その事件について下級審の裁判所を拘束する。」と規定している。

....

以上により、妥当なものの組合せは5であり、正解は5となる。

正解	1	2	3	4	5
解答率（%）	4.9	9.3	6.7	15.5	63.1

問題3 ┃ 議員の地位
（憲法）

ランク **B**　正解 **1**

1 **妥当である** 衆参両議院の比例代表選出議員に欠員が出た場合について、公職選挙法112条2項、4項で、当選順位に従い繰上補充が行われることが規定されている。そして、同条7項が準用する同法98条3項前段は、「衆議院名簿登載者又は参議院名簿登載者で、当選人とならなかつたものにつき除名、離党その他の事由により当該衆議院名簿届出政党等又は参議院名簿届出政党等に所属する者でなくなつた旨の届出が、……選挙長にされているときは、これを当選人と定めることができない。」と規定している。

2 **妥当でない** 憲法50条は、「両議院の議員は、法律の定める場合を除いては、国会の会期中逮捕されず、会期前に逮捕された議員は、その議院の要求があれば、会期中これを釈放しなければならない。」と規定しており、これを受けて、国会法33条は、「各議院の議員は、院外における現行犯罪の場合を除いては、会期中その院の許諾がなければ逮捕されない。」と規定している。

3 **妥当でない** 憲法58条2項は、「両議院は、各々その会議その他の手続及び内部の規律に関する規則を定め、又、院内の秩序をみだした議員を懲罰することができる。但し、議員を除名するには、出席議員の3分の2以上の多数による議決を必要とする。」と規定している。そして、この懲罰権は、各

議院が組織体としての秩序を維持し、その機能の運営を円滑ならしめるために、議院の自律権の一内容として憲法上明文をもって保障されたものであるから、懲罰の種類を問わず、裁判所の司法審査は及ばないと解されている。

4　**妥当でない**　従来から、地方議会議員の懲罰のうち、除名については司法審査が及んだが、判例変更によって、出席停止にも司法審査は及ぶことになった（最大判令2.11.25）。

しかし、地方議会議員の懲罰は、①除名、②一定期間の出席停止のほか、③公開の議場における戒告、④公開の議場における陳謝がある（地方自治法135条1項）。

同判例が、出席停止に司法審査が及ぶとした理由が「出席停止の懲罰……が科されると、当該議員はその期間、会議及び委員会への出席が停止され、議事に参与して議決に加わるなどの議員としての中核的な活動をすることができず、住民の負託を受けた議員としての責務を十分に果たすことができなくなる」点にあることを考慮すると、③と④を含む懲罰全般に司法審査が及ぶとするのは妥当でない。

5　**妥当でない**　判例は、「憲法上、国権の最高機関たる国会について、広範な議院自律権を認め、ことに、議員の発言について、憲法51条に、いわゆる免責特権を与えているからといつて、その理をそのまま直ちに地方議会にあてはめ、地方議会についても、国会と同様の議会自治・議会自律の原則を認め、さらに、地方議会議員の発言についても、いわゆる免責特権を憲法上保障しているものと解すべき根拠はない」としている（最大判昭42.5.24）。

・・・・・・・・・・・・・・・・・・・・・

以上により、妥当な記述は1であり、正解は1となる。

正解	1	2	3	4	5
解答率（％）	64.8	1.4	23.3	2.4	7.5

| 問題4 | 家族・婚姻 (憲法) | ランク A | 正解 4 |

1 **妥当でない** 判例は、「法律婚という制度自体は我が国に定着していると しても、……認識の変化に伴い、上記制度の下で父母が婚姻関係になかった という、子にとっては自ら選択ないし修正する余地のない事柄を理由として その子に不利益を及ぼすことは許されず、子を個人として尊重し、その権利 を保障すべきであるという考えが確立されてきているものということができ る。……立法府の裁量権を考慮しても、嫡出子と嫡出でない子の法定相続分 を区別する合理的な根拠は失われていたというべきである。したがって、本 件規定は、……憲法14条1項に違反していたものというべきである」としてい る（非嫡出子相続分規定違憲決定　最大決平25.9.4）。よって、法律婚の 保護という立法目的に照らすと著しく不合理とは述べていない。

2 **妥当でない** 判例は、「国籍法3条1項は、……血統主義を基調としつつ、 日本国民との法律上の親子関係の存在に加え我が国との密接な結び付きの指 標となる一定の要件を設けて、これらを満たす場合に限り出生後における日 本国籍の取得を認めることとしたものと解される。……上記の立法目的自体 には、合理的な根拠があるというべきである」としている（国籍法違憲訴訟 判決　最大判平20.6.4）。

3 **妥当でない** 判例は、戸籍法49条2項1号について、「民法及び戸籍法に おいて法律上の父子関係等や子に係る戸籍上の取扱いについて定められてい る規律が父母の婚姻関係の有無によって異なるのは、法律婚主義の制度の下 における身分関係上の差異及びこれを前提とする戸籍処理上の差異であっ て、本件規定は、上記のような身分関係上及び戸籍処理上の差異を踏まえ、 戸籍事務を管掌する市町村長の事務処理の便宜に資するものとして、出生の 届出に係る届書に嫡出子又は嫡出でない子の別を記載すべきことを定めてい るにとどまる。……本件規定それ自体によって、嫡出でない子について嫡出 子との間で子又はその父母の法的地位に差異がもたらされるものとはいえな い。……本件規定は、嫡出でない子について嫡出子との関係で不合理な差別

的取扱いを定めたものとはいえず、憲法14条１項に違反するものではない」としている（最判平25.9.26）。

4　**妥当である**　判例は、民法〔平成28年法律第71号による改正前〕733条１項のうち、100日を超える再婚禁止期間を設ける部分について、「本件規定のうち100日超過部分は、遅くとも上告人が前婚を解消した日から100日を経過した時点までには、……国会に認められる合理的な立法裁量の範囲を超えるものとして、その立法目的との関連において合理性を欠くものになっていたと解される。……同部分は、憲法14条１項に違反するとともに、憲法24条２項にも違反するに至っていたというべきである」としている（女子再婚禁止期間事件　最大判平27.12.16）。

5　**妥当でない**　判例は、民法750条について、「本件規定は、夫婦が夫又は妻の氏を称するものとしており……その文言上性別に基づく法的な差別的取扱いを定めているわけではなく、本件規定の定める夫婦同氏制それ自体に男女間の形式的な不平等が存在するわけではない。我が国において、夫婦となろうとする者の間の個々の協議の結果として夫の氏を選択する夫婦が圧倒的多数を占めることが認められるとしても、それが、本件規定の在り方自体から生じた結果であるということはできない。したがって、本件規定は、憲法14条１項に違反するものではない」としている（夫婦別姓訴訟判決　最大判平27.12.16）。

....

以上により、妥当な記述は４であり、正解は４となる。

正解	1	2	3	4	5
解答率（％）	11.8	8.4	8.4	**65.6**	5.4

問題5	選挙権・選挙制度 （憲法）	ランク **B**	正解 **1**

1　**妥当でない**　判例は、「国民の選挙権又はその行使を制限することは原則

として許されず、国民の選挙権又はその行使を制限するためには、そのような制限をすることがやむを得ないと認められる事由がなければならないというべきである。そして、そのような制限をすることなしには選挙の公正を確保しつつ選挙権の行使を認めることが事実上不能ないし著しく困難であると認められる場合でない限り、上記のやむを得ない事由があるとはいえず、このような事由なしに国民の選挙権の行使を制限することは、憲法15条1項及び3項、43条1項並びに44条ただし書に違反するといわざるを得ない」としている（在外日本人選挙権訴訟　最大判平17.9.14）。

2　**妥当である**　判例は、「立候補の自由は、選挙権の自由な行使と表裏の関係にあり、自由かつ公正な選挙を維持するうえで、きわめて重要である」とし、「これに対する制約は、特に慎重でなければなら」ないとしている。（三井美唄炭鉱労組事件　最大判昭43.12.4）。

3　**妥当である**　判例は、「候補者と並んで候補者届出政党にも選挙運動を認めることが是認される以上、候補者届出政党に所属する候補者とこれに所属しない候補者との間に選挙運動の上で差異を生ずることは避け難いところであるから、その差異が一般的に合理性を有するとは到底考えられない程度に達している場合に、初めてそのような差異を設けることが国会の裁量の範囲を逸脱するというべきである」としている（最大判平11.11.10）。

4　**妥当である**　判例は、「個々の選挙区においては、……全国的な支持を得ていない政党等に所属する者でも、当該選挙区において高い支持を集めることができれば当選することができるという特質をも有するものであって、特定の政党等にとってのみ有利な制度とはいえない。小選挙区制の下においては死票を多く生む可能性があることは否定し難いが、死票はいかなる制度でも生ずるものであり、……小選挙区制は、選挙を通じて国民の総意を議席に反映させる一つの合理的方法ということができ、これによって選出された議員が全国民の代表であるという性格と矛盾抵触するものではない」としている（最大判平11.11.10）。

5　**妥当である**　判例は、「政党等にあらかじめ候補者の氏名及び当選人となるべき順位を定めた名簿を届け出させた上、選挙人が政党等を選択して投票し、各政党等の得票数の多寡に応じて当該名簿の順位に従って当選人を決定

する方式は、投票の結果すなわち選挙人の総意により当選人が決定される点において、選挙人が候補者個人を直接選択して投票する方式と異なるところはない」とし、「直接選挙に当たらないということはでき」ないとしている（最大判平11.11.10）。

....

以上により、妥当でない記述は1であり、正解は1となる。

正解	1	2	3	4	5
解答率（％）	49.0	3.1	12.8	7.2	27.4

問題6 　教科書検定制度の合憲性（憲法）　ランクA　正解2

1　**妥当である**　判例は、「一般に社会公共的な問題について国民全体の意思を組織的に決定、実現すべき立場にある国は、国政の一部として広く適切な教育政策を樹立、実施すべく、また、しうる者として、憲法上は、あるいは子ども自身の利益の擁護のため、あるいは子どもの成長に対する社会公共の利益と関心にこたえるため、必要かつ相当と認められる範囲において、教育内容についてもこれを決定する権能を有するものと解さざるをえ」ないとしている（旭川学力テスト事件　最大判昭51.5.21）。そして、教科書検定の合憲性についての判例は、上記判例を引用している（教科書裁判第1次訴訟上告審　最判平5.3.16）。

2　**妥当でない**　判例は、「不合格図書をそのまま一般図書として発行し、教師、児童、生徒を含む国民一般にこれを発表すること、すなわち思想の自由市場に登場させることは、何ら妨げられるところはない」として、教科書検定による不合格処分が事前抑制に該当しないとし、また、「憲法21条2項にいう検閲とは、行政権が主体となって、思想内容等の表現物を対象とし、その全部又は一部の発表の禁止を目的とし、対象とされる一定の表現物につき網羅的一般的に、発表前にその内容を審査した上、不適当と認めるものの発

表を禁止することを特質として備えるものを指すと解すべきである。本件検定は、……一般図書としての発行を何ら妨げるものではなく、発表禁止目的や発表前の審査などの特質がないから、検閲に当たらず、憲法21条2項前段の規定に違反するものではない」としている（教科書裁判第1次訴訟上告審　最判平5.3.16）。

3　**妥当である**　判例は、「普通教育の場においては、教育の中立・公正、一定水準の確保等の要請があり、これを実現するためには、これらの観点に照らして不適切と認められる図書の教科書としての発行、使用等を禁止する必要があること……その制限も、右の観点からして不適切と認められる内容を含む図書のみを、教科書という特殊な形態において発行を禁ずるものにすぎないことなどを考慮すると、本件検定による表現の自由の制限は、合理的で必要やむを得ない限度のものというべきであって、憲法21条1項の規定に違反するものではない」としている（教科書裁判第1次訴訟上告審　最判平5.3.16）。

4　**妥当である**　判例は、「教科書は、教科課程の構成に応じて組織排列された教科の主たる教材として、普通教育の場において使用される児童、生徒用の図書であって……学術研究の結果の発表を目的とするものではなく、……教科書の形態における研究結果の発表を制限するにすぎない。このような本件検定が学問の自由を保障した憲法23条の規定に違反しないことは……明らかである」としている（教科書裁判第1次訴訟上告審　最判平5.3.16）。

5　**妥当である**　判例は、「行政処分については、憲法31条による法定手続の保障が及ぶと解すべき場合があるにしても、それぞれの行政目的に応じて多種多様であるから、常に必ず行政処分の相手方に告知、弁解、防御の機会を与えるなどの一定の手続を必要とするものではない。……本件検定が憲法31条の法意に反するということはできない」としている（教科書裁判第1次訴訟上告審　最判平5.3.16）。

以上により、妥当でない記述は2であり、正解は2となる。

正解	1	2	3	4	5
解答率（%）	1.9	71.8	3.8	5.9	16.0

問題7　裁判官の身分保障等
（憲法）　　ランク B　　正解 3

1　**妥当でない**　憲法78条は、「裁判官は……公の弾劾によらなければ罷免されない。裁判官の懲戒処分は、行政機関がこれを行ふことはできない。」と規定している。そして、同法64条1項は、「国会は、罷免の訴追を受けた裁判官を裁判するため、両議院の議員で組織する弾劾裁判所を設ける。」と規定しているから、罷免については国会に設置された弾劾裁判所が決定を行う。また、裁判所法49条は、「裁判官は、職務上の義務に違反し、若しくは職務を怠り、又は品位を辱める行状があつたときは、別に法律で定めるところにより裁判によつて懲戒される。」と規定している。そして、懲戒を行う実際の裁判手続は裁判官分限法に定められており、懲戒については独立の懲戒委員会が決定を行うとはされていない。

2　**妥当でない**　裁判官分限法2条は、「裁判官の懲戒は、戒告又は1万円以下の過料とする。」と規定している。

3　**妥当である**　判例は、「裁判所法52条1号が裁判官の積極的な政治運動を禁止しているのは、……裁判官の独立及び中立・公正を確保し、裁判に対する国民の信頼を維持するとともに、三権分立主義の下における司法と立法、行政とのあるべき関係を規律することにその目的があると解されるのであり、右目的の重要性及び裁判官は単独で又は合議体の一員として司法権を行使する主体であることにかんがみれば、裁判官に対する政治運動禁止の要請は、一般職の国家公務員に対する政治的行為禁止の要請より強いものというべきである」としている（寺西判事補事件　最大決平10.12.1）。

4　**妥当でない**　判例は、「裁判官に対し『積極的に政治運動をすること』を禁止することは、必然的に裁判官の表現の自由を一定範囲で制約することに

はなるが、右制約が合理的で必要やむを得ない限度にとどまるものである限り、憲法の許容するところであるといわなければならず、右の禁止の目的が正当であって、その目的と禁止との間に合理的関連性があり、禁止により得られる利益と失われる利益との均衡を失するものでないなら、憲法21条1項に違反しないというべきである」としている（寺西判事補事件　最大決平10.12.1）。

5　　**妥当でない**　判例は、「裁判所法49条……にいう『品位を辱める行状』とは、職務上の行為であると、純然たる私的行為であるとを問わず、およそ裁判官に対する国民の信頼を損ね、又は裁判の公正を疑わせるような言動をいうものと解するのが相当である」としている（最大決平30.10.17）。したがって、裁判官の品位を辱める行状があったと認定される事例は、著しく品位に反する場合のみに限定されなければならないとはされていない。

以上により、妥当な記述は3であり、正解は3となる。

正解	1	2	3	4	5
解答率（％）	7.6	2.4	58.4	20.1	10.5

問題8	行政上の義務の履行確保 （一般的法理論）	ランク A	正解 4

1　　**誤り**　即時強制とは、義務の存在を前提としないで、行政上の目的を達成するため、直接に身体もしくは財産に対して有形力を行使することをいう。本記述は、行政上の義務の存在を前提としている点で誤りである。

2　　**誤り**　行政代執行法は、直接強制の手続について規定していない。

3　　**誤り**　行政代執行法2条は、「法律（法律の委任に基く命令、規則及び条例を含む。以下同じ。）により直接に命ぜられ、又は法律に基き行政庁により命ぜられた行為（他人が代つてなすことのできる行為に限る。）について義務者がこれを履行しない場合、他の手段によつてその履行を確保すること

が困難であり、且つその不履行を放置することが著しく公益に反すると認められるときは、当該行政庁は、自ら義務者のなすべき行為をなし、又は第三者をしてこれをなさしめ、その費用を義務者から徴収することができる。」と規定している。

4　**正しい**　行政上の秩序罰とは、行政上の秩序に障害を与える危険がある義務違反に対して科される罰であり、刑法上の罰ではないので、国の法律違反に対する秩序罰については、非訟事件手続法の定めるところにより、所定の裁判所により科される。

5　**誤り**　判例は、「道路交通法は、通告を受けた者が、その自由意思により、通告に係る反則金を納付し、これによる事案の終結の途を選んだときは、もはや当該通告の理由となつた反則行為の不成立等を主張して通告自体の適否を争い、これに対する抗告訴訟によつてその効果の覆滅を図ることはこれを許さず、右のような主張をしようとするのであれば、反則金を納付せず、後に公訴が提起されたときにこれによつて開始された刑事手続の中でこれを争い、これについて裁判所の審判を求める途を選ぶべきであるとしているものと解する」としている（最判昭57.7.15）。

以上により、正しい記述は4であり、正解は4となる。

正解	1	2	3	4	5
解答率（%）	9.1	10.5	13.1	**58.1**	8.6

問題9	内閣法及び国家行政組織法 （一般的法理論）	ランク C	正解 3

1　**誤り**　国家行政組織法5条3項は、「各省大臣は、国務大臣のうちから、内閣総理大臣が命ずる。ただし、内閣総理大臣が自ら当たることを妨げない。」と規定している。

2　**誤り**　国家行政組織法10条は、「各省大臣、各委員会の委員長及び各庁の

長官は、その機関の事務を統括し、職員の服務について、これを統督する。」
と規定している。そして、同法14条1項は、「各省大臣、各委員会及び各庁
の長官は、その機関の所掌事務について、公示を必要とする場合においては、
告示を発することができる。」と規定し、同条2項は、「各省大臣、各委員会
及び各庁の長官は、その機関の所掌事務について、命令又は示達をするため、
所管の諸機関及び職員に対し、訓令又は通達を発することができる。」と規
定している。

3　**正しい**　国家行政組織法11条は、「各省大臣は、主任の行政事務について、
法律又は政令の制定、改正又は廃止を必要と認めるときは、案をそなえて、
内閣総理大臣に提出して、閣議を求めなければならない。」と規定している。

4　**誤り**　国家行政組織法12条1項は、「各省大臣は、主任の行政事務につい
て、法律若しくは政令を施行するため、又は法律若しくは政令の特別の委任
に基づいて、それぞれその機関の命令として省令を発することができる。」
と規定している。

5　**誤り**　内閣法6条は、「内閣総理大臣は、閣議にかけて決定した方針に基
いて、行政各部を指揮監督する。」と規定している。

以上により、正しい記述は3であり、正解は3となる。

正解	1	2	3	4	5
解答率（%）	7.4	39.1	20.2	31.3	1.6

問題10　公有水面埋立訴訟（一般的法理論）

ランク	正解
A	5

本問は、公有水面埋立てに関する最高裁判所判決（最判平17.12.16）を題材と
するものである。判旨は、以下のとおりである。

「⑴海は、特定人による独占的排他的支配の許されないものであり、現行法上、
海水に覆われたままの状態でその一定範囲を区画してこれを私人の所有に帰属さ

せるという制度は採用されていないから、海水に覆われたままの状態においては、私法上【（ア）所有権】の客体となる土地に当たらない……。また、海面を埋め立てるために土砂が投入されて埋立地が造成されても、原則として、埋立権者が竣功認可を受けて当該埋立地の【（ア）所有権】を取得するまでは、その土砂は、海面下の地盤に付合するものではなく、公有水面埋立法……に定める原状回復義務の対象となり得るものである……。これらのことからすれば、海面の埋立工事が完成して陸地が形成されても、同項に定める原状回復義務の対象となり得る限りは、海面下の地盤の上に独立した動産たる土砂が置かれているにすぎないから、この時点ではいまだ当該埋立地は私法上【（ア）所有権】の客体となる土地に当たらないというべきである。

　(2)公有水面埋立法……に定める上記原状回復義務は、海の公共性を回復するために埋立てをした者に課せられた義務である。そうすると、長年にわたり当該埋立地が事実上公の目的に使用されることもなく放置され、【（イ）公共用】財産としての形態、機能を完全に喪失し、その上に他人の平穏かつ公然の【（ウ）占有】が継続したが、そのため実際上公の目的が害されるようなこともなく、これを【（イ）公共用】財産として維持すべき理由がなくなった場合には、もはや同項に定める原状回復義務の対象とならないと解すべきである。したがって、竣功未認可埋立地であっても、上記の場合には、当該埋立地は、もはや公有水面に復元されることなく私法上所有権の客体となる土地として存続することが確定し、同時に、【（エ）黙示】的に公用が廃止されたものとして、【（オ）取得時効】の対象となるというべきである。」

・・・・・・・・・・・・・・・・・・・

以上により、誤っているものの組合せは5であり、正解は5となる。

正解	1	2	3	4	5
解答率（％）	1.1	3.6	2.5	28.7	63.7

問題11	行政指導	ランク	正解
	（行政手続法）	B	4

1　**誤り**　行政手続法36条の２第１項本文は、「法令に違反する行為の是正を求める行政指導（その根拠となる規定が法律に置かれているものに限る。）の相手方は、当該行政指導が当該法律に規定する要件に適合しないと思料するときは、当該行政指導をした行政機関に対し、その旨を申し出て、当該行政指導の中止その他必要な措置をとることを求めることができる。」と規定している。

2　**誤り**　行政手続法２条６号は、「行政指導　行政機関がその任務又は所掌事務の範囲内において一定の行政目的を実現するため特定の者に一定の作為又は不作為を求める指導、勧告、助言その他の行為であって処分に該当しないものをいう。」と規定している。

3　**誤り**　行政手続法３条３項は、「地方公共団体の機関がする……行政指導……については、次章から第６章までの規定は、適用しない。」と規定していて、行政指導の根拠となる法律について問題にしていない。

4　**正しい**　行政手続法35条３項は、「行政指導が口頭でされた場合において、その相手方から前２項に規定する事項を記載した書面の交付を求められたときは、当該行政指導に携わる者は、行政上特別の支障がない限り、これを交付しなければならない。」と規定し、同条１項は、「行政指導に携わる者は、その相手方に対して、当該行政指導の趣旨及び内容並びに責任者を明確に示さなければならない。」と規定している。

5　**誤り**　行政手続法39条１項は、「命令等制定機関は、命令等を定めようとする場合には、当該命令等の案……及びこれに関連する資料をあらかじめ公示し、意見……の提出先及び意見の提出のための期間……を定めて広く一般の意見を求めなければならない。」と規定している。そして、同法２条８号柱書は、「命令等　内閣又は行政機関が定める次に掲げるものをいう。」と規定し、同号ニは、「行政指導指針（同一の行政目的を実現するため一定の条件に該当する複数の者に対し行政指導をしようとするときにこれらの行政指

導に共通してその内容となるべき事項をいう。……)」を掲げている。

....

以上により、正しい記述は4であり、正解は4となる。

正解	1	2	3	4	5
解答率（%）	26.8	4.3	11.0	**54.4**	3.0

問題12 | 聴聞（行政手続法） | ランク A | 正解 5

ア　**誤り**　行政手続法19条2項柱書は、「次の各号のいずれかに該当する者は、聴聞を主宰することができない。」と規定しているところ、同項各号には、行政庁の職員のうち、当該不利益処分に係る事案の処理に直接関与した者については規定されていない。

イ　**誤り**　行政手続法6条は、「行政庁は、申請がその事務所に到達してから当該申請に対する処分をするまでに通常要すべき標準的な期間（法令により当該行政庁と異なる機関が当該申請の提出先とされている場合は、併せて、当該申請が当該提出先とされている機関の事務所に到達してから当該行政庁の事務所に到達するまでに通常要すべき標準的な期間）を定めるよう努めるとともに、これを定めたときは、これらの当該申請の提出先とされている機関の事務所における備付けその他の適当な方法により公にしておかなければならない。」と規定しているが、不利益処分について同様の規定はない。

ウ　**正しい**　行政手続法23条1項は、「主宰者は、当事者の全部若しくは一部が正当な理由なく聴聞の期日に出頭せず、かつ、第21条第1項に規定する陳述書若しくは証拠書類等を提出しない場合、又は参加人の全部若しくは一部が聴聞の期日に出頭しない場合には、これらの者に対し改めて意見を述べ、及び証拠書類等を提出する機会を与えることなく、聴聞を終結することができる。」と規定している。

エ　**誤り**　行政手続法13条1項柱書は、「行政庁は、不利益処分をしようとす

る場合には、次の各号の区分に従い、この章の定めるところにより、当該不利益処分の名あて人となるべき者について、当該各号に定める意見陳述のための手続を執らなければならない。」と規定し、同項１号柱書は「次のいずれかに該当するとき　聴聞」と規定している。しかし、申請に対する処分については、同様の規定はない。

オ　正しい　行政手続法18条１項は、「当事者及び当該不利益処分がされた場合に自己の利益を害されることとなる参加人……は、聴聞の通知があった時から聴聞が終結する時までの間、行政庁に対し、当該事案についてした調査の結果に係る調書その他の当該不利益処分の原因となる事実を証する資料の閲覧を求めることができる。この場合において、行政庁は、第三者の利益を害するおそれがあるときその他正当な理由があるときでなければ、その閲覧を拒むことができない。」と規定している。

....

以上により、正しいものの組合せは５であり、正解は５となる。

正解	1	2	3	4	5
解答率（％）	3.5	25.8	2.0	3.3	64.4

問題13 ｜ 総合（行政手続法）

ランク	正解
A	2

ア　正しい　行政手続法36条は、「同一の行政目的を実現するため一定の条件に該当する複数の者に対し行政指導をしようとするときは、行政機関は、あらかじめ、事案に応じ、行政指導指針を定め、かつ、行政上特別の支障がない限り、これを公表しなければならない。」と規定している。

イ　誤り　行政庁は、申請がその事務所に到達してから当該申請に対する処分をするまでに通常要すべき標準的な期間を定めるよう努めなければならない（行政手続法６条）。しかし、申請に対する処分が標準処理期間内に行われない場合でも、必ずしも、行政事件訴訟法３条５項の「相当の期間」に該当す

るとして不作為の違法確認の訴えにおいてその請求が認容されるとは限らない。

ウ　**誤り**　行政手続法12条1項は、「行政庁は、処分基準を定め、かつ、これを公にしておくよう努めなければならない。」と規定している。

エ　**誤り**　行政手続法8条1項本文は、「行政庁は、申請により求められた許認可等を拒否する処分をする場合は、申請者に対し、同時に、当該処分の理由を示さなければならない。」と規定しており、申請の全部拒否と一部拒否とを区別していない。

オ　**正しい**　行政手続法39条1項は、「命令等制定機関は、命令等を定めようとする場合には、当該命令等の案……及びこれに関連する資料をあらかじめ公示し、意見……の提出先及び意見の提出のための期間……を定めて広く一般の意見を求めなければならない。」と規定している。そして、同法2条8号柱書は、「命令等　内閣又は行政機関が定める次に掲げるものをいう。」と規定し、同号は、法律に基づく命令（イ）、審査基準（ロ）、処分基準（ハ）、行政指導指針（ニ）を掲げている。

....

以上により、正しいものの組合せは2であり、正解は2となる。

正解	1	2	3	4	5
解答率（%）	4.3	67.3	3.6	0.6	23.8

問題14　裁決及び決定（行政不服審査法）

ランク	正解
A	4

ア　**誤り**　行政不服審査法上、処分についての審査請求をした日（審査請求書につき不備の補正を命じられた場合は、当該不備を補正した日）から、同法の定められた期間内に裁決がないときは、当該審査請求が審査庁により棄却されたものとみなすことができるとする規定は存在しない。

イ　**正しい**　行政不服審査法52条1項は、「裁決は、関係行政庁を拘束する。」

608

と規定している。そして、審査請求に関する規定の再審査請求への準用を定める同法66条1項前段は、同法52条1項を準用している。他方、審査請求に関する規定の再調査の請求への準用を定める同法61条前段は、同法52条1項を準用していない。

ウ　**誤り**　行政不服審査法58条1項は、「再調査の請求が法定の期間経過後にされたものである場合その他不適法である場合には、処分庁は、決定で、当該再調査の請求を却下する。」と規定している。

なお、同法45条1項は、「処分についての審査請求が法定の期間経過後にされたものである場合その他不適法である場合には、審査庁は、裁決で、当該審査請求を却下する。」と規定し、同条2項は、「処分についての審査請求が理由がない場合には、審査庁は、裁決で、当該審査請求を棄却する。」と規定している。

エ　**誤り**　行政不服審査法45条3項は、「審査請求に係る処分が違法又は不当ではあるが、これを取り消し、又は撤廃することにより公の利益に著しい障害を生ずる場合において、審査請求人の受ける損害の程度、その損害の賠償又は防止の程度及び方法その他一切の事情を考慮した上、処分を取り消し、又は撤廃することが公共の福祉に適合しないと認めるときは、審査庁は、裁決で、当該審査請求を棄却することができる。この場合には、審査庁は、裁決の主文で、当該処分が違法又は不当であることを宣言しなければならない。」と規定している。しかし、審査請求に関する規定の再調査の請求への準用を定める同法61条前段は、同法45条3項を準用していない。

オ　**正しい**　行政不服審査法47条柱書本文は、「事実上の行為についての審査請求が理由がある場合（第45条第3項の規定の適用がある場合を除く。）には、審査庁は、裁決で、当該事実上の行為が違法又は不当である旨を宣言するとともに、次の各号に掲げる審査庁の区分に応じ、当該各号に定める措置をとる。」と規定し、同条2号は、「処分庁である審査庁　当該事実上の行為の全部若しくは一部を撤廃し、又はこれを変更すること。」を掲げている。

以上により、正しいものの組合せは4であり、正解は4となる。

正解	1	2	3	4	5
解答率（%）	3.1	7.0	13.0	69.2	7.0

問題15　審査請求の手続等
（行政不服審査法）

ランク	正解
A	4

1　**正しい**　行政不服審査法21条1項前段は、「審査請求をすべき行政庁が処分庁等と異なる場合における審査請求は、処分庁等を経由してすることができる。」と規定し、同条2項は、「前項の場合には、処分庁等は、直ちに、審査請求書又は審査請求録取書……を審査庁となるべき行政庁に送付しなければならない。」と規定している。

2　**正しい**　行政不服審査法24条1項は、「前条〔審査請求書の補正〕の場合において、審査請求人が同条の期間内に不備を補正しないときは、審査庁は、次節に規定する審理手続を経ないで、第45条第1項〔処分についての審査請求の却下〕又は第49条第1項〔不作為についての審査請求の却下〕の規定に基づき、裁決で、当該審査請求を却下することができる。」と規定し、同条2項は、「審査請求が不適法であって補正することができないことが明らかなときも、前項と同様とする。」と規定している。

3　**正しい**　行政不服審査法38条1項前段は、「審査請求人又は参加人は、第41条第1項又は第2項の規定〔審理手続の終結〕により審理手続が終結するまでの間、審理員に対し、提出書類等……の閲覧……又は当該書面若しくは当該書類の写し若しくは当該電磁的記録に記録された事項を記載した書面の交付を求めることができる。」と規定している。

4　**誤り**　行政不服審査法31条1項本文は、「審査請求人又は参加人の申立てがあった場合には、審理員は、当該申立てをした者……に口頭で審査請求に係る事件に関する意見を述べる機会を与えなければならない。」と規定している。

5　**正しい**　行政不服審査法1条1項は、「この法律は、行政庁の違法又は不当な処分その他公権力の行使に当たる行為に関し、国民が簡易迅速かつ公正な手続の下で広く行政庁に対する不服申立てをすることができるための制度を定めることにより、国民の権利利益の救済を図るとともに、行政の適正な運営を確保することを目的とする。」と規定している。同法は、行政庁の処

分又は不作為であれば、適用除外を除き（同法7条）、広く行政不服審査法によって不服申立ての対象（同法2条、3条）とする（一般概括主義）。

以上により、誤っている記述は4であり、正解は4となる。

正解	1	2	3	4	5
解答率（％）	4.3	5.3	10.5	**66.1**	13.4

問題16 ｜ 総合（行政不服審査法）　｜ ランク C ｜ 正解 5

1　**誤り**　行政不服審査法に、本記述のような規定は存在しない。

2　**誤り**　行政不服審査法17条は、「審査庁となるべき行政庁は、審理員となるべき者の名簿を作成するよう努めるとともに、これを作成したときは、当該審査庁となるべき行政庁及び関係処分庁の事務所における備付けその他の適当な方法により公にしておかなければならない。」と規定しており、議会の議決を要求していない。

3　**誤り**　行政不服審査法81条2項は、「地方公共団体は、当該地方公共団体における不服申立ての状況等に鑑み同項の機関を置くことが不適当又は困難であるときは、条例で定めるところにより、事件ごとに、執行機関の附属機関として、この法律の規定によりその権限に属させられた事項を処理するための機関を置くこととすることができる。」と規定している。そして、審査庁は、審理員意見書の提出を受けたときは、審査庁が地方公共団体の長（地方公共団体の組合にあっては、長、管理者又は理事会）である場合、同法81条2項の機関に諮問しなければならない（同法43条1項柱書）。

4　**誤り**　行政不服審査法7条1項柱書は、「次に掲げる処分及びその不作為については、第2条及び第3条の規定〔処分・不作為についての審査請求〕は、適用しない。」と規定し、同項1号は、「国会の両院若しくは一院又は議会の議決によってされる処分」を掲げている。

5　　**正しい**　行政不服審査法81条4項は、「第1項……の機関〔行政不服審査
機関のこと〕の組織及び運営に関し必要な事項は、当該機関を置く地方公共
団体の条例……で定める。」と規定している。

以上により、正しい記述は5であり、正解は5となる。

正解	1	2	3	4	5
解答率（％）	41.9	1.9	12.4	2.7	40.0

問題17　執行停止
（行政事件訴訟法）

ランク **A**　　正解 **5**

1　　**誤り**　行政事件訴訟法25条5項は、「第2項〔執行停止〕の決定は、疎明
に基づいてする。」と規定し、同条6項は、「第2項〔執行停止〕の決定は、
口頭弁論を経ないですることができる。ただし、あらかじめ、当事者の意見
をきかなければならない。」と規定している。

2　　**誤り**　行政事件訴訟法25条2項本文は、「処分の取消しの訴えの提起があ
つた場合において、処分、処分の執行又は手続の続行により生ずる重大な損
害を避けるため緊急の必要があるときは、裁判所は、申立てにより、決定を
もつて、処分の効力、処分の執行又は手続の続行の全部又は一部の停止（以
下『執行停止』という。）をすることができる。」と規定している。

3　　**誤り**　行政事件訴訟法25条2項本文は、「処分の取消しの訴えの提起があ
つた場合において、処分、処分の執行又は手続の続行により生ずる重大な損
害を避けるため緊急の必要があるときは、裁判所は、申立てにより、決定を
もつて、処分の効力、処分の執行又は手続の続行の全部又は一部の停止（以
下『執行停止』という。）をすることができる。」と規定している。

4　　**誤り**　行政事件訴訟法25条4項は、「執行停止は、公共の福祉に重大な影
響を及ぼすおそれがあるとき、又は本案について理由がないとみえるとき
は、することができない。」と規定している。

5　　**正しい**　行政事件訴訟法25条2項は、「処分の取消しの訴えの提起があつた場合において、処分、処分の執行又は手続の続行により生ずる重大な損害を避けるため緊急の必要があるときは、裁判所は、申立てにより、決定をもつて、処分の効力、処分の執行又は手続の続行の全部又は一部の停止（以下『執行停止』という。）をすることができる。ただし、処分の効力の停止は、処分の執行又は手続の続行の停止によつて目的を達することができる場合には、することができない。」と規定している。

以上により、正しい記述は5であり、正解は5となる。

正解	1	2	3	4	5
解答率（％）	1.9	4.2	5.7	13.6	**74.1**

問題18 行政庁の訴訟上の地位 （行政事件訴訟法）

ランク	正解
A	**3**

1　　**正しい**　行政事件訴訟法11条2項は、「処分又は裁決をした行政庁が国又は公共団体に所属しない場合には、取消訴訟は、当該行政庁を被告として提起しなければならない。」と規定している。

2　　**正しい**　行政事件訴訟法11条6項は、「処分又は裁決をした行政庁は、当該処分又は裁決に係る第1項の規定による国又は公共団体を被告とする訴訟について、裁判上の一切の行為をする権限を有する。」と規定している。

3　　**誤り**　行政事件訴訟法11条1項は、「処分又は裁決をした行政庁（処分又は裁決があつた後に当該行政庁の権限が他の行政庁に承継されたときは、当該他の行政庁。以下同じ。）が国又は公共団体に所属する場合には、取消訴訟は、次の各号に掲げる訴えの区分に応じてそれぞれ当該各号に定める者を被告として提起しなければならない。」と規定しており、同項2号は、「裁決の取消しの訴え　当該裁決をした行政庁の所属する国又は公共団体」を掲げている。

4　　**正しい**　行政事件訴訟法37条の２第５項は、「義務付けの訴えが第１項及び第３項に規定する要件に該当する場合において、その義務付けの訴えに係る処分につき、行政庁がその処分をすべきであることがその処分の根拠となる法令の規定から明らかであると認められ又は行政庁がその処分をしないことがその裁量権の範囲を超え若しくはその濫用となると認められるときは、裁判所は、行政庁がその処分をすべき旨を命ずる判決をする。」と規定している。

5　　**正しい**　行政事件訴訟法45条１項は、「私法上の法律関係に関する訴訟において、処分若しくは裁決の存否又はその効力の有無が争われている場合には、第23条第１項及び第２項……の規定を準用する。」と規定している。そして、同法23条１項は、「裁判所は、処分又は裁決をした行政庁以外の行政庁を訴訟に参加させることが必要であると認めるときは、当事者若しくはその行政庁の申立てにより又は職権で、決定をもつて、その行政庁を訴訟に参加させることができる。」と規定している。

以上により、誤っている記述は３であり、正解は３となる。

正解	1	2	3	4	5
解答率（％）	3.7	18.6	**64.4**	6.6	6.1

問題19 抗告訴訟（行政事件訴訟法）

ランク	正解
A	1

1　　**正しい**　行政事件訴訟法23条１項は、「裁判所は、処分又は裁決をした行政庁以外の行政庁を訴訟に参加させることが必要であると認めるときは、当事者若しくはその行政庁の申立てにより又は職権で、決定をもつて、その行政庁を訴訟に参加させることができる。」と規定している。

2　　**誤り**　行政事件訴訟法24条本文は、「裁判所は、必要があると認めるときは、職権で、証拠調べをすることができる。」と規定しており、その対象を

訴訟要件に限定していない。

3　**誤り**　取消訴訟の訴訟物は、処分の違法性一般であるのは、そのとおりである。しかし、行政事件訴訟法10条１項は、「取消訴訟においては、自己の法律上の利益に関係のない違法を理由として取消しを求めることができない。」と規定している。

4　**誤り**　行政事件訴訟法31条１項前段は、「取消訴訟については、処分又は裁決が違法ではあるが、これを取り消すことにより公の利益に著しい障害を生ずる場合において、原告の受ける損害の程度、その損害の賠償又は防止の程度及び方法その他一切の事情を考慮したうえ、処分又は裁決を取り消すことが公共の福祉に適合しないと認めるときは、裁判所は、請求を棄却することができる。」と規定しており、請求を却下できるとはしていない。

5　**誤り**　行政事件訴訟法37条の３第３項は、本記述のような場合には、処分の取消しの訴え又は無効確認の訴えを提起しなければならないと定めており、処分の義務付けの訴えのみを単独で提起することができる旨の規定は存在しない。

以上により、正しい記述は１であり、正解は１となる。

正解	1	2	3	4	5
解答率（%）	67.4	10.5	0.8	16.4	4.4

問題20　都市計画法上の建築制限（損失補償）　｜ランク C｜正解 1

　本問は、長期にわたる都市計画法上の建築制限と損失補償の要否に関する最高裁判所判決（最判平17.11.1）に付された藤田宙靖裁判官補足意見を題材にしたものである。藤田宙靖裁判官補足意見は、以下のとおりである。

　「私人の土地に対する都市計画法・・・に基づく建築制限が、それのみで直ちに憲法29条３項にいう私有財産を『公のために用ひる』ことにはならず、当然に

同項にいう『正当な補償』を必要とするものではないことは、原審のいうとおりである。しかし、【(空欄ア) 公共の利益】を理由としてそのような制限が損失補償を伴うことなく認められるのは、あくまでも、その制限が都市計画の実現を担保するために必要不可欠であり、かつ、権利者に無補償での制限を受忍させることに合理的な理由があることを前提とした上でのことというべきであるから、そのような前提を欠く事態となった場合には、【(空欄イ) 都市計画制限】であることを理由に補償を拒むことは許されないものというべきである。そして、当該制限に対するこの意味での【(空欄ウ) 受忍限度】を考えるに当たっては、制限の内容と同時に、制限の及ぶ期間が問題とされなければならないと考えられる・・・。」

....

　以上により、空欄に当てはまる語句の組合せとして、正しいものは1であり、正解は1となる。

正解	1	2	3	4	5
解答率（%）	27.1	16.7	16.7	31.5	7.4

問題21	2条1項 (国家賠償法)	ランク A	正解 5

　本問は、道路管理の瑕疵に関する最高裁判所判決（最判昭45.8.20）を題材としたものである。判旨は、以下のとおりである。

　「国家賠償法2条1項の営造物の設置または管理の瑕疵とは、営造物が【(空欄ア) 通常有すべき安全性】を欠いていることをいい、これに基づく国および公共団体の賠償責任については、その【(空欄イ) 過失】の存在を必要としないと解するを相当とする。ところで、原審の確定するところによれば、本件道路〔は〕・・・従来山側から屡々落石があり、さらに崩土さえも何回かあつたのであるから、いつなんどき落石や崩土が起こるかも知れず、本件道路を通行する人および車はたえずその危険におびやかされていたにもかかわらず、道路管理者において

は、『落石注意』等の標識を立て、あるいは竹竿の先に赤の布切をつけて立て、これによつて通行車に対し注意を促す等の処置を講じたにすぎず、本件道路の右のような危険性に対して防護柵または防護覆を設置し、あるいは山側に金網を張るとか、常時山地斜面部分を調査して、落下しそうな岩石があるときは、これを除去し、崩土の起こるおそれのあるときは、事前に通行止めをする等の措置をとつたことはない、というのである。・・・かかる事実関係のもとにおいては、本件道路は、その通行の安全性の確保において欠け、その管理に瑕疵があつたものというべきである旨、・・・そして、本件道路における防護柵を設置するとした場合、その費用の額が相当の多額にのぼり、上告人県としてその【（空欄ウ）予算措置】に困却するであろうことは推察できるが、それにより直ちに道路の管理の瑕疵によつて生じた損害に対する賠償責任を免れうるものと考えることはできないのであり、その他、本件事故が不可抗力ないし【（空欄エ）回避可能性】のない場合であることを認めることができない旨の原審の判断は、いずれも正当として是認することができる。」

　以上により、空欄に入る語句の組合せとして、正しいものは5であり、正解は5となる。

正解	1	2	3	4	5
解答率（％）	0.6	5.6	0.2	7.0	86.1

問題22　普通地方公共団体の議会（地方自治法）　ランク C　正解 3

1　**誤り**　地方自治法101条1項は、「普通地方公共団体の議会は、普通地方公共団体の長がこれを招集する。」と規定し、同条2項は、「議長は、議会運営委員会の議決を経て、当該普通地方公共団体の長に対し、会議に付議すべき事件を示して臨時会の招集を請求することができる。」と規定している。

2　**誤り**　地方自治法101条3項は、「議員の定数の4分の1以上の者は、当該

普通地方公共団体の長に対し、会議に付議すべき事件を示して臨時会の招集を請求することができる。」と規定し、同条４項は、「前２項の規定による請求があつたときは、当該普通地方公共団体の長は、請求のあつた日から20日以内に臨時会を招集しなければならない。」と規定している。

3　　**正しい**　地方自治法102条１項は、「普通地方公共団体の議会は、定例会及び臨時会とする。」と規定している。そして、同条３項は、「臨時会は、必要がある場合において、その事件に限りこれを招集する。」と規定し、同条４項は、「臨時会に付議すべき事件は、普通地方公共団体の長があらかじめこれを告示しなければならない。」と規定している。

4　　**誤り**　地方自治法112条１項は、「普通地方公共団体の議会の議員は、議会の議決すべき事件につき、議会に議案を提出することができる。但し、予算については、この限りでない。」と規定している。そして、同条２項は、「前項の規定により議案を提出するに当たつては、議員の定数の12分の１以上の者の賛成がなければならない。」と規定しているから、議員定数が12名以下の場合には、条例の定めがなくても、１人の議員が議案を提出することができる。

5　　**誤り**　地方自治法114条１項前段は、「普通地方公共団体の議会の議員の定数の半数以上の者から請求があるときは、議長は、その日の会議を開かなければならない。」と規定し、同法115条１項は、「普通地方公共団体の議会の会議は、これを公開する。但し、議長又は議員３人以上の発議により、出席議員の３分の２以上の多数で議決したときは、秘密会を開くことができる。」と規定している。

....

以上により、正しい記述は３であり、正解は３となる。

正解	1	2	3	4	5
解答率（％）	23.4	13.7	33.6	22.3	6.3

問題23 公の施設（地方自治法）

	ランク	正解
	A	3

1　**正しい**　地方自治法244条1項は、「普通地方公共団体は、住民の福祉を増進する目的をもつてその利用に供するための施設（これを公の施設という。）を設けるものとする。」と規定している。

2　**正しい**　地方自治法244条の2第1項は、「普通地方公共団体は、法律又はこれに基づく政令に特別の定めがあるものを除くほか、公の施設の設置及びその管理に関する事項は、条例でこれを定めなければならない。」と規定している。

3　**誤り**　地方自治法244条の2第3項は、「普通地方公共団体は、公の施設の設置の目的を効果的に達成するため必要があると認めるときは、条例の定めるところにより、法人その他の団体であつて当該普通地方公共団体が指定するもの（……『指定管理者』という。）に、当該公の施設の管理を行わせることができる。」と規定している。

4　**正しい**　地方自治法244条の2第6項は、「普通地方公共団体は、指定管理者の指定をしようとするときは、あらかじめ、当該普通地方公共団体の議会の議決を経なければならない。」と規定している。

5　**正しい**　地方自治法244条の2第8項は、「普通地方公共団体は、適当と認めるときは、指定管理者にその管理する公の施設の利用に係る料金（……『利用料金』という。）を当該指定管理者の収入として収受させることができる。」と規定している。

....

以上により、誤っている記述は3であり、正解は3となる。

正解	1	2	3	4	5
解答率（%）	4.8	2.2	83.2	3.6	5.9

問題24 ┃ 監査委員
（地方自治法）

ランク **B**　正解 **1**

1 **正しい** 地方自治法196条3項は、「監査委員は、地方公共団体の常勤の職員及び短時間勤務職員と兼ねることができない。」と規定している。

2 **誤り** 地方自治法196条1項本文は、「監査委員は、普通地方公共団体の長が、議会の同意を得て、人格が高潔で、普通地方公共団体の財務管理、事業の経営管理その他行政運営に関し優れた識見を有する者（議員である者を除く。……『識見を有する者』という。）及び議員のうちから、これを選任する。」と規定している。

3 **誤り** 地方自治法196条1項本文は、「監査委員は、普通地方公共団体の長が、議会の同意を得て、……これを選任する。」と規定している。

4 **誤り** 地方自治法195条2項は、「監査委員の定数は、都道府県及び政令で定める市にあつては4人とし、その他の市及び町村にあつては2人とする。ただし、条例でその定数を増加することができる。」と規定している。

5 **誤り** 地方自治法195条1項は、「普通地方公共団体に監査委員を置く。」と規定し、同条2項本文は、「監査委員の定数は、都道府県及び政令で定める市にあつては4人とし、その他の市及び町村にあつては2人とする。」と規定している。また、同法196条5項は、「都道府県及び政令で定める市にあつては、識見を有する者のうちから選任される監査委員のうち少なくとも1人以上は、常勤としなければならない。」と規定し、同条6項は「議員のうちから選任される監査委員の数は、都道府県及び前条第2項の政令で定める市にあつては2人又は1人、その他の市及び町村にあつては1人とする。」と規定している。

以上により、正しい記述は1であり、正解は1となる。

正解	1	2	3	4	5
解答率（%）	47.9	27.2	8.0	12.9	3.6

問題25	上水道 （行政法）	ランク A	正解 1

ア　**正しい**　判例は、「水の供給量が既にひっ迫しているにもかかわらず、自然的条件においては取水源が貧困で現在の取水量を増加させることが困難である一方で、社会的条件としては著しい給水人口の増加が見込まれるため、近い将来において需要量が給水量を上回り水不足が生ずることが確実に予見されるという地域にあっては、水道事業者である市町村としては、そのような事態を招かないよう適正かつ合理的な施策を講じなければならず、その方策としては、困難な自然的条件を克服して給水量をできる限り増やすことが第一に執られるべきであるが、それによってもなお深刻な水不足が避けられない場合には、専ら水の需給の均衡を保つという観点から水道水の需要の著しい増加を抑制するための施策を執ることも、やむを得ない措置として許される」としている（最判平11.1.21）。

イ　**正しい**　判例は、「行政指導として教育施設の充実に充てるために事業主に対して寄付金の納付を求めること自体は、強制にわたるなど事業主の任意性を損うことがない限り、違法ということはできない」としつつ、市がマンションを建築しようとする事業主に対して指導要綱に基づき教育施設負担金の寄付を求めた場合において、当該指導要綱が、これに従わない事業主には水道の給水を拒否するなどの制裁措置を背景として義務を課することを内容とするものであって、当該行為が行われた当時、これに従うことのできない事業主は事実上建築等を断念せざるを得なくなっており、現に指導要綱に従わない事業主が建築したマンションについて水道の給水等を拒否していたなどの事実関係の下においては、当該行為は、行政指導の限度を超え、違法な公権力の行使に当たるとしている（最判平5.2.18）。

ウ　**誤り**　判例は、「水道法上給水契約の締結を義務づけられている水道事業者としては、たとえ……指導要綱〔市の宅地開発に関する指導要綱〕を事業主に順守させるため行政指導を継続する必要があったとしても、これを理由として事業主らとの給水契約の締結を留保することは許されないというべき

である」とし、「水道事業者としては、たとえ指導要綱に従わない事業主らからの給水契約の申込であっても、その締結を拒むことは許されないというべきであるから、被告人〔市長〕らには本件給水契約の締結を拒む正当の理由がなかった」としている（最判平元.11.8）。

エ　**誤り**　判例は、「被上告人市の水道局給水課長が上告人の本件建物についての給水装置新設工事申込の受理を事実上拒絶し、申込書を返戻した措置は、右申込の受理を最終的に拒否する旨の意思表示をしたものではなく、上告人に対し、右建物につき存する建築基準法違反の状態を是正して建築確認を受けたうえ申込をするよう一応の勧告をしたものにすぎないと認められるところ、これに対し上告人は、その後1年半余を経過したのち改めて右工事の申込をして受理されるまでの間右工事申込に関してなんらの措置を講じないままこれを放置していたのであるから、右の事実関係の下においては、前記被上告人市の水道局給水課長の当初の措置のみによつては、未だ、被上告人市の職員が上告人の給水装置工事申込の受理を違法に拒否したものとして、被上告人市において上告人に対し不法行為法上の損害賠償の責任を負うものとするには当たらない」としている（最判昭56.7.16）。

以上により、正しいものの組合せは1であり、正解は1となる。

正解	1	2	3	4	5
解答率（％）	87.7	6.6	2.3	2.5	0.5

問題26　総合（行政法）

ランク　C　　正解　5

ア　**妥当でない**　判例は、「高等専門学校の校長が学生に対し原級留置処分又は退学処分を行うかどうかの判断は、校長の合理的な教育的裁量にゆだねられるべきものであり、裁判所がその処分の適否を審査するに当たっては、校長と同一の立場に立って当該処分をすべきであったかどうか等について判断

し、その結果と当該処分とを比較してその適否、軽重等を論ずべきものではなく、校長の裁量権の行使としての処分が、全く事実の基礎を欠くか又は社会観念上著しく妥当を欠き、裁量権の範囲を超え又は裁量権を濫用してされたと認められる場合に限り、違法であると判断すべきものである」としている（最判平8.3.8）。

イ　**妥当でない**　判例は、「本件転任処分は、E二中教諭として勤務していた被上告人らを同一市内の他の中学校教諭に補する旨配置換えを命じたものにすぎず、被上告人らの身分、俸給等に異動を生ぜしめるものでないことはもとより、客観的また実際的見地からみても、被上告人らの勤務場所、勤務内容等においてなんらの不利益を伴うものでないことは、原判決の判示するとおりであると認められる。したがつて、他に特段の事情の認められない本件においては、被上告人らについて本件転任処分の取消しを求める法律上の利益を肯認することはできないものといわなければならない（原判決のいう名誉の侵害は、事実上の不利益であつて、本件転任処分の直接の法的効果ということはできない。）」としている（最判昭61.10.23）。

ウ　**妥当である**　判例は、「本件職務命令も、教科とともに教育課程を構成する特別活動である都立学校の儀式的行事における教育公務員としての職務の遂行の在り方に関する校長の上司としての職務上の指示を内容とするものであって、教職員個人の身分や勤務条件に係る権利義務に直接影響を及ぼすものではないから、抗告訴訟の対象となる行政処分には当たらない」としている（最判平24.2.9）。

エ　**妥当である**　判例は、「専攻科に入学した学生は、大学所定の教育課程に従いこれを履修し専攻科を修了することによつて、専攻科入学の目的を達することができるのであつて、学生が専攻科修了の要件を充足したにもかかわらず大学が専攻科修了の認定をしないときは、学生は専攻科を修了することができず、専攻科入学の目的を達することができないのであるから、国公立の大学において右のように大学が専攻科修了の認定をしないことは、実質的にみて、一般市民としての学生の国公立大学の利用を拒否することにほかならないものというべく、その意味において、学生が一般市民として有する公の施設を利用する権利を侵害するものであると解するのが、相当である。さ

れば、本件専攻科修了の認定、不認定に関する争いは司法審査の対象になる」としている（最判昭52.3.15）。

．．．．．．．．．．．．．．．．．．．．

以上により、妥当なものの組合せは5であり、正解は5となる。

正解	1	2	3	4	5
解答率（％）	5.3	18.2	49.0	6.0	21.3

問題27　時効の援用
（民法）

ランク	正解
A	5

ア　**妥当である**　判例は、「時効による債権消滅の効果は、時効期間の経過とともに確定的に生ずるものではなく、時効が援用されたときにはじめて確定的に生ずるものと解するのが相当」であるとしている（最判昭61.3.17）。

イ　**妥当である**　判例は、時効の援用は、事実審の口頭弁論終結時までにしなければならないとしている（大判大12.3.26）。

ウ　**妥当である**　判例は、「被相続人の占有により取得時効が完成した場合において、その共同相続人の一人は、自己の相続分の限度においてのみ取得時効を援用することができるにすぎないと解するのが相当である」としている（最判平13.7.10）。

エ　**妥当でない**　保証人や連帯保証人は、主たる債務の消滅時効を援用することができ、また、物上保証人や抵当不動産の第三取得者についても、被担保債権の消滅時効を援用することができる（民法145条かっこ書）。改正民法（平成29年法律第44号によるもの）において、消滅時効につき、「保証人、物上保証人、第三取得者その他権利の消滅について正当な利益を有する者」が、時効の援用権者に該当することが明文化された。

オ　**妥当でない**　判例は、破産者が免責決定を受けた場合には、当該免責決定の効力の及ぶ債務の保証人は、その債権についての消滅時効を援用することはできないと解するのが相当であるとしている（最判平11.11.9）。

....

以上により、妥当でないものの組合せは5であり、正解は5となる

正解	1	2	3	4	5
解答率（％）	6.8	8.2	9.0	11.8	63.3

問題28 .... （改題）	代理 （民法）	ランク A	正解 3

1 **妥当である** 本記述のように、代理人が代理行為につき、相手方に対して詐欺を行った場合、本人が善意であったとしても、相手方は、代理行為を取り消すことができる（民法96条1項参照）。

2 **妥当である** そのとおりである。無権代理行為につき、相手方は、本人に対し、相当の期間を定めて、その期間内に追認をするかどうかを確答すべき旨の催告をすることができる。この場合において、本人がその期間内に確答をしないときは、追認を拒絶したものとみなされる（民法114条）。

3 **妥当でない** 判例は、「代理人が本人の名において権限外の行為をした場合において、相手方がその行為を本人自身の行為と信じたときは、代理人の代理権を信じたものではないが、その信頼が取引上保護に値する点においては、代理人の代理権限を信頼した場合と異なるところはないから、本人自身の行為であると信じたことについて正当な理由がある場合にかぎり、民法110条の規定を類推適用して、本人がその責に任ずるものと解するのが相当である」としている（最判昭44.12.19）。

4 **妥当である** 復代理人は、本人に対して、代理人と同一の義務を負う（民法106条2項）。したがって、本記述の場合において、復代理人が代理行為の履行として相手方から目的物を受領したときは、同人はこれを本人に対して引き渡す義務を負う（最判昭51.4.9参照）。

5 **妥当である** 代理権を有しない者がした契約は、本人が追認をしない間は、相手方が取り消すことができる（民法115条本文）。したがって、無権代

理人の相手方は、本人が追認しない間に取消権を行使する必要がある。

....

以上により、最も妥当でない記述は３であり、正解は３となる。

正解	1	2	3	4	5
解答率（％）	2.0	3.9	**80.8**	11.8	1.0

問題29 ┃ 動産物権変動 (民法)　ランク B　正解 2

1　**妥当である**　動産に関する物権の譲渡は、その動産の引渡しがなければ、第三者に対抗することができない（民法178条）。「第三者」とは、当事者及び包括承継人以外の者で、対抗要件の欠缺を主張するにつき、正当な利益を有する者をいう。本記述において、Ｂは、甲機械の引渡しを受けていない。また、Ａの債権者であるＣは、甲機械に対して差押えを行っているため、同法178条の「第三者」に該当する。したがって、Ｂは、Ｃに対して甲機械の所有権を対抗することができず、Ｃによる強制執行の不許を求めることができない。

2　**妥当でない**　動産の賃借人は、民法178条の「第三者」に該当する（大判大４.２.２）。そのため、Ｆは、乙機械の賃借人Ｅに対して、乙機械の「引渡し」を受けていなければ、その所有権を対抗することができない。したがって、Ｅは、Ｄ・Ｆ間において乙機械に関する指図による占有移転が行われていなければ、Ｆの請求に応じなくてよい。

3　**妥当である**　動産の寄託を受け、一時それを保管するに過ぎない者は、民法178条の「第三者」に該当しない（最判昭29.8.31）。したがって、Ｈは、Ｉの所有権に基づく引渡しの請求に応じなければならない。

4　**妥当である**　譲渡担保の目的物が動産の場合、「引渡し」は占有改定で足りる（民法178条、183条、最判昭30.6.2）。したがって、譲渡担保権設定契約の締結後もＪが丁機械の直接占有を継続している事実をもって、Ｊ・Ｋ間

で占有改定による引渡しが行われたものと認められる。

5　**妥当である**　判例は、構成部分の変動する集合動産であっても、その種類、所在場所及び量的範囲を指定するなどの方法によって目的物の範囲が特定される場合には、一個の集合物として譲渡担保の目的とすることができるとしている（最判昭54.2.15）。そのうえで、債権者と債務者との間に、集合物を目的とする譲渡担保権設定契約が締結され、債務者がその構成部分である動産の占有を取得したときは債権者が占有改定の方法によってその占有権を取得する旨の合意に基づき、債務者が右集合物の構成部分として現に存在する動産の占有を取得した場合には、債権者は、当該集合物を目的とする譲渡担保権につき対抗要件を具備するに至ったものということができ、この対抗要件具備の効力は、その後構成部分が変動したとしても、集合物としての同一性が損なわれない限り、新たにその構成部分となった動産を包含する集合物について及ぶものとしている（最判昭62.11.10）。

以上により、妥当でない記述は2であり、正解は2となる。

正解	1	2	3	4	5
解答率（%）	8.4	51.5	6.5	25.7	6.6

問題30 ｜ 用益物権等 （民法）

ランク	正解
B	4

ア　**妥当でない**　地役権は物権であり、その侵害に対して物権的請求権を行使することができる。ただし、地役権は承益地を占有する権利を含まないので、返還請求権は認められず、妨害排除・妨害予防請求権だけが認められる。本記述において、甲土地の明渡しを求めることは返還請求権の行使であると考えられるから、地役権者のBに係る請求は認められない。

イ　**妥当である**　記述アの解説のとおり、地役権は物権であり、その侵害に対して物権的請求権を行使することができる。また、地役権者は、設定行為で

定めた目的に従い、他人の土地を自己の土地の便益に供する権利を有する（民法280条）。本記述において、眺望を確保するため、甲土地にいかなる建物も建築しないというBの地役権は、Cが甲土地に丙建物を建築したことによって侵害されているといえるから、妨害排除請求として、Bは地役権に基づき丙建物の収去を求めることができる。

ウ　**妥当でない**　袋地の所有者は、公道に至るため、その土地を囲んでいる他の土地を通行することができる（民法210条1項）。これを、囲繞地通行権という。そして、この権利は、袋地の所有者だけでなく、賃借人などの利用権者も有していると解されている。本記述において、Cは甲土地に地上権という利用権を有しているから、乙土地を囲繞地通行権に基づき通行することができ、Bとの間で通行利用のための賃貸借契約を結ぶ必要はない。

エ　**妥当でない**　土地及びその上に存する建物が同一の所有者に属する場合に、その土地につき抵当権が設定され、その実行により所有者が異なるに至った時は、その建物について当然に地上権が成立する（法定地上権　民法388条）。本記述において、抵当権設定時には甲土地の所有権はAにあり、丙建物の所有権はCにあったのであるから、抵当権設定時に土地と建物が同一の所有者に属するという要件を満たさない。したがって、丙建物のために、地上権が甲土地の上に当然には発生するわけではない。

オ　**妥当である**　地上権者の権利が消滅したとき、土地の所有者が時価で土地上の工作物又は竹木を買い取る旨を通知したときは、地上権者は、正当な理由がなければ、これを拒むことができない（民法269条1項ただし書）。

以上により、妥当なものの組合せは4であり、正解は4となる。

正解	1	2	3	4	5
解答率（％）	5.7	13.7	17.2	59.3	3.3

問題31 質権
（民法）

ランク C　正解 4

1　**妥当である**　動産質権者は、継続して質物を占有しなければ、その質権を
　　もって第三者に対抗することができない（民法352条）。動産質権者は、質物
　　の占有を奪われたときは、占有回収の訴えによってのみ、その質物を回復す
　　ることができる（同法353条）。

2　**妥当である**　質権の設定は、債権者にその目的物を引き渡すことによっ
　　て、その効力を生ずる（民法344条）。不動産質権者は、質権設定登記をしな
　　ければ、その質権をもって第三者に対抗することができない（同法177条）。

3　**妥当である**　取引行為によって、平穏に、かつ、公然と動産の占有を始め
　　た者は、善意であり、かつ、過失がないときは、即時にその動産について行
　　使する権利を取得する（民法192条）。「取引行為」には、質権設定契約も含
　　まれる。したがって、債務者が他人の所有する動産につき質権を設定した場
　　合であっても、債権者は、その動産が債務者の所有物であることについて過
　　失なく信じたときは、質権を即時取得することができる。

4　**妥当でない**　不動産質権者は、質権の目的である不動産の用法に従い、そ
　　の使用及び収益をすることができる（民法356条）。この場合、設定者の承諾
　　を得ることは要件とされていない。

5　**妥当である**　質権は、財産権をその目的とすることができる（民法362条
　　1項）。

以上により、妥当でないものは4であり、正解は4となる。

正解	1	2	3	4	5
解答率（％）	8.6	11.0	35.8	29.0	15.1

| 問題32 | 転貸借
（民法） | ランク
B | 正解
2 |

ア　**妥当である**　債権及び債務が同一人に帰属したときは、その債権は、消滅する。ただし、その債権が第三者の権利の目的であるときは、この限りでない（民法520条）。判例は、賃貸人の地位と転借人の地位とが同一人に帰した場合であっても、転貸借は、当事者間にこれを消滅させる合意の成立しない限り、消滅しないとしている（最判昭35.6.23）。

イ　**妥当でない**　判例は、賃借家屋につき適法に転貸借がなされた場合であっても、賃貸人が賃借人の賃料延滞を理由として賃貸借契約を解除するには、賃借人に対して催告すれば足り、転借人に対して右延滞賃料の支払の機会を与えなければならないものではないとしている（最判昭49.5.30）。したがって、賃貸人は、転借人に対して支払いの催告をしなくても、原賃貸借を解除することができる。

ウ　**妥当でない**　賃貸人の承諾のある適法な転貸借において、転借人は、賃貸人に対して、直接に義務を負う（民法613条1項前段）。このような義務には、賃料支払債務が含まれると解されている。したがって、転借人は転貸借に基づく債務である賃料債務を賃貸人に対して直接履行しなければならないから、賃貸人は、転借人に対して直接に賃料の支払いを請求できる。

エ　**妥当でない**　判例は、賃借権の譲渡または転貸を承諾しない家屋の賃貸人は、賃貸借契約を解除しなくても、譲受人または転借人に対しその明渡しを求めることができるとしている（最判昭26.5.31）。

オ　**妥当である**　判例は、「所有権ないし賃貸権限を有しない者から不動産を賃借した者は、その不動産につき権利を有する者から右権利を主張され不動産の明渡を求められた場合には、賃借不動産を使用収益する権原を主張することができなくなるおそれが生じたものとして、民法559条で準用する同法576条により、右明渡請求を受けた以後は、賃貸人に対する賃料の支払を拒絶することができる」としている（最判昭50.4.25）。本記述の事案でも、賃借人は無断転貸しており賃貸権限がなく、賃借人により相当の担保が供され

た場合を除き、転借人は賃貸人による明渡請求以後の賃借人の賃料請求を拒
絶できる。

....

以上により、妥当なものの組合せは2であり、正解は2となる。

正解	1	2	3	4	5
解答率（%）	23.8	**38.2**	11.2	14.9	11.1

問題33 ｜ 事務管理及び委任契約 （民法）　｜ ランク C ｜ 正解 5

1　**妥当である**　BがAから甲の管理を頼まれていた場合、A・B間には準委
任契約が成立していることになるから、委任の規定が準用される（民法656
条）。したがって、Bは、特約がなければ、Aに対して報酬を請求すること
ができない（同法648条1項）。

2　**妥当である**　BがAから甲の管理を頼まれていなかった場合、Bの行為は
義務なく他人のために事務の管理を始めるものとして事務管理にあたり（民
法697条1項）、Bは、Aのために有益な費用を支出したときは、Aに対し、
その償還を請求することができる（同法702条1項）。

3　**妥当である**　Bの行為が事務管理にあたる場合、民法702条2項により同
法650条2項が準用され、BがAのために有益な債務を負担したときは、本
人であるAに対し、自己に代わってその弁済をすることを請求することがで
きる（同項前段）。窓ガラスの取り換えはAのために有益なものであるから、
Bは、Aに対して自己に代わって代金をCに支払うことを請求することがで
きる。

4　**妥当である**　判例は、事務管理は管理者と本人との法律関係であり、事務
管理者が本人の名で第三者との間に法律行為をしても、その行為の効果は、
当然には本人に及ぶ筋合のものではなく、そのような効果の発生するために
は、代理その他別個の法律関係が伴うことを必要とするとしている（最判昭

36.11.30）。Ｂの行為が事務管理に当たる場合でも、ＢがＡの名でＤとした契約の効果は当然にはＡに及ばないから、Ａの追認がない限り、ＤはＡに代金の支払の請求をすることができない。

5　　**妥当でない**　本記述では、１と同じく準委任契約が成立し委任の規定が準用される（民法656条）。したがって、Ｂは、Ａ・Ｂ間において特約がなかったとしても、Ａに対して、事前に窓ガラスの取り替え費用の支払いを請求することができる（同法649条）。

┈┈┈┈┈┈┈┈┈┈

以上により、妥当でない記述は５であり、正解は５となる。

正解	1	2	3	4	5
解答率（％）	12.7	3.2	38.7	15.7	28.8

問題34	不法行為 （民法）	ランク C	正解 4

1　　**妥当である**　判例は、精神障害者と同居する配偶者であるからといって、その者が民法714条１項にいう「責任無能力者を監督する法定の義務を負う者」に当たるとすることはできないが、法定の監督義務者に該当しない者であっても、責任無能力者との身分関係や日常生活における接触状況に照らし、第三者に対する加害行為の防止に向けてその者が当該責任無能力者の監督を現に行いその態様が単なる事実上の監督を超えているなどその監督義務を引き受けたとみるべき特段の事情が認められる場合には、法定の監督義務者に準ずべき者として、同法714条１項が類推適用されるとしている（最判平28.3.1）。

2　　**妥当である**　判例は、兄が、出先から自宅に連絡し、弟に自己所有の自動車を運転して迎えに来させたうえ、更に弟をして当該自動車の運転を継続させこれに同乗して自宅に戻る途中、事故が発生した場合において、同乗後は運転経験の長い兄が助手席に座って、運転免許の取得後半年位で運転経歴の

浅い弟の運転に気を配り、事故発生の直前にも同人に対し合図して発進の指示をしたという時には、兄は、一時的にせよ弟を指揮監督して、その自動車により自己を自宅に送り届けさせるという仕事に従事させていたということができるから、兄と弟との間に本件事故当時兄の仕事につき民法715条1項にいう使用者・被用者の関係が成立していたと解するのが相当としている（最判昭56.11.27）。

3　**妥当である**　土地の工作物の設置又は保存に瑕疵があることによって他人に損害を生じたときは、その工作物の占有者は、被害者に対してその損害を賠償する責任を負う。ただし、占有者が損害の発生を防止するのに必要な注意をしたときは、所有者がその損害を賠償しなければならない（民法717条1項）。同条の所有者の責任については、無過失責任であるとされている。したがって、本件宅地の占有者でもある現所有者は、当該擁壁には瑕疵がないと過失なく信じていたとしても、工作物責任を免れることができない。

4　**妥当でない**　民法718条1項本文の「動物の占有者」の意義については、他人を占有機関としてこれを占有する者がこれに当たり、占有機関である使用される者は占有補助者であってこれに当たらないと解されている（大判大10.12.15参照）。したがって、本件の雇人は動物占有者に当たらず、その責任を負わない。

なお、占有補助者であっても、同法709条の要件をみたすときには、当該責任が認められる余地がある。

5　**妥当である**　判例は、交通事故により、被害者が放置すれば死亡するに至る傷害を負ったものの、事故後搬入された病院において、被害者に対し通常期待されるべき適切な経過観察がされるなどして脳内出血が早期に発見され適切な治療が施されていれば、高度の蓋然性をもって被害者を救命できたということができる事案において、交通事故と医療事故とのいずれもが、被害者の死亡という不可分の一個の結果を招来し、この結果について相当因果関係を有する関係にあるから、本件交通事故における運転行為と本件医療事故における医療行為とは民法719条所定の共同不法行為に当たるから、各不法行為者は被害者の被った損害の全額について連帯して責任を負うべきものとしている（最判平13.3.13）。

....

以上により、妥当でない記述は4であり、正解は4となる。

正解	1	2	3	4	5
解答率（％）	8.5	41.6	8.4	15.5	25.2

問題35 ｜ 氏
（民法）

ランク	正解
B	2

ア **妥当である** 夫婦は、婚姻の際に定めるところに従い、夫又は妻の氏を称する（民法750条）。そして、婚姻後に夫婦が称する氏は婚姻届に記載するものとされており（戸籍法74条1号）、この記載のない婚姻届は不受理とされている（最大判平27.12.16等参照）。

イ **妥当でない** 婚姻によって氏を改めた夫又は妻は、協議上の離婚によって婚姻前の氏に復する（民法767条1項）。しかし、離婚の日から3か月以内に届け出れば、離婚の際に称していた氏を称することができる（同条2項）。

ウ **妥当である** 夫婦の一方が死亡したときは、生存配偶者は、戸籍法95条の定めにより届け出ることによって、婚姻前の氏に復することができる（民法751条1項）。

エ **妥当でない** 子が父又は母と氏を異にする場合には、子は、家庭裁判所の許可を得て、届け出ることにより、その父又は母の氏を称することができる（民法791条1項）。したがって、本記述の場合は、家庭裁判所の許可が必要であり、届け出ることのみでは氏を変更することができない。

オ **妥当でない** 養子は、養親の氏を称する。ただし、婚姻によって氏を改めた者については、婚姻の際に定めた氏を称すべき間は、この限りでない（民法810条）。したがって、婚姻によって改氏した甲山太郎はそのまま甲山を称する。また、養子の配偶者について養親の氏を称するとする規定はない。

634

以上により、妥当なものの組合せは2であり、正解は2となる。

正解	1	2	3	4	5
解答率（%）	3.1	62.5	5.3	13.1	15.5

問題36 商行為の代理
（商法）

ランク **C**　正解 **5**

　商法504条は、「商行為の代理人が本人のためにすることを示さないでこれをした場合であっても、その行為は、本人に対してその効力を生ずる。ただし、相手方が、代理人が本人のためにすることを知らなかったときは、代理人に対して履行の請求をすることを妨げない。」と規定している。そして、同条ただし書の「履行の請求」に伴う法律関係について、判例は、「本人と相手方との間には、すでに同条本文の規定によつて、代理に基づく法律関係が生じているのであるが、相手方において、代理人が本人のためにすることを知らなかつたとき（過失により知らなかつたときを除く）は、相手方保護のため、相手方と代理人との間にも右と同一の法律関係が生ずるものとし、相手方は、その選択に従い、本人との法律関係を否定し、代理人との法律関係を主張することを許容したものと解するのが相当であり、相手方が代理人との法律関係を主張したときは、本人は、もはや相手方に対し、右本人相手方間の法律関係の存在を主張することはできない」としている（最大判昭43.4.24）。

1　**妥当でない**　上記判例によると、「相手方は、その選択に従い、本人との法律関係を否定し、代理人との法律関係を主張することを許容したもの」としていることから、本人および代理人は連帯して履行の責任を負うわけではない。

2　**妥当でない**　上記判例によると、「本人と相手方との間には、すでに同条本文〔商法504条本文〕の規定によつて、代理に基づく法律関係が生じているのであるが、……相手方保護のため、相手方と代理人との間にも右と同一

の法律関係が生ずる」としていることから、相手方と本人との間においても法律関係が生じないわけではなく、本人には何らの効果も及ばないわけではない。

3　**妥当でない**　記述2の解説のとおり、上記判例は、「相手方保護のため、相手方と代理人との間にも右と同一の法律関係が生ずる」としているが、上記判例の最高裁判所判例解説によると、504条ただし書は、単に代理人に対して履行の請求（相手方の代理人に対する債権の発生）ができるだけではなく、相手方と代理人間においても法律関係の発生（相手方の代理人に対する債権債務の発生）が認められるものとしている。

4　**妥当でない**　上記判例によれば、相手方と代理人間だけではなく相手方と本人間においても同一の法律関係が生ずるものとしているので、相手方は本人に対して履行の請求をするだけではなく、本人に対して法律関係を主張することができる。

5　**妥当である**　上記判例は、「相手方は、その選択に従い、本人との法律関係を否定し、代理人との法律関係を主張することを許容したものと解するのが相当であり、相手方が代理人との法律関係を主張したときは、本人は、もはや相手方に対し、右本人相手方間の法律関係の存在を主張することはできない」としているので、相手方は、その選択により、本人との法律関係または代理人との法律関係のいずれかを主張することができる。

以上により、妥当な記述は5であり、正解は5となる。

正解	1	2	3	4	5
解答率（％）	27.8	13.7	21.5	22.6	13.5

問題37	設立における出資の履行等 （会社法）	ランク B	正解 5

ア　**正しい**　会社法27条柱書は、「株式会社の定款には、次に掲げる事項を記

載し、又は記録しなければならない。」と規定し、同条4号は、「設立に際して出資される財産の価額又はその最低額」を掲げている。

イ　**正しい**　会社法34条1項は、「発起人は、設立時発行株式の引受け後遅滞なく、その引き受けた設立時発行株式につき、その出資に係る金銭の全額を払い込み、又はその出資に係る金銭以外の財産の全部を給付しなければならない。ただし、発起人全員の同意があるときは、登記、登録その他権利の設定又は移転を第三者に対抗するために必要な行為は、株式会社の成立後にすることを妨げない。」と規定している。

ウ　**正しい**　会社法35条は、「前条第1項の規定による払込み又は給付（以下この章において『出資の履行』という。）をすることにより設立時発行株式の株主となる権利の譲渡は、成立後の株式会社に対抗することができない。」と規定している。

エ　**誤り**　会社法63条3項は、「設立時募集株式の引受人は、第1項の規定による払込みをしないときは、当該払込みをすることにより設立時募集株式の株主となる権利を失う。」と規定しており、設立時募集株式の引受人は、払込期日又は払込期間内に出資の履行をしない場合、発起人が出資の履行をしていない場合とは異なり（同法36条1項）、発起人は、出資の履行をしていない引受人に対して、期日を定め、その期日までに出資の履行をしなければならない旨の通知をする必要はない。

オ　**誤り**　会社法63条1項は、「設立時募集株式の引受人は、第58条第1項第3号の期日又は同号の期間内に、発起人が定めた銀行等の払込みの取扱いの場所において、それぞれの設立時募集株式の払込金額の全額の払込みを行わなければならない。」としており、募集株式の引受人は、金銭の払込みを行うことしか規定されていないため、設立時募集株式の引受人は、金銭以外の財産により出資の履行をすることができない（同法34条1項本文参照）。

以上により、誤っているものの組合せは5であり、正解は5となる。

正解	1	2	3	4	5
解答率（%）	12.8	16.1	23.5	15.7	**31.2**

問題38 ┃ 公開会社の株主の権利
（会社法）

ランク **C** ┃ 正解 **5**

1　**定めていない**　株主総会における議決権の行使について、会社法308条１項本文は、「株主……は、株主総会において、その有する株式１株につき１個の議決権を有する。」と規定しているにすぎず、公開会社の株主は、議決権行使の６か月前から引き続き株式を有していなくても、株主総会において議決権を行使することができる。

2　**定めていない**　会計帳簿の閲覧請求について、会社法433条１項柱書前段は、「総株主……の議決権の100分の３……以上の議決権を有する株主又は発行済株式（自己株式を除く。）の100分の３……以上の数の株式を有する株主は、株式会社の営業時間内は、いつでも、次に掲げる請求〔会計帳簿の閲覧請求〕をすることができる。」と規定しているにすぎず、公開会社の株主は、会計帳簿の閲覧請求権行使の６か月前から引き続き株式を有していなくても、会計帳簿の閲覧請求をすることができる。

3　**定めていない**　新株発行無効の訴えの提起について、会社法828条２項柱書は、「次の各号に掲げる行為の無効の訴えは、当該各号に定める者に限り、提起することができる。」と規定し、同項２号は、「前項第２号に掲げる行為〔新株発行〕　当該株式会社の株主等」を掲げているにすぎず、公開会社の株主は、新株発行無効の訴えの提起の６か月前から引き続き株式を有していなくても、新株発行無効の訴えを提起することができる。

4　**定めていない**　株主総会の決議の取消しの訴えの提起について、会社法831条１項柱書前段は、「次の各号に掲げる場合には、株主……は、株主総会等の決議の日から３箇月以内に、訴えをもって当該決議の取消しを請求することができる。」と規定しているにすぎず、公開会社の株主は、株主総会の決議の取消しの訴えを提起する６か月前から引き続き株式を有していなくても、株主総会の決議の取消しの訴えを提起することができる。

5　**定めている**　取締役の責任を追及する訴えの提起について、会社法847条１項本文は、「６箇月（これを下回る期間を定款で定めた場合にあっては、

その期間）前から引き続き株式を有する株主…は、株式会社に対し、……役
員等〔取締役等〕……の責任を追及する訴え……の提起を請求することがで
きる。」と規定している。そして、同条２項は、「公開会社でない株式会社に
おける前項の規定の適用については、同項中『６箇月（これを下回る期間を
定款で定めた場合にあっては、その期間）前から引き続き株式を有する株主』
とあるのは、『株主』とする。」と規定している。

以上により、会社法が定めている記述は５であり、正解は５となる。

正解	1	2	3	4	5
解答率（％）	15.3	15.1	13.6	25.0	30.0

問題39 | 取締役会 （会社法）

ランク C ／ 正解 1

ア　誤り　会社法366条１項は、「取締役会は、各取締役が招集する。ただし、
取締役会を招集する取締役を定款又は取締役会で定めたときは、その取締役
が招集する。」と規定している。したがって、代表取締役が招集しなければ
ならないわけではない。

イ　誤り　会社法368条１項は、「取締役会を招集する者は、取締役会の日の１
週間（これを下回る期間を定款で定めた場合にあっては、その期間）前まで
に、各取締役（監査役設置会社にあっては、各取締役及び各監査役）に対し
てその通知を発しなければならない。」と規定している。株主総会の招集手
続と異なり、取締役会の目的である事項および議案を示す必要はない（会社
法298条１項２号参照）。

ウ　正しい　会社法369条１項は、「取締役会の決議は、議決に加わることがで
きる取締役の過半数（これを上回る割合を定款で定めた場合にあっては、そ
の割合以上）が出席し、その過半数（これを上回る割合を定款で定めた場合
にあっては、その割合以上）をもって行う。」と規定している。

エ　正しい　会社法369条2項は、「前項〔取締役会〕の決議について特別の利害関係を有する取締役は、議決に加わることができない。」と規定している。

オ　正しい　会社法369条5項は、「取締役会の決議に参加した取締役であって第3項の議事録〔取締役会の議事録〕に異議をとどめないものは、その決議に賛成したものと推定する。」と規定している。

以上により、誤っているものの組合せは1であり、正解は1となる。

正解	1	2	3	4	5
解答率（％）	32.3	28.3	22.2	10.0	6.3

問題40　取締役会を設置していない株式会社（会社法）

ランク	正解
A	3

1　正しい　会社法295条2項は、「前項の規定にかかわらず、取締役会設置会社においては、株主総会は、この法律に規定する事項及び定款で定めた事項に限り、決議をすることができる。」と規定している。そして、取締役会を設置していない株式会社について、同条1項は、「株主総会は、この法律に規定する事項及び株式会社の組織、運営、管理その他株式会社に関する一切の事項について決議をすることができる。」と規定している。

2　正しい　会社法303条2項前段は、「前項の規定にかかわらず、取締役会設置会社においては、総株主の議決権の100分の1……以上の議決権又は300個……以上の議決権を6箇月……前から引き続き有する株主に限り、取締役に対し、一定の事項を株主総会の目的とすることを請求することができる。」と規定している。そして、取締役会を設置していない株式会社について、同条1項は、「株主は、取締役に対し、一定の事項（当該株主が議決権を行使することができる事項に限る。次項において同じ。）を株主総会の目的とすることを請求することができる。」と規定している。

3　**誤り**　会社法331条5項は、「取締役会設置会社においては、取締役は、3人以上でなければならない。」と規定しているが、取締役会を設置していない株式会社については取締役の員数の制限はなく1人でもよい（同法326条1項参照）。

4　**正しい**　会社法331条2項は、「株式会社は、取締役が株主でなければならない旨を定款で定めることができない。ただし、公開会社でない株式会社においては、この限りでない。」と規定している。そして、取締役会を設置していない株式会社は、公開会社でない株式会社であるので（同法327条1項1号参照）、設問の株式会社は、取締役が株主でなければならない旨を定款で定めることができる。

5　**正しい**　取締役会を設置していない株式会社について、会社法356条1項柱書は、「取締役は、次に掲げる場合には、株主総会において、当該取引につき重要な事実を開示し、その承認を受けなければならない。」と規定し、同項1号において、「取締役が自己又は第三者のために株式会社の事業の部類に属する取引をしようとするとき。」を掲げている。なお、同法365条1項は、「取締役会設置会社における第356条の規定の適用については、同条第1項中『株主総会』とあるのは、『取締役会』とする。」と規定している。

以上により、誤っている記述は3であり、正解は3となる。

正解	1	2	3	4	5
解答率（％）	3.9	14.6	67.0	10.2	3.2

問題41　放送と表現の自由（憲法）

ランク　C

正解　ア:9　イ:10　ウ:11　エ:20

ア　「9　自律」　　イ　「10　二本立て体制」
ウ　「11　多元」　　エ　「20　営利」

本問は受信契約締結承諾等請求事件（最大判平29.12.6）を題材としたもので

ある。

判例は、「放送は、憲法21条が規定する表現の自由の保障の下で、国民の知る権利を実質的に充足し、健全な民主主義の発達に寄与するものとして、国民に広く普及されるべきものである。放送法が、『放送が国民に最大限に普及されて、その効用をもたらすことを保障すること』、『放送の不偏不党、真実及び自律を保障することによって、放送による表現の自由を確保すること』及び『放送に携わる者の職責を明らかにすることによって、放送が健全な民主主義の発達に資するようにすること』という原則に従って、放送を公共の福祉に適合するように規律し、その健全な発達を図ることを目的として（１条）制定されたのは、上記のような放送の意義を反映したものにほかならない。上記の目的を実現するため、放送法は、・・・旧法下において社団法人日本放送協会のみが行っていた放送事業について、公共放送事業者と民間放送事業者とが、各々その長所を発揮するとともに、互いに他を啓もうし、各々その欠点を補い、放送により国民が十分福祉を享受することができるように図るべく、二本立て体制を採ることとしたものである。そして、同法は、二本立て体制の一方を担う公共放送事業者として原告を設立することとし、その目的、業務、運営体制等を前記のように定め、原告を、民主的かつ多元的な基盤に基づきつつ自律的に運営される事業体として性格付け、これに公共の福祉のための放送を行わせることとしたものである。放送法が、・・・原告につき、営利を目的として業務を行うこと及び他人の営業に関する広告の放送をすることを禁止し・・・、事業運営の財源を受信設備設置者から支払われる受信料によって賄うこととしているのは、原告が公共的性格を有することをその財源の面から特徴付けるものである」としている。

以上により、アには９、イには10、ウには11、エには20が当てはまる。

ア	正解	1	2	3	4	5	6	7	8	9	10
	解答率（%）	0.8	0.4	0.8	0.6	34.1	0.1	2.5	11.4	**39.5**	0.4
		11	12	13	14	15	16	17	18	19	20
		2.7		0.4	0.2	0.4	0.1		0.1	4.2	0.6

イ	正解	1	2	3	4	5	6	7	8	9	**10**
	解答率 (%)	14.6	0.4	1.1	0.5	0.2	10.5	0.1	0.4	0.1	**54.4**
		11	12	13	14	15	16	17	18	19	20
		0.2	0.2	0.2	0.4		0.2		14.8	0.5	

ウ	正解	1	2	3	4	5	6	7	8	9	10
	解答率 (%)	2.2		1.6	0.8	5.0	0.4	0.2	2.2	25.1	0.4
		11	12	13	14	15	16	17	18	19	20
		15.2	1.3	0.6	30.8	5.1	0.4	0.4		6.1	1.3

エ	正解	1	2	3	4	5	6	7	8	9	10
	解答率 (%)	1.7	0.5	2.9	2.9	0.1	0.2	0.1	0.2	1.0	
		11	12	13	14	15	16	17	18	19	**20**
			0.1	0.6	0.1		0.2			1.1	**86.9**

問題42	狭義の訴えの利益 （行政事件訴訟法）	ランク A	正解 ア:6 イ:12 ウ:1 エ:19

ア 「6 公正」　　　　イ 「12 不利益」
ウ 「1 処分基準」　　エ 「19 裁量権」

　本問は、裁量基準の効果と訴えの利益に関する最高裁判所判決（最判平27.3.3）を題材にしたものである。

　判例は、「行政手続法は、行政運営における公正の確保と透明性の向上を図り、もって国民の権利利益の保護に資することをその目的とし（1条1項）、行政庁は、不利益処分をするかどうか又はどのような不利益処分とするかについてその法令の定めに従って判断するために必要とされる基準である処分基準（2条8号ハ）を定め、かつ、これを公にしておくよう努めなければならないものと規定している（12条1項）。上記のような行政手続法の規定の文言や趣旨等に照らすと、同法12条1項に基づいて定められ公にされている処分基準は、単に行政庁の行政運営上の便宜のためにとどまらず、不利益処分に係る判断過程の公正と透明性を

確保し、その相手方の権利利益の保護に資するために定められ公にされるものというべきである。したがって、行政庁が同項の規定により定めて公にしている処分基準において、先行の処分を受けたことを理由として後行の処分に係る量定を加重する旨の不利益な取扱いの定めがある場合に、当該行政庁が後行の処分につき当該処分基準の定めと異なる取扱いをするならば、裁量権の行使における公正かつ平等な取扱いの要請や基準の内容に係る相手方の信頼の保護等の観点から、当該処分基準の定めと異なる取扱いをすることを相当と認めるべき特段の事情がない限り、そのような取扱いは裁量権の範囲の逸脱又はその濫用に当たることとなるものと解され、この意味において、当該行政庁の後行の処分における裁量権は当該処分基準に従って行使されるべきことがき束されており、先行の処分を受けた者が後行の処分の対象となるときは、上記特段の事情がない限り当該処分基準の定めにより所定の量定の加重がされることになるものということができる。以上に鑑みると、行政手続法12条１項の規定により定められ公にされている処分基準において、先行の処分を受けたことを理由として後行の処分に係る量定を加重する旨の不利益な取扱いの定めがある場合には、上記先行の処分に当たる処分を受けた者は、将来において上記後行の処分に当たる処分の対象となり得るときは、上記先行の処分に当たる処分の効果が期間の経過によりなくなった後においても、当該処分基準の定めにより上記の不利益な取扱いを受けるべき期間内はなお当該処分の取消しによって回復すべき法律上の利益を有するものと解するのが相当である」としている。

....

　　以上により、アには６、イには12、ウには１、エには19が当てはまる。

ア	正解	1	2	3	4	5	6	7	8	9	10
	解答率（%）	0.5	0.2	0.7	11.2	3.8	81.5		0.1		0.1
		11	12	13	14	15	16	17	18	19	20
		0.1	0.1	0.1	0.1		0.4			0.2	
イ	正解	1	2	3	4	5	6	7	8	9	10
	解答率（%）	0.4	1.3	0.1	2.4	0.1		0.2	0.1	0.5	0.2
		11	12	13	14	15	16	17	18	19	20
		0.2	93.7		0.1						

ウ	正解	1	2	3	4	5	6	7	8	9	10
	解答率 (%)	86.5	0.1		0.1						
		11	12	13	14	15	16	17	18	19	20
		10.6	0.5	0.4	0.8	0.1				0.2	
エ	正解	1	2	3	4	5	6	7	8	9	10
	解答率 (%)	0.6	0.1	0.1	0.1				0.2	0.5	0.1
		11	12	13	14	15	16	17	18	19	20
		0.1	0.1	0.4	0.7	0.7	0.2		6.2	88.6	0.5

問題43 訴訟類型（行政事件訴訟法）

ランク **A**　正解 ア：14 イ：4 ウ：12 エ：18

ア 「14 当事者」　　イ 「4 給付」
ウ 「12 争点」　　エ 「18 住民」

　行政事件訴訟法2条は、「この法律において『行政事件訴訟』とは、抗告訴訟、当事者訴訟、民衆訴訟及び機関訴訟をいう。」としている。したがって、空欄アには、「当事者」が入る。

　そして、行政事件訴訟法4条は、当事者訴訟について、形式的当事者訴訟と実質的当事者訴訟の2種類を定めている。このうち、実質的当事者訴訟の類型については、民事訴訟と同様に、確認訴訟と給付訴訟が考えられる。確認訴訟の例としては、国籍確認や選挙権確認を求める訴えが、給付訴訟の例としては、損失補償を請求する訴え等が考えられる。したがって、空欄イには、「給付」が入る。

　私法上の法律関係に関する訴訟において、処分若しくは裁決の存否又はその効力の有無が争われている場合（同法45条1項）のことを争点訴訟という。争点訴訟は、あくまでも民事訴訟ではあるが、行政処分の無効、不存在が争点になることから、取消訴訟に関する規定の一部が準用されている（同法45条1項）。したがって、空欄ウには、「争点」が入る。

　行政事件訴訟法42条は、「民衆訴訟……は、法律に定める場合において、法律

に定める者に限り、提起することができる。」と規定している。そして、民衆訴訟の代表的なものが住民訴訟である。住民訴訟により、地方公共団体の住民が自分の属する地方公共団体の財務会計上の行為を適正に保たれることを目的としていて、住民訴訟を提起するためには、住民監査請求を経由する必要がある（地方自治法242条の２第１項、242条１項）。したがって、空欄エには、「住民」が入る。

....

以上により、アには14、イには４、ウには12、エには18が当てはまる。

ア	正解	1	2	3	4	5	6	7	8	9	10
	解答率（%）	0.2		0.8	0.2			0.6	0.5		
		11	12	13	14	15	16	17	18	19	20
		0.1			95.5			0.1	1.0	0.5	0.1

イ	正解	1	2	3	4	5	6	7	8	9	10
	解答率（%）	0.5	0.7	26.3	40.0	0.2	0.1	2.2	1.4		0.2
		11	12	13	14	15	16	17	18	19	20
		0.1	3.7	1.6	0.7	3.7	8.7		0.4	8.6	0.1

ウ	正解	1	2	3	4	5	6	7	8	9	10
	解答率（%）	0.2	0.2	1.7	0.1	0.1	1.0	1.2	0.2	0.5	
		11	12	13	14	15	16	17	18	19	20
		0.5	86.0	0.5	0.4	1.3	0.2	0.1	0.4	4.4	0.2

エ	正解	1	2	3	4	5	6	7	8	9	10
	解答率（%）	0.5	0.5		0.2	1.3		0.1	0.2		0.4
		11	12	13	14	15	16	17	18	19	20
		0.1	0.1	0.1	0.4			0.1	95.5		

問題44 処分等の求め
（行政手続法）

ランク
B

【解答例】 何人も命令を求めることができ、Yは必要な調査を行い必要と認めた
ときは命令をすべきである。（44字）

....

　本問は、行政手続法36条の３の理解を問うものである。

　本問の前半では、本問の事情の下、Yに対し、どのような者が、どのような行
動をとることができるかが問われている。行政手続法36条の３第１項は、「何人
も、法令に違反する事実がある場合において、その是正のためにされるべき処分
又は行政指導（その根拠となる規定が法律に置かれているものに限る。）がされ
ていないと思料するときは、当該処分をする権限を有する行政庁又は当該行政指
導をする権限を有する行政機関に対し、その旨を申し出て、当該処分又は行政指
導をすることを求めることができる。」と規定している。A所有の雑居ビルは、
消防法上の防火対象物であるが、非常口が設けられていないなど、消防法等の法
令で定められた防火施設に不備があり、危険な状態である。しかし、その地域を
管轄する消防署の署長Yは、Aに対して改善するよう行政指導を繰り返すのみ
で、消防法５条１項所定の必要な措置をなすべき旨の命令（以下、「命令」とい
う。）をすることなく、放置している。そこで、Yに対して、何人も、その旨を
申し出て、Aへの命令〔消防法５条１項所定の必要な措置をなすべき旨〕を求め
ることができることになる。

　本問の後半では、上記本問前半を受けて、Yは、どのような対応をとるべきこ
ととされているかが問われている。行政手続法36条の３第３項は、「当該行政庁
又は行政機関は、第１項の規定による申出があったときは、必要な調査を行い、
その結果に基づき必要があると認めるときは、当該処分又は行政指導をしなけれ
ばならない。」と規定している。そこで、Yは、必要な調査を行い、その結果に
基づき、必要があると認めるときは、Aへの命令〔消防法５条１項所定の必要な
措置をなすべき旨〕をするべきこととされる。

問題45 | 共有物に関する法律行為 (民法) | ランク A

【解答例】 共有者全員の合意が必要で、修繕等には各共有者の持分の価格の過半数での決定が必要である。(43字)

....

　本問では、建物が共有されている場合に、建替えと修繕等をするには共有者がどのようなことをしなければならないかが問われている。共有物の処分・管理等については、その行為が、共有物の変更、管理、保存のどれに当たるかによりその要件が異なるので、以下検討する。

　まず、共有物の変更とは、共有物の性質や形状を変えることを意味する。変更に当たっては、他の共有者全員の同意が必要である（民法251条）。次に、共有物の管理とは、目的物の利用・改良であって、変更に当たらないものをいう。管理に当たっては、持分の価格の過半数を有する共有者の同意が必要である（同法252条1項前段）。最後に、共有物の保存とは、単に現状を維持する行為である。保存は、各共有者がすることができる（同条5項）。

　本問における建替えは、建物の形状を変えるものであるから、共有物の変更に該当する。したがって、共有者全員の合意が必要である。

　修繕等は、本件建物の修繕・改良であって、その性質や形状までは変えないものであるから、共有物の管理に当たる。したがって、持分の価格の過半数を有する共有者の同意が必要である。本問では、各共有者の持分の割合は明らかではないが、各共有者の持分は、相等しいものと推定されるから（同法250条）、共有者の持分の価格も等しいものであると考えられる。したがって、持分の価格の過半数を有する共有者の同意により決することができると記載すべきである。

　以上から、建替えには、共有者全員の同意が必要で、修繕等には、持分の価格の過半数を有する共有者の同意が必要である。

*　なお、令和3年法律第24号（令和5年4月1日に施行）による改正において、「変更」の文言が「変更（その形状又は効用の著しい変更を伴わないものを除く。次項において同じ。）」と改められ（同法251条1項）、「共有物の管理に関する事項は、前条の場合を除き」という文言が「共有物の管理に関する事項（次条第1項に規定する共有物の管理者の選任及び解任を含み、共有物に前条第1項に規定する変更を加えるものを除く。次項において同じ。）は」と改められた（同法252条1項前段）。また、同改正により、共有物の保存行為に関する規定は同条5項に追加された。

問題46 | 第三者のためにする契約
（民法）

ランク
C

【解答例】第三者のためにする契約といい、CがBに契約の利益を享受する意思
を表示することが必要。（42字）

．．．．．．．．．．．．．．．．．．．．．．

　本問において、A・B間の契約は、BがAから購入した時計の代金をAではなく第三者のCに支払うという内容のものである。このように、その契約によって第三者に権利を取得させる内容を含む契約を、第三者のためにする契約という（民法537条1項）。

　第三者のためにする契約において、権利を取得する第三者を受益者という。受益者の権利が発生するのは、受益者が債務者に対して契約の利益を享受する意思を表示した時である（同条3項）。

　本問において、受益者はC、債務者はBであるから、CがBに対して契約の利益を享受する意思表示をする必要がある。

問題47 | 日中関係
（政治・経済・社会）

ランク
C

正解
3

1　**妥当でない**　日清戦争の講和条約は日清講和条約（下関条約）であり、1895年に下関の春帆楼（しゅんぱんろう）での講和会議を経て日本全権伊藤博文・陸奥宗光と清国全権李鴻章との間で調印された。同条約において、清は朝鮮の独立を認めること、遼東半島、澎湖諸島、台湾を日本に割譲すること、日本へ賠償金2億両を支払うことなどが決定された。

2　**妥当でない**　1914年の第一次世界大戦の勃発を、中国におけるドイツ権益取得の好機とみた大隈重信内閣は、日英同盟を根拠として、イギリス・フランス・ロシアを中心とする三国協商側として参戦し、ドイツの中国における

根拠地である青島（チンタオ）やドイツ領南洋諸島（赤道以北）を占領した。1915年には、「二十一カ条の要求」において、日本は山東省の利権などドイツ権益の継承を中国に要求した。

3　**妥当である**　そのとおりである。なお、この事件の事後処理の不手際が原因で、田中義一内閣は総辞職することとなった。

4　**妥当でない**　盧溝橋事件当時の内閣は、近衛文麿内閣である。近衛内閣は事件当初には不拡大方針であったが、陸軍や政府内の強硬派の意見によって強硬姿勢に転じ、日本と中国は宣戦布告のないまま全面戦争（日中戦争）状態となった。

5　**妥当でない**　日本と中国の国交正常化は、1972年の田中角栄首相と周恩来首相との間で調印された「日中共同声明」で実現した。また、日中共同声明で締結を目指すとされた日中平和友好条約は、1978年に「福田赳夫内閣」によって締結された。なお、日中共同声明と同時に、日本は「一つの中国」の原則を尊重し、台湾の国民政府に対する外交関係をとめており、台湾との関係については非政府間の実務関係として維持してきている。

....

以上により、妥当な記述は3であり、正解は3となる。

正解	1	2	3	4	5
解答率（％）	6.0	10.2	**32.6**	21.1	28.8

問題48	**女性の政治参加**（政治・経済・社会）	ランク **A**	正解 **2**

ア　**第二次世界大戦後**　大正デモクラシー期である1925年に男子普通選挙は実現していたが、女性の選挙権は認められていなかった。女性の国政参加を認める法改正が行われたのは1945年であり、1946年の衆議院議員総選挙から投票できるようになった。

イ　**約1割**　2017年10月に行われた衆議院議員総選挙において、女性の当選者

は10.1％であった。この割合は2018年時点で、世界193カ国中165位という数字であり、Ｇ20参加国の中では最下位となっている。

ウ　タイ　タイでは2011年に、タクシン元首相を兄に持つインラック・シナワトラがタイ史上初の女性首相に就任している。

エ　男女共同参画　オ　地方公共団体　2018年５月に「政治分野における男女共同参画の推進に関する法律」が公布・施行された。この法律は、衆議院、参議院及び地方議会の選挙において、男女の候補者の数ができる限り均等となることを目指すことなどを基本原則とし、国・地方公共団体の責務や、政党等が所属する男女のそれぞれの公職の候補者の数について目標を定める等、自主的に取り組むよう努めることなどを定めている。

以上により、語句の組合せとして妥当なものは２であり、正解は２となる。

正解	1	2	3	4	5
解答率（％）	9.8	82.6	3.8	3.1	0.4

問題49　国の行政改革の取組み（政治・経済・社会）

ランク B　正解 3

1　**妥当である**　そのとおりである。1969年に総定員法「行政機関の職員の定員に関する法律」が成立し、内閣の機関、内閣府及び各省の所掌事務を遂行するために恒常的に置く必要がある職に充てるべき常勤の職員の定員の総数の上限が定められ、最高限度は331984人とされた（同法１条１項）。

2　**妥当である**　そのとおりである。1981年に発足した土光臨調（第２次臨時行政調査会）は、鈴木善幸内閣が掲げた「増税なき財政再建」を達成すべく、行財政改革についての審議を行い、許認可・補助金・特殊法人等の整理合理化や３公社（国鉄・電電公社・専売公社）の民営化などの提言を行った。電電公社・専売公社は1985年に、国鉄は1987年に中曽根康弘内閣により民営化されている。

3　　**妥当でない**　行政手続法の対象は、処分、行政指導、届出、命令等であり、行政上の強制執行、行政立法、計画策定は、同法の対象ではない。なお、前半の記述は正しい。

4　　**妥当である**　そのとおりである。中央省庁等改革基本法は、行政改革会議最終報告の趣旨にのっとって行われる内閣機能の強化、国の行政機関の再編成並びに国の行政組織並びに事務及び事業の減量、効率化等の改革について、その基本的な理念及び方針その他の基本となる事項を定めるとともに、中央省庁等改革推進本部を設置すること等により、これを推進することを目的として設置された。独立行政法人制度は、中央省庁等改革の柱の一つとして、行政改革会議最終報告において導入が提言された制度であり、その後、中央省庁等改革基本法に制度の基本的な考え方が規定され、「中央省庁等改革の推進に関する方針」により、89の国の事務・事業について独立行政法人化の方針等が決定された。

5　　**妥当である**　そのとおりである。行政改革推進法には、政策金融改革（同法4条～14条）独立行政法人の見直し（同法15条、16条）、特別会計改革（同法17条～41条）、総人件費改革（同法42条～57条）、国の資産・債務改革（同法58条～62条）などが規定されている。

....

以上により、妥当でない記述は3であり、正解は3となる。

正解	1	2	3	4	5
解答率（%）	14.6	12.8	**54.4**	9.3	7.0

問題50	日本の雇用・労働 （政治・経済・社会）	ランク **C**	正解 **4**

ア　　**妥当でない**　日本型雇用慣行では、従来、「終身雇用」「年功序列」「企業別労働組合」を3つの柱としてきた。したがって、本問は職能別労働組合を挙げているため妥当でない。

- イ **妥当である** そのとおりである。非正規雇用労働者は、1994年以降現在まで緩やかに増加しており、総務省統計局の資料によると、2018年の役員を除く雇用者全体に占める割合の平均は、37.9％となっている。

- ウ **妥当でない** 兼業・副業について、許可なく他の企業の業務に従事しないように規定した法律は存在していない。なお、厚生労働省が示しているモデル就業規則においては、労働者の遵守事項として「許可なく他の会社等の業務に従事しないこと。」という規定があったが、2018年の当該規則の改定において当該規定は削除され、副業・兼業についての規定が新設された（第14章第70条）。

- エ **妥当でない** いわゆる働き方改革関連法により、高度プロフェッショナル制度が導入されたが、当該制度の対象に医師は含まれない。なお、金融商品開発者やアナリスト、コンサルタント、研究者は、同制度の対象となる。

- オ **妥当である** そのとおりである。いわゆる働き方改革関連法により、年次有給休暇が年10日以上付与される労働者に対して年5日の年次有給休暇を取得させることが、使用者に義務付けられた。

以上により、妥当なものの組合せは4であり、正解は4となる。

正解	1	2	3	4	5
解答率（％）	5.7	27.1	1.6	**33.0**	32.1

問題51 ｜ 経済用語 （政治・経済・社会）

ランク	正解
B	2

1 **妥当でない** 信用乗数（貨幣乗数）とは、マネーストックがマネタリーベースの何倍かを示す比率であり、「信用乗数＝マネーストック÷マネタリーベース」で表される。マネタリーベースは、世に出回っている現金と日本銀行が市中銀行から預かっている当座預金の合計であるから、一般的に預金準備率（市中銀行が日本銀行に無利子で準備預金として預ける金額の預金

残高に対する一定の比率）が上昇すると信用乗数は「小さく」なる。

2 **妥当である**　そのとおりである。消費者物価指数は、全国の世帯が購入する各種の財・サービスの価格の平均的な変動を測定するものであり、基準となる年の物価を100として、その時々の物価を比較計算した数値となっている。なお、基準年は５年ごとに改定（基準改定）されている。

3 **妥当でない**　完全失業率は、完全失業者数を「労働力人口」で除して求められる。なお、前半の記述は正しい。

4 **妥当でない**　労働分配率とは、付加価値のうち人件費の占める割合をいい、労働分配率が高い場合は、付加価値に占める人件費の割合が高いといえる。

5 **妥当でない**　国内総支出（ＧＤＥ）とは、国内で一定期間内に生産された財やサービスに対する支出の総額であり、民間最終消費支出、国内総資本形成、政府最終消費支出、純輸出（輸出から輸入を引いた額）の合計で算出される。したがって、海外で生産されたものに対する国内での需要である輸入は含まれない。

....

以上により、妥当な記述は２であり、正解は２となる。

正解	1	2	3	4	5
解答率（%）	7.9	62.7	9.7	10.8	8.0

問題52 元号制定の手続 （政治・経済・社会）	ランク **A**	正解 **3**

　元号法１条において、「元号は、政令で定める。」と定められている。そして、日本国憲法73条６号本文において、「法律の規定を実施するために、政令を制定すること。」が、内閣の職務権限として定められている。したがって、元号は、法律に基づいて内閣が政令で定める。

1 **妥当でない**　上記の解説より、本記述は妥当でない。

2 **妥当でない** 上記の解説より、本記述は妥当でない。

3 **妥当である** 上記の解説より、本記述は妥当である。

4 **妥当でない** 上記の解説より、本記述は妥当でない。

5 **妥当でない** 上記の解説より、本記述は妥当でない。

....

　以上により、妥当な記述は3であり、正解は3となる。

正解	1	2	3	4	5
解答率（%）	3.2	4.1	86.1	2.5	3.7

問題53	日本の廃棄物処理 （政治・経済・社会）	ランク B	正解 4

ア　**妥当である**　そのとおりである。廃棄物処理法2条2項では、「この法律において『一般廃棄物』とは、産業廃棄物以外の廃棄物をいう。」と定められている。したがって、廃棄物処理法では、産業廃棄物と産業廃棄物以外の廃棄物である一般廃棄物とに大きく区分している。

イ　**妥当である**　そのとおりである。市町村は、一般廃棄物処理計画に従って、その区域内における一般廃棄物を生活環境の保全上支障が生じないうちに収集し、これを運搬し、及び処分しなければならない（廃棄物処理法6条の2第1項）。環境省による「一般廃棄物処理事業実態調査の結果（平成29年度）について」においては、収集区分の一部又は全部を有料化している市区町村は、生活系ごみに関しては1,741市区町村のうち80.2%（1,397市区町村）、事業系ごみに関しては86.4%（1,504市区町村）とされている。

ウ　**妥当でない**　事業者は、その産業廃棄物を自ら処理しなければならない（廃棄物処理法11条1項）。したがって、産業廃棄物の処理は、排出した事業者が行うこととされており、本記述は妥当でない。なお、2018年1月現在、排出量を抑制するために27道府県と1政令市が産業廃棄物税を課しており、本記述の後半部分は妥当である。

エ　**妥当でない**　産業廃棄物の最終処分場の残余容量は、2014年度末は166,045（千㎥）、2015年度末は167,356（千㎥）、2016年度末は167,766（千㎥）で推移している。また、最終処分場の残余年数は、2014年度末は16.0（年）、2015年度末は16.6（年）、2016年度末は17.0（年）で推移している。したがって、最終処分場の残余容量と残余年数はともに、ここ数年は微増しており、本記述は妥当でない。

オ　**妥当である**　そのとおりである。「有害廃棄物の国境を越える移動及びその処分の規制に関するバーゼル条約」（バーゼル条約）は、一定の有害廃棄物の国境を越える移動等の規制について国際的な枠組み及び手続等を規定したものである。日本は1993年にバーゼル条約に加入している。

....

以上により、妥当でないものの組合せは4であり、正解は4となる。

正解	1	2	3	4	5
解答率（％）	3.9	12.9	15.8	52.0	14.7

問題54	情報や通信に関する用語 （情報通信）	ランク A	正解 5

ア　**ＶＲ**　記述アは、「ＶＲ」（Virtual Reality（仮想現実））に関する記述である。ＶＲは、画面上にコンピュータグラフィックスを用いて現実世界を遮断して仮想空間を表現し、あたかも現実にそこにいるかの様な体験をさせることができる技術であり、最近では、ＶＲゴーグル等を装着して手軽に映像やゲームを楽しむことが可能となった。

イ　**ＡＩ**　記述イは、「ＡＩ」（Artificial Intelligence（人工知能））に関する記述である。ＡＩに関する研究の進展によって「識別（音声認識や画像認識など）」「予測（数値予測やマッチングなど）」「実行（表現生成やデザインなど）」といった機能の一部が実用レベルに達し、生活や産業へのＡＩの導入が始まっている。

ウ　5G　記述ウは、「5G」に関する記述である。ここでいう"G"は
"Generation"（世代）の略であり、5Gは、4Gを発展させた「超高速」だ
けでなく、「多数同時接続」、「超低遅延」といった新たな機能を持つ、第5
世代の移動通信システムである。

エ　IoT　記述エは、「IoT」（Internet of Things）に関する記述である。
現在進みつつある「いつでも、どこでも、何でも、誰でも」ネットワークに
つながる「ユビキタスネットワーク社会」の構築は、「モノのインターネッ
ト」（IoT）というキーワードで表現されるようになっている。IoTは、
パソコンやスマートフォン、タブレットといった従来型のICT端末だけで
なく、様々な「モノ」がセンサーと無線通信を通してインターネットの一部
を構成するという意味である。

オ　SNS　記述オは、「SNS」（Social Networking Service）に関する記述
である。SNSは、登録された利用者同士が交流できるWebサイトの会員
制サービスのことであり、友人同士や同じ趣味を持つ人同士が集まったり、
近隣地域の住民が集まったりと、ある程度閉ざされた世界にすることで、密
接な利用者間のコミュニケーションを可能にしている。また、最近では、会
社や組織の広報としての利用も増加している。

以上により、組合せとして、妥当なものは5であり、正解は5となる。

正解	1	2	3	4	5
解答率（%）	0.4	0.5	0.5	0.8	97.5

問題55　通信の秘密（情報通信）　ランクA　正解2

ア　妥当でない　電気通信事業法4条1項は、「電気通信事業者の取扱中に係
る通信の秘密は、侵してはならない。」と規定しているところ、同条項につ
いては、何人も電気通信事業者の取扱中の通信を侵してはならない旨の条文

であると解されているから、プロバイダなど他の電気通信事業者の回線設備を借りている電気通信事業者についても、通信の秘密保持義務は及ぶ。

イ　妥当である　電気通信事業法179条１項は、「電気通信事業者の取扱中に係る通信……の秘密を侵した者は、２年以下の懲役又は100万円以下の罰金に処する。」と規定している。また、有線電気通信法９条は、「有線電気通信……の秘密は、侵してはならない。」と規定し、同法14条１項は、「第９条の規定に違反して有線電気通信の秘密を侵した者は、２年以下の懲役又は50万円以下の罰金に処する。」と規定している。さらに、電波法59条は、「何人も法律に別段の定めがある場合を除くほか、特定の相手方に対して行われる無線通信……を傍受してその存在若しくは内容を漏らし、又はこれを窃用してはならない。」と規定し、同法109条１項は、「無線局の取扱中に係る無線通信の秘密を漏らし、又は窃用した者は、１年以下の懲役又は50万円以下の罰金に処する。」と規定している。

ウ　妥当でない　「犯罪捜査のための通信傍受に関する法律」によれば、検察官又は司法警察員は、薬物関連犯罪、銃器関連犯罪、集団密航の罪、組織的殺人の罪について、同法所定の要件のもと、犯罪関連通信の傍受をすることができるとされているところ、「裁判官の発する傍受令状」を得て行うことが要件の１つとされている（同法３条１項柱書）。

エ　妥当である　刑事収容施設及び被収容者等の処遇に関する法律127条１項は、「刑事施設の長は、刑事施設の規律及び秩序の維持、受刑者の矯正処遇の適切な実施その他の理由により必要があると認める場合には、その指名する職員に、受刑者が発受する信書について、検査を行わせることができる。」と規定している。そして、同法129条１項柱書前段は、「刑事施設の長は、第127条の規定による検査の結果、受刑者が発受する信書について、その全部又は一部が次の各号のいずれかに該当する場合には、その発受を差し止め、又はその該当箇所を削除し、若しくは抹消することができる。」と規定している。

オ　妥当である　「通信の秘密」とは、個別の通信に係る通信内容のほか、個別の通信に係る通信の日時、場所、通信当事者の氏名、住所、電話番号等の当事者の識別符号、通信回数等、これらの事項を知られることによって通信

の存否や意味内容を推知されるような事項すべてを含むとされている（総務省　総合通信基盤局資料参照）。

....

以上により、妥当でないものの組合せは２であり、正解は２となる。

正解	1	2	3	4	5
解答率（％）	15.9	77.2	1.9	2.2	2.3

問題56 | 放送又は通信の手法 (情報通信) | ランク A | 正解 1

ア　**主としてアナログ方式で送られている**　ＡＭラジオ放送は、一定の周波数を使用して音声その他の音響を送る放送であり（放送法２条、電波法施行規則２条参照）、アナログ方式で送られている。

イ　**主としてアナログ方式で送られている**　公衆交換電話網（ＰＳＴＮ：Public Switched Telephone Network）は、街中に固定的に敷設されたメタル回線を利用して電話局と加入者宅とを結び、加入者間でアナログ伝送の音声通話を利用することができるものである。

ウ　**主としてアナログ方式で送られているとはいえない**　ＩＳＤＮ（Integrated Services Digital Network）は、送受信する信号をデジタル化することで、電話や静止画・動画伝送、データ通信など、多様なサービスを統合的に提供する電話網である。

エ　**主としてアナログ方式で送られているとはいえない**　無線ＬＡＮは、デジタル・データを電波に変換し、送受信を行う構内通信網（ＬＡＮ：Local Area Network）のことであり、ケーブルの代わりに無線通信を使うのが無線ＬＡＮである。

オ　**主としてアナログ方式で送られているとはいえない**　イーサネット（Ethernet）は、主に室内や建物内でコンピュータや電子機器をケーブルで繋いで通信する有線ＬＡＮ（構内ネットワーク）の規格である。一般的に、

イーサネットというときは、ＬＡＮケーブルのことを指していることが多いとされる。

....

　以上により、主としてアナログ方式で送られているものの組合せとして、妥当なものは１であり、正解は１となる。

正解	1	2	3	4	5
解答率（％）	89.2	2.3	3.5	0.8	3.6

問題57　個人情報保護委員会（個人情報保護）

ランク A　正解 1

1　**妥当でない**　個人情報保護法130条１項は、「内閣府設置法第49条第３項の規定に基づいて、個人情報保護委員会（以下『委員会』という。）を置く。」と規定し、同条２項は、「委員会は、内閣総理大臣の所轄に属する。」と規定している。

2　**妥当である**　個人情報保護法146条１項は、「委員会は第４章（第５節を除く。……）の規定の施行に必要な限度において、個人情報取扱事業者、仮名加工情報取扱事業者、匿名加工情報取扱事業者又は個人関連情報取扱事業者……に対し、個人情報、仮名加工情報、匿名加工情報又は個人関連情報……の取扱いに関し、必要な報告若しくは資料の提出を求め……ることができる。」と規定している。

3　**妥当である**　個人情報保護法142条１項は、個人情報保護委員会の委員長及び委員について、「在任中、政党その他の政治団体の役員となり、又は積極的に政治運動をしてはならない。」と規定している。

4　**妥当である**　個人情報保護法155条１項は、「委員会は、認定個人情報保護団体が次の各号のいずれかに該当するときは、その認定を取り消すことができる。」と規定し、同項１号～５号において、認定の取消事由を掲げている。

5　**妥当である**　個人情報保護法143条は、個人情報保護委員会の委員長、委

員、専門委員及び事務局の職員について、「職務上知ることのできた秘密を漏らし、又は盗用してはならない。その職務を退いた後も、同様とする。」と規定している。

....

以上により、妥当でない記述は１であり、正解は１となる。

正解	1	2	3	4	5
解答率（％）	83.2	1.3	12.7	1.9	0.4

問題58	短文挿入 （文章理解）	ランク **A**	正解 **2**

　本文２段落目の冒頭に「この説」とあるが、これは直前の文で述べられている心理学者、生理学者の主張を指す。そして、本文２段落２文目に「しかし……案外そうでもない」とあり、また、選択肢の冒頭はいずれも「たとえば」で始まることから、空欄には「この説」に沿った例示が入ると推測できる。加えて、空欄後２文目の「身体の…自覚される」という因果関係に、選択肢の記述があてはまるかどうかも、本問の判断基準となる。

1　　**妥当でない**　「その場は……とりつくろ」うことが原因となって「嫌悪感」が自覚されるわけではない。したがって、本記述は妥当でない。

2　　**妥当である**　「足が反射的……駆け下り」ることと「恐怖」が自覚されることには因果関係があり、まさしく身体の情動反応が先にあり、それが原因となり感情経験が自覚されている。したがって、本記述は妥当である。

3　　**妥当でない**　「表情は……通り過ぎ」ることが原因となって「懐かしさ」が自覚されるわけではない。したがって、本記述は妥当でない。

4　　**妥当でない**　「手が反射的に敲きまく」ることが原因となって「生命の重さを考える」わけではない。また、「生命の重さを考える」ことは感情でも生理反応でもない。したがって、本記述は妥当でない。

5　　**妥当でない**　「目を反射的……用を足」すことが原因となって「幽霊は

……考える」わけではない。また、「幽霊は……考える」ことは感情でも生理反応でもない。したがって、本記述は妥当でない。

....

以上により、空欄に入る文章として、妥当な記述は2であり、正解は2となる。

正解	1	2	3	4	5
解答率（%）	3.8	74.3	13.7	5.5	1.9

問題59	空欄補充	ランク	正解
	（文章理解）	**A**	**3**

Ⅰ　**形態**　本文冒頭で、「身体には……存在する」と述べた上で、その例として「自然体と言われる姿勢の Ⅰ 」を挙げていることから、 Ⅰ には、「物のかたちや、外からみた全体のなりたちやありさま」を意味する「形態」が入る。なお、「態度」は「ある物事に対したときの人のようす」を意味する。

Ⅱ　**解剖学**　本文1段落2、3文目をみると、「骨格の構造」「体内の循環機能」「恒常性機能……のメカニズム」とあることから、 Ⅱ には、「生物体の形態と構造とを研究する、形態学の一分野」である「解剖学」が入る。なお、「現象学」は「哲学的学問及びそれに付随する方法論、現象界や現象する知についての哲学的理説」であり、「遺伝学」は「生物の遺伝現象を解明する生物学の一分野」である。

Ⅲ　**畏敬**　本文2段落1文目をみると、「人間の力によらないもの」とあり、同段落2文目には「自然に対する Ⅲ の念…… Ⅳ を超えたところではたらいている秩序」とあることを考慮すると、 Ⅲ には、「崇高なものや偉大な人を心からおそれ敬うこと」を意味する「畏敬」が入る。なお、「尊敬」は「他人の人格や行為などを尊いもの、すぐれたものと認めてうやまうこと」、「尊攘」とは「尊王攘夷」の略であり、「君主を尊び、外敵をしりぞけようとする思想」を意味する。

Ⅳ　**人知**　本文2段落1文目をみると、「人間の力によらないもの」とあり、同

２文目で、「Ⅳを超えたところではたらいている秩序」と言い換えている。
したがって、Ⅳには、「人間の知識・知能・知恵」を意味する「人知」が入
る。なお、「既知」とは「既に知っていること」、「想定」は「ある条件や状
況を仮にきめること」を意味する。

Ⅴ　不遜　本文２段落２文目をみると、「Ⅳを超えたところで……Ⅴきわま
りない態度」とあることから、Ⅴには、「へりくだる気持ちがないこと、思
いあがっていること」を意味する「不遜」が入る。なお、「無法」は「法の
ないこと、道理にはずれていること」、「不埒」は「道理にはずれていて、非
難されるべきこと、けしからぬこと」を意味する。

....

以上により、語句の組合せとして、妥当なものは３であり、正解は３となる。

正解	1	2	3	4	5
解答率（%）	6.1	4.4	86.1	1.8	1.1

問題60 ｜ 短文挿入 （文章理解）

ランク **A** ／ 正解 **2**

Ⅰ　ア　本文１段落１、２文目をみると、「言葉というのは……手段」「言葉に
よって……できない状況」とある。その一方で、Ⅰの後は「行動で……雰
囲気でしかない」と述べており、行動からよりも、言葉からの方が判断でき
ることが多い旨を読み取れる。また、本文冒頭からⅠの直前まで言葉につ
いて述べているが、Ⅰの後は行動について述べている。記述アをみると、
「しかし……できない」とあることから、記述アはⅠの前後の内容をつな
ぐ役割を果たすことが分かり、また、記述アの「これ」は「言葉」を指すと
推測できる。したがって、Ⅰには記述アが入る。

Ⅱ　オ　本文２段落２文目をみると、「仲間の……孤独を感じる」とあり、記
述オで例示している内容と同趣旨の記述である。したがって、Ⅱには記述
オが入る。

Ⅲ　エ　Ⅲ のところで段落が変わっていることに留意しつつ、Ⅲ の前後の内容を検討する。本文2段落目の最後で「孤独とは、基本的に主観が作る」と述べているのに対して、Ⅲ から始まる本文3段落目では、主観によるものではない事柄や状況について述べている。したがって、Ⅲ には、記述エが入る。

Ⅳ　イ　本文3段落目の Ⅳ の前の文では、「暴力を振るってくる他者」や「言いがかりをつけられること」について述べており、Ⅳ の後の文では、「物理的な被害」という記述がある。記述イをみると、「勝手な主観で、『敵対的』だと判断され、先制攻撃を受ける」とあることから、Ⅳ の前後の内容と一致していることがわかる。したがって、Ⅳ には記述イが入る。

Ⅴ　ウ　Ⅴ の直前の文をみると、「自分は……と判断」とあり、Ⅴ の直後の文をみると、「客観に近い」とある。記述ウは「ようするに」という言葉で始まり、他者から「気に入られていない」「認められていない」と続くため、Ⅴ の前後の内容と同趣旨の内容であることがわかる。したがって、Ⅴ には記述ウが入る。

．．．．．．．．．．．．．．．．．．．．．．

以上により、組合せとして妥当なものは2であり、正解は2となる。

正解	1	2	3	4	5
解答率（％）	1.1	90.9	4.9	1.9	0.6

伊藤　真（いとう・まこと）

[略歴]

1958年　東京生まれ。1981年　司法試験に合格後、司法試験等の受験指導に携わる。

1982年　東京大学法学部卒業後、司法研修所入所。1984年　弁護士登録。

1995年　15年間の司法試験等の受験指導のキャリアを活かし、合格後、どのような法律家になるかを視野に入れた受験指導を理念とする「伊藤真の司法試験塾」（その後、「伊藤塾」に改称）を開塾。
伊藤塾以外でも、大学での講義（慶應義塾大学大学院講師を務める）、代々木ゼミナールの教養講座講師、日経ビジネススクール講師、全国各地の司法書士会、税理士会、行政書士会等の研修講師も務める。
現在は、予備試験を含む司法試験や法科大学院入試のみならず、法律科目のある資格試験や公務員試験を目指す人達の受験指導を積極的にしつつ、「一人一票実現国民会議」および「安保法制違憲訴訟の会」の発起人となり、社会的問題にも取り組んでいる。
（一人一票実現国民会議 URL：https://www2.ippyo.org/）

[主な著書]

『伊藤真の入門シリーズ「憲法」ほか』（全8巻、日本評論社）
　＊伊藤真の入門シリーズ第3版（全6巻）は韓国版もある。
『伊藤塾合格セレクション　司法試験・予備試験　短答式過去問題集』（全7巻、日本評論社）、『伊藤真試験対策講座』（全15巻、弘文堂）、『伊藤真ファーストトラックシリーズ』（全7巻、弘文堂）、『中高生のための憲法教室』（岩波ジュニア新書）、『なりたくない人のための裁判員入門』（幻冬舎新書）、『夢をかなえる勉強法』（サンマーク出版）、『憲法問題』（PHP新書）、『憲法は誰のもの？』（岩波ブックレット）、『あなたこそたからもの』（大月書店）等多数。

伊藤塾　東京都渋谷区桜丘町17-5　03(3780)1717
　　　　https://www.itojuku.co.jp/

行政書士試験過去問集　2019〜2023年度

2024年5月30日　第1版第1刷発行

監　修　者——伊藤　真

編　　　者——伊藤塾

発　行　所——日本評論社サービスセンター株式会社

発　売　所——株式会社日本評論社

　　　　　　　〒170-8474　東京都豊島区南大塚3-12-4
　　　　　　　電話　03-3987-8621（販売）　-8592（編集）　振替　00100-3-16
　　　　　　　https://www.nippyo.co.jp/

装　　　幀——銀山宏子

印刷・製本——倉敷印刷株式会社

Printed in Japan　ⓒ M. ITO, Itojuku 2024
ISBN 978-4-535-52807-9